Jean-Michel Basquiat, „Ohne Titel“, 1984

Thomas Kron (Hrsg.)
Individualisierung und soziologische Theorie

Thomas Kron (Hrsg.)

Individualisierung und soziologische Theorie

Leske + Budrich, Opladen 2000

Die Deutsche Bibliothek – CIP-Einheitsaufnahme
Ein Titeldatensatz für die Publikation ist bei
Der Deutschen Bibliothek erhältlich

ISBN 3-8100-2505-4

Satz: Leske + Budrich, Opladen
Druck: DruckPartner Rübelmann, Hemsbach
Printed in Germany

Inhalt

Thomas Kron

Individualisierung und soziologische Theorie – Einleitung

Das Frontispiz dieses Sammelbands – ein Mitte der 80er Jahre vollendetes Bild ohne Titel von Jean-Michel Basquiat – beschreibt den Zustand der modernen Gesellschaft. Es stellt eine Verdichtung der Alltagswelt New Yorks dar und zeigt dabei eine pluralistische Kultur, ausgedrückt durch eine Reihe zusammenhangsloser Bilder, Schriftfragmente, gezeichneter Figuren und wissenschaftlicher Formeln, die vor einem vielfarbigen Hintergrund durcheinander gewirbelt werden. So hat sich dem Graffiti-Künstler Basquiat, selbst ein New Yorker, seine soziale Umwelt augenscheinlich als schnelllebige und chaotische Alltagsrealität offenbart. –

Die deutsche Soziologie hat zur gleichen Zeit, als Basquiat das namenlose Kunstwerk gemalt hat, ebenfalls den Versuch unternommen, den gesellschaftlichen Zustand mit einem Bild zu erfassen, das den Titel „Individualisierung" trägt. Dieser Terminus verrät ein Hinströmen in Richtung Individuen, einen sich fortschreibenden Prozess der Zentrierung auf Einzelne.

„Geht es nicht etwas genauer?" möchte man an dieser Stelle fragen. Es handelt sich doch auch bei „Individualisierung" um einen wissenschaftlichen Ausdruck, der ein Stück (Auf)Klärung, begriffliche Schärfe und damit: Erkenntnisfortschritt bringen soll. Wir sind ja Soziologen und keine Künstler (wenngleich man sich als Essayist vielleicht zwischen diesen beiden Welten aufhalten darf und kann).

Und dennoch, dies ist ja hinlänglich bekannt, bejammert und bislang ungeändert: Bei näherer Betrachtung schimmert der Begriff „Individualisierung" wie ein Kaleidoskop je nach Betrachtungsperspektive in unterschiedlichen Farben. „Individualisierung" vermag vieles, ja fast alles und damit nichts zu erklären. Die Gallionsfiguren der Individualisierungsdiskussion, die soziologischen Basquiats, das Ehepaar Ulrich Beck und Elisabeth Beck-Gernsheim stellen demzufolge fest (1990: 15): „Individualisierung bezeichnet also ein zwiespältiges, mehrgesichtiges, schillerndes Phänomen".

Diese Indifferenz wird schon bei der Untersuchung dessen sichtbar, was denn „Individualisierung" bei den Klassikern bedeuten könne. Flavia Kippele (1998) kann summa summarum nicht weniger als 24 (!) verschiedene

Individualisierungsdimensionen im Anschluss an sechs klassisch-soziologische Autoren (Karl Marx/Friedrich Engels, Ferdinand Tönnies, Georg Simmel, Emile Durkheim, Max Weber, Norbert Elias) bestimmen. Günter Burkarts (1998: 128) Forderung: „Klare Unterscheidungen von Dimensionen der Individualisierung sind eine notwendige Grundlage für jede weitere Dimension, weil nur so die unsinnige Beliebigkeit aufhören kann, mit der jeder sich seine individualisierte Bedeutung von ‚Individualisierung' zusammenbastelt" wird damit durch Erfüllung widerlegt.

Möchte man diesem Individualisierungs-Tohuwabohu etwas Positives abgewinnen, so kann man die Individualisierungsthese mit Peter A. Berger (1996: 279) akzeptieren als „ein Beispiel für Komplexitätssteigerung durch Komplexitätsreduktion [...]: Sie bündelt einerseits eine Vielzahl von Einzelbeobachtungen in einem Begriff zusammen, der in seiner Vielschichtigkeit und Mehrdeutigkeit andererseits zu neuen Mißverständnissen, aber auch zu produktiven Kontroversen Anlaß gibt."

Diesem Argument wird man als Wissenschaftler nicht widersprechen wollen. Die Individualisierungsthese trägt, so könnte man systemtheoretisch formulieren, zur Autopoiesis der Wissenschaft bei. Und solange dieses unbeendbare Weiterlaufen der Produktion von Elementen des Systems durch Elemente des Systems anhält, kann man versuchen, die eigene Karriere an solche, durch Individualisierungsdebatten hervorgerufene Missverständnisse und Kontroversen anzuschließen (und dadurch an Individualität gewinnen).

Die letzten beiden Soziologentage in Dresden (1996) und Freiburg (1998) waren denn auch Austragungsorte derartiger Kontroversen um die Unbestimmtheit möglicher Interpretationen der Individualisierungsthese: Die einen propagierten eine absolute, das ganze Leben umgreifende „Bastelexistenz" zeitgenössischer Individuen als herausragendes Merkmal einer Gesellschaft, die sich etwa durch Lockerung der Ein- und Austrittsregeln von posttraditionalen Gemeinschaften unterscheide (Hitzler 1999). Andere wiederum halten mit versteckten, nicht-intendierten Vergemeinschaftungen dagegen, die sich hinter dem Rücken der Individuen vollziehen würden und deshalb auch in der soziologischen Analyse schwierig zu entdecken seien (Hondrich 1999).

Auch die empirische Forschung scheint ungeeignet, der seit vielen Jahren fortdauernden Diskussion einen entscheidenden Stoß zu versetzen. Einige Beispiele: Der bereits erwähnte Günter Burkart kommt in seiner Analyse zu „Individualisierung und Elternschaft" (1993) zu einer nahezu vollkommenen Relativierung der Individualisierungsthese: Individualisierung sei kein universeller Trend, sondern auf privilegierte Gruppen beschränkt; die Zusammenhänge zwischen Individualisierung/Standardisierung/Segmentierung seien unklar gefasst usw. Die Entwicklung der Semantik von Vornamen dagegen (Gerhards/Hackenbroch 1997) verweist zwar auf signifikante Individualisierungen in der Bedeutung, dass Menschen immer weniger gemeinsame Merkmale (hier eben Vornamen) mit Anderen teilen. Dies gelte allerdings nur bis 1950, danach könne dieser Zusammenhang (d.h. eine Entschichtung in der Vergabe der Vornamen) nicht mehr nachgewiesen werden. Als Indikator für Individualisierung lasse sich wiederum ein eindeutiger Wandel der Beziehungsvorstellungen von einem traditionell-rollenteiligen zu einem partnerschaftlich-emotionalisierten Beziehungsmuster, dem das Leitideal des expressiven Individuums zu Grunde liegt, aufzeigen (Buchmann/Eisner 1997).

Offensichtlich, so mein Eindruck, der mich auf die Idee zur Konzeption dieses Sammelbandes brachte, gibt es in der ganzen Diskussion ein Defizit auf der theoretischen Ebene. Dies verdeutlicht vor allem auch die Aufsatzsammlung von Jürgen Friedrichs (1998) zum gleichen Thema, der einerseits fünfzehn Jahre (!) nach dem ersten wichtigen Hinweis auf Individualisierungsvorgänge von Ulrich Beck (1983) mit dem Anspruch der ersten systematischen Diskussion der Individualisierungsthese auftritt, andererseits aber, vielleicht auf Grund eines Empirieübergewichts, wichtige soziologische Theorieansätze nicht einbezieht. Die folgenden Beiträge tragen eine Unternehmung, diesem misslichen Zustand abzuhelfen.

Der erste Beitrag von *Markus Schroer* ist eine über übliche Zusammenfassungen weit hinausreichende Kategorisierung der theoretischen Grundlagen der Individualisierungsthese. Am Beispiel verschiedener Autorentexte zeichnet er die wichtigsten Anschauungen von Individualisierung und ihrer Bewertung nach. Gegenwartsdiagnostisch gipfelt die Betrachtung in einer Synthese der Analysen von Niklas Luhmann, Michel Foucault und Ulrich Beck, die auf eine neue Form eines „selbstbezogenen Individuums" hinweist.

Den Auftakt in die systemtheoretische Betrachtungsweise luhmannschen Ursprungs macht *Armin Nassehi*. Dieser nimmt die Soziologie in ihrer Funktion innerhalb der Gesellschaft und ihre Reaktion auf das Problem der Sozialität trotz der Individualität sozialer Akteure in den Blick. Erkennbar ist ein zunehmendes Auseinanderklaffen individueller und gesellschaftlicher Perspektiven als Folge der Beobachtung des Strukturwandels der Moderne. Aus dieser Argumentation heraus wird auch deutlich, weshalb das Individualisierungsthema in den letzten Jahren so populär geworden ist.

Peter Fuchs führt die Diskussion um Individualisierung im Rahmen der Theorie sozialer Systeme nach Luhmann anhand der Frage weiter, ob es so etwas wie eine „Individualisierung *im* System" geben könnte. Die Antwort liegt in der Handhabung der Innen/Außen-Unterscheidung durch das System, das seine Kommunikation selbst beobachtet.

Der Aufsatz von *Hans-Jürgen Aretz* stellt einen systemtheoretischen Perspektivenwechsel von der Theorie autopoietischer Systeme auf die Handlungstheorie Talcott Parsons' dar. Individualisierung als konstitutiver Bestandteil der westlichen Kultur wird hier unter der Bedingung einer reflexiven Modernisierung im Wechselspiel von Kultur-, Sozial- und Persönlichkeitssystem betrachtet.

Uwe Schimanks differenzierungs- und akteurtheoretische Analyse der individualisierten Gesellschaft zeigt, dass die Individualität der Personen in der

Moderne sowohl erfordert als auch bedroht ist. Dabei zeichnen sich mit fortschreitender gesellschaftlicher Differenzierung verschiedene Arten des Umgangs mit den Anforderungen und Bedrohungen ab, etwa im Rahmen eines Leistungsindividualismus, eines Anspruchsindividualismus, eines Individualismus des Sich-Auslebens oder einer Kombination dieser Formen.

Der damit vollzogene Wechsel in die akteur- bzw. handlungstheoretische Betrachtung von Individualisierung wird von *Hartmut Esser* in einem Plädoyer für den Methodologischen Individualismus als geeignete soziologische Methode zur Analyse von Individualisierungsprozessen unterstützt. Der Methodologische Individualismus, besonders in der Gestalt des Konzepts der Situationslogik, ist nicht eine methodologische Konsequenz gesellschaftlicher Differenzierungsprozesse, sondern als Instrumentarium vielmehr unabhängig von den Bedingungen der Gesellschaft – und damit gerade auch auf komplexe, individualisierte gesellschaftliche Verhältnisse anwendbar.

Sibylle Kalupner legt die in der Individualisierungsdebatte meist verheimlichten, anthropologischen Grundannahmen frei, exemplifiziert in einer Auseinandersetzung mit Jürgen Habermas' Handlungstheorie, wie er sie im Rahmen seiner „Theorie der Rationalisierung der Lebenswelt" in der Theorie des kommunikativen Handelns entwickelt hat. Kalupner zeigt auf, dass Annahmen darüber, was das Wesen des Menschen ausmachen könnte, grundlegend für die Plausibilität jeder sozialphilosophischen Theoriebildung sind und deshalb nicht verschleiert, sondern offen diskutiert werden sollten.

Gerade die Komplexität zeitgenössischer Gesellschaften erzwingt nahezu immer neue individuelle und soziale Anstrengungen zur Bewältigung von Ambivalenzen. Welche Formen der Ambivalenzbewältigung im sozialphilosophischen Diskurs um Ordnung und Autonomie vorgeschlagen werden, zeigt der Beitrag von *Matthias Junge*. Dieser führt hin zu der Unterscheidung einer eher modernen Vorstellung von Solidarität als Ordnung im Gegensatz zur Ordnungspluralität der Postmoderne, die der Zentralität von Ambivalenz im Vergesellschaftungsprozess mehr Raum zugesteht.

Der Zusammenhang von Individualisierung, Moderne, Postmoderne wird von *Albert Scherr* näher untersucht. Aus der Perspektive eines kritischen Postmodernismus plädiert er für eine Unterscheidung zwischen Individualisierung als Strukturmerkmal moderner Vergesellschaftung und postmodernen Individualisierungstendenzen innerhalb moderner Gesellschaften.

Ein skeptisches Bild von Individualisierungsvorgängen zeichnet *Zygmunt Bauman*. Aus seiner Sicht setzt sich mit der zeitgenössischen Individualisierung nur eine Tendenz der Moderne fort, den Individuen die Übernahme ihrer moralischen Verantwortung zu erschweren. Gerade das Dahinschwinden von Kollektiven, mit denen man sich solidarisch geben könnte, verführe die Individuen zur Selbstsucht. Die ethische Folge der Individualisierung liegt somit nicht in gewonnenen Freiheiten, sondern in einer neuen Gleichgültigkeit gegenüber Anderen.

Ich, *Thomas Kron*, beschäftige mich mit der in der Individualisierungsdebatte oftmals gehegten Affinität zu dem Entwurf postmoderner Ethik von Zygmunt Bauman. Es wird argumentiert, dass Bauman sowie einige Vertreter des Individualisierungstheorems das (in dem Beitrag näher erläuterte) grundlegende Problem sozialer Ordnung unberücksichtigt lassen und deshalb in eine soziologische Sackgasse geraten, die eine Richtungskorrektur der Individualisierungsdiskussion erforderlich macht.

Allen Autoren sei für ihr Vertrauen in die Herausgeberschaft gedankt. Ein Vertrauensvorschuss dieser Art kann durchaus als Förderung von wissenschaftlichem Nachwuchs verstanden werden.

Für ihre moralische und sachliche Unterstützung bin ich besonders dankbar: Ulrich Beck, Klaus Kamps und Uwe Schimank

Gudrun Hilles hat alle Beiträge gelesen und mit „Adleraugen" etliche, von mir überlesene Fehler gefunden.

Meine Frau Stephanie hat mich in meinem Engagement für diesen Sammelband immer ermutigt, auch wenn etwa statt Formatierungsarbeiten die gemeinsame Bastelexistenz mehr hätte im Vordergrund stehen müssen.

Hagen, im Mai 2000 *Thomas Kron*

Literatur

Beck, Ulrich (1983): Jenseits von Stand und Klasse? Soziale Ungleichheiten, gesellschaftliche Individualisierungsprozesse und die Entstehung neuer sozialer Formationen und Identitäten. In: Kreckel, Reinhard (Hrsg.): *Soziale Ungleichheiten.* Göttingen: S. 35-74.

Beck, Ulrich/Elisabeth Beck-Gernsheim (1990): *Das ganz normale Chaos der Liebe.* Frankfurt/Main.

Berger, Peter A. (1996): *Individualisierung. Statusunsicherheit und Erfahrungsvielfalt.* Opladen.

Buchmann, Marlis/Manuel Eisner (1997): Selbstbilder und Beziehungsideale im 20. Jahrhundert. Individualisierungsprozesse im Spiegel von Bekannschafts- und Heiratsinseraten. In: Hradil, Stefan (Hrsg.): *Differenz und Integration. Die Zukunft moderner Gesellschaften.* Frankfurt/Main, New York: S. 343-357.

Burkart, Günter (1993): Individualisierung und Elternschaft – Das Beispiel USA. In: *Zeitschrift für Soziologie,* H. 3: S. 159-177.

Burkart, Günter (1998): Individualisierung und Elternschaft. Eine empirische Überprüfung der Individualisierungsthese am Beispiel USA und ein Systematisierungsvorschlag. In: Friedrichs, Jürgen (Hrsg.): *Die Individualisierungsthese.* Opladen: S. 107-141.

Friedrichs, Jürgen (Hrsg.) (1998): *Die Individualisierungsthese.* Opladen.

Gerhards, Jürgen/Rolf Hackenbroch (1997): Kulturelle Modernisierung und die Entwicklung der Semantik von Vornamen. In: *Kölner Zeitschrift für Soziologie und Sozialpsychologie,* H. 3: S. 410-439.

Hitzler, Ronald (1999): Verführung statt Verpflichtung. Die neuen Gemeinschaften der Existenzbastler. In: Honegger, Claudia/Stefan Hradil/Franz Traxler (Hrsg.): *Grenzenlose Gesellschaft?* Teil 1. Opladen: S. 223-233.

Hondrich, Karl Otto (1999): Hinter dem Rücken der Individuen – Gemeinschaftsbildung ohne Ende. In: Honegger, Claudia/Stefan Hradil/Franz Traxler (Hrsg.): *Grenzenlose Gesellschaft?* Teil 1. Opladen: S. 247-257.

Kippele, Flavia (1998): *Was heißt Individualisierung? Die Antworten soziologischer Klassiker.* Opladen, Wiesbaden.

Markus Schroer

Negative, positive und ambivalente Individualisierung – erwartbare und überraschende Allianzen

Der Begriff Individualisierung gehört seit langem zum festen Bestandteil soziologischer Terminologie. Im Kern bezeichnet er die Herauslösung des Einzelnen aus traditionalen Sozialbeziehungen. Stand, Klasse, Familie, Nation stellen immer weniger alternativlose Kollektive dar, in die der Einzelne hineingeboren wird, um dort ein Leben lang zu verbleiben. An ihre Stelle treten selbst gewählte soziale Bindungen, die auch wieder abgewählt werden können. Wurden dem Einzelnen einstmals die meisten Entscheidungen über die Gestaltung seines Lebenslaufs abgenommen, muss er nun immer mehr Entscheidungen selber treffen. An die Stelle verbindlicher Vorgaben durch Traditionen, Bräuche und Routinen treten eine Fülle von Optionen, zwischen denen der Einzelne zu wählen hat. Es gibt kaum eine soziologische Theorie, die diesen Prozess – unter wechselnden historischen Vorzeichen – nicht beschrieben hätte. Doch seit Becks (1986; 1983) Neuauflage der Individualisierungsthese wird nicht nur innerhalb der Soziologie, sondern auch weit über die akademischen Grenzen hinaus heftig über Ursachen und Folgen der Individualisierung debattiert. In der Öffentlichkeit ist Individualisierung dabei schnell zur Generalformel avanciert, mit der man verschiedenartigste soziale Probleme erklären kann. Erklärt ist damit zwar nicht eines der angesprochenen Probleme, aber man verfügt zumindest über eine Formel, einen Hinweis darauf, wo der Feind zu suchen ist. Individualisierung bedeutet in diesem Zusammenhang unübersehbar Egoismus, Vereinzelung, Yuppisierung, moralische Verwahrlosung. Die laut Individualisierungsthese neu entstandenen Entscheidungsmöglichkeiten und Wahlfreiheiten werden nach dieser Lesart also ausschließlich für den Tanz um das goldene Kalb des Selbst genutzt.

Auch innerhalb der akademischen Debatten herrschen ähnliche Konnotationen des Begriffs Individualisierung vor. Völlig unbelastet von der eindringlichen Warnung Durkheims (1986), beide Phänomene strikt voneinander zu unterscheiden, werden Egoismus und Individualisierung geradezu gleichgesetzt. Zugleich wird viel Energie (und Geld) in empirische Forschung gesteckt, die grosso modo zu zeigen können meint, dass das Phänomen gar nicht so weit verbreitet ist, wie von den Individualisierungstheoretikern suggeriert wird. Eifrig wird die mangelnde Reichweite der These kritisiert und vorgerechnet, dass es Individualisierung nur im akademischen Milieu gebe, weil man sich Individualisierung auch leisten können müsse. Manch einer vermisst gar jegliche empirische Evidenz der These und sieht in der viel diskutierten Individualisierung nicht mehr als die Selbstbespiegelung privilegierter intellektueller Kreise (Friedrichs 1998: 7; Treibel 1996: 431). Doch wenn Individualisierung tatsächlich auf derart kleine Kreise beschränkt bleibt, dann muss man sich fragen, warum die Diagnose eigentlich so viel Besorgnis auslöst. Immerhin gibt es inzwischen eine reichhaltige Literatur, die von der Frage lebt, wie die rat-, tat- und orientierungslos durch den sozialen Raum trudelnden Monaden wieder dazu gebracht werden könnten, sich um mehr zu kümmern, als um sich selbst. Wie erreicht man es, so fragt eine beunruhigte Richtung der Sozialwissenschaften, dass die irregeleiteten Individuen wieder zur Wahl gehen, Familien gründen, sich in Vereinen engagieren und ihre Nachbarn grüßen? Einmal abgesehen davon, dass sie sich damit einem Problem widmen, für das es laut Auskunft der Empiriker nur sehr dürftige empirische Belege gibt, lautet ihre These in Bezug auf die Folgen der Individualisierung etwa so: *Die Gesellschaft und die soziale Ordnung sind durch Anomie und Desintegrationsprozesse gefährdet, die durch die gestiegenen Wahlmöglichkeiten der Individuen ausgelöst werden.*

Konträr zu dieser Kritik der Individualisierungsthese steht eine Auffassung, die Individualisierung deshalb für eine unzutreffende Zeitdiagnose hält, weil von vermehrten Entscheidungsmöglichkeiten und Wahlchancen überhaupt keine Rede sein könne. Da sich die Palette der Angebote von Waren, politischen Parteien, TV-Programmen und möglichen Geschlechtspartnern bis auf wenige, mit bloßem Auge kaum mehr auszumachende Differenzen nivelliert haben, könne von Entscheidungen und Wahlen mangels ernst zu nehmender Alternativen gar keine Rede sein. Wie die Individuen sich auch entscheiden mögen, ihnen wird ohnehin nur immer wieder dasselbe aufgetischt. So sehr sie sich auch von den anderen zu unterscheiden glauben, sie folgen doch nur einem standardisierten Muster, das das Ringen um Individualität im Keim erstickt. Das Phänomen der Globalisierung verstärkt zusätzlich den nach dieser Lesart ohnehin verbreiteten Eindruck, von Entscheidungen betroffen zu sein, auf die man selber keinerlei Einfluss hat. War es schon auf lokaler und nationaler Ebene immer schwerer auszumachen, wo man noch ansetzen könnte, um Veränderungen auf den Weg zu bringen bzw. zu stoppen, so entziehen sich die Probleme auf globaler Ebene scheinbar vollends des Einflussbereichs einzelner Individuen. Das Individuum scheint mehr denn je zur Ohnmacht verdammt. Der Hauptgedanke dieser Richtung lautet zusammengefasst: *Die Wahl- und Entscheidungsfreiheiten des Individuums sind in einem solchen Ausmaß von Standardisierungs- und Uniformierungsprozessen gefährdet, dass der Einzelne zum willenlosen Vollzugsgehilfen gesellschaftlicher Vorgaben verkommt.*

Gewissermaßen zwischen diesen beiden Argumentationsfiguren steht eine Perspektive, die Individualisierung weder im Sinne einer zunehmenden Atomisierung des Sozialen noch im Sinne einer zunehmenden Überwachung und Konditionierung des Einzelnen versteht. Ihre Argumentation folgt einem strikten *Sowohl-als-auch*, ohne Sympathien für die Annahme eines extremen Ausschlagens in eine der beiden Richtungen: Individualisierung birgt *sowohl* Chancen *als auch* Gefahren *sowohl* für den Einzelnen *als auch* für die Gesellschaft. *Der Einzelne kann im verstärkten Maße für sich selbst entscheiden, statt gesellschaftlichen Vorgaben Folge leisten zu müssen (Chance). Er kann sich durch die Überzahl des zu Entscheidenden jedoch auch überfordert und desorientiert fühlen, was ihn in den Schoß von Sinnanbietern mit einfachen Problemlösungen treiben könnte (Gefahr). Gesellschaft kann durch die den Individuen zugestandenen Freiheiten entlastet werden, um sich dringlicheren Problemen zu widmen (Chance). Sie kann aber auch durch mangelnde Beiträge der Einzelnen in ihrem Fortbestand bedroht werden (Gefahr).*

Ich möchte im Folgenden zeigen, dass sich in diesen drei (leicht überzeichneten) Auffassungen von Individualisierung drei Argumentationslinien entdecken lassen, die von klassischen über nahezu klassische bis zu gegenwärtigen Positionen reichen (Schroer 2000). Die erste von mir unterschiedene Argumentationslinie verbinde ich mit den Namen Max Weber, Max Horkheimer und Theodor W. Adorno sowie Michel Foucault. Im Mittelpunkt ihrer Analysen steht das *gefährdete Individuum*, das durch Rationalisierungs-, Bürokratisierungs- und Disziplinierungsprozesse in seiner Bewegungsfreiheit gehindert und zu einem willenlos funktionierenden Rädchen im Getriebe domestiziert wird. Sie thematisieren eine *negative Individualisierung*, nach der die Individuen aus ehemaligen Zwangsverhältnissen herausgelöst werden, um sie einer noch perfekteren Überwachung und Kontrolle zu unterziehen. Die zweite Argumentationslinie reicht von Emile Durkheim über Talcott Parsons bis Niklas Luhmann. Diese Richtung lebt vom Widerspruch zwischen einem einerseits begrüßten Individualisierungstrend, der als funktional für das Aufkommen der modernen Gesellschaft angesehen wird, und einer Sorge vor einem zu weit gehenden Individualisierungsprozess, der zu anomischen Zuständen führen kann. Deshalb bezeichne ich die hier thematisierte Individualisierung als *positive Individualisierung*, das im Mittelpunkt ihrer Analysen stehende Individuum aber als das *gefährliche Individuum.* Zwischen diesen beiden Richtungen vermittelt gleichsam eine dritte Argumentationslinie, die sowohl Gefährdungen für das Individuum ausmacht und auf Lasten verweist als auch Chancen und Möglichkeiten für die Individuen betont. Georg Simmel, Norbert Elias und Ulrich Beck stehen in meiner Argumentation für diese Richtung. Ihre Argumentationsweise zeichnet sich durch die strikt ambivalent gehaltene Deutung des Individualisierungsprozesses aus. Das Individuum wird auch bei ihnen aus traditionalen Vorgaben herausgelöst und stärker auf sich gestellt. Dies führt bei ihnen aber weder allein zu

Gewinnen an individueller Freiheit, noch allein zu Verlusten sozialer Sicherheit. Vielmehr werden stets beide Seiten betont. Mit Simmels, Elias' und Becks Position lassen sich sowohl Gefahren als auch Chancen des Individualisierungsprozesses für die Individuen und die Gesellschaft betonen, ohne dass die Perspektive je auf eine bloße Feier oder Verdammung der Individualisierung hinausliefe. Diese Linie wird unter dem Namen *ambivalente Individualisierung* vorgestellt; das dort behandelte Individuum als *Risiko-Individuum* bezeichnet. In einem vierten Punkt möchte ich schließlich zeigen, dass die drei letztgenannten, aktuellen Vertreter der drei Traditionslinien, Foucault, Luhmann und Beck – obwohl aus völlig anderen Traditionen heraus startend – überraschende Übereinstimmungen aufweisen, die im Widerspruch zu weit verbreiteten Lesarten ihrer Ansätze stehen. Deutlich wird, dass Foucaults Individualisierungsverständnis nicht in einer Analyse von Machtprozeduren aufgeht, die den Einzelnen immer stärker ins Visier nimmt, dass Niklas Luhmann keineswegs eine Gesellschaftstheorie entwickelt, in der das Individuum keinen Platz hätte, und dass Ulrich Beck mit Individualisierung alles andere meint, aber nicht, dass die Individuen nun machen könnten, was sie wollen, da es keinerlei gesellschaftlichen Zwänge mehr gibt.

Negative Individualisierung: Das gefährdete Individuum

Die Gemeinsamkeiten zwischen den Perspektiven Webers, der kritischen Theorie Horkheimers und Adornos sowie Foucaults sind unübersehbar. Alle drei Positionen zeichnen ein äußerst düsteres Bild der modernen Gesellschaft, die Übereinstimmungen reichen bis in die Terminologie hinein. Nach Webers (1988a: 203) Diagnose zieht sich die durchrationalisierte Welt der heraufziehenden Moderne zu einem „stahlharten Gehäuse" zusammen, in dem die standardisierten Individuen eingesperrt ihr Dasein fristen müssen. Adorno (1979: 186, 446) erscheint die kapitalistische Gesellschaft seiner Zeit als total „verwaltete Welt", in der die Bedürfnisse der Menschen, ihre Spontaneität und Kreativität in einem Ausmaß unterdrückt werden, dass man ihre Liquidierung diagnostizieren muss. Auch Foucault stellt sich die modernen Individuen als Bewohner einer „Disziplinierungsgesellschaft" bzw. „Normalisierungsgesellschaft" vor. Das „stahlharte Gehäuse" (Weber 1988a: 203), das „Freiluftgefängnis" (Adorno 1976: 25) und das „Kerker-System" (Foucault 1977: 379ff.) sind die bevorzugten Metaphern, um das Typische der modernen Gesellschaft hervorzuheben. Für Webers Diagnose resümiert Heins (1990: 108) deshalb zu Recht: „Weber beschreibt die moderne Welt, teils aufgrund von Analysen, teils auf der Basis einer übermächtigen Stimmung, als Gefängnis." Ein ähnliches Resümee lässt sich aus den Arbeiten der kritischen Theorie Horkheimers und Adornos (1971: 202) ziehen: „Der Mensch im Zuchthaus ist das virtuelle Bild des bürgerlichen Typus, zu dem er sich in der Wirklichkeit erst machen soll." Und weiter heißt es: „Die Isolierung, die man den Gefangenen einmal von außen antat, hat sich in Fleisch und Blut der Individuen inzwischen allgemein durchgesetzt. Ihre wohltrainierte Seele und ihr Glück ist öde wie die Gefängniszelle, deren die Machthaber schon entraten können, weil die gesamte Arbeitskraft der Nationen ihnen als Beute zugefallen ist. Die Freiheitsstrafe verblaßt vor der gesellschaftlichen Wirklichkeit." (ebd.: 204) Ähnliche Konsequenzen zieht auch Foucault (1976: 395) aus seinen Analysen der modernen Gesellschaft: „In dem Maße, in dem die Medizin, die Psychologie, die Erziehung, die Fürsorge, die Sozialarbeit, immer mehr Kontroll- und Sanktionsgewalten übernehmen, kann sich der Justizapparat seinerseits zunehmend medizinisieren, psychologisieren, pädagogisieren; und in eben diesem Maße verliert das Scharnier an Nützlichkeit, welches das Gefängnis darstellte, als es durch die Kluft zwischen seinem Besserungsdiskurs und seiner Wirkung als Delinquenzkonsolidierung die Strafgewalt mit der Disziplinargewalt verknüpfte. Inmitten dieser immer dichter werdenden Normalisierungsnetze verliert das Gefängnis an Bedeutung." Deshalb kann man in der Tat mit Breuer (1986: 62, Herv. i. O.) festhalten: „Wollte man das Fazit von *Überwachen und Strafen* auf eine Formel bringen, so wäre es diese: Die Gefängnistore können geöffnet werden, weil die Gesellschaft selbst zum Gefängnis geworden ist – zur Disziplinargesellschaft." Kurz: In allen drei Versionen scheint sich die Gesellschaft zu einem überdimensionalen Gefängnis entwickelt zu haben, so dass die einst nur für wenige Delinquenten eingerichtete Institution Gefängnis mehr und mehr an Bedeutung verliert. Die Individuen sind zu bloßen „Rädchen" (Foucault 1977: 311) einer gewaltigen Maschinerie verkommen, die ihrer eigensinnigen Entfaltung keinerlei Raum bietet. Obwohl Foucault gerade darauf beharrt, dass die Macht nicht bloß destruktive Kräfte entfaltet, indem sie verhindert, verbietet und unterdrückt, sondern im Gegenteil produktiv ist, also hervorbringt, schafft und kreiert, werden die Individuen doch nur geschaffen, um sie besser normieren, überwachen und kontrollieren zu können. In dieser Perspektive wird – bei allen Differenzen im Detail – argumentiert, dass das Individuum bedroht, seine (Bewegungs-)Freiheit in Gefahr ist. Das Individuum erscheint als manipulierbares Rädchen im Getriebe, kaum zu eigenständigen Handlungen und Entscheidungen in der Lage, weil es unter die Räder der Bürokratie gerät, von der verwalteten Welt auf eine Nummer reduziert oder durch immer präzisere Disziplinierungs- und Überwachungsmethoden zu einem Disziplinarindividuum geformt wird. Auffällig ist die Fahndung in allen drei Versionen einer solchen finsteren Zeitdiagnose nach Auswegen, Fluchtlinien und zum Teil utopisch überhöhten Ausbruchsversuchen. Ich möchte diese Argumentationslinie deshalb als *negative Individualisierung* bezeichnen, in deren Mittelpunkt das *gefährdete Individuum* steht.

Bis hierher reichen die Parallelen zwischen Weber, Adorno/Horkheimer und Foucault allemal. Dennoch gibt es auch entscheidende Differenzen, ja Unvereinbarkeiten ihrer Theorien, die trotz der von mir behaupteten Traditionslinie Weber, Adorno und Foucault hier nicht verschwiegen werden sollen. Die Divergenzen lassen sich insbesondere an den durchaus unterschiedlichen Auffassungen vom Individuum zeigen. Foucault geht in seinen Arbeiten – bei allen Verschiebungen, die er hinsichtlich seiner Fragestellungen und methodischen Zugriffe in seinem Werk vorgenommen hat (Kneer 1996) – davon aus, dass es so etwas wie eine Entität namens „Individuum" nicht gibt. Vielmehr wird das Individuum auf verschiedene Weisen durch bestimmte Diskurse und Praktiken erst hervorgebracht. Seine Behandlung des Individualitätsproblems ist somit gänzlich ungetrübt vom romantischen Ideal eines quasi vorgesellschaftlichen Individuums, das vor den schädlichen Einflüssen der Gesellschaft und ihrem vereinnahmendem Zugriff beschützt werden müsste. Was in Theorien solcher Couleur angeblich in Schutz genommen werden muss, gibt es für ihn außerhalb gesellschaftlicher Praktiken und Diskurse überhaupt noch nicht. So ähnlich sich damit die Beschreibungen Webers, Adornos und Foucaults hinsichtlich des Disziplinarindividuums auch einerseits sind, der entscheidende Unterschied ist doch, dass die Rede von der Entstellung und Entfremdung des Individuums durch Institutionen und Organisationen bei Weber und Adorno die – wenn auch implizite – Vorstellung eines gleichsam natürlichen und gesunden Individuums voraussetzen, das durch den vereinnahmenden und repressiven Zugriff der gesellschaftlichen Institutionen an der Entfaltung seiner eigentlichen Bedürfnisse gehindert und dadurch nachhaltig beschädigt wird. Ihre Auffassung vom Individuum lebt gerade von jener Vorstellung, die man mit Dubiel (1973: 64) wie folgt beschreiben kann: „Es gehört zu den tief eingesenkten kulturellen Selbstverständlichkeiten aufklärerischer Provenienz, dass das Individuum vor dem Zugriff der Gesellschaft geschützt werden muß – daß es durch seine Zugehörigkeit zu bestimmten gesellschaftlichen Gruppierungen, seine Funktion in bestimmten Institutionen nicht ausdefiniert ist." Obwohl auch die Mitglieder der Frankfurter Schule eine alles andere als von der Gesellschaft unabhängig gedachte Vorstellung vom Individuum haben, sondern sogar zeigen, wie es erst unter bestimmten gesellschaftlichen Bedingungen entsteht, gerät ihnen dennoch die Vorstellung eines nicht-entfremdeten Individuums unter der Hand zum Ideal, an dem die Verfassung des Individuums unter den gegenwärtigen gesellschaftlichen Bedingungen gemessen wird. Wie wir inzwischen wissen, fällt ihr Urteil verheerend aus. Für das Individuum gibt es in ihren Augen keine Rettung. Die „finstere Einheitsgesellschaft" (Adorno 1976: 25) hat die totale „Nichtigkeit des Individuums" (ebd.: 116) endgültig besiegelt; allein „Pseudoindividualisierung" (ebd.: 125) und „Pseudoindividualität" (Horkheimer/Adorno 1971: 139) offenbart sich ihrem kritischen Blick. Bei Foucault dagegen gibt es jenseits des zugerichteten Individuums kein unbeschädigtes, heiles Individuum, das erst durch bestimmte Herrschaftsformen zu einer bloßen Schrumpfform seiner selbst verkommt. Diese Auffassung des Individuums ist es letztlich auch, die – trotz durchaus vorhandener Ähnlichkeiten – sein Programm der *Lebens-*

kunst so deutlich von Webers Programm der *Lebensführung* unterscheidet (Schroer 1996a). In Webers liberal-protestantischer Vorstellung einer in sich stimmigen, methodischen Lebensführung verbirgt sich eine normative Konzeption von Individualität und Identität, die im Zuge der Postmoderne-Diskussion insgesamt auf Kritik gestoßen ist und sich insbesondere an Foucaults Position konkretisieren lässt. Foucault vermutet hinter der Forderung nach einem einheitlichen Selbst, einer einheitlichen Identität eher eine weitere perfide Disziplinierungsmaßnahme, eine Form der Individualisierung, die dem Individuum von außen zugemutet wird. Nicht nur müssen wir abweisen, hält er dagegen, was wir sind, vielmehr müssen wir uns das, „was wir sein könnten, ausdenken und aufbauen": „Wir müssen neue Formen der Subjektivität zustandebringen, indem wir die Art von Individualität, die man uns jahrhundertelang auferlegt hat, zurückweisen" (Foucault 1987: 250). Diese Haltung zu einem *Ethos* zu erheben, ist das Thema seiner späten Schriften. Ihr Zentrum bildet das Konzept der Selbstsorge, das *beides* umfasst: Widerstand gegen gesellschaftlich oktroyierte Subjektivierung und die Erfindung von anderen, selbstgewählten Subjektformen. Es geht um die Erfindung eines Selbst als permanentem Prozess, eines sich stets wandelnden und verändernden Selbst. „Aus dem Gedanken, daß uns das Selbst nicht gegeben ist, kann m.E. nur eine praktische Konsequenz gezogen werden: wir müssen uns wie ein Kunstwerk begründen, herstellen und anordnen" (ders. 1984: 81). Bei Weber muss ein immer schon vorhandenes Selbst sich darum bemühen, seinen vorgegebenen Kern zu bewahren, trotz der es umgebenden zahlreichen Einflüsse und Anforderungen, denen es ausgesetzt ist. Bei Foucault dagegen soll sich das Individuum um sich sorgen, weil es nichts Gegebenes ist, vielmehr ständig im Werden begriffen ist und sich erst durch die Sorge um sich permanent neu hervorbringt. Während die von Weber analysierte *Protestantische Ethik* ein Individuum voraussetzt, das auf manche Teile seines Selbst verzichten muss, um dem Ideal der methodisch-rationalen Lebensführung gerecht zu werden, muss sich das Individuum der *antiken Morallehren* in Praktiken üben und Erfahrungen aussetzen, um sich allererst zu einem Selbst auszubilden (ders. 1993: 25). Immer wieder neue Existenz- und Sinnentwürfe sind nur in Ermangelung eines festen Wesenskerns möglich. Während es in *modernen* Konzepten gerade um den Aufbau und die Ausbildung einer stabilen Ich-Identität geht, liegt der *postmoderne* Ausgangspunkt Foucaults gerade darin, diese *Individualisierungsstrategie als Disziplinierungsmechanismus* zurückzuweisen und ein Konzept der ständigen Selbstüberschreitung und Selbstveränderung dem Konzept der stabilen Ich-Identität entgegenzuhalten. Ihm geht es nicht um Identitätsaufbau, sondern um Identitätsverweigerung, nicht um die stetige Vervollkommnung einer Identität, sondern um ein chamäleongleiches Wechseln zwischen verschiedenen Identitäten. Dabei verdankt sich Foucaults *Konzept der Lebenskunst* deutlich dem Impuls, mit Hilfe der Selbstpraktiken des Individuums gesellschaftliche Veränderungen herbeiführen zu können, während Weber derartige Veränderungen grundsätzlich nicht für möglich hält und deshalb nur ein Überleben in dem durch Bürokratisierungs- und Disziplinierungstendenzen gekennzeichneten „Gehäuse der Hörigkeit" anvisiert (Weber 1988b: 414). Wenn es Foucault um *expressive Darstellung der Lebensführung* geht, darum, die Lebensführung sichtbar zu machen, ihr eine Form zu verleihen, die für jedermann wahrnehmbar ist, so dient diese nach außen gewendete Lebensführung, die zum Kunstwerk erhobene Existenz also nicht der eitlen Selbstschau. Vielmehr steht dahinter die Überlegung, dass nur durch eine Transformation der im *Schlupfwinkel des Privaten vollzogenen Lebensführung* in eine ans *Licht der Öffentlichkeit heraustretende Lebenskunst* das Verhältnis des Einzelnen zu sich und zu seiner Umwelt zu einer politisch relevanten Haltung gemacht werden könnte, die die Machthaber nicht umhin können wahrzunehmen (Foucault 1992). Das webersche Verdikt über ästhetisch motivierte Lebensmodelle, die sich der Realität des prophetenlosen Zeitalters nicht aussetzen, statt dessen der Erlebnis-Jagd frönen, sich dem Genuss ergeben und damit eine ethisch unverantwortbare Existenz fristen, ist mit dem foucaultschen Konzept der *Lebenskunst* ganz und gar unverträglich. Er fordert gerade umgekehrt, dass wir daran arbeiten müssen, „selbst unendlich Genußfähiger zu werden" (ders. 1984: 88), was ihn wiederum stärker in die Nähe der kritischen Theorie rückt, die im Hedonismus keineswegs eine Dekadenzerscheinung gesehen hat, mit der einige Privilegierte vor den Härten des Lebens zu fliehen versuchen. Bei Horkheimer (1991: 398) heißt es sogar explizit: „Erziehung zur Genußfähigkeit bildet ein entscheidendes Moment im aussichtslosen Kampf gegen die heraufziehende totalitäre Epoche der Welt."

Halten wir fest: Trotz einiger Differenzen im Detail finden sich bei Weber, Adorno und Foucault überwiegend Ähnlichkeiten hinsichtlich ihrer Diagnose über das Schicksal des Individuums in der Moderne. In der einen oder anderen Weise setzen sie bei der Frage, wie die Heraufkunft des stählernen Gehäuses, der total verwalteten Welt und der Kontrollgesellschaft doch noch abgewendet werden könnte, auf die Widerstandskraft des Individuums. Doch während in Webers Konzeption allein ein *heroisches Individuum* dazu in der Lage ist, der vollständig bürokratisierten Welt die Stirn zu bieten, bei Adorno nur ein *starkes Individuum* dem Manipulationscharakter der kapitalistischen Tauschgesellschaft zu trotzen weiß, entkommt nach Foucault gerade umgekehrt nur ein *vielfältiges, multiples und bewegliches Individuum* den zahlreichen Herrschaftstechniken und Normalisierungsstrategien der Disziplinar- und Kontrollgesellschaft (Schroer 1996b). Der Gewinn der foucaultschen Perspektive scheint mir gerade in der Verweigerung zu liegen, sich auf eine Theorie festlegen zu lassen, die so gebaut ist, dass sie nichts anderes mehr als die Bestätigung ihrer Annahme vorfinden kann, dass das Individuum in der modernen Gesellschaft letztlich liquidiert werde. Vielmehr gestatten ihm seine stets neu ansetzenden Genealogien verschiedene Blicke auf komplexe Ereignisse, die sich niemals zu Totalitätsaussagen à la „Das Ganze ist das Unwahre“ oder „Es gibt kein richtiges Leben im Falschen“ verdichten, sondern bisweilen unvermittelt nebeneinander stehen können und sich sogar zu widersprechen scheinen.[1] Webers ebenso wie Adornos und Horkheimers These von der Uniformierung bzw. vom Ende des Individuums sind in ihrer Radikalität nicht in der Lage, andere Formen von Individualität wahrzunehmen. Was sie sehen, gilt ihnen als bloße Pseudoindividualität, die deshalb keine wahre Individualität mehr ist, weil mit ihr letztlich nicht darüber hinweggesehen werden kann, dass sich dahinter zunehmende Standardisierung, Nivellierung und Atomisierung verbirgt, die die Einzelnen immer ähnlicher und zugleich immer isolierter voneinander machen. Sie sind gar nicht mehr in der Lage, andere Entscheidungen zu treffen, als solche, die sich kapitalistischer Verwertungslogik verdanken. Es ist zugleich diese Differenz, die Foucault – bei aller bestehenden Ähnlichkeit zur Perspektive Webers und Adornos – von dieser Traditionslinie unterscheidet und in die Nähe Becks und Luhmanns rückt, wie ich weiter unten noch zeigen werde.

Positive Individualisierung: Das gefährliche Individuum

Für Durkheim, Parsons und Luhmann ist die Herauslösung der Individuen aus traditionellen Abhängigkeitsverhältnissen konstitutiv für die Entstehung der modernen Gesellschaft. Anders als die pessimistischen Diagnosen Webers, Adornos, Horkheimers und Foucaults fürchten sie jedoch nicht, dass der Herauslösung aus den alten Fesseln subtilere Macht- und Kontrollinstanzen folgen, die die gerade errungenen Freiheiten des Individuums wieder zu zerstören drohen. Ihnen stellt sich der Individualisierungsprozess keineswegs als ein Prozess dar, der letztlich nur eine bessere Überwachung der Individuen ermöglicht. Weder in Durkheims und Parsons' noch in Luhmanns Theorie der Moderne begegnet uns das Bild eines Gesellschaftsmolochs, der den Individualisierungsprozess ad absurdum führt, indem er das Individuum zu einem unscheinbaren Rädchen im Getriebe degradiert: keinen übermächtigen Staat, keine allmächtige Bürokratie, keine kapitalistische Suprematie, kein blind waltendes Gesetz der Geschichte. Vielmehr gilt ihnen Individualisierung zunächst einmal als schlichte Begleiterscheinung des von ihnen analysierten Differenzierungsprozesses, der die traditionalen Gesellschaften in eine funktional differenzierte, moderne Gesellschaft verwandelt. Die sich wandelnde Lage des Individuums steht nicht im Gegensatz zu diesem allgemeinen Entwicklungstrend, sondern folgt der gleichen Logik. Das Individuum ist bei ihnen weder widerspenstiger Widerpart noch verzichtbares Anhängsel ei-

---

1 Gerade das ist es auch, was ihn später selbst an seiner Aussage vom „Tod des Menschen“ so gestört hat (Foucault 1997: 84), mit der er eine ähnliche Totalaussage vorgenommen hatte.

ner sich zunehmend ausdifferenzierenden Gesellschaft, sondern notwendiges Element der modernen Gesellschaftsstruktur, Träger und Garant einer funktional differenzierten Gesellschaft. Durkheim, Parsons und Luhmann gehen davon aus, dass Stellung und Lage der Individuen dem jeweiligen Differenzierungsgrad der Gesellschaft folgen. In einer segmentär oder stratifikatorisch differenzierten Gesellschaft muss sie folglich anders sein als in einer funktional differenzierten. Insofern werden die jeweiligen Möglichkeiten der Individuen jeweils in Hinblick auf die von der Gesellschaft bereitgestellten Möglichkeiten hin gedacht und nicht umgekehrt die jeweilige Gesellschaftsform als Produkt individueller Anstrengungen bewertet. Das Individuum steht und bestimmt sich in allen drei Konzeptionen niemals außerhalb der von der Gesellschaft vorgegebenen Möglichkeiten. Es nimmt immer – ob es will oder nicht – am Vollzug von Gesellschaft teil, auch wenn es sich scheinbar verweigert oder dies ausdrücklich beabsichtigt. Diese Sichtweise hat immer wieder den Vorwurf eines Determinismus auf sich gezogen, der dem Individuum seine Kreativität, Autonomie und Spontaneität abspricht, indem es zur bloßen Marionette von über es hinausgehenden gesellschaftlichen Kräften erklärt wird. Allerdings wird dieser Vorwurf oftmals auf dem Boden der soziologisch reichlich naiven Annahme eines sich selbst setzenden Individuums formuliert, die jegliche gesellschaftliche Präskription der sozialen Lagerung als Angriff auf die Entscheidungsautonomie des Individuums wertet, jede institutionelle Vorgabe als Zwang und jede Beeinflussung als Machtausübung einstuft. So verkehren sich jedoch unter der Hand die Fronten. Die als Anwälte der Individuen und ihrer Freiheit auftretenden Theoretiker sind es oft genug selbst, die den Individuen eine eigensinnige, kreative, individuelle Entscheidung, Aktion oder Handlung *vor dem Hintergrund gesellschaftlicher Vorgaben* nicht zutrauen. Die Logik scheint zu lauten: Soziale Strukturen und Erwartungen sind stets stärker als die Aspirationen des Individuums, das zu wehr- und willenloser Passivität gezwungen wird. Die vielleicht unscheinbaren, eher unspektakulären Kreativitätsleistungen entgehen notwendig einem Blick, der auf revolutionäre Umgestaltung, spektakuläre Umbrüche, massive Widerstände, unverstellte Subjektivität und authentische Erfahrung gerichtet ist. Eine sich trotz oder gar auf Grund zunehmender Differenzierung durchsetzende Individualisierung scheint nach diesem Modell ebenso ausgeschlossen wie eine sich *innerhalb* von Institutionen und Organisationen entfaltende Individualität. Während bei Weber, Adorno/Horkheimer und Foucault die in mächtigen Unterdrückungsapparaten kulminierenden Bürokratisierungs- und Disziplinierungstendenzen der modernen Gesellschaft eindeutig zu Lasten des Individuums gehen, schließen sich Parsons und Luhmann der erstmals von Durkheim formulierten Steigerungshypothese an, nach der eine Steigerung der sozialen Ordnung nicht notwendig zu einem Verlust an individueller Freiheit führt. Im Gegenteil scheinen sich beide Entwicklungen sogar gegenseitig zu bedingen (Durkheim 1988: 82; Luhmann 1995: 130; 1982: 13; Parsons 1975: 21). Bei Weber, Adorno/Horkheimer und auch bei Foucault tauchen Institutionen und Organisationen als Individualitätsförderer nur im Sinne zunehmender Vereinzelung und perfekterer Überwachung auf, als Instanzen negativer Individualisierung also. Eine gewissermaßen durch die zunehmenden Abhängigkeitsketten hindurchgehende, die gesamte soziale Ordnung nicht sprengende, sondern eine *in* der Konsumgesellschaft, *innerhalb* der Kulturindustrie und *in* Organisationen stattfindende Individualisierung galt etwa Adorno als bloße *Pseudoindividualisierung*. Ganz im Gegensatz zu dieser um das autonome, emanzipierte und mündige Individuum bangenden Perspektive erfolgt die Akzentsetzung bei Durkheim, Parsons und Luhmann eher umgekehrt. Sie fragen nach den Folgen der Individualisierung für die Gesellschaft. Sie fragen, was eine Gesellschaft noch zusammenhält, die ihre Mitglieder zunehmend individualisiert. Obwohl sie den Individualisierungsprozess prinzipiell begrüßen und sich darüber im Klaren sind, dass eine ausdifferenzierte und so komplexe Gesellschaft wie die moderne auf flexible Individuen mit großem Aktionsradius angewiesen ist, treibt Durkheim und Parsons dennoch die Sorge um, wie Individuen von ordnungsgefährdendem Verhalten abgehalten und auf konformes Verhalten verpflichtet werden können. Durkheim und Parsons sehen sich schließlich sogar genötigt, regelrechte Bollwerke gegen eine zu weit getriebene Individualisierung zu errichten. In ihren Augen bedarf es gemeinsam geteilter Werte und Normen, die die Individuen auf eine (immerhin: gesellschaftliche) Gemeinschaft einschwören und von einer übertriebenen Selbstbezüglichkeit abhalten sollen. Völlig sich selbst überlassene, solipsistische Individuen sind ihres Erachtens eine Gefahr für den Zusammenhalt einer Gesellschaft. Sie sind davon überzeugt, dass das Individuum bestimmte Regeln und allgemeine Grundsätze braucht, denen es sich zu fügen hat. Sie schützen letztlich nicht nur die Gesellschaft vor völlig unberechenbar gewordenen Individuen, sondern auch diese selbst vor ihren eigenen maßlosen Bedürfnissen, Ansprüchen und Leidenschaften, die sie sonst zu zerreißen drohen. Frühzeitig einsetzende Maßregelungen und Disziplinierungen durch Erziehung und Sozialisation haben hier dafür zu sorgen, dass das Individuum von sich aus zur Übereinstimmung mit den gesellschaftlichen Anforderungen und Erwartungen gelangt. Anders als Weber, Adorno/Horkheimer und Foucault, deren Sorge dem durch Rationalisierung, Standardisierung und Disziplinierung *gefährdeten Individuum* gilt, geraten Durkheims, Parsons und Luhmanns Diagnosen eher ein *gefährliches* Individuum in den Blick, das durch seine neu gewonnen Freiheiten gegenüber den gesellschaftlichen Anforderungen die soziale Ordnung gefährden könnte.

Durkheims und Parsons' Konzeptionen ist jedoch eine Auffassung von sozialer Ordnung eigen, die Individualisierung gewissermaßen nicht in den Himmel wachsen lassen will. Es ist, als trauten sie den freigesetzten und völlig auf sich gestellten Individuen von sich aus nicht zu, für die notwendigen Beiträge zur Aufrechterhaltung der sozialen Ordnung zu sorgen. In beiden Versionen einer Theorie sozialer Integration müssen die Einzelnen gewissermaßen zu ihrem Glück gezwungen werden, das eben nicht in der Selbstverwirklichung ihrer egoistischen Interessen und Lebensziele, sondern im Dienst an der Gemeinschaft liegt. So sind die Individuen einerseits zwar ganz entschieden Garanten, andererseits aber auch potentielle Störfaktoren der sozialen Ordnung. Zwar überwiegt letztlich die optimistische, erste Lesart. Dennoch aber bleiben Möglichkeiten einer zu weit getriebenen, gleichsam aus dem Ruder laufenden Individualisierung ständig gegenwärtig, so dass nur das anpassungsbereite (Durkheim, Parsons) bzw. anpassungsgeschickte (Luhmann) Individuum nicht als die soziale Ordnung gefährdend angesehen wird. So gesehen hält diese Tradition – bei Durkheim und Parsons explizit, bei Luhmann nurmehr implizit – eine Unterscheidung von gelungener und misslungener Individualisierung, nämlich einer für die Gesellschaft funktionalen oder dysfunktionalen Individualisierung aufrecht. Hinsichtlich der Beiträge der Individuen für die soziale Ordnung ist die Argumentation also durchaus ambivalent, und es ist diese Ambivalenz, die die Erfindung zweier Individualismusbegriffe gewissermaßen erst nahelegt. Dem gefährlichen, weil ungezähmten, „wilden" Individualismus wird bei Durkheim (1985: 113) mit einem „moralischen Individualismus", bei Parsons (1976: 218; 1968: 199) mit einem „institutionalisierten Individualismus" begegnet. Damit stellen beide dem empirisch vorgefundenen, potentiell ordnungsgefährdenden Individualismus einen idealen, die soziale Ordnung stützenden Individualismus entgegen. Doch wie steht es mit dem Beitrag Luhmanns, seiner Stellung innerhalb der Durkheim-Parsons-Linie? Haben nicht die Formulierungen auf den letzten Seiten schon zu erkennen gegeben, dass sich Luhmann – allen unverkennbaren Übereinstimmungen zum Trotz – nicht reibungslos in diese Tradition einordnen lässt? Die Antwort lautet auf einen Punkt gebracht: Luhmann schreibt sich in diese Linie hinein und auch wieder aus ihr heraus – ganz ähnlich wie dies schon bei Foucault in der ersten Traditionslinie zu beobachten war. Er teilt einerseits den grundsätzlichen Ansatzpunkt beider Vorläufer, entfernt sich jedoch andererseits deutlich von ihren Vorgaben. Die auffälligste Differenz gegenüber den Antworten Durkheims und Parsons' auf das Problem sozialer Ordnung liegt darin, dass Luhmann eine derartige, über Wertekonsens erzielte gesellschaftliche Integration nicht nur nicht für möglich hält, sondern auch nicht als ordnungstheoretische Präsupposition gelten lassen will. *Dieses* Erbe Durkheims und Parsons' scheint eher Habermas mit seinem Konsensmodell der Verständigung angetreten zu haben. Luhmann dagegen, in dessen Gesellschaftskonzeption es grundsätzlich kein Zentrum und keine Spitze mehr gibt, muss ohne eine die Teilsysteme übergreifende und zusammenhaltende Kultur auskommen. Aber auch andere Systeme, wie etwa Politik oder Recht, sind nach Luhmann nicht mehr dazu in der Lage, diese Integrationsaufgabe zu erfüllen. Freilich macht Luhmann aus der Not eine Tugend, indem er Integration und Zusammenspiel lediglich als (unwahrscheinliche) Folge, keineswegs aber als Voraussetzung sozialer Prozesse gelten lässt. Was bleibt, ist der empirische Blick auf die Frage, ob die Funktionssysteme unkontrolliert voneinander wegdriften oder ob sie durch bestimmte Mechanismen zusammengehalten werden können bzw. müssen.[2] Der Abschied von einer nicht mehr länger über gemeinsam geteilte Werte und Normen sichergestellten Integration hat für die Individuen jedenfalls erhebliche Folgen. Anders als noch bei Durkheim und Parsons erwartet die Gesellschaft nach Luhmann von ihren Mitgliedern nicht mehr die Befolgung eines normativen Wertekanons. Die Individuen werden weder auf ein bestimmtes Ziel hin sozialisiert, noch auf bestimmte Verhaltensweisen hin festgelegt. Die einzige Festlegung, die von ihnen noch verlangt wird, ist die, sich nicht festzulegen. Das Individuum muss angesichts des sich immer schneller vollziehenden sozialen Wandels dazu in der Lage sein, sich auf immer neue Situationen einlassen zu können. Die Orientierung an lebenslang gültigen Verhaltensmustern und Lebensstilen wird unter den Vorgaben immer komplexer werdender gesellschaftlicher Verhältnisse schlicht kontraproduktiv und dysfunktional. Deshalb stellt die moderne Weltgesellschaft nach Luhmann von normativ-vorschreibenden auf lernbereit-kognitive Erwartungsstrukturen um. Während *normatives Erwarten* sich dadurch auszeichnet, dass an den Erwartungen auch im Enttäuschungsfall festgehalten wird, drückt sich *kognitives Erwarten* in der Bereitschaft zum Umdenken und Umlernen aus. Geht es im ersten Fall etwa um die Durchsetzung innerer Überzeugungen auch gegen äußeren Widerstand, handelt es sich im zweiten Fall um die möglichst flexible Anpassung an äußere Bedingungen: „Kognitives Erwarten sucht sich selbst, normatives Erwarten sucht sein Objekt zu ändern." (Luhmann 1975: 55) Gefahr droht so gesehen noch am ehesten von denjenigen, die sich den Forderungen nach Flexibilität, Mobilität und Eigeninitiative zu entziehen versuchen und nach stabilen Identitäten, festen Rollenmustern und unmissverständlichen Vorgaben verlangen. Zu dieser Klientel gehören etwa die Akteure der neuen sozialen Bewegungen, deren Aktivitäten er nicht zufällig als „*Protest gegen die funktional differenzierte Gesellschaft und ihre Effekte*" (ders. 1986: 234) auffasst. Wenn überhaupt, dann droht für Luhmann die Gefahr nicht von einer Systemlogik, die bis in die letzten Reservate der Lebenswelt eindringt (Habermas 1988b: 522), sondern von Individuen, die sich von der Eigendynamik der losgelassenen Funktionssysteme bedroht fühlen. Die Artikulation ihrer Ängste gefährdet die äußerst störungsanfälligen Systeme und ruft damit die „wirklichen" Gefahren erst hervor (Breuer 1992: 100f.; Luhmann 1986: 237ff.). Für Luhmann (1984: 365) „ist die Gesellschaft mehr, als man gemeinhin denkt, durch Emotionalität gefährdet".

Halten wir fest: Trotz der theoretischen und diagnostischen Differenzen scheint Differenzierungstheorie gleich welcher Couleur ein Steigerungsver-

---

2 Die Vorschläge reichen von Interpenetration über Kontextsteuerung bis hin zu Reflexion (vgl. zusammenfassend Schimank 1996: 190ff.). Nassehi (1997a; 1997b) problematisiert dagegen die in diesen Vorschlägen unterstellte Notwendigkeit gesellschaftlicher Gesamtintegration.

hältnis von Differenzierung und Individualisierung zu postulieren. Sowohl für Durkheim und Parsons als auch für Luhmann gilt, dass den Einzelnen der Anspruch auf Einzigartigkeit und Selbstbestimmung nicht nur ermöglicht, sondern geradezu abverlangt wird. Die Individualisierung der einzelnen Akteure wird zur notwendigen Bedingung für das Funktionieren gesellschaftlicher Ordnung. Insofern ist Individualisierung – wenn man so will – kein uneigennütziges Geschenk der Gesellschaft an die Individuen, sondern schlichtes Funktionserfordernis, das den Individuen bestimmte Pflichten abverlangt, dabei aber auch manche Rechte zugesteht. Ganz sicher teilt Luhmann mit Durkheim und Parsons eine auch etwa bei Gehlen vorzufindende Überzeugung, dass sich das Individuum gegenüber einer unübersichtlichen Fülle an Möglichkeiten kaum zu erhalten vermag und es insofern der die Optionen kanalisierenden und limitierenden Institutionen bedarf. Individualisierung, das bedeutet in diesen drei Theorien immer auch den Verlust institutioneller Muster, die dem Individuum Entlastung angesichts der Tyrannei der Möglichkeiten versprachen. Eine weitgehend dem Einzelnen überantwortete Lebensplanung bedeutet in diesem Kontext immer auch ein Versagen der institutionellen Ordnung, die ihren Verantwortungsbereich an den Einzelnen abtritt, statt für Regulierungen zu sorgen, die eine Überforderung der Individuen verhindert. Nur wenn man sie nicht mit allen Problemen alleine lässt, sondern ihnen bestimmte Angebote macht, kann man entsprechende Leistungen von ihnen erwarten – das ist immer auch der Hintergrund der Argumentationsfigur sowohl bei Durkheim als auch bei Parsons und Luhmann.

Ambivalente Individualisierung: Das Risiko-Individuum

Becks Individualisierungstheorie hält zu den klassischen Theorien der Moderne gehörigen Abstand. In erster Linie geht es ihm in der Tat um eine packende Zeitdiagnose (Neckel 1993: 70) und nicht um eine ausgeklügelte Theorie. Das betrifft auch sein Verständnis von Individualisierung, Individualismus und Individualität. Beck sucht dafür weder die Rückversicherung bei den Klassikern, noch flankiert er es durch eine weit ausholende historische Analyse. Vielmehr geht es ihm um die Beschreibung eines seit den siebziger Jahren sich abzeichnenden neuen *Individualisierungsschubs* und seiner Folgen. Erst angesichts dieser Folgen ergeben sich Parallelen zu den klassischen Beschreibungen der Individualisierung, die in der Tat schon strukturell ähnlich gelagerte Prozesse beschrieben haben. Was sich gleichbleibt, ist die Herauslösung und mögliche Wiedereingliederung der Individuen; was sich ändert, sind die Bezüge, aus denen Individuen herausgelöst werden, und diejenigen, in die sie womöglich neu eintreten. Mit anderen Worten: Was heute als traditionelle Beziehungsform gewissermaßen abgewählt wird, ist einstmals selbst an die Stelle von traditionalen Bezügen getreten. So mussten ständische Bezüge Klassenzugehörigkeiten weichen, an deren Stelle heute womöglich Lebensstilgruppen oder Erlebnisgemeinschaften treten (Hillebrandt/Kneer/Kraemer 1998). Ähnlich wie in der Kunst die Avantgarden von heute die Traditionen von morgen sind, könnte es sich auch im Bereich des Sozialen verhalten. Eine der entscheidenden Fragen dürfte dabei jedoch sein, ob je wieder ein Modell des familiären, politischen usw. Zusammenlebens eine derartige Verbreitung und Akzeptanz erreicht, dass es sich tradieren kann. Für die Gegenwart jedenfalls neigt Beck dazu, das Besondere gegenüber früheren Epochen gerade nicht in der Dominanz eines wie auch immer gearteten neuen Lebensmodells, sondern in der Vielzahl der Möglichkeiten zu sehen, wie Individuen ihr Leben zu gestalten versuchen (Hitzler 1999; 1994). Trotz der deutlichen Gegenwartsfixiertheit der beckschen Individualisierungstheorie weist sein Verständnis von Individualisierung speziell mit der simmelschen und eliasschen Individualisierungstheorie große Ähnlichkeiten auf. Simmel, Elias und Beck stimmen darin überein, dass Individuen aus ihren traditionalen Sozialbeziehungen herausgelöst und damit stärker auf sich selbst zurückgeworfen werden. Das sehen zwar alle hier behandelten Theorien nicht anders, weshalb es sich bei der Herauslösungs- bzw. Freisetzungsdimension um die wahrscheinlich einzige unstrittige Dimension dessen handelt, was unter Individualisierung sinnvoll verstanden werden kann. Doch die Gemeinsamkeiten der Ansätze von Beck, Elias und Simmel gehen darüber hinaus: Sie sehen mit der Individualisierung weder die soziale Ordnung bedroht noch den Untergang des Individuums besiegelt. Sie vertreten vielmehr übereinstimmend die These, dass Individualisierung sowohl Gefahren als auch Chancen mit sich bringt. Ihr Verständnis von Individualisierung ist – mit einem Wort – *ambivalent*. Sowohl Simmel als auch Elias und Beck wissen um die durchaus zwiespältigen Folgen des Individualisierungsprozesses. Nicht einer von ihnen beschreibt die Freisetzung des Einzelnen aus traditionalen Beziehungsformen einseitig als Befreiungsprozess, der allein zu größeren individuellen Freiheiten führt, nicht aber auch neue soziale Kontrollen mit sich bringt. Im Gegenteil ist in allen drei Versionen von neuen Freiheiten, Optionsspielräumen und Handlungschancen die Rede, die jedoch von neuen Zwängen, Obligationen und Fremdbestimmungen konterkariert zu werden drohen. Dass die Freisetzung und Herauslösung aus traditionalen Abhängigkeiten kein Reich absoluter Freiheit entstehen lässt, in dem jeder tun und lassen kann, was er will, sehen Simmel, Elias und Beck übereinstimmend. Bei Simmel (1989b: 375) heißt es dazu: „Was wir nämlich als Freiheit empfinden, ist oft nur ein Wechsel der Verpflichtungen“; für Beck ziehen die neuen Freiheiten ebenfalls sogleich wieder neue Abhängigkeiten nach sich; und bei Elias ist vom Umschlag der Fremdzwänge in Selbstzwänge und nicht von der Auflösung von Zwängen überhaupt die Rede. Vor allem für die individuellen Lasten, die dabei entstehen, haben Simmel, Elias und Beck ein feines Gespür. Statt allein die ordnungstheoretische Frage zu stellen, wie die freigesetzten und damit unberechenbarer gewordenen Individuen möglichst rasch wieder in eine stabile Ordnung integriert werden können – womit Individualisierung in erster

Linie als gefährliche, Anomie erzeugende Kraft interpretiert würde –, widmen sie sich ausführlich der Frage, wie Individuen mit den neuen Freiheiten umgehen und wie soziale Ordnung trotz Individualisierung möglich ist.

Simmel, Elias und Beck bestreiten entschieden den oft unterstellten Kausalzusammenhang zwischen Individualisierung und Anomie, individuellen Freiheiten und Desintegration, „Ich"-Betonung und moralisch-sittlichem Verfall. Ebenso fremd jedoch stehen sie der umgekehrten Auffassung gegenüber, die das Individuum in der Moderne zu einem willenlosen Rädchen im Getriebe erniedrigt sieht, das keinerlei eigene Entscheidung mehr zu treffen vermag, sondern ferngesteuert von den Vorgaben des kapitalistischen Wirtschaftsbetriebs und der Kulturindustrie vor sich hin vegetiert. Selbst dort, wo die Gefährdungen individueller Freiheit von Simmel, Elias und Beck thematisiert werden, lassen sie sich nicht zu kulturkritischen Untergangsszenarien im Stile Webers und Adornos hinreißen. An keiner Stelle sehen sie die Einflussmöglichkeiten und Entscheidungsfähigkeiten der Individuen auf ein derart geringes Maß reduziert, dass bloße „Pseudoindividualisierung" konstatiert werden müsste. Simmel, Elias und Beck teilen die Geringschätzung gegenüber den Wahlmöglichkeiten der Individuen, wie es in der Tradition der kritischen Theorie üblich ist, nicht. Auch nach ihrer Einschätzung lässt sich die Prognose der älteren kritischen Theorie, wir würden alle zu „Lurchen" (Horkheimer/Adorno 1971: 36), getrost ad acta legen. Insbesondere Elias hat in seiner wissenssoziologischen Perspektive immer wieder betont, dass sich sowohl die Vorstellung eines völlig determinierten wie auch die Vorstellung eines völlig freien Individuums letztlich nicht-theoriefähigen Urteilen verdankt, die ohne jegliche analytische Schärfen daherkommen. Auch in der Erzählung vom Untergang des Individuums sieht Elias letztlich einen Mythos am Werk, der dringend der soziologischen Entzauberung bedarf. Bei Simmel und Elias ist die Vorstellung eines ganz und gar isolierten Individuums zudem schon aus kategorialen Gründen ausgeschlossen. Individuum und Gesellschaft sind nach Simmel (1992: 860) letztlich nur „*methodische Begriffe*" und auch nach Elias (1991: 199) „nur rein sprachlich" als zwei eigenständige Entitäten anzusehen. Gesellschaft besteht nach ihrer gemeinsamen Auffassung qua definitionem aus *Wechselwirkungen* und *Figurationen* von Individuen. Individuen sind prinzipiell in ein Geflecht von sozialen Beziehungen eingewoben, das sich aus ihren Beiträgen ernährt und reproduziert. Immer schon findet sich jeder Einzelne in zunächst nicht zur Wahl stehenden Bindungen vor, die ihn vor einem Leben als Solitär oder als einsam seine Kreise ziehende Monade bewahren. Allerdings sind in beiden Beschreibungen der modernen Gesellschaft die Zerstörung tradierter Formen des Zusammenlebens thematisch, die in einem bisher unbekannten Ausmaß Chancen zu selbst gewählten Sozialbezügen eröffnen, ohne dass damit bereits ausgemacht wäre, dass diese Chancen von den Einzelnen auch zum Neuaufbau sozialer Beziehungen genutzt werden. Gerade hinsichtlich dieser Frage sind Elias und Beck optimistischer als Simmel. Simmel scheint zunächst deutlich Skepsis gegenüber den Fähigkeiten der Individuen an den Tag zu legen, diese Bindungen herzustellen. Er äußert die Befürchtung, dass die Individuen „bei der Tatsache der Entwurzelung stehen" bleiben und „oft genug zu keinem neuen Wurzelschlagen" (Simmel 1989b: 554) überleiten. Freilich hat Simmel dabei nicht Bindungslosigkeit überhaupt im Blick, sondern es ist jene „innerliche Bindung, Verschmelzung, Hingabe" (ebd.) an bzw. mit einer Sache oder Person, die in der temporeichen Moderne nicht mehr anzutreffen ist. Das Geld, unter dessen Diktat die Befreiungsvorgänge sich vollziehen, sorgt mit seiner Unbestimmtheit für flüchtigere Beziehungen im zwischenmenschlichen Bereich und zu oberflächlicheren und vergänglicheren gegenüber dem Besitz von Dingen (ebd.: 554f.). Insofern hat auch Simmel – ebenso wie Beck und Elias – nicht etwa das endgültige Absterben von Bindungen im Blick, sondern deren charakteristische Veränderungen. In einer verblüffenden Parallele zu Beck fasst auch Simmel Individualisierung als einen Prozess, der sich aus den drei Dimensionen Freisetzung bzw. Herauslösung, Stabilitätsverlust bzw. Entzauberung und Wiedereinbindung bzw. Reintegration zusammensetzt (Beck 1986: 206). So heißt es bei Simmel (1989a: 245): „Wenn die vorgeschrittene Kultur den socialen Kreis, dem wir mit unserer ganzen Persönlichkeit angehören, mehr und mehr erweitert, dafür aber das Individuum in höherem Maße auf sich selbst stellt [*Herauslösungs-* bzw. *Freisetzungsdimension*, M.S.] und es mancher Stützen und Vorteile des enggeschlossenen Kreises beraubt [*Stabilitätsverlust* bzw. *Entzauberungsdimension*, M.S.], so liegt in jener Herstellung von Kreisen und Genossenschaften, in denen sich beliebig viele, für den gleichen Zweck interessierte Menschen zusammenfinden können [*Reintegrationsdimension*, M.S.], eine Ausgleichung jener Vereinsamung der Persönlichkeit, die aus dem Bruch mit der engen Umschränktheit früherer Zustände hervorgeht." Bei Simmel, Beck *und* Elias (1991: 166ff.) ist der Individualisierungsprozess gleichartig als permanente Ablösung von Befreiung und Wiedereinbindung gedacht, was vom Individuum verschiedenartig erlebt werden kann, auf jeden Fall aber bedeutet, dass es bei der Befreiung von Zwängen nicht bleibt, weil sich schnell neue Zwänge herausbilden, die an die Stelle der alten treten.

Was Simmel und Elias auf der einen und Beck auf der anderen Seite jedoch voneinander trennt, ist erstens, dass Simmel und Elias ihre Individualisierungstheorie in den allgemeinen Rahmen einer Differenzierungstheorie stellen, und zweitens, dass sie stärker als Beck das mit dem Differenzierungsgrad wachsende Bedürfnis des Menschen, sich *voneinander unterscheiden* zu wollen, thematisieren (Elias 1991: 191, 210, 246; Simmel 1992: 855). Im Vergleich dazu verfolgt Beck eine primär am Einzelnen und seinen biographischen Entscheidungen angesichts institutioneller Vorgaben, weniger aber anhand der Interaktion mit anderen, ansetzende Perspektive. Allerdings fehlt auch bei ihm nicht der Hinweis darauf, dass „mit den Individualisierungen und Globalisierungen von sozialen Welten [...] ein fast unerschöpfliches Mosaik von Abgrenzungsmöglichkeiten entsteht" (Beck 1995: 156). Abgesehen von solchen Nuancen dürfte Elias mit seiner grundsätzlichen Überzeugung, dass die Menschen immer schon beides sind: „bis ins letzte individuell [...] und bis ins letzte gesellschaftsspezifisch" (Elias 1991: 90) sowohl mit der Unterstützung Simmels als auch Becks rechnen können. Auch hinsichtlich der Tatsache, dass die Individuen mit dem Übergang in die Moderne vor mehr Wahlen gestellt werden, als ihnen dies in „einfachen" Gesellschaften abverlangt wurde, besteht zwischen Simmel, Elias und Beck keinerlei Dissens. Sowohl Simmel als auch Elias und Beck sehen damit eine „stark individualisierte Gesellschaft" (Simmel 1989b: 520), eine „hochindividualisierte [...] Gesellschaft" (Elias 1970: 131) bzw. eine „individualisierte Gesellschaft" (Beck/Beck-Gernsheim 1994: 16) entstehen (Schroer 1997). Schon bei Simmel (1989b: 641; 1983: 132) sind die einfachen Individuen der „Qual der Wahl" zwischen der „Vielheit der Stile" ausgesetzt, müssen die Einzelnen selbst entscheiden, weil sie aus den auch Orientierung versprechenden Instanzen herausgelöst worden sind. Ebenso tritt bei Beck an die Stelle von Beziehungsvorgaben Beziehungswahl, an die Stelle von alternativloser Einbindung in nicht selbstgewählte Herkunftsbindungen die freiwillige Bindung an selbstgewählte Beziehungen. Auch für Elias werden mehr und mehr Wir-Gruppen, wie etwa die Familie, für den Einzelnen verzichtbar (Elias 1991: 271). Viele Familienbeziehungen haben für Elias heute eher den Charakter „einer freiwilligen Verbindung auf Widerruf", während sie „früher für die meisten Menschen obligatorisch, lebenslänglich und fremdzwangartig waren" (ebd.: 272). Sogar Berufe werden häufiger gewechselt und selbst „die Staatsangehörigkeit ist mittlerweile in Grenzen auswechselbar" (ebd.). Kurz und gut: „Der einzelne Mensch ist bei Entscheidungen über die Gestaltung von Beziehungen, über ihre Fortführung oder Beendigung, nun weit mehr auf sich selbst angewiesen." (ebd.) Damit formuliert Elias gleichsam ein Grundkodex aller Individualisierungstheorien. Auch in Elias' Beschreibung der modernen Welt hat sich ein von Fremdzwang und Alternativlosigkeit geprägtes Leben in ein Optionen-Karussell verwandelt, das freilich an den Einzelnen nicht geringere, sondern höhere Erwartungen – etwa ein ausgeprägtes Vermögen zur Selbstregulierung – stellt, muss doch nun jeder Einzelne selbst entscheiden, was für ihn einst entschieden wurde. In dieser Entwicklung sehen Simmel, Elias und Beck durchaus Gefahren, die den einmal erreichten Stand an Individualisierung wieder rückgängig zu machen drohen. Simmel sieht die Einzelnen angesichts der *Qual der Wahl* die Flucht in Moden antreten, die ihnen die Überforderung der permanenten individuellen Entscheidung abnehmen, indem sie sich einem allgemeinen Muster beugen – eine Art freiwillige Knechtschaft, wenn man so will. Beck befürchtet ähnlich, dass an die Stelle traditionaler Sozialformen neue Instanzen und Institutionen treten, die den Einzelnen „zum Spielball von Moden, Verhältnissen, Konjunkturen und Märkten machen" (Beck 1986: 211). Freilich betont Beck – in einer fast an die kritische Theorie Adornos erinnernden Weise –, dass sich der Einzelne keineswegs freiwillig dazu entscheidet, sondern ganz unfreiwillig zur fremdbestimmten Marionette zu werden droht, ohne dass davon seine Selbstwahrnehmung als frei entscheidendes Individuum auch nur im geringsten tangiert wird (ebd.). Für Elias schließlich nehmen mit den wachsenden Entscheidungsmöglichkeiten auch die verpassten Gelegenheiten zu. Je mehr Optionen sich dem Individuum auf seinem Lebensweg bieten, desto größer sind die Chancen, in diesem reich verästelten Labyrinth „steckenzubleiben" (Elias 1991: 178). Aber wie diese Wahlen im einzelnen auch aussehen mögen, sie führen weder bei Beck noch bei Elias oder Simmel zu einem sich völlig selbst überlassenen Individuum. Für Elias (ebd.: 121) ist „Individualismus" weder „mit dem Bilde rücksichtsloser und brutaler Individuen" noch mit dem Bild „großer, schöpferischer Persönlichkeiten" zutreffend oder erschöpfend beschrieben. Ebenso wehrt Beck sich gegen die Versuche, Individualisierung entweder mit dem Tanz um das goldene Selbst egoistischer Yuppies gleichzusetzen oder aber als endgültige Emanzipation des autonomen Individuums aus allen Fesseln und Banden misszuverstehen. Für Elias und Simmel ist das sich allein der Durchsetzung seiner Interessen widmende, völlig unabhängige Individuum ebenso eine Illusion wie die Vorstellung eines völlig determinierten und unfreien Individuums. Beides sind für sie falsche Vorstellungen über den wahren Gehalt des Sozialen, der sich aus zahlreichen Verknüpfungen und Verbindungen ergibt, in die jedes Individuum verstrickt ist. Becks Individuen sind dagegen zunächst tatsächlich unaufhebbar allein, auch wenn dies keineswegs völlige Bindungslosigkeit bedeuten muss. Diese Auffassung verbindet ihn, wie noch zu zeigen ist, wiederum mit den Versionen von Luhmann und Foucault.

Bis zu diesem Punkt mag das Ergebnis meines Systematisierungsvorschlags noch erwartbar gewesen sein. Dass die Argumentationslinie von Weber über die kritische Theorie bis Michel Foucault Rationalisierungs-, Bürokratisierungs- und Disziplinierungsprozesse betont, die das Individuum in seiner Bewegungsfreiheit gefährden, kann ebensowenig überraschen wie die Beobachtung, dass Durkheim, Parsons und Luhmann Individualisierung als Folgeerscheinung gesellschaftlicher Differenzierungsprozesse grundsätzlich begrüßen. Auch die Gemeinsamkeiten zwischen Simmel, Elias und Beck sind so unübersehbar, dass ihr Nachvollzug kaum Mühen bereitet (Ebers 1995). Kurz: Keine der von mir unterschiedenen Diskussionslinien ist revolutionär. Die Geschichte der Soziologie muss nicht neu geschrieben werden. Dass aber Foucault, Luhmann und Beck hinsichtlich ihres Individualisierungsverständnisses zu verblüffend ähnlichen Beobachtungen und Einschätzungen gelangen, dürfte durchaus überraschen. Nicht zuletzt deshalb, weil die gängigen Lesarten ihrer Theorien Übereinstimmungen auszuschließen, ja zu verbieten scheinen. Wer den „Tod des Subjekts" verkündet oder das Individuum aus seiner Theorie ausgeschlossen hat, kann kaum etwas Sinnvolles zur Individualisierungsdiskussion beizutragen haben, so das weit verbreitete Vorurteil. Die Ausführungen auf den nächsten Seiten sollen dazu einladen, sich von diesen gängigen Kategorisierungen nicht beeindrucken, sondern vom vorhandenen Material überraschen zu lassen. Wenn es diese überraschende Allianz zwischen Beck, Luhmann und Foucault jedoch gibt, was wird dann aus der Unterscheidung von negativer, positiver und ambivalenter Individualisierung? Wird sie damit hinfällig? Laufen die Kontroversen am Ende auf ein einheitliches Verständnis von Individualisierung hinaus?

Das selbstbezogene Individuum – eine postmoderne Konstellation?

Luhmann, Foucault und Beck – das ist auf den ersten Blick ein recht bizarres Trio. Auf der einen Seite der zurückgezogene Systemtheoretiker, der sich ganz und gar der Entwicklung einer Gesellschaftstheorie widmet, die überhaupt erst einmal ein angemessenes Instrumentarium zur Verfügung stellen will, um die moderne Gesellschaft in all ihren Facetten angemessen erfassen und beschreiben zu können. Auf der anderen Seite der den Poststrukturalisten und Postmodernen zugerechnete Philosoph, Psychologe und Historiker Foucault, der einerseits gleichsam hermetisch abgeriegelte, schwer zugängliche und materialreiche Dokumente über die *Nachtseite* der Moderne verfasst, andererseits sich aber stets auch eingemischt hat in verschiedene, konkrete soziale und politische Konflikte und damit stets den Zusammenhang zwischen Leben und Werk, zwischen Praxis und Theorie hergestellt hat. Und als Dritter im Bunde schließlich Beck, der zunächst – durchaus mit einem gehörigen Abstand zu den Theoriedebatten der sogenannten „Großtheorien" – eine eng an die soziale Wirklichkeit angelehnte, packende soziologische Zeitdiagnose verfasst und gewissermaßen nachträglich seinen Ansatz in einen größeren Theorierahmen stellt: Im Mittelpunkt steht dabei die Erforschung der *Zweiten Moderne*, die Beck als Alternative zur Postmoderne zu etablieren versucht. Dabei lässt er keine Gelegenheit aus, seine Ideen auch einem breiteren Publikum vorzustellen und einzugreifen in die intellektuellen Debatten der Gegenwart. Was könnten drei solch unterschiedliche Zugänge zum Sozialen und derart verschiedene Auffassungen über die Rolle des Wissenschaftlers dennoch gemeinsam haben? Nun, so unterschiedlich ihre Arbeitsweise, ihr Selbstverständnis und die Theorietraditionen, aus denen sie stammen, auch sein mögen, sie teilen dennoch die Einschätzung, dass wir die Zeugen eines umfassenden gesellschaftlichen Wandels sind, der die Moderne aus ihren bisherigen Bezügen herauslöst. Ohne sich auch nur darüber einig zu sein, ob wir es deshalb schon mit einem neu heraufziehenden Zeitalter zu tun haben, beschreiben sie doch übereinstimmend eine Ablösung der Beschreibungen und Selbstbeschreibungen der Moderne, die bisher Gültigkeit beanspruchen konnten. Alle drei Theorien treten für einen Neubeginn von Soziologie und Philosophie ein, für einen Abschied von manch überholten Überzeugungen und Einsichten. Jede auf ihre Weise streift alte Hüte ab und wirbt für die Kreation neuer Begriffe, Prämissen und Denkweisen, um das

Neue angemessen beschreiben zu können. Dabei ist es Beck, der m.E. am vehementesten die Heraufkunft eines neuen Zeitalters geradezu herbeischreibt. Luhmann und Foucault zeigen sich – trotz ihres großen Gespürs für Veränderungen – skeptischer, wenn es um die Behauptung eines völlig neuen Zeitalters geht. Ausgerechnet Foucault, der stets zu den postmodernen Theoretikern, also zu den scheinbar radikalen Erneuerern gerechnet wird, warnt explizit vor vorschnell verkündeten Epochenwechseln. Dennoch reagiert gerade auch Foucault mit der Wende in seinem Spätwerk keineswegs nur auf interne Widersprüche zu seinen eigenen Annahmen, sondern – mehr als er zuzugeben bereit ist – auch auf fundamentale gesellschaftliche Umbrüche der Gegenwart. Seine Texte aus den achtziger Jahren zeigen ganz deutlich, dass er für das Individuum größere Freiheitsspielräume ausmacht als noch in den siebziger Jahren. Doch trotz der von allen drei Theoretikern übereinstimmend konstatierten fundamentalen gesellschaftlichen Umbrüche, sind sie sich doch in der Ablehnung des Labels „Postmoderne" für diese sich neu herausbildende Gesellschaftsform auffallend einig: Weder Foucault noch Luhmann oder Beck benutzen es positiv zur Kennzeichnung des gegenwärtigen Zeitalters. Aber wie wenig geneigt sich auch alle drei zeigen mögen, sich als postmoderne Soziologen oder Soziologen der Postmoderne verorten zu lassen, so glauben sie dennoch übereinstimmend, fundamentale Grundüberzeugungen, Glaubenssätze und Grundbegrifflichkeiten der Moderne hinterfragen bzw. überwinden zu müssen. Dass sie dabei nicht das Label *postmodern* verwenden wollen, scheint weniger mit fehlenden Parallelen zu postmodernen Ideen zu tun zu haben, als mit der spezifisch deutschen Rezeptionsgeschichte des Konzepts, das sich von den Breitseiten, die Habermas in den achtziger Jahren gegen die Postmoderne losfeuerte, nie so recht erholt hat (Schroer 1994). Entscheidend aber ist, dass Foucault, Luhmann und Beck – trotz aller Vorbehalte – übereinstimmend einen einschneidenden Bruch mit der bisherigen, klassischen Moderne konstatieren und für eine entsprechende Anpassung des theoretischen Instrumentariums an diesen neuen Zustand plädieren, für den sie selbst einige Vorschläge unterbreitet haben. So leben wir nach Beck in der Zweiten Moderne, die sich als individualisierte Weltrisikogesellschaft präsentiert; nach Luhmann leben wir nach wie vor in der Moderne, für die entscheidend ist, dass es sich um eine funktional differenzierte Weltgesellschaft handelt; Foucault schließlich vermeidet jegliche nähere Kennzeichnung unserer Gesellschaft, da er Aussagen über die „Gesamtgesellschaft" nicht mehr treffen mag. Gerade aber Beck, der, wiederum in Übereinstimmung mit der Position Luhmanns, die Postmoderne eher für eine Verlegenheitsformel denn als aussagekräftige Bezeichnung für die zeitgenössische Gesellschaft begreift, betont mit kaum zu überbietender Verve und Radikalität einen epochalen Einschnitt zwischen, wie er es nennt, einfacher und reflexiver bzw. zwischen Erster und Zweiter Moderne[3]. Er verordnet der Soziolo-

---

3 „Die Proklamation der 'Postmoderne' hatte mindestens ein Verdienst. Sie hat bekannt

gie eine radikale Revision, weil ihre Begriffe und Denkschemata auf die gegenwärtige Situation nicht mehr anwendbar sind. Er erklärt die gesamte bisherige Soziologie kurzerhand für überholt, ihre Begriffe für hoffnungslos anachronistisch. Freilich könnte man umgekehrt fragen, ob nicht die Rede von einer *anderen* oder Zweiten Moderne mindestens ebenso eine Verlegenheitsformel darstellt wie die Rede von der Postmoderne! Verrät sich im Begriff Zweite Moderne nicht ein unerhörtes Vertrauen in das Projekt der Moderne? Eine Gesellschaftsform, die sich immer wieder wandelt, ohne sich je ihrer Grundlagen zu berauben? Wenn es eine zweite gibt, warum soll es dann nicht auch eine dritte, eine vierte, fünfte usf. Moderne geben[4] (eine Moderne, die sich beliebig klonen lässt und permanent neue Ableger hervorbringt?), die sich immer wieder durch das zur-Tradition-Werden ihrer Neuerungen auszeichnen, die dann wiederum durch neue Neuerungen überwunden werden. Auch Luhmanns Theorie versteht sich in gewisser Weise als radikaler Neubeginn in der Soziologie: Zahlreiche der vertrauten Begriffe der Soziologie werden uminterpretiert, modifiziert und durch neue ersetzt. Dennoch aber behauptet auch Luhmann, dass wir – bei allen Umbrüchen und Veränderungen – noch immer fest auf dem Boden der Moderne stehen. Statt dieses unheilvollen Vertrauens in die Kontinuität bei aller Diskontinuität, wäre vielmehr zu prüfen, ob sich jene Moderne nicht doch erledigt hat und durch eine Postmoderne abgelöst worden ist. Das unbedingte Festhalten am wie auch immer modifizierten Begriff der Moderne zeigt jedenfalls, dass sich Beck und Luhmann über die Grenzen der Moderne letztlich nicht hinaustrauen: Offenbar teilen sie noch immer Parsons' (1972: 181) Einschätzung, dass es „entschieden zu früh (ist), irgend etwas über eine ‚postmoderne' Gesellschaft auszusagen". In überraschender Eintracht teilen Luhmann und Beck sowie Habermas und Münch Parsons' These, „daß der Haupttrend des nächsten, vielleicht auch übernächsten Jahrhunderts auf die Vollendung jenes Gesellschaftstyps zusteuern wird, den wir ‚modern' nennen" (ebd.). Doch wie sie die Gegenwart auch immer nennen mögen: Luhmann, Beck und Foucault beschreiben gravierende Umbrüche, die sie immerhin dazu veranlassen, die bisher gültigen Denkschemata zu modifizieren. Eine entscheidende Neue-

---

gemacht, dass die moderne Gesellschaft das Vertrauen in die Richtigkeit ihrer eigenen Selbstbeschreibung verloren hat." (Luhmann 1992: 7) Der These vom Ende der Metaerzählungen durchaus folgend, sieht Luhmann in der Feststellung, „daß es keine verbindliche Repräsentation der Gesellschaft in der Gesellschaft gibt" (ebd.). Luhmann teilt mit Beck die Auffassung, dass die Moderne keineswegs zu Ende geht, sich ihre Konsequenzen ganz im Gegenteil erst gegenwärtig zu entfalten beginnen, wobei es Luhmann darum geht, für diesen Prozess ein adäquates Beschreibungsinstrumentarium allererst zu entwickeln. Wie auch immer die Konturen der Zukunft aussehen mögen, ob man diese postmodern oder anders nennen wird, fest steht nur: „Wir sind nicht mehr, was wir waren, und wir werden nicht mehr sein, was wir sind." (ebd.: 15)

4 Und tatsächlich: Bei Münch (1998) wird bereits die Dritte Moderne ausgerufen!

rung betrifft dabei Stellung und Lage des Individuums. Hinsichtlich der Individualisierung gibt es verblüffende Übereinstimmungen und Wahlverwandtschaften zwischen den drei Theoretikern. Allerdings erreichen Luhmann, Beck und Foucault manche Berührungspunkte hinsichtlich ihrer Auffassung von Individualisierung paradoxerweise mit diametral entgegengesetzten Theoriestrategien: Bei Luhmann erlangen die Individuen ein größeres Maß an Handlungsfreiheiten durch ihre theorietechnische Dezentrierung, was ihm – ähnlich wie Foucault – den Vorwurf des Antihumanismus eingetragen hat. Beck tritt dagegen mit dem Anspruch an, die Individuen endlich ernst zu nehmen und in der Soziologie angemessen zu berücksichtigen. Da die traditionale Soziologie die Individuen als überwiegend reagierende und nicht selbst agierende Akteure dargestellt habe, gelte es diesen „Geburtsbias" der Soziologie endlich zu korrigieren, indem eine *subjektorientierte Soziologie* auf den Weg gebracht wird (Beck/Beck-Gernsheim 1994). Überraschenderweise erhebt Luhmann (1995: 36) für seine Theorie den gleichen Anspruch, denn er behauptet ebenfalls, dass die Individuen in seiner Theorie erstmals ernst genommen würden. Allerdings geht er dieses Ziel mit einer der beckschen Soziologie entgegengesetzten Strategie an: mit der Auslagerung der Menschen aus der Gesellschaft in die Umwelt und mit einer von Parsons bereits eingeleiteten *Entsubjektivierung der Soziologie* (Halfmann/Knostmann 1990). Luhmann und Foucault scheinen gerade im „Tod des Subjekts" die Voraussetzung für eine angemessene Beschäftigung mit dem Individuum zu sehen. Die Betonung des Subjekts und des Menschen hat das Besondere letztlich immer nur verdeckt und unter ein Allgemeines subsumiert.

Subjektorientierung auf der einen und die Verabschiedung des Subjekts auf der anderen Seite – das scheinen zwei sich gänzlich widersprechende Theoriestrategien zu sein, die sich gegenseitig ausschließen. Doch Luhmann und Foucault haben bei ihrer Verabschiedung letztlich das große, heroische und autonome Subjekt im Blick, das in den Mittelpunkt der klassischen Theorien gestellt wurde, um alles andere um es herum anzuordnen. Ihre Thesen vom Ende des Menschen und des Subjekts meinen eine ganz bestimmte, klassisch-moderne Idee des Menschen und des Subjekts, die für die adäquate Beschreibung postmoderner Individuallagen nicht mehr länger taugt. So gesehen aber gibt es jenseits der scheinbaren Unvermittelbarkeit durchaus Übereinstimmungen zu konstatieren. Denn auch bei Beck – der sich mit dem schweren Erbe der Subjektphilosophie erst gar nicht belastet – hat das emphatische Subjektverständnis längst ausgedient und ist zu Gunsten eines soziologischen Begriffs des Individuums verabschiedet worden, ohne deshalb in den trauernden Gestus der kritischen Theorie Frankfurter Provenienz zu verfallen. Mit einem Achselzucken wird auch hier der Abschied vom großen, demiurgischen Subjekt vorgenommen: „Viele assoziieren mit ‚Individualisierung' Individuation gleich Personwerdung gleich Einmaligkeit gleich Emanzipation. Das mag zutreffen. Vielleicht aber auch das Gegenteil." (Beck 1986: 207) Diese von Habermas (1988c: 238) als „resignativ" eingeschätzte Perspektive ist weniger resignativ als nüchtern. Sie nimmt Abschied von der alten Idee des autonomen Subjekts, das zur Gesellschaft in Opposition treten muss, um sich zur ganzen Persönlichkeit heranbilden zu können. Damit aber wird deutlich, dass auch Becks Analysen – gleich denen Foucaults und Luhmanns – stillschweigend von der Verabschiedung des humanistischen Ideals des Subjekts ausgehen.[5] Einig sind sich Beck, Luhmann und Foucault auch darin, dass Individualisierung kein von den Individuen selbst in Gang gesetzter Prozess ist. Luhmann (1995: 132) zufolge wird der Einzelne „in die Autonomie entlassen wie die Bauern mit den preußischen Reformen: ob er will oder nicht". Ähnlich formuliert Beck (1993: 152, Herv. i. O.): „Individualisierung beruht nicht auf der freien Entscheidung der Individuen. Um es mit Jean-Paul Sartre zu sagen: Die Menschen sind zur Individualisierung *verdammt.*" Beide sehen damit einen gesellschaftlich an den Einzelnen herangetragenen starken *Zwang* zur Individualisierung, der den Einzelnen dazu nötigt, sich als Individuum zu verhalten[6]: „Individuum-Sein wird zur Pflicht." (Luhmann 1993: 251) Wenn Luhmann fortfährt: „Es muß dann auch in der Lage sein, bei Nachforschungen, die es selbst betreffen, helfen zu können. Es muß die Probleme, die es mit sich selbst und deshalb mit anderen hat, exponieren, sie zum Beispiel in Gruppensitzungen auf Nachfrage offenlegen können. Es braucht dann eine (notfalls fingierte, oder doch ergänzte) Biografie, um in der Gesellschaft leben zu können. Es muß eine eingeübte Selbstbeschreibung mit sich herumtragen, um bei Bedarf über sich Auskunft geben zu können." (ebd.: 252) Dies nimmt Luhmann als Indiz dafür, dass „der Anspruch, Individuum zu sein, hier gegen das Individuum gekehrt wird." (ebd., Fn. 192). Damit zielt er genau in Richtung der foucaultschen Perspektive auf das Schicksal des Individuums in der Neuzeit. In Foucaults Arbeiten steht das sich durch *Bekenntnisse* und *Geständnisse* (Hahn 1991; 1982) erst konstituierende Individuum im Vordergrund, das mit dem Grad der Selbstentblößung an Individualität zu gewinnen scheint, sich dadurch aber beobachtbar und damit vergleich- und typisierbar macht, wodurch der Anspruch auf Einzigartigkeit empfindlich gestört wird. Gerade die stärkere Sichtbarkeit des Einzelnen, auf die der Individualisierungsprozess abzielt, führt dazu, dass das Individuum immer besser erkennbar, klassifizierbar und damit beherrschbar wird. Eine Herde von Individualisierungsa-

5 Allerdings gibt Beck immer wieder zu Missverständnissen Anlass. Wehrt er sich einerseits gegen die These von der Individualisierung als „Emanzipation, das Aufleben des bürgerlichen Individuums" (Beck 1993: 150), heißt es dann andererseits doch wieder sehr emphatisch: „Die Moderne, die mit dem Anspruch der Selbstermächtigung des Subjekts angetreten ist, löst ihr Versprechen ein." (Beck/Beck-Gernsheim 1994: 20) Begriffliche Unschärfen und mangelnde Aufklärung darüber, was unter Subjekt und was unter Individuum verstanden werden soll, sind der Grund solcher Missverständnisse.

6 Nicht zufällig nennt Habermas (1988c: 240) die Perspektive Becks systemtheoretisch.

genten zerrt die Individuen gewissermaßen an das Licht der Öffentlichkeit, um sie dort besser unter Kontrolle halten zu können. Nicht einschließen, wegschließen und vergessen, sondern hereinholen, vorzeigen und kontrollieren, ist die neue Variante einer besseren Überwachung der Einzelnen. Allerdings sind damit Foucaults Möglichkeiten, Individualisierung zu denken, noch nicht erschöpft. In seinen Texten aus den achtziger Jahren scheint er dem Individuum deutlich mehr Freiraum einzuräumen, als dies in den Texten der siebziger der Fall ist. Deshalb fragt auch Foucault ganz im Sinne von Becks Individualisierungsthese: „Sollte man nicht eine feinere Unterscheidung einführen, die nicht mehr nach sozialen Klassen, Berufsgruppen oder Kulturniveaus verfährt, sondern sich an einer Beziehungsform, d.h. an einer ‚Lebensweise' orientiert? Eine Lebensweise kann von Individuen geteilt werden, die sich in Bezug auf Alter, Status und soziale Tätigkeit unterscheiden. Sie kann zu intensiven Beziehungen führen, die keiner institutionalisierten Beziehung gleichen." (Foucault 1984: 89) Ähnlich wie Beck hat auch Foucault jenseits der überkommenen Beziehungsmuster neu entstehende Beziehungsformen im Blick, die nun vom Individuum selbst aufgebaut und in Gang gehalten werden müssen.

Wenngleich dem Einzelnen die Teilhabe am Prozess der Individualisierung durchaus nicht zur Disposition steht, so sind sich Foucault, Luhmann und Beck doch darin einig, dass die Individualisierung zur Folge hat, dass die Einzelnen stärker an der Definition und Gestaltung ihrer Lage beteiligt sind: „Vieles, was früher im Laufe des Lebens sich mehr oder weniger von selbst ergab, wird jetzt als Entscheidung verlangt – und dies vor einem größeren Hintergrund von Auswahlmöglichkeiten und deshalb mit höheren Informationswerten." (Luhmann 1991: 52) Das ist es exakt, was auch Beck mit seiner Individualisierungsthese ausdrücken will. In die Terminologie Foucaults übersetzt heißt das, dass im Vergleich zu vorhergehenden Gesellschaftstypen der Einsatz der Spiele offen ist: „Man kann sich vorstellen, daß es Gesellschaften gibt, in denen die Art, in der man das Verhalten der anderen lenkt, im voraus so geregelt ist, daß alle Spiele, gewissermaßen schon gelaufen sind. Umgekehrt können in einer Gesellschaft wie der unseren [...] die Spiele außerordentlich zahlreich sein [...]. Je freier die Leute in ihrer Beziehung zueinander sind, desto größer ist ihre Lust, das Verhalten der jeweils anderen zu bestimmen." (Foucault 1985: 27) Ganz offensichtlich also geht auch Foucault für die Gegenwart von größeren Freiräumen in den sozialen Beziehungen aus, die die Einzelnen für strategische Spiele nutzen, während in früheren Gesellschaftsformen diese Beweglichkeit stillgestellt war durch eine die Machtspiele der Individuen verhindernde Herrschaft. Damit weist Foucault zugleich auf eine von der Individualisierungstheorie Becks eher vernachlässigte Dimension der Individualisierung hin, die man mit Elias (1991: 83) wie folgt auf den Punkt bringen kann: „Die individuelle Aktivität der einen ist die gesellschaftliche Bindung der anderen. Und es hängt einzig von der jeweiligen Machtausrüstung der interdependenten Funktionen, es hängt von der

Stärke der wechselseitigen Abhängigkeiten ab, wer den anderen durch seine Aktivität stärker zu binden vermag." Doch mit den neuen Entscheidungsspielräumen und Wahlmöglichkeiten sieht Foucault auch Unsicherheiten entstehen, die nach seiner Diagnose geradezu einen Bedarf nach ethisch-ästhetisch fundierten Lebensführungsmodellen wecken, die freilich jeder für sich selbst entwickeln muss (Foucault 1984: 71). Zwar ist es möglich, dass die von Wissenschaftlern, Philosophen und Intellektuellen bereitgestellten Hilfestellungen angenommen werden, aber letztlich muss jeder selbst die Wahl treffen – darauf legt er wert (ders. 1997: 118). Die Stoßrichtung der von Foucault avisierten Ethik zielt in eine ähnlich auch von Beck vertretene Richtung: „Es geht um die Neuentdeckung der schlichten, alten Erkenntnis, dass *der Mensch sich selbst verändern kann*, und zwar nicht nur in Kleinigkeiten seiner Lebensführung oder Besonderheiten seiner Persönlichkeit, sondern in so großen Dingen wie seinem Selbst-, Welt- und Wirklichkeitsverhältnis. [...] Unterirdisch, in den Subkulturen der Gesellschaft breitet sich eine Erfahrung, eine Aktivitätsmöglichkeit im Umgang mit sich selbst und der Welt aus und gewinnt an Bedeutung" (Beck 1991: 59, Herv. i. O.) Ähnlich wie Foucault ist Beck davon überzeugt, dass „dieses Durchleben von Erfahrungen auch Ansätze einer *neuen Ethik*" enthält, „die auf dem Prinzip der ‚Pflichten gegenüber sich selbst' beruht" (ebd.: 60, Herv. i. O.). Es ist wohl nicht übertrieben zu sagen, dass Foucault mit seinem Konzept der *Sorge um sich* etwas ganz ähnliches im Blick hat.[7] Ebenso wird auch bei Luhmann – allerdings mit deutlichem Abstand zur Idee einer neuen Ethik – die Individualität eines Individuums „nicht durch seine Beziehungen zu anderen, sondern durch seine Beziehung zu sich selbst" (Luhmann 1995: 126) bestimmt. Gemeinsamer Fluchtpunkt ihrer Analysen ist das Selbst: Selbstbeziehungen, -erfindung, -beobachtung, -referenz, -reflexion, -kultur. Das Suffix „Selbst" hat Hochkonjunktur: Allenthalben ist von Selbstorganisation, -politik, -steuerung, -verantwortung, -sorge usw. die Rede. Worauf Becks, Luhmanns und Foucaults Diagnosen hinzielen, ist die Behauptung eines verstärkten Selbstbezugs der Einzelnen. Nicht mehr über die Zugehörigkeit zu sozialen Kreisen, sondern durch die Beziehung des Selbst zu sich definiert sich das Individuum. Übereinstimmend kommen sie damit zu einer Diagnose, die auch der postmoderne Soziologe Zygmunt Bauman teilt: „‚Wir', das ist ein lockeres Gemisch von Männern und Frauen, denen aufgetragen ist, *sich um sich selbst zu kümmern*, auf ihren Körper zu achten, ihre eigenen einzigartigen Persönlichkeiten zu formen, ihrem ‚wirklichen Potential' freien Lauf zu lassen, sich stets von dem abzuheben, was sie schon geworden sind – und die verzweifelt nach vertrauenerweckender Autorität suchen, die ihnen sagt, wie sie mit all diesen verwirrenden Pflichten umgehen sollen, von denen sie sich alleine nicht lösen

7 Nicht zuletzt geht es beiden um die Politik des Widerstands im Kleinen, was bei Foucault (1976) mit dem Begriff der „Mikropolitik", bei Beck (1993) mit „Subpolitik" umschrieben wird.

können. Potentiale sind heute in einem Maße global wie niemals zuvor, aber ihre Verwirklichung bleibt individueller Initiative überlassen." (Bauman 1993: 12, Herv. M.S.)

Die Frage, die sich angesichts dieser neuen Form von Individualisierung ergibt, ist, ob der beobachtete Individualisierungstrend zu völlig isolierten Existenzformen und zur Sprengung des gesellschaftlichen Zusammenhalts führt oder ob es zur Herausbildung neu geordneter sozialer Beziehungen auf der Basis von Individualisierung kommt. Es dürfte deutlich geworden sein, wie die Antwort ausfällt, die Luhmann, Foucault und Beck auf diese Frage geben. Allen drei Versionen zufolge besteht kein Anlass, den vielschichtigen Prozess der Individualisierung auf eine einzige Bedeutungsdimension festlegen zu wollen. In Individualisierung muss weder allein eine perfide Machtstrategie zur besseren Überwachung generell unzuverlässiger Individuen gesehen werden noch ein Befreiungsakt des Individuums von allen gesellschaftlichen Erwartungen, Vorgaben und Zwängen, den man wahlweise feiern oder fürchten kann. Ihr gemeinsamer Punkt ist vielmehr, dass sie von einer stärkeren Beteiligung des Einzelnen an Entscheidungsprozessen ausgehen, ohne diese Entscheidungen von vornherein auf Belanglosigkeiten eingeschränkt sehen zu wollen, wie dies in der Tradition der kritischen Theorie üblich war. Ebensowenig schließen sie von den neuen Wahlmöglichkeiten der Individuen, die immer auch Wahlzwänge sind, auf eine massive Gefährdung gesellschaftlicher Bindekräfte. Die kommunitaristischen Beschwörungen von Gemeinschaftlichkeit, in die die vereinzelten Einzelnen zurückgeführt werden sollen, ist den drei Theoretikern ebenso fremd wie die im Stile der kritischen Theorie daherkommende Geringschätzung der kreativen Potentiale von Individuen. Vielmehr sind ihre Theorien offen genug angelegt, um solche, in einzelnen Bereichen nachweisbare Tendenzen erfassen zu können, ohne sie deshalb zu einer Gesamttendenz zu totalisieren. Allerdings geht die Annäherung der Positionen von Foucault, Luhmann und Beck nicht so weit, dass die drei Dimensionen der Individualisierung auf eine einzige eingeschmolzen werden könnten. Noch immer lassen sich mit Foucaults Instrumentarium Überwachungs-, Kontroll- und Disziplinierungszusammenhänge beschreiben, die keineswegs von der Bildfläche verschwunden sind. Noch immer lässt sich mit Luhmann die durch den Differenzierungsprozess angestoßene Individualisierung als Gewinn sowohl für das Individuum als auch für die Gesellschaft verbuchen, weil durch zunehmende Autonomisierung auf beiden Seiten eine gegenseitige Unabhängigkeit entsteht, die weder Anlass zur Euphorie noch für Krisenmetaphorik bietet. Noch immer schließlich lassen sich mit Beck die Chancen der Individualisierung betonen, ohne Gefahren zu verleugnen. Theorien werden sich auch weiterhin danach unterscheiden lassen, ob sie angesichts neuer Entwicklungstrends eher positive, eher negative oder eher ambivalente Folgen der Individualisierung herausstellen. In ihren Argumentationen wird man dabei leicht Motive wiedererkennen können, die bereits bei den entsprechenden Vorläufern auftauchen.

Literatur

Adorno, Theodor W. (1963): *Eingriffe. Neun kritische Modelle.* Frankfurt/Main.

Adorno, Theodor W. (1971): *Erziehung zur Mündigkeit. Vorträge und Gespräche mit Helmut Becker 1959-1969.* Frankfurt/Main.

Adorno, Theodor W. (1976): *Prismen. Kulturkritik und Gesellschaft.* Frankfurt/Main.

Adorno, Theodor W. (1979): *Soziologische Schriften I.* Frankfurt/Main.

Adorno, Theodor W. (1989): *Minima Moralia. Reflexionen aus dem beschädigten Leben.* Frankfurt/Main.

Bauman, Zygmunt (1993): Biologie und das Projekt der Moderne. In: *Mittelweg 36*, H. 4: S. 3-16.

Beck, Ulrich (1983): Jenseits von Stand und Klasse? Soziale Ungleichheiten, gesellschaftliche Individualisierungsprozesse und die Entstehung neuer sozialer Formationen und Identitäten. In: Kreckel, Reinhard (Hrsg.): *Soziale Ungleichheiten.* Göttingen: S. 35-74.

Beck, Ulrich (1986): *Risikogesellschaft. Auf dem Weg in eine andere Moderne.* Frankfurt/Main.

Beck, Ulrich (1991): *Politik in der Risikogesellschaft.* Frankfurt/Main.

Beck, Ulrich (1993): *Die Erfindung des Politischen. Zu einer Theorie reflexiver Modernisierung.* Frankfurt/Main.

Beck, Ulrich (1995): Wie aus Nachbarn Juden werden. Zur politischen Konstruktion des Fremden in der reflexiven Moderne. In: Ders.: *Die feindlose Demokratie. Ausgewählte Aufsätze.* Stuttgart: S. 131-162.

Beck, Ulrich/Elisabeth Beck-Gernsheim (Hrsg.) (1994): *Riskante Freiheiten. Individualisierung in modernen Gesellschaften.* Frankfurt/Main.

Breuer, Stefan (1986): Sozialdisziplinierung. Probleme und Problemverlagerungen eines Konzepts bei Max Weber, Gerhard Oestreich und Michel Foucault. In: Sachße, Christoph/Florian Tennstedt (Hrsg.): *Soziale Sicherheit und soziale Disziplinierung.* Frankfurt/Main: S. 45-69.

Breuer, Stefan (1992): *Die Gesellschaft des Verschwindens. Von der Selbstzerstörung der technischen Zivilisation.* Hamburg.

Dubiel, Helmut (1973): *Identität und Institution. Studien über moderne Sozialphilosophien.* Düsseldorf.

Durkheim, Emile (1985): *Soziologie und Philosophie.* Frankfurt/Main.

Durkheim, Emile (1986): Der Individualismus und die Intellektuellen. In: Hans Bertram (Hrsg.): *Gesellschaftlicher Zwang und moralische Autonomie.* Frankfurt/Main: S. 54-70.

Durkheim, Emile (1988): *Über soziale Arbeitsteilung. Studie über die Organisation höherer Gesellschaften.* Frankfurt/Main.

Durkheim, Emile (1990): *Der Selbstmord.* Frankfurt/Main.

Ebers, Nicola (1995): *„Individualisierung". Georg Simmel, Norbert Elias, Ulrich Beck.* Würzburg.

Elias, Norbert (1970): *Was ist Soziologie?* München.

Elias, Norbert (1991): *Die Gesellschaft der Individuen.* Frankfurt/Main.

Foucault, Michel (1976): *Mikrophysik der Macht. Über Strafjustiz, Psychiatrie und Medizin.* Berlin.

Foucault, Michel (1977): *Überwachen und Strafen. Die Geburt des Gefängnisses.* Frankfurt/Main.

Foucault, Michel (1984): *Von der Freundschaft als Lebensweise. Michel Foucault im Gespräch.* Berlin.

Foucault, Michel (1987): Das Subjekt und die Macht. In: Dreyfus, Hubert L./Paul Rabinow: *Michel Foucault. Jenseits von Strukturalismus und Hermeneutik*. Frankfurt/Main: S. 243-261.

Foucault, Michel (1992): Politik und Ethik. Ein Interview mit Michel Foucault. In: Steffens, Andreas (Hrsg.): *Nach der Postmoderne*. Düsseldorf: S. 43-53.

Foucault, Michel (1997): *Der Mensch ist ein Erfahrungstier. Gespräch mit Ducio Trombadori*. Frankfurt/Main.

Foucault, Michel u.a. (1993): *Technologien des Selbst*. Frankfurt/Main.

Friedrichs, Jürgen (1998): Einleitung. „Im Flugsand der Individualisierung"? In: Ders (Hrsg.): *Die Individualisierungsthese*. Opladen: S. 7-11.

Habermas, Jürgen (1988a): *Theorie des kommunikativen Handelns, Bd. 1: Handlungsrationalität und gesellschaftliche Rationalisierung*. Frankfurt/Main.

Habermas, Jürgen (1988b): *Theorie des kommunikativen Handelns, Bd. 2: Zur Kritik der funktionalistischen Vernunft*. Frankfurt/Main.

Habermas, Jürgen (1988c): Individuierung durch Vergesellschaftung. Zu George Herbert Meads Theorie der Subjektivität. In: Ders.: *Nachmetaphysisches Denken*. Frankfurt/Main.: S. 187-241.

Hahn, Alois (1982): Zur Soziologie der Beichte und anderer Formen institutionalisierter Bekenntnisse: Selbstthematisierung und Zivilisationsprozess. In: *Kölner Zeitschrift für Soziologie und Sozialpsychologie*, H. 3: S. 408-434.

Hahn, Alois (1986): Differenzierung, Zivilisationsprozess, Religion. Aspekte einer Theorie der Moderne. In: Neidhardt, Friedhelm/Rainer M. Lepsius/Johannes Weiß (Hrsg.): *Kultur und Gesellschaft*. Opladen: S. 214-231.

Hahn, Alois (1991): Rede- und Schweigeverbote. In: *Kölner Zeitschrift für Soziologie und Sozialpsychologie*, H 1: S. 86-105.

Halfmann, Jost/Heinz-Hermann Knostmann (1990): Parsons und die Entsubjektivierung der Soziologie. In: *Sociologia Internationalis*, H 1: S. 1-17.

Heins, Volker (1990): *Max Weber zur Einführung*. Hamburg.

Hillebrandt, Frank/Georg Kneer/Klaus Kraemer (1998): *Verlust der Sicherheit? Lebensstile zwischen Multioptionalität und Knappheit*. Opladen.

Hitzler, Ronald (1994): Sinnbasteln. In: Mörth, Ingo/Gerhard Fröhlich (Hrsg.): *Das symbolische Kapital der Lebensstile*. Frankfurt/Main, New York: S. 75-92.

Hitzler, Ronald (1999): Die Entdeckung der Lebens-Welten. Individualisierung im sozialen Wandel. In: Willems, Herbert/Alois Hahn (Hrsg.): *Identität und Moderne*. Frankfurt/Main: S. 231-249.

Horkheimer, Max (1991): *„Zur Kritik der instrumentellen Vernunft" und „Notizen 1949-1969"*. Gesammelte Schriften, Bd. 6. Frankfurt/Main.

Horkheimer, Max/Theodor W. Adorno (1971): *Dialektik der Aufklärung*. Frankfurt/Main.

Kneer, Georg (1996): *Rationalisierung, Disziplinierung und Differenzierung. Sozialtheorie und Zeitdiagnose bei Habermas, Foucault und Luhmann*. Opladen.

Luhmann, Niklas (1975): *Soziologische Aufklärung, Bd. 2. Aufsätze zur Theorie der Gesellschaft*. Opladen.

Luhmann, Niklas (1982): *Liebe als Passion*. Frankfurt/Main.

Luhmann, Niklas (1984): *Soziale Systeme. Grundriß einer allgemeinen Theorie*. Frankfurt/Main.

Luhmann, Niklas (1986): *Ökologische Kommunikation. Kann die moderne Gesellschaft sich auf ökologische Gefährdungen einstellen?* Opladen.

Luhmann, Niklas (1991): *Soziologie des Risikos*. Berlin, New York.

Luhmann, Niklas (1992): *Beobachtungen der Moderne*. Opladen.

Luhmann, Niklas (1993): *Gesellschaftsstruktur und Semantik. Studien zur Wissenssoziologie der modernen Gesellschaft*, Bd. 3, Frankfurt/Main.

Luhmann, Niklas (1995): *Soziologische Aufklärung, Bd. 6: Die Soziologie und der Mensch*. Opladen.
Münch, Richard (1998): *Globale Dynamik, lokale Lebenswelten: der schwierige Weg in die Weltgesellschaft*. Frankfurt/Main.
Nassehi, Armin (1997a): Inklusion, Exklusion – Integration, Desintegration. Die Theorie der funktionalen Differenzierung und die Desintegrationsthese. In: Heitmeyer, Wilhelm (Hrsg.): *Was hält die Gesellschaft zusammen?* Frankfurt/Main: S. 113-148.
Nassehi, Armin (1997b): Das Problem der Optionssteigerung. Überlegungen zur Risikokultur der Moderne. In: *Berliner Journal für Soziologie*, H. 1: S. 21-36.
Neckel, Sighard (1993): *Macht der Unterscheidung. Beutezüge durch den modernen Alltag*. Frankfurt/Main.
Parsons, Talcott (1968): *Sozialstruktur und Persönlichkeit*. Frankfurt/Main.
Parsons, Talcott (1972): *Das System moderner Gesellschaften*. München.
Parsons, Talcott (1975): *Gesellschaften. Evolutionäre und komparative Perspektiven*. Frankfurt/Main.
Parsons, Talcott (1976): *Zur Theorie sozialer Systeme*. Opladen.
Schimank, Uwe (1996): *Theorien gesellschaftlicher Differenzierung*. Opladen.
Schroer, Markus (1994): Soziologie und Zeitdiagnose. Moderne oder Postmoderne? In: Kneer, Georg/Klaus Kraemer/Armin Nassehi (Hrsg.): *Soziologie. Zugänge zur Gesellschaft, Bd. 1: Geschichte, Theorien, Methoden*. Münster, Hamburg 1994: S. 225-246.
Schroer, Markus (1996a): Lebensführung oder Lebenskunst? Ethische und ästhetische Lebensorientierungen zwischen Moderne und Postmoderne. In: *Sozialwissenschaftliche Literaturrundschau* 31/32: S. 137-143.
Schroer, Markus (1996b): Ethos des Widerstands. Michel Foucaults postmoderne Utopie der Lebenskunst. In: Eickelpasch, Rolf/Armin Nassehi (Hrsg.): *Utopie und Moderne*. Frankfurt/Main: S. 136-169.
Schroer, Markus (1997): Individualisierte Gesellschaft. In: Kneer, Georg/Armin Nassehi/Markus Schroer (Hrsg.): *Soziologische Gesellschaftsbegriffe. Konzepte moderner Zeitdiagnosen*. München: S. 157-183.
Schroer, Markus (2000): *Das Individuum der Gesellschaft. Synchrone und diachrone Theorieperspektiven*. Frankfurt/Main.
Simmel, Georg (1983): Zur Psychologie der Mode. Soziologische Studie (1895). In: Ders.: *Schriften zur Soziologie. Eine Auswahl*. Frankfurt/Main: S. 131-139.
Simmel, Georg (1989a): Über sociale Differenzierung. In: Ders.: *Aufsätze 1887 bis 1890, Über sociale Differenzierung, Das Problem der Geschichtsphilosophie*, Gesamtausgabe Bd. 2. Frankfurt/Main: S. 109-295.
Simmel, Georg (1989b): *Die Philosophie des Geldes*. Frankfurt/Main.
Simmel, Georg (1992): *Soziologie. Untersuchungen über die Formen der Vergesellschaftung*. Frankfurt/Main.
Treibel, Annette (1996): Norbert Elias und Ulrich Beck. Individualisierungsschübe im theoretischen Vergleich. In: Rehberg, Karl-Siegbert (Hrsg.): *Norbert Elias und die Menschenwissenschaften. Studien zur Entstehung und Wirkungsgeschichte seines Werkes*. Frankfurt/Main: S. 424-433.
Weber, Max (1988a): *Gesammelte Aufsätze zur Religionssoziologie I*. Tübingen.
Weber, Max (1988b): *Gesammelte Aufsätze zur Soziologie und Sozialpolitik*. Tübingen.

Systemtheorie

Armin Nassehi

Die Geburt der Soziologie aus dem Geist der Individualität

Einige systemtheoretische Bemerkungen

Die Individualisierungsdebatte spaltet. Sie perpetuiert den alten Streit um Individualismus und Kollektivismus und konnotiert Individualität bisweilen allzu sehr mit Autonomie, Freiheit und Wohlleben oder gar Egoismus, Orientierungslosigkeit und Desintegration. Nach wie vor gilt Individualisierung, also die berühmte Freisetzung individueller Verhaltenserwartungen aus mehr oder weniger alternativlosen Strukturen als eine Gegenbewegung zur Gesellschaft, manchen soziologischen Beobachtern als ein Schreckgespenst – wohlgemerkt: nicht das Phänomen, sondern die Diagnose. Geradezu rührend liest sich etwa Günter Burkarts Furcht vor der „Selbstauflösung der Soziologie" (Burkart 1997: 271), die ihr dann drohe, wenn man behauptet, „daß jeder tun und lassen kann, was er (oder sie) will, weil alle Normen unverbindlich geworden seien – man kann heiraten oder nicht, allein leben oder zu mehreren, Kinder in die Welt setzen oder sich auf eine Partnerschaft beschränken" (ebd.) – und schon ist sie weg, die Soziologie und ihr Gegenstand. Andere parieren die Diagnose der Individualisierung mit dem Hinweis darauf, es handle sich um ein Reflexionsphänomen von Intellektuellen (Friedrichs 1998: 7; Mayer 1991; Treibel 1996: 431), was womöglich ein intellektuelles Selbstmissverständnis ist. Was hier mit dem gütigen Blick der Sorge um die große Masse daherkommt, lässt als *Individualisierung* dann nur das durchgehen, was sich dem ins Privileg der berufsmäßigen Reflexion verstrickten Individualisten und seiner Selbstbeschreibung als „freischwebender Intelligenz" fügt. Die Fremdbeschreibung lautet: *Ihr seid das Volk!*

Was in der Debatte um Individualisierung bisweilen fehlt, ist der Hinweis darauf, dass die Soziologie das Phänomen der Individualisierung nicht nur beschreibt und ihm einen Namen und eine entsprechende theoretische Gestalt gibt. Womöglich ist Soziologie selbst nichts anderes als eine Reaktion auf das Problem, wie Soziales trotz der Individualität sozialer Akteure möglich ist. Soziologie beobachtet ihren Gegenstand, die Gesellschaft, nicht von außen. Sie gehört selbst zu ihrem Gegenstand, leistet also einen Beitrag zur *Selbstbeschreibung der Gesellschaft* und müsste sich entsprechend daraufhin beobachten lassen, auf welchen Problemdruck sie mit ihrer Nomenklatur und ihren Leitunterscheidungen reagiert. So unterschiedlich sich die klassischen soziologischen Diagnosen der Individualisierung auch darstellen,[1] einig sind sie sich darin, dass gesellschaftliche Modernisierungsprozesse sich v.a. an dem zunehmenden Differenzerleben individueller und gesellschaftlicher Perspektiven ablesen lassen. Es gibt von Giddens (1995: 60) die schöne Charakterisierung der Moderne, diese selbst sei „in ihrem inneren Wesen zutiefst soziologisch", was man auch so lesen kann: Eines der Grundprobleme moderner Vergesellschaftung, nämlich die Versöhnung von individuellen und sozialen Ansprüchen bei gleichzeitiger Anerkennung ihrer Differenz, bildet zugleich das Konstituens soziologischer Theoriebildung, wenn diese sich die Frage danach zumutet, wie sich individuelle Aspirationen und soziale Erwartungen, wie sich die Immanenz des individuellen Bewusstseins und ihre gesellschaftliche Transzendenz, wie sich individuelles Verhalten und kollektive Strukturen und Folgen zueinander verhalten. Die soziologische Theorie der Moderne beginnt letztlich damit, das Steigerungsverhältnis von Individualität und Gesellschaft zu beschreiben. Dahinter fällt zurück, wer dieses Verhältnis im Sinne einer Summenkonstanz liest – mit der Konsequenz, mit zunehmender Individualität von Akteurslagen Gesellschaft aus dem Blick zu verlieren und deshalb Individualisierungsdiagnosen scheuen zu müssen.

Das Individuum als „Subjekt"

Dass zwischen der Individualisierung von Lebenslagen und der Komplexität und Differenziertheit der Gesellschaft ein Steigerungsverhältnis besteht, ist der Soziologie nicht verborgen geblieben. Historisch gesehen, beginnt die Reflexion auf die Welt als *soziologische Reflexion* mit Diagnosen der zunehmenden Referenz des Individuums auf sich selbst als Folge von Steigerungen gesellschaftlicher Komplexität und Dynamik. Laut Weber sind es die kulturellen Wirkungen der Reformation, die das „Gefühl einer unerhörten Vereinsamung des *einzelnen* Individuums" (Weber 1988: 93, Herv. A.N.) auf Dauer gestellt und dieses Gefühl schließlich von seinen religiösen Wurzeln abgekoppelt haben. Nur als heroisches Individuum, so Weber, also „von innen heraus" (ders. 1972: 658) lasse sich Widerstand gegen die entfesselte und verselbstständigte Moderne leisten – seiner Unmöglichkeit ebenso wie seiner Unausweichlichkeit bewusst. Auch Durkheim stellt einen direkten Zusammenhang zwischen gesellschaftlicher und individueller Differenzierung her: Es „hängen die Fortschritte der individuellen Persönlichkeit und die der Arbeitsteilung von ein und derselben Ursache ab" (Durkheim 1988: 475), und zugleich diagnostiziert Durkheim, „daß das Individuum, obgleich es im-

1 Eine synoptische Systematisierung klassischer und gegenwärtiger Individualisierungstheorien findet sich bei Schroer (2000 und in diesem Band).

mer autonomer wird, immer mehr von der Gesellschaft abhängt" (ebd.: 82). Ähnliches liest man bei Simmel (1989: 394) über das Steigerungsverhältnis gleichzeitig zunehmender Abhängigkeit und Unabhängigkeit immer mehrerer Menschen voneinander. Die soziologische Selbstbeschreibung der Gesellschaft scheint also von Beginn an – mit je unterschiedlicher Konnotation – die Selbstbeschreibung des modernen Menschen als *autonomes Subjekt* zu dekonstruieren. Die Semantik der Subjektivität war in dem Kontext entstanden, ein funktionales Äquivalent dafür zu entwickeln, dass mit der Umstellung auf funktionale Gesellschaftsdifferenzierung auf Inklusionsvorgaben verzichtet werden musste, die mit der Selektivität des Gesamtsystem parallel liefen. Der Appell an Subjektivität bezeichnete gewissermaßen die andere Seite der Unbestimmtheit des Individuums durch die Gesellschaft. Die theoretische Figur des Subjekts sollte die Leerstelle der unproblematischen, wenn man so will: trivialen Inklusion des Einzelnen in die Gesellschaft doppelt auffüllen: durch Hinweis auf die *Selbstreferenz jedes einzelnen konkreten empirischen Individuums* sowie *unter Absehung konkreter empirischer Unterschiede von Individuen*, d.h. „weder gesellschaftstheoretisch noch empirisch" (Luhmann 1997: 1025), sondern *transzendental.*

Man kann schön sehen, dass diese Epoche machende Figur exakt den Mechanismus verdeckt, zu dessen Erklärung sie letztlich angetreten war. Wenn die Umstellung auf funktionale Differenzierung die Individualität von Individuen zunehmend unbestimmt lässt und damit zu *empirischen Bestimmungen* nötigt, die dann entsprechend unterschiedlich ausfallen, kann eine angemessene Bestimmung von Individualität nur unter Absehung der *empirischen Individualität selbst* erfolgen. An der zunehmenden Schriftlichkeit individueller Selbstdarstellungen (Bohn 1999) und an der „Inszenierung des Selbst" (van Dülmen 1997: 85) in Autobiografien, Tagebüchern, Briefwechseln und Romanen ließen sich die empirischen Unterschiede, die radikalen Negationsmöglichkeiten und Variationschancen nicht mehr unbeobachtbar halten und erforderten es geradezu, dem ein Allgemeines entgegenzusetzen, dessen Allgemeinheit nicht durch die Mannigfaltigkeit der Welt irritierbar war. *Subjektivität* wurde zwar Individuen zugeschrieben, ist aber nichts Individuelles im Sinne der konkreten Mannigfaltigkeit des empirischen Auftretens, sondern Allgemeinheit schlechthin, mithin also von konkreten Individuen ebenso Abstrahierendes wie dieses Verbindendes. Kant hat diese Differenz in der „Grundlegung zur Metaphysik der Sitten" als Differenz zwischen „vernünftigen Wesen" und mit „Begierden und Neigungen, als zur Sinnenwelt gehörigen" Menschen ausgearbeitet. Erstere zeichnen sich dadurch aus, „daß die Idee der Freiheit mich zu einem Gliede einer intelligibelen Welt macht, wodurch, wenn ich solches allein wäre, alle meine Handlungen der Autonomie des Willens jederzeit gemäß sein *würden*", was für zweitere als kategorischer *Imperativ* mit einem *Sollen* versehen werden muss (alle Zitate Kant 1974: 89f., Herv. i. O.). Das empirische, das konkrete, das sich von anderen in seinen empirischen Neigungen unterscheidende Individuum – „selbst der ärgste Bösewicht" (ebd.) – hat Teil an jener intelligiblen Welt, die gewissermaßen eine Theodizee des Willens als *individueller, empirischer Äußerung* bietet und so den Überraschungswert des Individuellen – sowohl empirisch wie theoretisch – abzumildern versucht.[2] Die Paradoxie, die entsteht, wenn man den gesellschaftlichen, politischen oder moralischen Zusammenhang der Menschen als Gemeinschaft von Individuen/Subjekten beschreibt, wurden also dadurch verdeckt, dass dem einzelnen Individuum, dem offenkundig *empirisch* jede Allgemeinheit abging, diese *transzendental* als Subjektivität nachgewiesen werden konnte – dass man das dann sogar für eine *denknotwendige* Bedingung gehalten hat, macht die Zirkularität des Arguments allzu deutlich. Die Individualität des Menschen ist dann der einzige Grund seiner Allgemeinheit – und wo die eindeutige gesellschaftliche Normierung durch Identifikation des Menschen mit seiner Position innerhalb einer ständischen oder traditionalen, d.h. der sozialen Gestaltung und Veränderbarkeit kaum unterworfenen Struktur ausfallen, bleibt theoretisch nur noch die Ausflucht in die Anthropologie, die *den Menschen* als Kollektivsingularität zum letzten Grund aller je individuellen und allgemeinen Bestimmungen macht (Luhmann 1981: 243). *Dem* Menschen widerfährt dann theoretisch wie praktisch dies: Er wird radikal unterbestimmt gehalten, damit alle nun möglichen gesellschaftlichen Bestimmungen passen, und ihm wird die Bestimmung seiner selbst, wenn man so will: *Selbstbestimmung* geradezu oktroyiert. „Äußere" Unter- und „innere" Überbestimmung gehen Hand in Hand und machen aus dem empirischen Individuum das Subjekt seiner selbst und der Welt. Hier beginnt die große Erzählung der *Individualisierung*.

Soziologie als Dekonstruktion des „Subjekts"

Soziologie, so habe ich oben angedeutet, beginnt mit der *Dekonstruktion des Subjekts*. Am Beginn stand freilich weniger das Interesse am Individuum, sondern die Kritik des Individualismus, den Emile Durkheim (1986: 54) die „große Krankheit unserer Zeit" nannte. Erst über die Analyse des Individualismus, also über die kulturellen und politischen Folgen einer gesellschaftlichen Strukturveränderung, die gesellschaftliche „Bedürfnisse, die nicht auch die unseren sind" (ders. 1990: 393), hervorbringt, gelangt Durkheim zu den Individuen. Individualität erscheint dann nicht als vorsoziale Entität, schon gar nicht als der Ort der Subjektivität in Abgrenzung zur Welt, sondern als Produkt gesellschaftlicher Differenzierungsumstellungen. Niklas Luh-

2 Wie sehr sich eine solche Theoriefigur auch heute noch müht, das Individuelle mit dem Allgemeinen zu versöhnen, lässt sich exemplarisch sehr schön an Manfred Franks Rekonstruktion der schleiermacherschen Hermeneutik ablesen. Auch hier geht es immer noch um die Frage, wie „die Singularität des Allgemeinen und die Universalität des Einzelnen als untrennbare Momente eines einigen Ganzen" (Frank 1985: 157) sich ausdrücken lasse.

manns paraphrasiert Durkheim treffend so: „Nicht die Individuen begründen die Gesellschaft, indem sie sich zum Zusammenleben entschließen und einen entsprechenden Vertrag schließen, sondern die Gesellschaft begründet die Individuen, indem sie es ihnen ermöglicht, sich als Individuen zu behandeln, Verträge zu schließen, sich wechselseitig zu binden, verantwortlich zu machen, zu sanktionieren." (Luhmann 1995: 129f.) Selbst dort, wo die Soziologie nicht vom *Subjekt* lassen will, ist sie doch als *Soziologie* stets damit konfrontiert, *einerseits* die Differenz der Subjekte beschreiben zu müssen, andererseits die Formen „subjektiver" Lebenslagen, „subjektiv" gemeinten Sinns oder auch nur „subjektiver" Interessen als andere Seite eines Objektverhältnisses zu behandeln. Indem „subjektive" Lebenslagen eben Lagerungen im sozialen Raum sind, „subjektiv" gemeinter Sinn von den möglichen Kulturbedeutungen der sozialen Umwelt des Handelnden abhängt und „subjektive" Interessen eben Interessen in sozialen Kontexten sind, *dekonstruiert* der soziologische Blick die Subjektivität des Subjekts, *ob er will oder nicht.* Letztlich scheint die Soziologie selbst davon überrascht worden zu sein, was vom „Subjekt" übrig bleibt, wenn es im sozialen Raum vorkommt. Wie auch immer die andere Seite des Subjekts hieß: *Lebenswelt, Gesellschaft, Figuration, social system, Soziale Welt* oder *Sozialer Raum*, die Soziologie hat darauf aufmerksam gemacht, dass *Subjektivität* eine *Zwei-Seiten-Form* ist. Was *Subjektivität* sein kann, hängt dann immer von der anderen Seite ab, und insofern ist das Individuum in seiner *Subjektivität* stets das Andere seines Anderen, mithin also ein Produkt seines Gegenübers, des Gegenstandes der Soziologie.

Es ist hier nicht der Ort, dies im Einzelnen in den verschiedenen Spielarten soziologischer Theorie nachzuweisen; im Übrigen dürfte ein solcher Nachweis sich mit ziemlicher Wahrscheinlichkeit nicht mit der Selbstbeschreibung soziologischer Theorien decken, zumal die soziologische Öffentlichkeit immer noch zu goutieren pflegt, wenn man sich einer *subjektorientierten Soziologie* verschreibt, den *Akteur* nicht aus dem Blickfeld verlieren will, die Logik des *Handelns* gegen die der *Systeme* hochhält oder die *Subjekte* selbst sprechen lässt. Das scheint bisweilen weitere theoretische Begründungsprobleme zumindest unsichtbar zu machen. Eine *Soziologie der Soziologie* freilich, die das soziologische Selbstverständnis gegen den eigenen Strich bürstet, dürfte hier mehr zu Tage fördern, als sich manche soziologische Selbstbeobachtung der Soziologie zumuten will. Was hier geschehen soll (und was den spezifischen Auftrag für diesen Beitrag darstellt) ist dies: aus systemtheoretischer Perspektive aufs Individuum zu reflektieren.

Die bisherigen Vorbemerkungen scheinen mir nötig gewesen zu sein, um den Problemrahmen abzustecken. Wer das Individualisierungsproblem allzu sehr auf das Problem des Individualismus als kollektiver Bewegung reduziert, bekommt womöglich gar nicht in den Blick, von welchem Bezugsproblem die Soziologie ohnehin seit ihrer ernsthaften Etablierung als akademischer Disziplin ausgegangen ist. Die Frage lautet: *Wie ist soziale Ordnung möglich, obwohl Individuen/Subjekte/Akteure sich nicht mehr eindeutig durch ihre Stellung innerhalb dieser sozialen Ordnung konditionieren lassen – weder empirisch-gesellschaftlich noch sozialtheoretisch?* Diese Frage macht den Gesellschaftsbezug der Soziologie deutlich. Sie reflektiert nicht von außen auf die Gesellschaft, sondern ist selbst Teil jener Bewegung der Moderne, die die Differenz individueller Selbst- und Weltkonstitution und gesellschaftlichen Erwartungsbildungen und Ordnungsvorgaben als zentrales Thema entdeckt. In diesem Sinne ereignet sich *die Geburt der Soziologie aus dem Geist der Individualität.* Und in diesem Sinne sind wir mitten im systemtheoretischen Kontext, wenn die Soziologie bei der Reflexion ihres Gegenstandes auf sich selbst stößt.

Die Intransparenz psychischer Systeme

Noch stärker als von Durkheim profitiert eine systemtheoretische Soziologie des Individuums von Mead. „Anstatt eine Voraussetzung für gesellschaftliches Handeln zu sein, ist das gesellschaftliche Handeln eine Voraussetzung für Bewußtsein." (Mead 1988: 56) Und: „Bewußtsein ist funktional, nicht substantiv." (Ebd.: 153) Individuelles Bewusstsein ist für Mead bekanntlich die Folge und die Instanz jener Handlungshemmung, die in komplexen Handlungssituationen zwischen die Wahrnehmung einer Situation und den Handlungsvollzug innerhalb dieser Situation geschaltet ist. In der Handlungshemmung erfolgt jene Perspektivenübernahme des Handelnden, die dafür sorgt, dass die Anschlüsse von Handlungsprozessen eine soziale Eigendynamik entwickeln. Das individuelle Bewusstsein steht also, was seine Komplexität angeht, in einem unmittelbaren Steigerungsverhältnis mit sozialer Komplexität. Individualität entsteht dadurch, dass Handlungshemmungen zunehmen, und die Form der Individualität hängt wiederum davon ab, welcher Art diese Handlungshemmungen sind. Aber nicht nur dies ist es, was wir Mead verdanken. Mit dem Gesagten lässt sich lediglich die bereits geläufige These der Wechselseitigkeit individueller (psychischer) und sozialer Komplexität untermauern. Mead verdanken wir auch dies: Er kann zeigen, dass soziale Anschlussfähigkeit nicht möglich ist, *obwohl* Bewusstseine füreinander intransparent sind, sondern *weil* dies der Fall ist. Ego muss die Perspektive alter egos *übernehmen*, weil er sie nicht *haben* kann. Und nur deshalb entwirft die Handlungshemmung *Symbole*, deren Funktion darin besteht, Bedeutungsidentität zu ermöglichen. *Symbolische Interaktion* ist damit ein *funktionales Äquivalent* für die wechselseitige Unzugänglichkeit und Intransparenz der Handelnden füreinander. Mead kehrt also die Fragerichtung der klassischen bewusstseinsphilosophischen Tradition um, das Problem der Konstitution einer *sozialen* Welt für alle aus den Strukturen des Bewusstseins zu erklären. Man denke etwa an Edmund Husserls grandioses Scheitern am Problem der Intersubjektivität (Nassehi 1993: 70ff., 140ff.). Luhmann steht vor einem ganz ähnlichen Problem, stellt aber eine völlig andere Frage. Die phänomenologische Tradition hat sich gefragt, wie Intersubjektivität, gemeinsame Welterfahrung und Sozialität möglich ist, *obwohl* die Bewusstseinsströme unterschiedlicher Menschen füreinander kategorial intransparent sind. Luhmann dagegen kehrt die Bedingungsverhältnisse um. Nicht *obwohl*, sondern *weil* Bewusstseine füreinander radikal intransparent sind, entsteht so etwas wie die funktionale Notwendigkeit für die Emergenz von sozialen Operationen, von Kommunikationen. Indem das eine Bewusstsein eine Kommunikationsofferte macht, kann das andere daran anschließen, woraufhin das erste wieder reagiert und so weiter. Das ist eine recht banale Beschreibung, und sie ist in ihrer Banalität zunächst auch völlig unproblematisch. Was Luhmann daran jedoch interessiert, ist dies: Indem diese beiden Bewusstseine kommunizieren, geht weder ihre operative Geschlossenheit verloren, noch sind sie im engeren Sinne die Subjekte des Kommunikationsgeschehens. Vielmehr bildet das Kommunikationsgeschehen selbst so etwas wie – in den Worten von Ranulph Glanville (1988: 109) – *wiedereintrittsfähige, sich selbst verstärkende und damit selbstreferentielle Unterscheidungen* aus. In der Kommunikation selbst entsteht ein rekursives Nacheinander von mitgeteilten Informationen, *weil* Bewusstseine füreinander intransparent sind. Die Emergenz von Kommunikation, so könnte man sagen, ist die funktionale Folge der radikalen *Individualität psychischer Systeme* (Luhmann 1984: 346ff.), die ihre schon physiologisch bedingte operative Unabhängigkeit voneinander nur in Form einer emergenten Operationsebene des Sozialen überleben können. Auch die Theorie autopoietischer Sozialsysteme ist also aus dem Geist der Individualität geboren – zunächst der Individualität psychischer Systeme, deren Intransparenz füreinander die Emergenz ausschließlich *sozialer Anschlüsse* in der Kommunikation bewirkt. Dass Kommunikationssysteme in diesem Sinne autopoietische Systeme sind, meint nichts anderes als die Tatsache, dass Soziales nicht an Psychisches anschließen kann, es sei denn im Hinblick auf die Überführung sozialer in psychische Komplexität in der Verweisungsform von Sinn.[3]

Aus alldem folgt, dass die Diskussion um Individualisierungsprozesse aus der Perspektive der Theorie sozialer Systeme zunächst einmal davon ausgehen muss, dass die *Individualität psychischer Systeme* letztlich kein steigerbarer Sachverhalt ist. Steigerbar ist ausschließlich die Form, in der sich psychische Systeme gezwungen sehen, ihrer Individualität in Form von Selbst- und Fremdbeobachtung und -beschreibung gewahr zu werden. Die Diagnose der *Individualisierung* hat also die Frage der operativen, der (selbst-)beobachtenden und (selbst-)beschreibenden Erzeugung von Zurechnungsadressen und -routinen zum Gegenstand. Die Frage muss also lauten: *Unter welchen Bedingungen wird es Individuen zugemutet, sich als Individu-*

---

3 Ich verzichte hier auf eine eingehendere Problematisierung der systemtheoretischen Grundbegrifflichkeiten, die sich – bei Bedarf – an geeigneter Stelle (Luhmann 1997; 1984; einführend Kneer/Nassehi 1997 und andernorts) nachlesen lassen.

en zu erleben und ihre Individualität zur Basis ihrer Selbstbeschreibung zu machen?

Exklusionsindividualität

Ganz im durkheimschen Sinne ist hier an Differenzierungstheorie zu denken. Die Umstellung von stratifikatorischer auf funktionale Differenzierung als primäres Differenzierungsprinzip der Gesellschaft hat zur Folge, dass Personen nicht mehr als ganze Personen in die Gesellschaft inkludiert werden, sondern jeweils nur in Funktionssystem relevanten Kontexten. Die Folge ist, „daß die konkreten Individuen nicht mehr konkret placiert werden können. Sie müssen an allen Funktionssystemen teilnehmen können, je nachdem, in welchen Funktionsbereich und unter welchen Funktionsbereich und unter welchem Code ihre Kommunikation eingebracht wird" (Luhmann 1997: 625). Die Ausdifferenzierung des Gesellschaftssystems in Systeme für Ökonomie, Politik, Recht, Wissenschaft, Erziehung, Religion, Kunst etc. hat nicht nur eine Gesellschaft ohne Zentrum und Spitze zur Folge, die eine Integration und damit wechselseitige Konditionierung der Teilsysteme – im Sinne einer der *organischen Solidarität* entsprechenden Moral – ausschließt, sondern auch eine eindeutige und totalitäre Einordnung des Einzelnen in die Gesellschaft. „Individuen müssen sich an all diesen Kommunikationen beteiligen können und wechseln entsprechend ihre Kopplungen mit Funktionssystemen von Moment zu Moment" (ebd.). Die Kommunikationen, an denen der Einzelne teilnimmt, werden nicht mehr einem Gesamtschema untergeordnet, sondern nur noch der Koordinationsleistung von Einzelnen unterstellt.

Wenn es stimmt, dass das Bezugsproblem sozialer Ordnung die Bearbeitung der Frage ist, wie sie möglich ist, *obwohl/weil* Individuen füreinander intransparent sind, reagiert die vormoderne soziale Ordnung auf dieses Problem durch Totalkonditionierung des Individuums, also durch Identifikation des Einzelnen mit einer eindeutigen sozialen Adresse. Inklusion folgt damit dem Prinzip gesellschaftlicher Differenzierung. Unter Bedingungen funktionaler Differenzierung dagegen entfällt diese Totalkonditionierung zu Gunsten einer Selbstkonditionierung des Individuums. Individualität wird damit radikal auf Selbstreferenz verwiesen, auf die Orientierung und Aufrechterhaltung der eigenen, der psychischen Autopoiesis, die ihre Kontinuität gewissermaßen gegen die Diskontinuität einer sozialen Umwelt behaupten muss, zu deren wesentlichen Reproduktionsbedingungen es gehört, gerade *nicht* auf ganze Personen, sondern ausschließlich auf funktions-, organisations- oder interaktionsspezifische Kommunikationen zuzugreifen. Die Inklusion in die moderne Gesellschaft erfolgt also in der Form, dass die Individualität des Individuums sich jenseits seiner jeweiligen kommunikativen Anschlussfähigkeit erweisen muss. Ist *Inklusion* der Mechanismus, „nach dem im Kommunikationszusammenhang Menschen bezeichnet, also für relevant gehalten werden" (ders. 1994: 20), dann findet die Reflexion des Individuums auf seine Individualität in der Tat jenseits der vielfältigen Zugriffe der Gesellschaft auf die Komplexität von Individuen statt, als *Exklusion* nämlich. „Das Individuum kann nicht mehr durch Inklusion, sondern durch Exklusion definiert werden." (ders. 1989: 158) Der Modernisierungsprozess stellt sich als Übergang „von Inklusionsindividualität auf Exklusionsindividualität" (ebd.: 160) dar. Das heißt nicht, Individuen lebten außerhalb sozialer Bezüge oder gewönnen an Unabhängigkeit von diesen. Im Gegenteil: Die Semantik der Individualität und des Individualismus, die zunehmende Zurechnungsfähigkeit und das wachsende Zurechnungsrisiko des Individuums bilden eine geradezu kompensatorische Technik gegen die vielfältigen sozialen Erwartungslagen, in denen sich Individuen in der modernen Gesellschaft vorfinden. Es ist im Übrigen nicht die bloße *Menge* der Erwartungen, wie es auch nicht bloße Differenzierungs*steigerung* ist, was die moderne Gesellschaft ausmacht. Vielmehr hat sich die *Form* jener Erwartungen völlig verändert. Moderne Individualität zeichnet sich dadurch aus, dass sie – entsprechend der Differenzierungsform der Gesellschaft – auf unkoordinierte Erwartungen trifft, auf Erwartungen, deren Differenzen keinem Schematismus unterliegen. Dabei wird das auf sich selbst verwiesene Individuum keineswegs aus dem Sozialzusammenhang entlassen, sondern gerät zur notwendigen *ökologischen Bedingung* der modernen Gesellschaft. Dass sich die prinzipielle *Individualität operativ geschlossener psychischer Systeme* in der Moderne als *individuelle soziale Zurechnungsadresse im sozialen Raum* reflektiert, ist gewissermaßen die Bedingung der Möglichkeit einer Gesellschaft, die Individuen die Speicherung und Abrufbarkeit von Sinn und die Bereitstellung von Komplexität ebenso zumutet wie sie darauf verzichten kann, für eine *bewohnbare Welt* zu sorgen, für einen gesellschaftlichen Raum, der seinen Mitgliedern Geselligkeit und totalitäre Konditionierungen oktroyiert.

All dies ist ausführlich beschrieben und bearbeitet worden und muss deshalb hier nicht allzu breit diskutiert werden (ders. 1997: 618ff., 1016ff.; 1995; 1989; Nassehi 1999a: 85ff.). Diskussionswürdig scheinen mir im Hinblick auf das besondere Diagnosepotential der Theorie sozialer Systeme für die Individualisierungsdebatte drei Fragen zu sein, die ich im Anschluss behandeln werde. Es ist dies zum einen das *Problem der Exklusion*, zum anderen die Frage nach dem *Zugriff der Funktionssysteme* nicht nur auf die Anschlussfähigkeit von Personen, sondern auch *auf deren Individualität* und schließlich ein dezidierter Hinweis auf den Wandel der Bedeutung von *Individualisierung als gesellschaftlicher Selbstbeschreibung.*

Das Problem der Exklusion

Luhmann (1997: 621) betont völlig zu Recht, dass von Inklusion nur sinnvoll gesprochen werden kann, „wenn auch Exklusion möglich ist", d.h. wenn bezogen auf bestimmte Personen bzw. Personengruppen Inklusionsmöglichkeiten in einzelne oder mehrere Funktionssysteme beschränkt werden können. Luhmann meint gar, „daß die Variable Inklusion/Exklusion in manchen Regionen des Erdballs drauf und dran ist, in die Rolle einer Meta-Differenz einzurücken und die Codes der Funktionssysteme zu mediatisieren" (ebd.: 632). Und in der Tat scheinen innerhalb (sic!) der Weltgesellschaft durchaus Exklusionen aus den Funktionssystemen zuzunehmen, d.h. Personen fallen aus dem Bestimmungsbereich der Funktionssysteme heraus. Sie können weder das Rechtssystem in Anspruch nehmen, noch Knappheitsausgleich über Geld vornehmen und an keinen Verfahren für kollektiv verbindliche Entscheidungsfindung teilnehmen. Freilich sind auch sie nicht *aus der Gesellschaft* exkludiert, so lange sie an Kommunikation teilnehmen – selbst wenn ihre Erfahrung mit Gesellschaft sich auf *Interaktionen* reduziert. Insofern kann in solchen *Exklusionszonen* der Gesellschaft gerade das nicht entstehen, was Bedingung für die moderne Erfahrung der Individualisierung ist, *Exklusionsindividualität* nämlich, die sowohl Freiheitsgrade individueller Selbstreferenz in Anspruch nimmt als auch Anschlusserwartungen in den Funktionssystemen erfüllen muss. Inklusion wird hier über strikte Integration geleistet, über interaktions- und gewaltnahe sowie körperorientierte Ordnungsformen. *Individualität* als Rückzug – sowohl in die Reflexivität besonderer Formen individualisierter psychischer und kommunikativer Reflexionen als auch in die Abgeschlossenheit „privater" (Wohn-)Räume – ist hier ausgeschlossen.

Wenn Luhmann auch darauf insistiert, dass Inklusion nur im Hinblick auf Exklusion beschreibbar ist, muss doch gesehen werden, dass Inklusion letztlich unvermeidlich ist. Solange Personen an kommunikatives Geschehen angekoppelt sind, erfahren sie Inklusion, in welcher Form auch immer – selbst wenn es in Form der *Exklusion* aus den Funktionssystemen geschieht, was eine besondere Inklusionsform nach sich zieht. In Regionen der Weltgesellschaft, in denen solche radikalen Exklusionsformen nicht anzutreffen sind oder nur als radikale Ausnahmefälle vorkommen, ist sogar die Inklusion in die Funktionssysteme unvermeidlich. Erstaunlich normativ formuliert Luhmann (1997: 625, Herv. A.N.): „Im Prinzip *sollte* jeder rechtsfähig sein und über ausreichendes Geldeinkommen verfügen, um an Wirtschaft teilnehmen zu können. Jeder *sollte* als Teilnehmer an politischen Wahlen auf seine Erfahrungen mit Politik reagieren können" usw.[4] Und in der Tat liegt es ja in der „Logik der funktionalen Differenzierung, jedem Teilnehmer am gesellschaftlichen Leben Zugang zu allen Funktionen zu erschließen" (ders. 1980: 168). Das könnte suggerieren, die strukturellen Probleme individueller Le-

4 Man weiß nicht so recht, wer da spricht: Luhmann oder die Logik der Systeme?

benslagen seien bereits durch das bloße Faktum der Inklusion ausreichend beschrieben. Und es könnte – im Hinblick auf die Individualisierungsdebatte – bedeuten, dass mit der *strukturellen* Beschreibung der Inklusionsindividualität, die ja strikt an die Diagnose der *funktionalen Differenzierung der Gesellschaft* gekoppelt ist, das Phänomen ausreichend beschrieben sei.

Zweifel an der Individualisierungsthese laufen ja – in der deutschen Diskussion – bekanntlich in die Richtung, dass Individualisierung nur ein Mittelschichtphänomen sei und die Diagnose der Individualisierung gewissermaßen Ausdruck bürgerlich-akademischer Selbstzufriedenheit, wie etwa Annette Treibel (1996: 431) ebenso lautstark wie argumentationsschwach zu betonen pflegt. Rainer Geißler (1996) wittert „ideologische Gefahren", wenn man die integrative Kraft von Klasse und Schicht als Grundkonstituenten sozialer Ordnung bezweifelt, und Rolf Eickelpasch (1997. 26) verhilft dem „stummen Zwang der Verhältnisse" zu einiger Lautstärke, v.a. referierend auf Hans-Peter Müller (1992: 375), der in den Unterschichten, anders als in den „individualisierten" Mittelschichten, allenfalls eine Lebensführung vorfindet, „die wenig Spielraum für Stilisierungsexperimente läßt". Unterschichten sind nicht so, wie sie wollen, sondern sie „sind so, wie sie sind, weil sie nicht anders können" (ders. 1989: 57. Vgl. auch ders. 1994). Die These lautet also: *Individualisierung muss man sich leisten können, und leisten kann man sich nur etwas, wenn man „erfolgreiche" Inklusion v.a. in die Systeme für Ökonomie und Erziehung/Bildung erfährt.*

Aus systemtheoretischer Perspektive müsste nun zweierlei geprüft werden. *Erstens:* Lässt sich Inklusion in die Funktionssysteme als steigerbarer Sachverhalt bzw. graduell differenzieren? *Zweitens:* Wenn ja bzw. wenn nein, was sind die Konsequenzen für die Diagnose der *Individualisierung*?

Womöglich sind die Kritiken der Individualisierungsdebatte im Kontext der Theorie sozialer Systeme in der Weise zu rekonstruieren, dass Unterprivilegierten und Unterschichten *weniger* Inklusion in die Funktionssysteme widerfährt. Dies hätte dann entsprechende Konsequenzen für die theoretische Konstruktion von *Exklusionsindividualität*, da dann gewissermaßen die strukturellen Bedingungen für das entfielen, was sich differenzierungstheoretisch als Bedingung für *Individualisierung* herausgestellt hat. Freilich scheinen mir erhebliche Zweifel angebracht zu sein. Aber: Wie lassen sich nun Formen der Armut, Krisen des Beschäftigungssystems, die Ausgrenzung ganzer Bevölkerungsgruppen von möglichen Lebenschancen theoretisch fassen? Wie wenig trenn- und tiefenscharf ein gradueller Inklusionsbegriff ist, zeigt sich in folgender Überlegung. Ein von Armut Betroffener ist keineswegs *weniger* in das Wirtschaftssystem inkludiert als jemand mit erheblichem Geldvermögen. Man könnte nicht feststellen, wer *mehr* inkludiert ist als andere. Etwa derjenige, der sechsstellige Guthaben bei einer Bank hat, oder derjenige, der Schulden hat? Oder gar der, der per saldo die höchsten Zahlungsvorgänge auf seinem Konto versammelt? Gerade die Inklusion ins Wirtschaftssystem zeigt, dass eine *explizite Zahlungsunfähigkeit* eine ganz und gar unhintergehbare Form der *Inklusion* in das Wirtschaftssystem ist, wenn man unter Inklusion tatsächlich diejenige Form verstehen will, in der Funktionssysteme auf Personen zugreifen, sie thematisieren und ansprechen. *Nicht* zahlen kann man nur im Kontext von Zahlungen, also dort, wo Zahlungen als Knappheitsausgleich erwartet werden können. Zur *Exklusion* kommt es erst dann, wenn man nicht einmal *nicht* zahlen kann, wenn also Geld nicht einmal im Horizont von Möglichkeiten steht. Analog gilt: *Unrecht* kann nur bekommen, wer Ansprüche an Erwartungen eines Rechtssystems stellen kann, *politisch unterrepräsentiert* zu sein, ist eine hochgradig voraussetzungsreiche Form der politischen Inklusion, *Bildungsnachteile* bekommt man explizit nur als Operation des Bildungssystems bescheinigt, etwa in Form schlechter Noten, und von den Leistungen des Funktionssystems sozialer Hilfe kann man nur ausgeschlossen werden, wenn man potentiell Klient sein könnte. Der Clou der Theorie funktionaler Differenzierung besteht ja gerade darin, dass die negativen Werte ihrer Codierungen keinesfalls minderer Natur sind. *Nicht-Zahlungen* können nur im Wirtschaftssystem vorkommen, wie auch *Unrecht* nur im Rechtssystem möglich ist, mangelnde *Bildung* nur im Bildungssystem zu erwarten ist und *politische Einflusslosigkeit* im politischen System erzeugt wird. Man darf Inklusion nicht mit Gleichheit oder auch nur Gleichartigkeit verwechseln. Im Gegenteil: Es sind die Funktionssysteme selbst, die Ungleichheiten erzeugen, nicht nur als Nebenfolge übrigens, sondern bisweilen explizit. Und die Tatsache, dass sich in Individuen die Ansprüche und Erwartungen der untereinander nicht mehr vorsortierten und miteinander nicht koordinierten Funktionssysteme bündeln, macht es um so wahrscheinlicher, dass Benachteiligungen im Bestimmungsbereich des einen Funktionssystems Benachteiligungen in anderen Funktionssystemen nach sich ziehen. Wer ökonomisch benachteiligt ist, muss damit rechnen, auf weniger Rechtsmittel zugreifen zu können oder weniger Bildung in Anspruch nehmen zu können. Und wer weniger Bildung erfährt, wird womöglich im medizinischen System nicht auf der Höhe der Leistungsrollenträger kommunizieren und entsprechende Benachteiligung erfahren. Die Funktionssysteme produzieren also nicht nur Ungleichheit durch eigene Entscheidungen, sondern diese Ungleichheiten scheinen bei bestimmten Gruppen zu kumulieren.

Die Theorie der funktionalen Differenzierung scheint lange Zeit den Blick davor verschlossen zu haben, dass individuelle Lebenslagen *quer* zu jener Differenzierung der Gesellschaft in der Sachdimension gesellschaftlicher Funktionen liegen. Die Differenzierungstheorie luhmannscher Provenienz hat das Problem sozialer Ungleichheit und damit verbunden die Destabilisierung von Lebenslagen bis jetzt kaum systematisch aufgegriffen – bis auf einen recht unscharfen Begriff von *Exklusion*, der letztlich Ungleichheiten und Benachteiligungen, v.a. die Kumulation von Benachteiligungen kaum als *Inklusionsfolge* zu erkennen vermag. Die Brisanz und Bedeutung sozialer Ungleichheit sehe ich – systemtheoretisch gesprochen – gerade darin, dass kulturelle und ästhetische Ungleichheiten und Pluralitäten auf horizontaler

168). Das könnte suggerieren, die strukturellen Probleme individueller Lebenslagen seien bereits durch das bloße Faktum der Inklusion ausreichend beschrieben. Und es könnte – im Hinblick auf die Individualisierungsdebatte – bedeuten, dass mit der *strukturellen* Beschreibung der Inklusionsindividualität, die ja strikt an die Diagnose der *funktionalen Differenzierung der Gesellschaft* gekoppelt ist, das Phänomen ausreichend beschrieben sei.

Zweifel an der Individualisierungsthese laufen ja – in der deutschen Diskussion – bekanntlich in die Richtung, dass Individualisierung nur ein Mittelschichtphänomen sei und die Diagnose der Individualisierung gewissermaßen Ausdruck bürgerlich-akademischer Selbstzufriedenheit, wie etwa Annette Treibel (1996: 431) ebenso lautstark wie argumentationsschwach zu betonen pflegt. Rainer Geißler (1996) wittert „ideologische Gefahren", wenn man die integrative Kraft von Klasse und Schicht als Grundkonstituenten sozialer Ordnung bezweifelt, und Rolf Eickelpasch (1997: 26) verhilft dem „stummen Zwang der Verhältnisse" zu einiger Lautstärke, v.a. referierend auf Hans-Peter Müller (1992: 375), der in den Unterschichten, anders als in den „individualisierten" Mittelschichten, allenfalls eine Lebensführung vorfindet, „die wenig Spielraum für Stilisierungsexperimente läßt". Unterschichten sind nicht so, wie sie wollen, sondern sie „sind so, wie sie sind, weil sie nicht anders können" (ders. 1989: 57. Vgl. auch ders. 1994). Die These lautet also: *Individualisierung muss man sich leisten können, und leisten kann man sich nur etwas, wenn man „erfolgreiche" Inklusion v.a. in die Systeme für Ökonomie und Erziehung/Bildung erfährt.*

Aus systemtheoretischer Perspektive müsste nun zweierlei geprüft werden. *Erstens:* Lässt sich Inklusion in die Funktionssysteme als steigerbarer Sachverhalt bzw. graduell differenzieren? *Zweitens:* Wenn ja bzw. wenn nein, was sind die Konsequenzen für die Diagnose der *Individualisierung*?

Womöglich sind die Kritiken der Individualisierungsdebatte im Kontext der Theorie sozialer Systeme in der Weise zu rekonstruieren, dass Unterprivilegierten und Unterschichten *weniger* Inklusion in die Funktionssysteme widerfährt. Dies hätte dann entsprechende Konsequenzen für die theoretische Konstruktion von *Exklusionsindividualität*, da dann gewissermaßen die strukturellen Bedingungen für das entfielen, was sich differenzierungstheoretisch als Bedingung für *Individualisierung* herausgestellt hat. Freilich scheinen mir erhebliche Zweifel angebracht zu sein. Aber: Wie lassen sich nun Formen der Armut, Krisen des Beschäftigungssystems, die Ausgrenzung ganzer Bevölkerungsgruppen von möglichen Lebenschancen theoretisch fassen? Wie wenig trenn- und tiefenscharf ein gradueller Inklusionsbegriff ist, zeigt sich in folgender Überlegung. Ein von Armut Betroffener ist keineswegs *weniger* in das Wirtschaftssystem inkludiert als jemand mit erheblichem Geldvermögen. Man könnte nicht feststellen, wer *mehr* inkludiert ist als andere. Etwa derjenige, der sechsstellige Guthaben bei einer Bank hat, oder derjenige, der Schulden hat? Oder gar der, der per saldo die höchsten Zahlungsvorgänge auf seinem Konto versammelt? Gerade die Inklusion ins

1998). Dass hier überwiegend Muster kopiert werden, ist nur ein Hinweis darauf, dass das auch im hochkulturellen, im bürgerlich-akademischen wie im eher an „Selbstverwirklichung" orientierten Milieu gilt, um die gängigen Klassifikationen aufzugreifen. Womöglich gibt es in diesen unterschiedlichen Milieus lediglich unterschiedliche Formen, wie man adäquat an sich leidet oder wie der Heroismus des Selbst sich gegen die Widerstände der Welt durchsetzt. Aber an der strukturellen Diagnose ändert dies nichts. *Die Diagnose der Exklusionsindividualisierung reflektiert also schlicht darauf, dass sich die soziale Adresse von Individuen gerade für diese selbst immer weniger über die Fremdreferenz von Gruppenzugehörigkeit ergibt. Indem Exklusionsindividualität aber nur die andere Seite der je spezifischen Inklusionsform in die Funktionssysteme ist, findet sich die Referenz aufs Selbst stets im strikten Bestimmungsbereich der Funktionssysteme und der in ihnen organisierten Optionsmöglichkeiten vor. Auch noch das unerfreulichste Schicksal, noch die größte Ungerechtigkeit und noch die schlechteste herkunftsbedingte Konkurrenzposition findet sich zunächst als individuelle Position vor. Die entlastende Referenz aufs Klassen- oder Schichtschicksal, selbst auf ethnische Herkünfte steht immer weniger zur Verfügung. Politisch korrekt lassen sich solche Gruppenschicksale allenfalls noch von einer Population anschlussfähig halten, die gerade aufs eigene Leben und die Chance auf Individualisierung pocht: von Frauen, die paradoxerweise darauf bestehen, dass das Geschlecht keine Rolle spielen darf.*[5]

Individualisierende Inklusion

Die Rede von der *Exklusions*individualität ist missverständlich. Denn keineswegs ist die Individualität des Individuums ausschließlich etwas, das in Kommunikationen außerhalb der Funktionssysteme vorkommt. Vielmehr nehmen auch die Funktionssysteme die explizite Individualität von Individuen in Anspruch. In den meisten Programmen der Funktionssysteme ist Inklusion so vorgesehen, dass die Teilnehmer an Kommunikation tatsächlich als Individuen thematisiert werden, was freilich keineswegs die Diagnose relativiert, dass sich die Individualität von Individuen selbst im Exklusionsbereich der Gesellschaft verorten müsse. Die reflexive, in diesem Sinne ihre eigene Einheit außerhalb der Funktionssysteme herstellende Individualität von Individuen ist geradezu die Bedingung für das Funktionieren der modernen Gesellschaft und reflektiert sich in vielfältigen Programmen von Funktionssystemen. So greift etwa die *Ökonomie* stets auf den individuellen Zahler zu, ihre dominante Reflexionstheorie erhebt geradezu den *homo oeconomicus* als individualistischen Entscheidungsträger, dessen individuelle Intransparenz es gerade ist, die die emergente Dynamik des Marktes am Laufen hält, und das Be-

5 Für die Paradoxie dieses letzten Falls vgl. Nassehi (1999b).

schäftigungssystem ist nichts anderes als ein Markt individueller Anbieter bei knappem Angebot; das *Recht* ist geradezu darauf spezialisiert, Ansprüche auf individuelle Träger zuzurechnen und Verantwortlichkeiten bei zurechnungsfähigen individuellen Adressen zu suchen; *Politik* lebt ihrerseits von der je individuellen *exit/voice*-Option individueller Wähler; *Erziehung/Bildung* kapriziert sich auf Fähigkeiten und Leistungen von Menschen im Hinblick auf ihren je individuellen antizipierbaren Lebenslauf; *soziale Hilfe* individualisiert soziale Probleme zu je konkreten Anspruchsberechtigungen; *Religion* ist nur noch dort anschlussfähig, wo sie auf individuelle Ganzheiten zugreift; und *Kunst* rechnet immer mehr mit individuellem Erleben und individualisierter Rezeption. Die Funktionssysteme sind also in ihren Programmen explizit daran beteiligt, dass Inklusion individualisiert und als Exklusionsindividualität reflektiert und gegebenenfalls integriert werden muss. In diesem Sinne ist *Exklusionsindividualisierung* eine ökologische Bedingung für das Funktionieren der funktional differenzierten Gesellschaft. Die Programme der Funktionssysteme etablieren gewissermaßen entgegenkommende Bedingungen für jenes Passungsverhältnis von radikaler gesellschaftlicher Differenzierung und gesellschaftlichem Zwang zur Individualität. Und diese Erkenntnis vermag womöglich dazu beizutragen, das Thema der Individualisierung zu entzaubern, es seiner merkwürdigen Assoziation mit bürgerlich-akademischer Stilisierung zu entkleiden.

Das große Thema der *Subjektivität*, des Individuums als jeweiligem Weltzentrum hat hier seinen Ausgangspunkt: Die Funktionssysteme müssen dem Individuum suggerieren, dass es so etwas wie das Subjekt seiner selbst sei, das in seiner Subjektivität als Individuum auftritt. Dass es die Gesellschaft selbst ist – auch in Gestalt der Programme ihrer Funktionssysteme –, die die Individualität der Individuen als Reflexionsform konstituiert, muss dann den zentralen Mythen des modernen, autonomen Subjekts, des Schmiedes je eigenen (Un-)Glücks und der Selbstbeschreibung der Individuen als Individuen gegenüber unsichtbar gehalten werden. Nur so können Individuen sich ihre Individualität selbst zurechnen, und nur so vermögen es die moderne Gesellschaft und ihre Funktionssysteme, auf eine vorgängige Koordination ihrer Inklusionsangebote und -zumutungen zu verzichten. Selbst die Soziologie, die ja angetreten war, diese Zurechnungsprozesse aufzudecken, tut sich schwer, die unbedingte *ontologische* Würde des *Subjekts* zu bestreiten – dabei wird man vielleicht der *empirischen* Würde des *Individuums* eher gerecht, wenn man seine Bedingtheiten, seine Widerfahrnisse, seine soziale Natur anerkennt: der Paradoxie zu unterliegen, eine unverwechselbare Kopie zu sein.

Die *individualisierende* Inklusion und meine Rede von einem daraus resultierenden *Passungsverhältnis* darf nicht in der Weise einer harmonisierenden Beschreibung missverstanden werden. Die Funktionssysteme greifen recht direktiv in die Konstitution des Individuums ein. Wiewohl Exklusionsindividualisierung sehr wohl stilisierte *Selbst*referenz einfordert und alternativlos erwartet, so werden Individuen in ihrer *„Subjektivität"* gerade durch die individualisierende Inklusion erst *konstituiert.* Dieses Argument ähnelt Michel Foucaults „Analytik der Endlichkeit", die „den Menschen" als kollektivsinguläre Einheit als Ergebnis der Determination durch Diskurse vorstellt. Indem die Analytik der Endlichkeit „zeigt, daß der Mensch determiniert ist, handelt es sich für sie darum, hervorzuheben, daß die Grundlage dieser Determination das Sein des Menschen selbst in seinen radikalen Grenzen ist." (Foucault 1971: 408f.) Und diese Grenzen sind eben dadurch gesetzt, dass sich Individualität gewissermaßen im Bestimmungsbereich entsprechender Erwartungen vorfindet. In der „Leere des verschwundenen Menschen" (ebd.: 412) zu denken, bedeutet dann, den blinden Fleck der Behauptung einer Subjektivität des Subjekts auf seine diskursiven bzw. gesellschaftlichen Antezedenzbedingungen hin zu befragen. In diesem Sinne erweisen sich manche programmatischen Strategien der Funktionssysteme als diejenigen diskursiven Techniken, in denen man mit Foucault die *Konstitution des Subjekts* erkennen kann. So greift *Ökonomie* nicht nur auf individuelle Zahler zu, sondern *konstituiert* damit auch erst das interessegeleitete Subjekt utilitaristischen Zuschnitts; *Recht* und *Politik* rechnen nicht nur individuell zu, sondern fordern individuelle Konformität, gesellschaftlichen Zwang zum Selbstzwang (Elias), Selbstkontrolle und Loyalität als subjektives Vermögen sowie die freiwillige Unterwerfung unter (staatliche) Kollektive ein; *(Human- und Bio-)Wissenschaften* „erfinden" den Menschen, verlangen von ihm Autonomie und konstituieren ihn als empirisch-transzendentale Dublette (Foucault) oder womöglich bald als industriell-genetisches Produkt; *Religion* übt Geständnisse ein, die sich dann im Recht, in der Liebe und in der Medizin säkularisieren; *Erziehung* trainiert Triebaufschub und Langsicht usw. Es soll dies kein Kuriositätenkabinett werden, auch keine naive Kritik von Unterwerfungstechniken. Vielmehr zeigt sich hier, dass die theoretische Annahme, dass die Form der jeweiligen Individualität eine Reaktion auf gesellschaftliche Erwartungsbildung sei, sich der Selbstbeschreibung des (allgemeinen) Subjekts als kollektivsinguläres Versprechen gelungenen Lebens oder des (besonderen) Individuums als Kontingenzformel für das heldenhafte Aushalten von Verschiedenheit nicht recht fügen will. Die Funktionssysteme konstituieren also selbst gewisse Individualitätstypen, sie erschaffen gerade durch die jeweilige Inklusionsform passende Sozialcharaktere. Das mag befremdlich erscheinen. Aber befremden darf das nur den, der auf der Summenkonstanz von Individuum und Gesellschaft beharrt.[6]

6 Das Summenkonstanzargument wird oft gegen Ulrich Beck ins Feld geführt, und dieser erscheint manchen dann als der Totengräber der Soziologie, weil er ihren Gegenstand zunichte macht. Aber bisweilen hört man auch bei Beck (und hier: Beck-Gernsheim) selbst Anklänge eines solchen Modells, wenn er sich gegen Systemtheorien wendet, „die eine vom Handeln und Denken der Individuen unabhängige Existenz und Reproduktion des Sozialen annehmen" (Beck/Beck-Gernsheim 1994: 29f.), als hätte jemals eine Systemtheorie eine vom Handeln und Denken der Indivi-

Inklusion und Organisation

Es dürfte deutlich geworden sein, dass *Individualisierungsprozesse* aus der Sicht der Theorie sozialer Systeme strukturell begründet werden: mit der Umstellung auf funktionale gesellschaftliche Differenzierung, mit der Modernisierung der Gesellschaftsstruktur also. Damit ist freilich noch nicht geklärt, warum das Individualisierungsthema, das ja bereits den gesamten soziologischen Diskurs seit seinem Beginn begleitet, ausgerechnet in den letzten Jahren jene Resonanz erfährt. „Individualisierung" (oder ihre Leugnung) scheint das prominente gesellschaftliche Selbstbeschreibungs*catchword* der Soziologie geworden zu sein. Ist eine Theorieperspektive wie die hier präsentierte womöglich blind für kurzfristige Veränderungsprozesse, die sich ja gerade an der erheblichen Konjunktur der Individualisierungsdebatte ablesen lassen? Ist sie zu wenig tiefenscharf, um qualitative, radikale Veränderungen *innerhalb* der Moderne wahrnehmen zu können? Am Ende seien dazu (nur wenige) Andeutungen erlaubt.

Entscheidenden Einfluss auf die Individualisierungsdebatte haben ohne Zweifel Becks Schriften gehabt, die ganz offensichtlich einen Nerv der Zeit getroffen haben. Und sieht man genau hin, findet man bei ihm sogar eine schöne Paraphrasierung von *Exklusionsindividualisierung*. Zum einen wird betont, individuelle Biografien würden „‚selbstreflexiv'" (Beck 1986: 216), zum anderen heißt es: *„Alles, was in systemtheoretischer Perspektive getrennt erscheint, wird zum integralen Bestandteil der Individualbiographie:* Familie *und* Erwerbsarbeit, Ausbildung *und* Beschäftigung, Verwaltung und Verkehrswesen, Konsum, Medizin, Pädagogik usw. Teilsystemgrenzen gelten für Teilsysteme, aber nicht für Menschen in institutionenabhängigen Individuallagen. [...] Die Teilsystemgrenzen gehen durch Individuallagen hindurch. Sie sind sozusagen die biographische Seite des institutionell Getrennten." (Ebd.: 218, Herv. i. O.) Schöner kann man *Exklusionsindividualisierung* kaum beschreiben, gemeint ist damit aber lediglich eine Entwicklung, die seit den 60er Jahren des 20. Jahrhunderts andauert. Wie ist diese merkwürdige Diskrepanz zu erklären?

In der Inklusionstheorie wird fast ausschließlich auf die Systemreferenz *Gesellschaft* abgestellt, nicht aber auch auf Organisationen. Zwar gehen Funktionssysteme nicht in ihren Organisationen auf – nicht die Ökonomie in Unternehmen, die Politik in Staatsapparaten und Parteien, das Recht in Gerichten, Wissenschaft in Universitäten, Religion in Kirchen etc. – aber Inklusion in die entsprechenden Funktionssysteme läuft in entscheidendem Maße über die Inklusion *und* Exklusion in/aus *Organisationssystemen*. Die Teil-

duen „unabhängige" Existenz und Reproduktion des Sozialen postuliert und als sei zumindest „Handeln" ernsthaft ein ausschließlich irgend einem Vermögen von „Individuen" entspringendes Phänomen. Das zu sehen, bedarf es nicht einmal der Systemtheorie.

nahme an Zahlungen hängt *empirisch* entscheidend von der Form der Mitgliedschaft in Unternehmen oder anderen Organisationen ab, Fragen kollektiver Zugehörigkeiten lassen sich über Mitgliedschafts- und Partizipationsbedingungen des Staats- und Verwaltungsapparates klären, politische Präferenzen drücken sich in der Mitgliedschaft in Parteien (oder wenigstens deren Wahl) aus, und letzte Fragen beantworten die neuesten Entscheidungen der ältesten Organisation (oder ihrer reformierten Ableger). Diese Karikatur mag zumindest andeuten, dass eine angemessene Theorie der Inklusion nicht ohne die Berücksichtigung von *Organisationen* auskommen kann.

Unter *Organisationssystemen* sind solche Sozialsysteme zu verstehen, die sich über Entscheidungen reproduzieren und über diese das Verhalten ihrer Mitglieder mehr oder weniger vorregulieren (Luhmann 1997: 830). Organisationen schränken also Verhaltensspielräume ein. Sie erfinden „eine bestimmte Form des Umgangs mit doppelter Kontingenz. Jeder kann immer auch anders handeln und mag den Wünschen und Erwartungen entsprechen oder auch nicht – *aber nicht als Mitglied von Organisation.*“ (Ebd.: 829, Herv. i. O.) Wenn man so will, schränken Organisationen also Freiheitsspielräume ein, sie *ent*individualisieren soziales Handeln und entlasten damit Individuen von Entscheidungszwang. Sie ersetzen letztlich Unsicherheiten durch selbsterzeugte Sicherheiten, setzen die eigene Routine gegen das Weltchaos, und können neben der *sachlichen* Unterstellung von Formalisierbarkeit auch mit der *sozialen* Unterstellung von (wenigstens minimalem) Konsens operieren.[7]

Die klassische Moderne ist geradezu geprägt davon, sowohl die materielle Versorgung als auch die politische Partizipation, den Erwerb von Bildung wie den Konsum von Kultur, die Inanspruchnahme öffentlicher und privater Fürsorge und die Versorgung mit rechtlichen Erwartungssicherheiten etc. durch spezifische institutionelle Arrangements, durch Organisationen abzudecken. Die klassische Moderne, gewissermaßen ihr industriegesellschaftliches Normalbild, das ja über weite Strecken auch dem Bild ihrer Soziologie entspricht, lässt die Inklusion von Individuen *in die Gesellschaft* letztlich über den Umweg der Organisationsmitgliedschaft laufen – als legitim angesehene Produktion und Stabilisierung sozialer Ungleichheiten eingeschlossen. Eine Erweiterung der Inklusionstheorie um diesen organisationssoziolo-

---

7 Ich spreche ausdrücklich von *Unterstellungen*, da subkutan in jeder Organisation die Formalia unterlaufen werden – man denke nur an die *old-boys-networks* bei der Rekrutierung von Nachwuchs – und da gerade Organisationen geradezu als ökologische Nische für den gepflegten Dissens gelten können. *Als* Organisation freilich reagiert die Organisation durch Etablierung neuer Entscheidungen, etwa durch Einführung von Frauenbeauftragten oder antisexistischem Training für die mittlere Managementebene oder durch Verabschiedung eines neuen Konsenspapiers. Je mehr Trainings und je mehr Konsenspapiere, um so mehr Gründe muss es dafür geben!

gischen Aspekt erlaubt es dann, das *brutum factum* der *Inklusion* in Funktionssysteme empirisch genauer zu fassen – was hier nur angedeutet sei.[8]

Nimmt man diesen hier nur kurz angerissenen organisationssoziologischen Befund ernst, beruht die klassische, die industriegesellschaftliche Moderne auf drei Säulen. *Erstens* konnte der Faktor *Arbeit* nicht nur die Selbstreproduktion des Wirtschaftssystems mit der Einbindung ihres Personals verbinden, sondern auch als Messgröße für *organisierte* Inklusion in andere Funktionssysteme dienen. Letztlich gelang es, organisationsabhängige Lebenslagen fast ausschließlich um das Arbeits- und Erwerbssystem herum zu bauen. *Zweitens* bot die Form einer relativen *nationalökonomischen* und *nationalstaatlichen* Organisation von Ökonomie und Politik zwar begrenzte, aber vergleichsweise effektive Steuerungskapazitäten, die es erlaubten, ein sozial relativ geschlossenes nationalstaatlich verfasstes Arrangement von Organisationen (Interessenverbände, Gewerkschaften, Parteien, Bildungsorganisationen, Versicherungssysteme etc.) so aufeinander abzustimmen, dass die Wechselseitigkeit *nationaler* Ökonomie, Politik und Bildung tatsächlich so etwas wie *Integration* erfährt, was der soziologische *mainstream* sogleich von einem empirischen Befund zur vorempirischen Möglichkeitsbedingung der Gesellschaft hochstilisierte (Nassehi 2000). *Drittens* resultierte daraus ein vergleichsweise für legitim gehaltenes System sozialer Ungleichheit, das zum Teil auch kulturelle Differenzen – schichtenabhängige Lebens- und Konsumstile, konfessionelle und professionelle Milieus, sozialmoralische Konsensfiktionen etc. – beinhaltete und sich durch ein kompliziertes, kulturell abgestütztes Arrangement ungleicher und Ungleichheit reproduzierender Inklusionen in Organisationen der Bildung, der familiären Sukzession von Berufen und Positionen und anderer, zumeist durch Organisationen simulierter Zugehörigkeiten reproduzierte (Gewerkschaften, Kirchen, Vereine etc.).

Dieses sehr einfache und vereinfachende, v.a. nationale Unterschiede bewusst nivellierende Modell vermochte es, die Variationsbreite exklusionsindividualisierter Lebenslagen zumindest so weit an sein bisweilen enges Organisationsarrangement zu binden, dass über die Kumulation von Organisationsmitgliedschaften so etwas wie „Großgruppengesellschaften" simuliert werden konnten. Diese Großgruppen wiederum erfuhren ihre „Aufhebung" – schön hegelsch – im national verfassten *Staat*, und *Gesellschaft* regelte das *System der Bedürfnisse*. *Exklusionsindividualität* fiel gewissermaßen in Milieus, und wenn sie schon nicht weich fiel, dann fiel sie doch an einen Ort, der identifizierbar war, an einen *gesellschaftlichen Ort* mit identifizierbarer (und damit Identität wenigstens simulierender) Adresse. All die organisationsgestützten Mitgliedschaftssimulakren entdramatisierten gewissermaßen die letztlich aus dem Gesamtzugriff der Gesellschaft entlassene Individualität

8 Ausführliche Hinweise dazu, v.a. auf *Exklusions*phänomene, die sich unter organisationssoziologischen Gesichtspunkten ganz anders darstellen, geben Nassehi/Nollmann (1997).

der Individuen. Vielleicht ist mit dem „goldenen Zeitalter" (Hobsbawm) der Industriegesellschaft tatsächlich jene Utopie Durkheims erfüllt worden, Individuen nicht mehr unter die Knute eines engen Kollektivbewusstseins zu zwängen und doch vor dem blasierten Individualismus zu bewahren.

Sowohl die Steuerungsfiktion der *Organisierbarkeit* der Funktionssysteme als auch die *Gruppensimulationen* stabiler Organisationsmitgliedschaften scheinen sich derzeit politisch, ökonomisch, rechtlich, sogar soziologisch aufzulösen. Was moderne Traditionalisten als Werteverfall oder Verlust von Solidarität und noch modernere Traditionalisten als Neoliberalismus und Deregulierung brandmarken, lässt sich auch als Erfüllung jenes unsichtbaren Programms der *Modernisierung als funktionale Differenzierung* lesen, das nun sogar die Fesseln seines erfolgreichsten Trägers abstreift: den Nationalstaat mit seinem Stabilität verheißenden Organisationsarrangement. Was wir derzeit erleben, ist eine Art Entfesselung und Optionssteigerung der Funktionssysteme, in denen der Grundzug der funktional differenzierten Gesellschaft mit aller Deutlichkeit hervortritt, ohne mit einem synoptischen Bezugsrahmen auskommen zu müssen, der als externes Richt- und Koordinationsmaß für die Abstimmung der Funktionsperspektiven sorgen könnte. Dieses *Problem der Optionssteigerung*[9] lässt sich in der Unkontrollierbarkeit und Beschleunigung der Weltökonomie ebenso beobachten wie in der wissenschaftlichen Neuvermessung der conditio humana, in neuen politischen Kontroll- und Beobachtungstechniken ebenso wie im Hyperrealismus der Massenmedien, in der (bio-)medizinischen Konstruktionseuphorie ebenso wie im Wiedererstarken religiöser Konflikte. In diesen Optionssteigerungen entfaltet sich gewissermaßen das Potential der Funktionssysteme, es streift jene Stoppregeln und Selbstkontrollmechanismen ab, die in der klassischen, industrie- und nationalgesellschaftlichen Moderne zumindest die Suggestion einer *Organisierbarkeit der Gesellschaft* und ihrer containermäßigen Schließung aufrechterhalten konnte. Jedenfalls vermag es das in erster Linie durch *staatliche* Koordinationsleistungen Steuerbarkeit simulierende Organisationsarrangement der bisherigen Moderne nicht mehr, das Operieren der Funktionssysteme gewissermaßen regional oder geltungsräumlich aufeinander zu beziehen. Die Logiken der Funktionssysteme scheinen sich inzwischen andere Akteure zu suchen (und zu erfinden), die sich diesem Arrangement entziehen, das gilt für Konzerne ebenso wie für politische Interessengruppen und -verbände, für militärische Akteure ebenso wie für den politischen Terrorismus, für Konsumenten ebenso wie für Wissenschaftler. Die Liste ließe sich verlängern.

Die Kategorien geraten durcheinander – Kategorien, die sich auch im Falle sozialwissenschaftlicher Beobachtung der Welt selbst jenem klassischen Arrangement der Moderne verdanken. Am sensibelsten freilich scheint

9 Zu den system- und gesellschaftstheoretischen Dimensionen dieser Diagnose ausführlich: Nassehi (1999a: 29ff.).

„Gesellschaft" zunächst dort zu reagieren, wo sie in ihrer Differenziertheit ohnehin am sensibelsten auf Widerstände trifft, im *Individuum* nämlich, das sich ja in der Moderne gerade dadurch *exklusiv* konstituiert, dass in ihm wie in einer Syn*opse* sich zeigt, was der Gesellschaft selbst als Syn*these* verwehrt bleibt. Wo das inkludierende/exkludierende, wenigstens aber *eigene* Sicherheiten einübende Organisationsarrangement der klassischen Moderne ins Wanken gerät, wird Individualität noch stärker auf *exklusive* Reflexivität gestossen. Kein Wille zur Selbststilisierung erzwingt das, auch keine von harter Erwerbsarbeit freie Zeit, die gefüllt werden will, auch keine normativen Lebensmodelle von Intellektuellen, ebenso wenig eine Ideologie des Ästhetischen, die vom stummen Zwang der „realen" Verhältnisse ablenken will, sondern nur dies: *das Prekärwerden organisationsgestützter Lebenslagen und ihrer biographischen Erwartungssicherheiten. Individualisierung* ist deshalb nicht ohne Grund eines der entscheidenden Kampfthemen der soziologischen Debatte, denn an ihm entzündet sich zum einen die Geltung traditioneller, am klassischen Organisationsarrangement der Industriegesellschaft orientierter soziologischer Diagnosen, für die Individualität als Thema immer schon von den Zwängen von Unterschichtslebenslagen abzulenken schienen. Individualität war zu nah am Individualismus, den man sich weder ökonomisch leisten konnte noch politisch (etwa: gewerkschaftspolitisch) leisten wollte. Zum anderen gerät *Individualisierung* zur prominentesten gesellschaftlichen Selbstbeschreibung, weil sie darauf aufmerksam macht, dass sich die konkreten Lebensbedingungen der Menschen radikal verändern. Es geht nicht mehr um den Kampf, eigene Entscheidungen treffen zu *dürfen.* Jetzt geht es um die Frage, dass Individuen *freie* Entscheidungen in einer Gesellschaft treffen *müssen,* die dies als Freiheit strukturell konstituiert. Im ersten Fall hat man sich *Sicherheit* durch Selbstzurechnung erwartet – etwa ein eigenes Leben, einen eigenen Beruf oder einen eigenen Ehepartner zu wählen. Im zweiten Fall ist für das *Risiko* bereits durch die Verhältnisse gesorgt.

Meine Diagnose deckt sich in vielem mit dem, was Ulrich Beck (1996; 1993) mit dem Topos *reflexive Modernisierung* bezeichnet. Auch dort wird darauf abgestellt, dass die Moderne auf Grund ihrer eigenen Erfolge einen Strukturwandel erfahre, auch dort wird auf das Prekärwerden von epistemologischen Kategorien insistiert und v.a. wird hier immer wieder auf den Bedeutungszuwachs von Individualität aufmerksam gemacht. Ob man dies tatsächlich als Epochenbruch stilisieren muss, ist die Frage. Für meinen Eindruck scheint mir die Theorie reflexiver Modernisierung selbst noch viel zu sehr von den Simulakren der Industriegesellschaft fasziniert zu sein, so dass sie die Kontinuität der Folgeprobleme funktionaler Differenzierung und die Diskontinuität ihrer Lösungen nicht genau zu unterscheiden vermag. Vielleicht gibt es für manchen Optimismus weniger Raum, wenn sich diese Kontinuität als stichhaltig erweist. Ich jedenfalls sehe den Grund für den erheblichen Strukturwandel eher in der *strukturellen* Erfüllung des Prinzips funktionaler Differenzierung, was ich mit dem Stichwort der *Optionssteigerung* angedeutet habe und was ja letztlich exakt das wiedergibt, was *reflexive Modernisierung* meint: eine Modernisierung, die vor den Folgen *ihrer selbst* steht. Was freilich in jedem Falle gilt, ist dies: der deutlichste Seismograph soziologischer Treffsicherheit ist sicher das Individualisierungsthema. Insofern dürfte nicht nur die Geburt der Soziologie, sondern auch ihre derzeitige (zumindest öffentliche) Wiedergeburt aus dem Geist der Individualität resultieren.

Literatur

Beck, Ulrich (1986): *Risikogesellschaft. Auf dem Weg in eine andere Moderne.* Frankfurt/Main.
Beck, Ulrich (1993): *Die Erfindung des Politischen. Zu einer Theorie reflexiver Modernisierung.* Frankfurt/Main.
Beck, Ulrich (1996): Das Zeitalter der Nebenfolgen und die Politisierung der Moderne. In: Ders./Anthony Giddens/Scott Lash: *Reflexive Modernisierung. Eine Kontroverse.* Frankfurt/Main: S. 19-112.
Beck, Ulrich/Elisabeth Beck-Gernsheim (1994): Individualisierung in modernen Gesellschaften – Perspektiven und Kontroversen einer subjektorientierten Soziologie. In: Dies. (Hrsg.): *Riskante Freiheiten.* Frankfurt/Main: S. 10-39.
Bohn, Cornelia (1999): *Schriftlichkeit und Gesellschaft. Kommunikation und Sozialität der Neuzeit.* Opladen.
Burkart, Günter (1997): *Lebensphasen – Liebesphasen.* Opladen.
Dülmen, Richard van (1997): *Die Entdeckung des Individuums. 1500-1800.* Frankfurt/Main.
Durkheim, Emile (1986): Der Individualismus und die Intellektuellen. In: Bertram, Hans (Hrsg.): *Gesellschaftlicher Zwang und moralische Autonomie.* Frankfurt/Main: S. 54-70.
Durkheim, Emile (1988): Über soziale Arbeitsteilung. *Studie über die Organisation höherer Gesellschaften.* Frankfurt/Main.
Durkheim, Emile (1990): *Der Selbstmord.* Frankfurt/Main.
Eickelpasch, Rolf (1997): Postmoderne Gesellschaft, In: Kneer, Georg/Armin Nassehi/ Markus Schroer (Hrsg.): *Soziologische Gesellschaftsbegriffe. Konzepte moderner Zeitdiagnosen.* München: S. 11-31.
Foucault, Michel (1971): *Die Ordnung der Dinge. Eine Archäologie der Humanwissenschaften.* Frankfurt/Main.
Frank, Manfred (1985): *Das individuelle Allgemeine. Textstrukturierung und Textintepretation nach Schleiermacher.* Frankfurt/Main.
Friedrichs, Jürgen (1998): Einleitung. „Im Flugsand der Individualisierung"? In: Ders. (Hrsg.): *Die Individualisierungsthese.* Opladen: S. 7-11.
Funke, Harald/Markus Schroer (1998): Lebensstilökonomie. Von der Balance zwischen objektivem Zwang und subjektiver Wahl, In: Hillebrandt, Frank/Georg Kneer/Klaus Kraemer (Hrsg.): *Verlust der Sicherheit? Lebensstile zwischen Multioptionalität und Knappheit.* Opladen: S. 219-244.
Geißler, Rainer (1996): Kein Abschied von Klasse und Schicht. Ideologische Gefahren der deutschen Sozialstrukturanalyse. In: *Kölner Zeitschrift für Soziologie und Sozialpsychologie*, H. 2: S. 319-338.
Giddens, Anthony (1995): *Konsequenzen der Moderne.* Frankfurt/Main.
Glanville, Ranulph (1988): *Objekte.* Berlin.
Kant, Immanuel (1974): Grundlegung zur Metaphysik der Sitten. Hrsg. von Wilhelm Weischedel. Frankfurt/Main.

Kneer, Georg/Armin Nassehi (1997): *Niklas Luhmanns Theorie sozialer Systeme. Eine Einführung.* München.
Luhmann, Niklas (1980): Gesellschaftliche Struktur und semantische Tradition. In: Ders.: *Gesellschaftsstruktur und Semantik.* Bd. 1. Frankfurt/Main: S. 9-71.
Luhmann, Niklas (1981): Wie ist soziale Ordnung möglich? In: Ders.: *Gesellschaftsstruktur und Semantik.* Bd. 2. Frankfurt/Main: S. 195-286.
Luhmann, Niklas (1984): *Soziale Systeme. Grundriß einer allgemeinen Theorie.* Frankfurt/Main.
Luhmann, Niklas (1989): Individuum, Individualität, Individualismus. In: Ders.: *Gesellschaftsstruktur und Semantik.* Bd. 3. Frankfurt/Main: S. 149-258.
Luhmann, Niklas (1994): Inklusion und Exklusion, In: Berding, Helmut (Hrsg.): *Nationales Bewußtsein und kollektive Identität. Studien zur Entwicklung des kollektiven Bewußtseins der Neutzeit 2.* Frankfurt/Main: S. 15-45.
Luhmann, Niklas (1995): Die gesellschaftliche Differenzierung und das Individuum. In: Ders.: *Soziologische Aufklärung, Band 6: Die Soziologie und der Mensch.* Opladen: S. 125-141.
Luhmann, Niklas (1997): *Die Gesellschaft der Gesellschaft.* 2 Bd. Frankfurt/Main.
Mayer, Karl-Ulrich (1991): Soziale Ungleichheit und die Differenzierung von Lebensverläufen. In: Zapf, Wolfgang (Hrsg.): *Die Modernisierung moderner Gesellschaften.* Frankfurt/Main, New York: S. 667-687.
Mead, George Herbert (1988): *Geist, Identität und Gesellschaft.* Frankfurt/Main.
Müller, Hans-Peter (1989): Lebensstile. Ein neues Paradigma der Differenzierungs- und Ungleichheitsforschung? In: *Kölner Zeitschrift für Soziologie und Sozialpsychologie,* H. 1: S. 53-71.
Müller, Hans-Peter (1992): *Sozialstruktur und Lebensstile.* Frankfurt/Main.
Müller, Hans-Peter (1994): Abschied von der Klassengesellschaft? Über ein Menetekel im Spiegel der soziologischen Diskussion. In: Görg, Christoph (Hrsg.): *Gesellschaft im Übergang.* Darmstadt: S. 120-140.
Nassehi, Armin (1993): *Die Zeit der Gesellschaft. Auf dem Weg zu einer soziologischen Theorie der Zeit.* Opladen.
Nassehi, Armin (1999a): *Differenzierungsfolgen. Beiträge zur Soziologie der Moderne.* Opladen.
Nassehi, Armin (1999b): Die Paradoxie der Sichtbarkeit. Für eine epistemologische Verunsicherung der (Kultur-)Soziologie. In: *Soziale Welt* 50: S. 349-362.
Nassehi, Armin (2000): Moderne Gesellschaft, In: Kneer, Georg /Armin Nassehi/Markus Schroer (Hrsg.): *Klassische Gesellschaftsbegriffe.* München (im Druck).
Nassehi, Armin/Gerd Nollmann (1997): Inklusionen. In: *Soziale Systeme,* H. 2: S. 393-411.
Schroer, Markus (2000): *Das Individuum der Gesellschaft. Synchrone und diachrone Perspektiven.* Frankfurt/Main.
Simmel, Georg (1989): *Philosophie des Geldes.* Frankfurt/Main.
Treibel, Annette (1996): Norbert Elias und Ulrich Beck. Individualisierungsschübe im theoretischen Vergleich. In: Rehberg, Karl-Siegbert (Hrsg.): *Norbert Elias und die Menschenwissenschaften.* Frankfurt/Main: S. 424-433.
Weber, Max (1972): *Wirtschaft und Gesellschaft.* Tübingen.
Weber, Max (1988): *Gesammelte Aufsätze zur Religionssoziologie.* Bd. 1. Tübingen.

Peter Fuchs

Individualisierung im System

Anfangs war ich über den Titel, der mir vorgegeben war, nicht sehr glücklich. „Individualisierung des Systems" – das hätte ich eher nachvollziehen können als dieses seltsame „Individualisierung im System" . Es ist ja in dieser Überschrift gerade nicht die Rede von Umweltprozessen, an denen sich ein sinnorientiertes System (sei es psychisch, sei es sozial) schärfen, profilieren, besondern, kurz: individualisieren könnte (Fuchs 1998a). Statt dessen wird das Geschick der Individualisierung dem Innen des Systems zugemutet. Da ist etwas, das im System die spezifische Unterscheidbarkeit gewinnt, die mit dem Wort „Individuum" bezeichnet wird. Und was sollte das sein? Schließlich sind, sofern man geneigt ist, von der Bielefelder Variante der Systemtheorie auszugehen, Sinnsysteme Ereignis-basierte Systeme, deren Problem darin besteht, immer neue (informierende) Ereignisse des Typs zu produzieren, der die Einheit des Systems begründet: Soziale Systeme erwirtschaften immer weitere Kommunikationen aus immer weiteren Kommunikationen, bewusste Systeme immer weitere bewusste Ereignisse aus immer weiteren bewussten Ereignissen.[1] Es findet sich in dieser Autopoiesis kein Raum, keine Zeit, die Ereignisse, die sie erzeugt und passieren lässt, so festzuhalten, dass sich an ihnen Unterscheidbarkeiten beobachten ließen. Sie werden unterschieden und bezeichnet, wenn sie verschwunden sind, durch Folgeereignisse, die selbst verschwinden und im Verschwinden unterschieden und bezeichnet werden durch Folgeereignisse, für die dasselbe gilt: ad infinitum. Aber gerade das, dieses Festhalten, Bewahren, Kondensieren wäre erforderlich, damit von Individualisierung im System sinnvoll geredet werden könnte. Im System müsste es Geschichte geben, oder besser vielleicht: die Möglichkeit der Geschichte von verschwindenden Ereignissen. Das System, das historisch ist, müsste sich aus geschichtsfähigen Ereignissen zusammensetzten. Zumindest müssten sich Schemata der Selbstbeobachtung/Selbstbeschreibung beobachten lassen.

1 Eigentlich müsste man sagen: immer weitere zurückliegende Ereignisse aus immer weiteren zurückliegenden Ereignissen.

Dass ich dennoch den Titel weder abgewählt noch durch einen anderen ersetzt habe, zeigt, dass jenes Im-System vielleicht eine gewollte oder ungewollte Spur legt, der ich interessehalber folgen möchte. Vielleicht, so die These, gibt es zwei (und mitunter zusammenfallende) Stränge der Individualisierung im System: die Adressenbildung zweiter Ordnung und Metakommunikation, und vielleicht gibt es sogar eine Form der Metakommunikation (aber dies wird nur noch angedeutet werden), mit deren Hilfe Kommunikation sich als subjekt- und bewusstseinsfrei entdecken kann.

Die Zeitlichkeit des Beobachters

Der erste Schritt der instruktiven Verfremdung, die wir vornehmen wollen, besteht darin, den Begriff des Individuums (damit auch der Individualisierung) freizustellen von jeglichen ontologischen und/oder anthropologischen Implikationen.[2] Es soll nicht um Leute gehen.[3] Auch nicht, wie man früher gesagt hätte, um Menschen, die sich ab einem bestimmten Zeitpunkt und auf dem Hintergrund einer Strukturumstellung der Gesellschaft auf den Typus funktionaler Differenzierung plötzlich vorfinden als Wesen, die als Individuen beschrieben werden können und die dann diese Beschreibung irgendwann in ihr je eigenes Erleben und Handeln übernehmen, sie unablösbar verschweißend mit ihrer Selbstbeschreibung – so sehr, dass heute kaum jemand daran zweifelt, ein Individuum zu sein und als solches eine sozial nicht zu vernachlässigende Qualität zu haben.[4]

Individualisierung im System – das kann, wenn wir von autopoietischen Systemen sprechen, nicht als Ausfällung von fürderhin relativ bestandsfesten Kompakteinheiten begriffen werden. Sie kann sich nur auf die elementaren Einheiten des Systems beziehen, mithin auf Ereignisse, die genau nicht bestandsfest oder wenigstens wiederholbar sind, sondern einzig und allein: passieren. Und en passant lässt sich keine Individualität gewinnen. Das Problem ist, wie kann man individuelle Ereignisse denken, die entstehen und verschwinden? Oder noch anders: Wie kann man sich Systeme vorstellen, die den Durchsatz ihrer Ereignisse gleichsam durchseihen (passieren) und dabei relative Festigkeiten erzeugen? Eine Lösung könnte sich andeuten, wenn man Zeit als Tempo an den Beobachter bindet (vgl. das Gedächtniskapitel in Fuchs 1998a; 1997; Spencer-Brown 1996: 18ff.). Es gibt, würde das heißen, keine schnellen oder langsamen Ereignisse, sondern nur: tempodifferente

2 Es wird also auch nicht direkt an die modernisierungstheoretische Debatte angeschlossen.

3 Die Rede von den Leuten gewinnt zusätzliche Qualität, wenn man Baecker (1998) konsultiert.

4 Interessanterweise kann man diese Qualität dann als Qualität der Nicht-Qualität thematisieren. Das Individuum sei „wortlos, begrifflos, alogisch: individuum est ineffabile“, formuliert Baeumler (1967: 4).

Beobachter. Für einen sehr langsamen (oder zeitfreien) Beobachter verdorren die Menschen wie Gras. Sie erscheinen und verpuffen über dem Grab. Für den Gott, für den Tausend Jahre wie ein Tag sind, verschwindet jede Besonderung. Er sieht nur einen Dauerzerfall: Vanitas vanitatum, et omnia vanitas. Darin gliche er uns, wenn wir Kommunikation oder wenn wir bewusste Ereignisse zu beobachten versuchen.[5] Unsere eigene Autopoiesis müsste gerafft, sie müsste beschleunigt werden, damit wir autopoietische Ereignisse zeitlich einfangen und gleichsam als Exemplare beschauen könnten.[6] Aber gesetzt, dies könnte gelingen, dann würde uns die Beschleunigung des Beobachters im Blick auf sinnorientierte Systeme mit einem weiteren Problem konfrontieren. Bei diesen Systemen ließen sich auch bei größter zeitlicher Auflösung keine Einzelereignisse isolieren. Die Zeitform solcher Systeme (Autopoiesis) ist, um mit Derrida zu spielen, die der Différance-ialität. Jede Identifikation in diesen Systemen ist eine nachträgliche Beschreibung, die derselben Form des Aufschubs oder des Nachtrags unterliegt (Fuchs 1999 sowie das Kapitel über die Kommunikationsmaschine in ders. 1995). Kein Element existiert an sich, es ist nicht ein separierbarer Teil einer Ganzheit.[7] In sinnförmig arbeitenden Systemen ist die Operation, durch die sie sich konstituieren, eben dieser Nachtrag, der seinerseits Nachtrag ist durch weitere Nachträge – ohne (für das System) absehbares Ende oder einen absehbaren Anfang.[8] Jede sinngeführte Beobachtung hat dieselbe Struktur, sie trägt nach, sie liefert einen weiteren Kommentar, ohne jemals an eines der Elemente, denen sie gleicht (die sie produziert und durch die sie produziert wird) anzustoßen.[9] Deshalb gäbe es auch für geraffte (Zeit raffende) Beobachter keine Chance. Sie müssten selbst anschließen, sind selbst dann situiert in der Struktur des unaufhörlichen Sinnverzugs, der différance. Sie fügen an, sie halten nichts fest.[10] Die Frage ist dann, wie Individuen (und wiederum: nicht

5 Das ist eine etwas despektierliche Redeweise. Aber wenn wir Gott beschleunigen könnten, würde er Statuen sehen, Ewigkeiten lang. Es ist auch interessant, in diesem Kontext an die modernen Teilchenbeschleuniger zu denken.

6 Ontologie, so könnte man sagen, ist dann ein Nebeneffekt zu schneller Beobachtung. Alle Ontologie verschwände, wenn es gelänge, richtig langsam zu beobachten. Deswegen kann der Konstruktivismus nur in wissenschaftlichen Kontexten zum Beobachtungskriterium werden – und nicht: in irgendeiner angespannten Lebenslage. Ich finde, dass die objektive Hermeneutik wie die Konversationsanalyse hier ihre eigentümliche Würde gewinnen.

7 Das leuchtet auch theoriegeschichtlich ein. Die Ablösung des Ganzes/Teil-Paradigmas durch die System/Umwelt-Unterscheidung ließe diesen Rückfall kaum zu.

8 Das habe ich (Fuchs 1999) durch die Unterscheidung von Naturzeit und Sinnzeit sinnfällig zu machen versucht.

9 All dies gewinnt eine dramatische und tragische Bedeutung, wenn man ein ultimates Ereignis wie den Sonnentod zu denken versucht (Lyotard 1988: 28).

10 Wir wollen dies ausdrücklich auch für einen beschleunigten Gott behaupten. Auch er stieße an kein Ereignis an.

Leute) und entsprechende Prozesse der Individualisierung unter Sinnverzugsbedingungen konzipiert werden könnten.

Das „Individuum" als Effekt einer Beobachtung von Selbstbeobachtung

Zuerst könnte es nützlich sein, den Begriff des Individuums soweit zu verdünnen und von Geschichte zu entlasten, dass er nichts mehr bezeichnet als einen Beobachter, der sich selbst beobachtet (Luhmann 1995a: 153). Er ist jemand, der sich selbst unterscheidet und bezeichnet – ein Selbstbeobachter eben. Aber schon durch diese Abstraktion kommt es zu harten Ausschlusseffekten. Ausgeschlossen wird, dass Systeme (Einheiten), die sich nicht selbst beobachten, bzw. Systeme (Einheiten), denen typisch Selbstbeobachtung nicht unterstellt wird, als Individuen aufgefasst werden dürften. Ausgeschlossen wird alles, was für sich selbst in sich selbst keinen Unterschied zwischen sich und anderem machen kann, zum Beispiel Steine, Krokodile, Bäume, Säuglinge. Das bedeutet auf der Gegenseite den Einschluss aller Phänomene, die diesen Wiedereintritt des Unterschieds, der sie sind, in die Unterscheidung, die sie darauf beziehen, vollziehen können. Das ist der Einschluss aller über bedeutungsbezogene Beobachtungstechniken verfügenden Systeme. Soweit ich sehe, kommen für diesen re-entry nur sinnförmig operierende (also unterscheidungsfähige) Systeme in Betracht.[11] Das leuchtet schnell ein, wenn man das Bewusstsein als Beispiel heranzieht. Es kann sich offenbar anhand dessen, was es nicht ist, selbst unterscheiden. Und: Es kann, wenn es erforderlich ist, auch den re-entry seiner Selbstunterscheidung noch einmal beobachten. Es kann sich begreifen als ein System, das sich selbst unterscheidet und bezeichnet.[12] Das Bewusstsein kann bemerken, dass es ein System ist, dass diese Kunst beherrscht. Auch eine Organisation kann feststellen, dass sie auf dem Hintergrund von Umwelturbulenzen ihre Innen/Außen-Unterscheidung in sich selbst kontrollieren muss.[13]

---

11 Zu prüfen wäre dann, ob nicht genau darin ein Kriterium läge, mit dem sich entscheiden ließe, ob Systeme im Sinne der artificial intelligence bewusstseinsanalog operieren oder nicht: Prozessieren sie nur Unterschiede oder unterscheiden sie Unterschiede, vor allem den einen, den sie selbst machen (Fuchs 1991)?

12 Genau das ist gemeint, wenn von Individuen die Rede ist (Luhmann 1995b: 142).

13 In Abbildung eins wird dieser Vorgang schematisiert. Der gestrichelte Pfeil zeigt, wie das System seine eigene Unterscheidung unterscheidet, ferner, dass auch die Beobachtung zweiter Ordnung eine der ersten Ordnung ist.

Abbildung 1

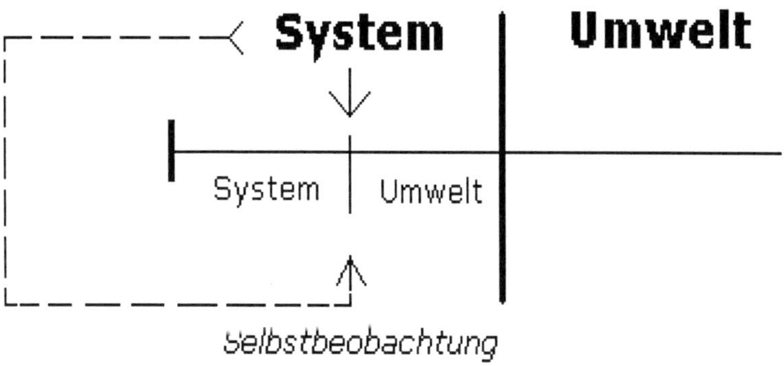

Diese Form der Selbstunterscheidungsregistratur muss nicht laufend vorkommen, aber sie ist als Möglichkeit präsent, so dass wir zwei Fälle unterscheiden können: (1) ein System nutzt intern den Innen/Außen-Unterschied, den es realisiert („Ich gehe zur Tür. Du bleibst sitzen!"), und (2) der aufwendigere Fall: es unterscheidet die Unterscheidung („Wer bin ich denn, dass ich jemanden anweisen darf, sitzen zu bleiben?"). Eine für diese Differenz mittlerweile eingeführte Terminologie unterscheidet zwischen Beobachtung erster und zweiter Ordnung. Das erste Klammerbeispiel zeigt die Selbstunterscheidung in Aktion, sie wird natural genommen, sie ist die eingesetzte und selbst nicht noch einmal unterschiedene Unterscheidung; das zweite Klammerbeispiel setzt voraus, dass die Innen/Außen-Unterscheidung noch einmal bezeichnet wird. Sie erst bezieht sich auf die Grenzen des Systems (auf die Barre zwischen Ich/Anderes). Sie ist, wie man auch sagen könnte: selbsttranszendent oder logisch offen.[14] Erst in dieser zweiten Ordnung des Beobachtens kann es zu Prozessen der Selbstcharakterisierung kommen, zu einer mehr als nur mitlaufenden Selbstreferenz. Und erst diese Form des verstärkten Selbstbezugs wirkt als strukturelle Selektion, die durchlässt, was als eigene Eigenschaft verbucht werden kann, und ausschließt, was als Zumutung nicht in dies Eigene gehört.

Man darf vermuten, dass sich Fälle verstärkten Selbstbezugs retrospektiv auch zu Zeiten finden lassen, in denen dafür der Titel des Individuums noch nicht vergeben werden konnte, Fälle hoch angespannter Selbstbeobachtung, Augustinus etwa, Heloise und Abelaerd (Boiadjiev 1996), Martin Luther und Frau Bora, Michelangelo, Newton, Leibnitz, und viele mehr. Und ebenso darf man vermuten, dass die Praxis der erzwungenen Geständnisse (Inquisiti-

---

14 So jedenfalls in Bezug auf den Unterschied zwischen *natural* und *formal languages* Pankow (1976: 18). Dabei ist interessant, dass die Möglichkeit des Wiedereintritts den natürlichen Sprachen zugewiesen wird.

on) und die Praxis der Beichte dieser Virtuosität im Selbstbeobachten gewaltigen Vorschub leisteten (Hahn 1991; 1990; Hahn/Kapp 1987). Aber, und das ist entscheidend, die sozial weitreichende und sich dann gesellschaftlich durchsetzende Begünstigung von Individuen (in diesem Sinne: der Selbstbeobachtern 2. Ordnung) beginnt mit der Umstellung des Gesellschaftsystems auf den Typus der funktionalen Differenzierung (Luhmann 1987; Stanitzek 1989). Wir wollen jedoch nicht diesen Abzweig nehmen und nun doch auf die Selbstbeschreibungsmöglichkeiten von Leuten achten. Statt dessen gilt die Konzentration immer noch der Frage, wie sich Individualisierung im System unter Sinnverzugsbedingungen abspielen kann, und damit wir nicht zu sehr auf die Leute hereinfallen, schalten wir direkt um auf das Sozialsystem und zu dessen operativer Einheit: der Kommunikation. Später können wir ja auf die Leute zurückkommen.

„Individuen" als soziale Adressen

Die Ereignisse, die in sozialen Systemen für Prozesse der Individualisierung einzig in Frage kommen, sind Kommunikationen (vgl. dazu und für alle weiteren Hintergrundannahmen bezüglich des Kommunikationsbegriffes: Luhmann 1984). Sie müssten nach unserer bisherigen Argumentation eine Art Mutterlauge bilden, in die Kondensationskerne für Selbstreferenz erster und zweiter Ordnung eingelagert sind, und sie müssten ferner unter Bedingungen des Sinnverzugs arbeiten können.

Kommunikation wird in der hier diskutierten Theorie als ein dreistelliges Geschehen aufgefasst, als Synthese (Syndosis) von Information, Mitteilung und Verstehen. Die Information ist, wenn man so will, der thetische Aspekt der Kommunikation (report bei Bateson, digitale Selektion bei Watzlawick). Es geht um das WAS (das Quod, die Quodditas) der Kommunikation, um die Unterscheidung eines Unterschieds, der einen Unterschied macht in einem Sinn verarbeitenden System, also um Fremdreferenz.[15] Dieses WAS (dieses Quod) muss mitgeteilt werden, damit überhaupt eine Unterscheidung von Unterschieden, die Unterschiede machen, stattfinden kann. Es bedarf einer Ent-Äußerung, einer Ek-stasis, eines Sagens/Zeigens, kurz: einer Mitteilung, damit die Zurechnung auf „Jemand hat etwas so oder so gesagt" sich vollziehen kann. Man könnte auch formulieren, eben dies sei der Punkt der Inkorporation von Kommunikation, ihrer Materialisierung (Gumbrecht/Pfeiffer 1988). Sie hat darin, wenn man hier einer starken philosophischen Tradition folgt, das Moment ihrer Dass-heit, ihrer Quidditas, ihrer Epiphanie. Weniger traditionsbewusst, könnte man sagen: dass sie sich in der Mitteilung (utteran-

15 Ich erweitere hier beiläufig die gewohnte Definition (the difference that makes a difference) um: *the distinction* of a difference that makes a difference. Die Erweiterung ist, genau besehen, die Einschränkung des Informationsbegriffes auf Sinnsysteme.

ce) so vereinfacht, dass an ihr (sozusagen stellvertretend für die kommunikative Synthese) Kommunikation ersichtlich wird und sich geradezu aufdrängt: Da ist etwas auf eine bestimmte Weise geäußert worden. Die Operation des Verstehens ist dann die Beobachtung der Differenz zwischen dem WAS und dem WIE: Warum ist das jetzt auf diese Weise gesagt worden?[16] Wenn in dieser Trias von Selektionen (Information, Mitteilung, Verstehen) nach dem Ort der Selbstreferenz gesucht wird, findet sich die Mitteilung in der Schlüsselposition. In ihr realisiert sich der laufende (quasi materiale) Rückbezug auf Kommunikation selbst. Das Verstehen nämlich kann kommunikationsfrei gedacht werden – als psychisches Verstehen, das andere Personen gleichsam still auf ihre Selbstreferenz hin auszuloten versucht: Warum kaut sie auf den Fingernägeln? Auch die Information kann einfach dadurch im Psychischen verbleiben, dass sie nicht geäußert wird: Gerade hat sie Blumen gepflanzt. Bestimmt hat sie Regenwurmeier unter den Fingernägeln, aber sag' lieber nichts! Die Mitteilung dagegen (utterance, command) kann nicht aus der Kommunikation herausgedacht werden. Sie ist psychisch nur simulierbar, nicht aber realisierbar. Indem eine Mitteilung geschieht (etwas als Mitteilung behandelt wird), wird Kommunikation unbezweifelbar. In ihr ereignet sich die Aus-Stellung, die zugleich (indem sie geschieht) Kommunikation vorführt. Diese Exhibition ist simultan eine Rückbiegung auf das Exhibierende. Oder, um es auf eingeführte Weise zu sagen: Die Mitteilung ist der selbstreferentielle Aspekt der Kommunikation. Sie ist, wenn man so sagen darf, die Barre, die Stelle, an der sich Kommunikation von Nicht-Kommunikation unterscheidet. Kommunikation könnte nicht kommunizieren, wenn sie nicht Mitteilungsselektionen ermittelte als ihre selbstreferentiellen Ankerpunkte.

Die Kommunikation, das dürfen wir jetzt sagen, unterscheidet sich selbst von anderem in sich selbst. Sie bewerkstelligt dies operativ durch die Doublette von Information und Mitteilung. Jede Äußerung ist die Äußerung von Etwas, das sich auf etwas selbst nicht Kommunikatives (also Fremdes) bezieht. Wenn Kommunikation kommuniziert, verlässt sie sich nicht. In unserer Skizze bleibt Kommunikation notwendig auf der linken Seite der großen Unterscheidung zwischen System und Umwelt.

16 Vgl. dazu, dass zwischen diesen Selektionen wechselnde Führungsverhältnisse auftreten können, die zu so etwas wie Paradigmen (Displacements) führt: Fuchs (1993).

Abbildung 2

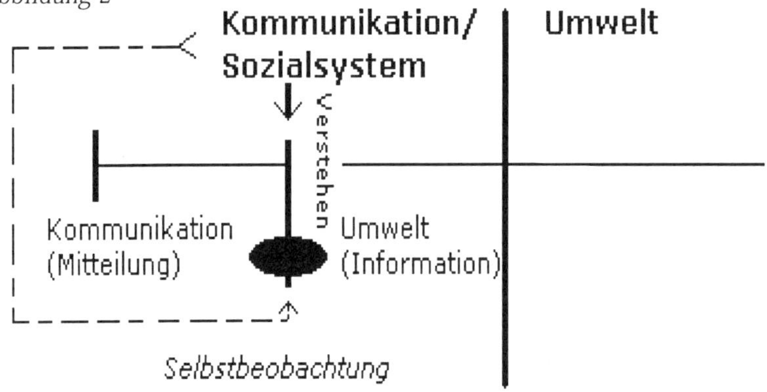

Entscheidend ist dann die Operation des Verstehens. Sie unterscheidet zwischen Mitteilung und Information und ermittelt einen Anschluss (die Bezeichnung mehr der einen oder der anderen Seite), oder genauer: Sie ist der Anschluss, der diese Ermittlung vollzieht. Verstehen ist das, was man die operative Wiedereintrittsfunktion in der kommunikativen Synthesis nennen könnte. In Abbildung zwei zeigt sich auch die Zeitarbeit des Systems. Das Verstehen differenziert Information und Mitteilung, nicht: diese beiden Selektionen – ein Verstehen. Das Verstehen, so ließe sich paradox sagen, kommt in der logischen Zeit zuerst und in der Zeit des Systems zu spät. Es ist der anfängliche Nachtrag.[17] Jedes Verstehen (jede Folgeäußerung) splittet die in sich ununterschiedenen utterances in ein WAS und ein WIE, aber es tut das durch sich selbst, weil das Verstehen in der Position des Aufschubs ist, dessen Sinn sich selbst als aufgeschoben erweist. Und: ad infinitum.

An der Mitteilungsselektion jedenfalls beobachtet Kommunikation die Differenz, die sie in die Welt einschreibt und operativ realisiert, und sie beobachtet die Differenz anhand der Konstruktion von Kommunizierenden, also an: Leuten. Die Weise, wie Leute als kommunizierende Einheiten aufgebaut werden (obwohl Leute gar nicht kommunizieren können), ist das Schaffen der Möglichkeit für das System, sich selbst und seine Differenz zur Umwelt in sich selbst anhand der Imagination/Konstruktion von Mitteilenden zu kontrollieren.[18] Wir wollen diese extremen Selbstverschachtelungsprozesse verkürzen und einfach sagen, dass das System die Unterscheidung, die es

17 Das ist in der Gedankenfigur nahe an Freuds Urszene/Urphantasie gedacht (Fuchs 1998a).

18 Dasselbe ließe sich an Bewusstseinen mutatis mutandis beobachten. Man sähe die reichhaltige Tradition der Konstruktion des Anderen (etwa Meads), sähe aber auch, worin diese Tradition gegenüber der Systemtheorie dieses Typs haarscharf danebenliegt.

operativ realisiert, in aufwendiger Weise betreut, indem es intern (also ohne Fleisch, Blut, Hirn oder Bewusstsein) Leute baut. Genau diesen Vorgang könnte man den der Individualisierung im Sozialsystem nennen, und das, was dabei herauskommt, das wären Individuen im System. Und dies wären fleischlose, blutlose, hirnlose, bewusstseinsfreie Strukturen. Da aber die Tradition des Begriffes Individuum zuviel von all dem mitführt, was hier ausgeschlossen wird, lohnt es sich vielleicht, dieses Individuum soziale Adresse zu nennen und die Individualisierung im System den Prozess der Konstruktion von Adressabilität (Fuchs 1998b; 1997b; 1997c).

Die Rede ist also von kommunikativen Strukturen, von denen angenommen wird, dass sie sich über das Schema Inklusion/Exklusion einrichten und stabilisieren (Fuchs/Buhrow/Krüger 1994; Fuchs/Schneider 1995; Krappmann 1972; Luhmann 1994, Stichweh 1988). Diese Unterscheidung bezieht sich auf die kommunikative Repräsentation der psychischen Umwelt des Sozialsystems im Sozialsystem, also auf die Weise, wie die externen Prozessoren in der Kommunikation auftauchen und wie über diese internen Repräsentationen die Kommunikation so läuft, dass Erwartbarkeiten (Strukturen) entstehen, denen sich die Leute da draußen (bei Strafe der Exklusion, der Adressentilgung) nicht entziehen können.[19] Dies ist nun soziologisch nichts, was überraschen könnte. Im Rollenbegriff steht schon ein Begriff für kommunikative Strukturen dieser Art zur Verfügung (Dahrendorf 1968; Linton 1936).[20] Aber er bezeichnet ja offenkundig nichts Individuelles, sondern etwas Allgemeines, keine private, sondern eine generelle Struktur, die sich relativ langsam ändert, gemessen am Durchsatz der Leute, die in diese Strukturen sozusagen projiziert werden. Es geht also eher um De-Individualisierung (oder um Irritabilität durch Individualität), wenn man von Rolle spricht. Eine Form dagegen, die Individualisierung im System (Adressenbildung) theoretisch mitbetreut, könnte durch den Personbegriff gegeben sein. Person ist nämlich „individuell attribuierte Einschränkung von Verhaltensmöglichkeiten" (Luhmann 1995b: 148). Das Sozialsystem gewinnt mit Hilfe dieser Einschränkungen (dem Einschluss des auf eine Person Zurechenbaren und dem Ausschluss dessen, was überhaupt nicht auf eine Person zugerechnet werden kann) Führung: Es kann sich an relativ langfristigen Strukturen orientieren und sich auf Überraschungen einstellen (Professor X hat eine Bank überfallen) durch Korrektur der Erwartungen (Schemata, fra-

---

19 Man kann sich selbstverständlich Verdünnungen dieses Drucks vorstellen, der auf Interaktionsebene sehr hoch sein wird, aber etwa unter Bedingungen elektronischer Kommunikation äußerst schwach sein kann (Fuchs 1998c, 1998d, 1998e).

20 Das zentrale rollentheoretische Problem ist das der individuellen Besetzung einer normierten Erwartung: Wie macht sich das (hier extern gedachte) Individuum in dieser Rollenstruktur geltend? Und die Antwort ist (prominent bei Merton, aber auch im interaktionistischen Rollenmodell wie bei Parsons und Bale): durch Distanzierung und Abweichung. Und auch Luhmann hat immer wieder betont, dass Individualisierung über Abweichungsverstärkung läuft.

mes etc.) oder durch Missachtung (Moral). Die Adressen, die es dabei erzeugt, stehen unter dem Gesetz der Mortalität ihrer bewusster (in der Umwelt) befindlichen Pendants. Individuell zugerechnet werden kann nur das Nicht-Allgemeine, also das, was mit dem Tod des Pendants verschwindet: ein idiosynkratisches Merkmalsamalgam. Festgehalten werden muss aber, dass dies alles aber noch auf der Ebene erster Ordnung, auf der Ebene der Operativität des Systems gearbeitet ist. Unbesetzt bleibt (in Abbildung zwei), wer oder was die Aufgabe der Beobachtung derjenigen Weiter- oder Innenverschachtelung übernimmt, die es gestattet, in einem präzisen Sinne von Individualisierung im System, also von aufwendiger Selbstbeobachtung zu reden, denen dann aufwendig gearbeitete Bewusstseine nachgeführt werden, die sich gerade nicht nur als Adressen erster Ordnung auffassen, sondern unter Bedingungen funktionaler Differenzierung ein Darüber-hinaus realisieren wollen.

Die Vertextung des „Individuums"

Wir greifen nur und überaus flüchtig einen einschlägigen Fall heraus, nämlich die Quellengattung autobiografischer Texte, die – vielleicht entstanden im Kontext spätmittelalterlicher Haushalts- bzw. Kaufmannsbücher (Weiand 1993) – auch von der historischen Forschung als ganz entscheidend bei der Entwicklung dessen behandelt wird, was man neuzeitliche Individualität genannt hat (Schulze 1996: 17). Diese Texte sind zweifelsfrei als Texte kommunikative Dokumente, deren Besonderheit darin besteht, nicht nur Memoiren zu sein, also nicht die Position eines Menschen im sozialen (erwartbaren, typenfesten) sozialen Kontext zu erinnern, sondern das Individuum selbst (seine Selbstbeobachtung) ins Zentrum zu rücken (Lejeune 1971; Schulze 1996). Es geht (die Spitzenlagen werden im 19. und 20. Jahrhundert erreicht) um die Selbstirritabilität, die Beobachtung der eigenen Erregbarkeiten, um Leidens- und Glücksmöglichkeiten, um das in dieser Hinsicht Notierenswerte. Die darauf bezogene Forschung (im Wesentlichen Geschichtswissenschaft) hat entsprechend begonnen, sich mit dem Stichwort der Anthropologisierung zu beschreiben (ebd.: 15). Damit verknüpft war und ist gewiss auch ein emanzipatorisches Interesse, das gleichsam von den großen Konfessionen der großen Leute abgezogen wird[21] und sich auf die kleinen Leute (dürfte man sagen: die kleinen Individuen?) konzentriert, also auf Dokumente, denen Selbst-Stilisierung nicht sofort zugetraut werden kann, wiewohl die Konstruktivität auch dieser Texte nicht ausgeschlossen wird (Winter 1985). So

21 Die aber demselben Trend unterliegen: „Ainsi, lecteur, je suis moy-mesmes la matière de mon livre", schreibt Montaigne (1962: 1). Es geht nicht um die Gesellschaftlichkeit, sondern um den Gegensatz, um die „facon simple, naturelle et ordinaire", darum „car c'est moy que je peins." (zit. nach Schulze 1996: 25).

sehr all diese Forschungen faszinieren, sie setzen gleichwohl das Individuum voraus, die wirkliche Frau, den wirklichen Mann, über die sich der Text wie eine Schicht zieht, die abgeschabt werden muss, damit die Individuen in ihrer eigentümlichen, sozusagen nicht-sozialen Fülle erscheinen können. Wir dagegen notieren nur, dass im Ausgang des Spätmittelalters immer mehr Kommunikationen auftauchen, die die psychische Umwelt in gewisser Weise idiosynkratisch ausarbeiten, sie schärfen und zuspitzen, vor allem aber weiteren Kommunikationen (und weiteren Kognitionen) zumuten, es handle sich um Bedenkens- und Kommunizierenswertes, obwohl es um Individuelles und nicht etwa um Allgemeines geht.[22] Es ließe sich auch formulieren, dass eine Textgattung entsteht, die gleichsam über die Paradoxie der Kommunikation des Individuellen hinwegsurft.[23] Spürbar wird das daran, dass es langer Zeiträume bedarf, ehe Autobiografien für die Publikation bestimmt werden oder schon zu Lebzeiten derer, die sie schrieben, veröffentlicht werden sollten oder wurden (Dekker 1996: 38ff.). Deutlich erkennbar gab es Reserven (und entsprechende Konventionen) gegen die Kommunikation von Individualität, die öffentlich wird, obwohl ihr bewusster Gegenhalt noch nicht gestorben ist.[24] Die Kommunikation, die wir oben als Adressenbildung zweiter Ordnung bezeichnet haben, bedarf der Begründung, die dann im 19. Jahrhundert auch die Nichtbegründung (ich habe einfach Lust dazu) sein kann.[25] Interessant ist überhaupt, dass die explizite Begründung (ich will Selbsteinsicht) erst im 19. Jahrhundert auf breiter Basis sozial vertretbar wird und ihrerseits nicht weiter begründet werden muss.[26] Zuvor ist eine der zentralen Strategien, mit denen die Begründungen arbeiten, gedächtnisorientiert: Etwas soll und darf nicht vergessen werden, das Abgelebte soll aufgefrischt und neu zugänglich gemacht werden, und diese Intention wird häufig versehen mit der Zusatzbegründung, dass es um die Weitergabe des sonst Vergessenen an die Nachfolgegeneration, insbesondere an die eigenen Kinder gehe. Nützlichkeitsgesichtspunkte (die Vermittlung von Erfahrung) spielen eine Rolle, aber dann mehr und mehr (gespeist aus den Quellen der Empfindsamkeit, aber auch des

22 Das macht es so bemerkenswert, dass es auch Kindertagebücher gibt, etwa das des Otto van Eck (1780-1798).

23 An dieser Paradoxie leidet dann die Dichtung des 19. Jahrhunderts (Luhmann/Fuchs 1989).

24 Die Aufklärung will schweigende Selbstverständigung des vernünftigen Individuums. Erst dann soll es zu sprechen anheben – vernünftig, auf das Allgemeine bezogen und gerade nicht: idiosynkratisch (Fuchs 1993).

25 „Hin und wieder wandelt mich die Lust an, eine Selbstbiographie zu schreiben, obwohl ich eigentlich nicht weiß, wozu dies dienen soll.“, schreibt Cornelius Vollenhoven, der allerdings auch nicht mehr als neun Seiten hinterlassen hat (Dekker 1996: 48).

26 In diesem Jahrhundert laufen dann aber auch die Prozesse an, die die Unmöglichkeit der Kommunikation von Individualität kommunizieren. Unüberbietbar formuliert Rimbaud: *Je est un autre.*

Pietismus) die Kommunikation der eigenen Seelenbeschaffenheit.[27] Dabei wird dann (wie sich in den intellektuellen und literarischen Eliten zeigt) weitgehend Schamfreiheit erreicht.[28] Im Zusammenhang damit und parallel dazu werden Kommunikationstechniken entwickelt, die das Selbstbeobachtungsschema auf die Ebene der Fiktionalität übertragen durch Narration. Individualität wird in ein Erzählschema aufgelöst, das plausibel macht, dass die Leute, von denen erzählt wird, einzigartige Erlebnisse haben. Da Einzigartigkeit sich nicht kommunizieren lässt, muss sozusagen eine Konstellation von Ereignissen erfunden werden, die einmalig ist und die Einzigartigkeit des Individuums substituiert. Wir reden von der Karriere des Romans.[29]

Der Kontakt dieser breit gestreuten Phänomene mit funktionaler Differenzierung liegt nicht darin, dass Individuen sich geltend machen, sich in ihrer Selbstbeobachtung beobachten (bzw. entsprechend imaginiert werden), sondern darin, dass eine Lage entsteht, in der all dies kommuniziert werden kann und über die Schiene der Psychologisierung der Gesellschaft schließlich erwartbar kommuniziert wird. Es entsteht eine Kultur der kommunikativen Toleranz (und mitunter: eines Zwanges zu) für Kommunikationen über nicht-allgemeine Aspekte der Existenz von Leuten. Man könnte auch sagen, es entsteht eine Kultur der Präferenz für Adressenkonstruktionen der zweiten Ordnung – und dies weil (und obwohl) die funktionale Differenzierung die Einheit der Adresse zerschlägt. Individualisierung im System, das ist jedenfalls die Möglichkeit dieser Konstruktionen. Kommunikation beginnt, sich selbst an tief (kontingent) konzipierten Personen zu beobachten. Es gibt da aber noch einen zweiten, ähnlich gelagerten, aber in dieser Hinsicht selten thematisierten Fall.

Metakommunikation

Die Form des Systems ist der Innen/Außen-Unterschied, den es realisiert. Die Individualisierung des Systems verdankt sich dieser Form (Luhmann 1995b: 145ff.). Denn das System befindet sich, indem es diesen Unterschied praktiziert, immer im Eigenen – auch dann, wenn es das Nicht-Eigene bezeichnet.

---

27 Erst Ende des 19. Jahrhunderts kann Gelderwerb als Motiv genannt werden, dessenthalben man eine Autobiografie schreibt. Vgl. im Übrigen zur gar nicht zu überschätzenden Rolle der Empfindsamkeit Wegmann (1988).

28 Die im 20. Jahrhundert zurückgenommen werden kann (weil die schamfreie, psychologisierende Selbstbeschreibung die Regel wird), um Individualität und Allgemeinheit miteinander zu kombinieren. Ernst Jünger wäre dafür ein Beispiel.

29 Und diese Form läuft dann im Moment auf Probleme auf, in dem das zu Grunde liegende Problem auch für die Erzählung nicht mehr ignoriert werden kann. Dann entstehen hoch elaborierte Techniken der Individualisierung, die sich nicht mehr nur an Narration binden lassen bzw. nur noch so tun, als ob sie es täten. Vielleicht darf man hier an Joyce, Kafka, Musil und von Doderer denken.

Es kann nur intern seine eigene Komplexität aufbauen, seine eigene Geschichte, sein Gedächtnis (sein Vergessen) und seine Wiederholungsmöglichkeiten. Es ist, wie man auch sagen könnte, eine singuläre Perspektive. Zumindest für die psychischen Beobachter der Welt gilt, dass sie eine infinite Menge von singulären Prospekten darstellen, also eine infinite Menge von Welt-Anschauungen.[30] Die Form des Systems selbst erzwingt mithin die Vereigenheitlichung des Systems, seine Individualisierung, die das System selbst nicht unbedingt noch einmal intern beobachten muss.[31] Dazu genügen schon Fremdbeobachter, die auf Selbstbeobachtung des Objektes, das sie beobachten, eingestellt sind.[32]

Individualisierung im System, bezogen auf Sozialsysteme, meint den hoch getriebenen Sonderfall, der über die bloße (historische) Vereigenheitlichung hinausgeht: die Beobachtung nämlich des Innen/Außen-Unterschieds im System. Wenn Kommunikation das autopoietische Element sozialer Systeme ist, dann muss sich die Stelle finden lassen, in der sie sich nicht einfach unterscheidet von Nicht-sie-selbst, sondern eben den Unterschied beobachtet, den sie macht. Oder genauer: die Stelle, an der der Unterschied, den sie macht, für sie als Zwei-Seiten-Form imponiert, also für sie als Unterscheidung relevant wird. Die These ist, dass sich dafür neben der Adressenbildung zweiter Ordnung eine weitere Möglichkeit evolutionär entwickelt hat, die der sozial tolerierten Metakommunikation. Dieser Begriff hat heute eine enorm starke Plausibilität entwickelt. Er funktioniert sogar in Alltagskontexten,[33] und er hat sich, wie es scheint, in seinem *Meta* eine seltsame Dignität erobert, vielleicht, weil diese Präposition und adverbiale Bestimmung des Ortes auch in einem so glänzenden Wort wie Metaphysik auftaucht. Was jedenfalls in nahezu allen Begriffsverwendungen, die sich vor allen in psychologischen, linguistischen, kommunikationswissenschaftlichen Kontexten finden (und kurioserweise recht wenig in der Soziologie), ein gemeinsames Element zu sein scheint, das ist die Einschätzung, dass Metakommunikation der Ausdruck für eine rekursive (reflexive) Operation sei: Kommunikation über Kommunikation (Ruesch/Batson 1995: 233ff.).

---

30 Das soll nicht bedeuten, verschiedene Anschauungen desselben, sondern nur: verschiedene Anschauungen. Vgl. für dieses Argument im Blick auf Gesellschaft Fuchs (1992); ferner zum Weltbegriff, der all dies zu formulieren gestattet, Pfeiffer (1998).

31 Jedes System, das zur Selbstbeobachtung fähig ist, individualisiert sich, insofern es mit einem nicht austauschbaren, also geschichtsfähigen Beobachter zu tun hat.

32 Insofern werden wir (solange es um die Individualisierung des Systems geht) keinen Anstoß nehmen, wenn man Dackel und Amöben, Schwertlilien und Saurier Individuen nennen will. Es genügt ja die Unterstellung, dass hier ein Innen/Außen-Unterschied exerziert wird, und es bedarf noch nicht der Vorstellung, dass eine interne Kopie dieses Unterschieds ebenfalls angefertigt wird.

33 Ich habe im Netz eine kleine Suche gemacht und auf Anhieb Tausende von Referenzstellen gefunden, von denen nur wenige sich auf Wissenschaft bezogen, viele aber auf Schulungen.

Jene Plausibilität verdankt sich wohl dem Umstand, dass es kaum jemandem geben wird, der es nicht für evident hielte, dass Kommunikation über alles (sich selbst eingeschlossen) reden kann, jedenfalls prinzipiell, obgleich selbstverständlich Situationen denkbar sind, in denen soziale Blockaden diese Kommunikation über Kommunikation verhindern. Das wird sogar sehr häufig der Fall sein, bei Beerdigungen, in Heiligen Messen, in der Fankurve etc. Wahrscheinlich wird Metakommunikation auch eher unter Bedingungen der Krise[34] inszeniert (und ist deshalb auch ein Lieblingswort der Psychotherapie): Warum reden wir so langsam und gedämpft? Warum schweigen wir? Warum schreien wir hier so rum? Ein anderer Grund für die Plausibilität dieser Begriffsbildung ist, dass sie, was sie besagt, teils an Kommunikation, teils an Kommunizierende knüpft. Kommunikation über Kommunikation – das ist die Kommunikation von Leuten (die wahrnehmen, was sie wechselseitig wahrnehmen) über das, was die Leute tun und sagen (Ruesch/Batson 1995). Es ist Kommunikation über Beziehungen und die Codes dieser Beziehungen, und wenn das so ist, dann ist die Tiefenschärfe und Elaboriertheit der Metakommunikation von der Tiefenschärfe und Elaboriertheit der Kommunizierenden abhängig. Diese Einschätzung drängt sich unmittelbar auf, sie ist der kommunikativen dóxa geschuldet, der systematischen Täuschung, die Kommunikation inszeniert, um Mitteilende als Ankerpunkte ihres Prozessierens zu haben. Sie führt eine Welt kommunizierender Leute vor, so dicht, so klar, so opak, dass es außerordentlich schwierig wird, umzuschalten auf die Kernannahme der Theorie, die wir hier bewegen: dass nämlich nur Kommunikation kommuniziert und sonst nichts (vgl. zu dieser systematischen Täuschung Fuchs 1998f). Eingehende Studien zeigen jedoch, dass Kommunikation beileibe nicht beliebig über alles und schon gar nicht immer über sich selbst kommunizieren kann. Besonders eindrucksvoll sind die Fälle, in denen Kommunikation (!) keinen Anschluss ermitteln kann, sich also kein Folgeereignis findet, das das vorangehende als Kommunikation paradoxiefrei beschreiben könnte. Die Kommunikation von Aufrichtigkeit und Einzigartigkeit, aber etwa auch die paradoxe Anweisung im Sinne Batesons oder Watzlawicks (Gehorche mir nicht! Sei spontan! Liebe mich nicht! etc.) sind dafür bezeichnende Beispiele (Luhmann/Fuchs 1989; Trilling 1974). Das bedeutet keinesfalls, dass das Bewusstsein in der Umwelt paradoxer (notwendig scheiternder) Kommunikation ebenfalls heiß laufen würde (was es aber im Fall eines double bind durchaus könnte); aber es heißt, dass weitere Kommunikation eine Sinnversetzung durchführen muss: Sie schließt nicht direkt an, sie wechselt das Thema oder die Form. Sie transponiert in gewisser Weise den in seiner ursprünglichen Intention nicht durchhaltbaren Sinn. „Ich liebe dich wirklich heiß und innig!", diese Formulierung erweckt nolens volens den Motivverdacht, aber die Fortsetzung könnte sein: „Ach, halt die

34 Unter der Bedingung des *atopos*, der Ungeschicklichkeit, der Schemaverletzung.

Schnauze!" Keinesfalls aber: „Tust du nicht!" – „Tust du doch!" – „Ach Unsinn!" – „Nein, es ist wahr..." etc.[35]

Wichtig ist, dass jene Paradoxien und Blockaden dann auftreten, wenn die Kommunikationsstruktur selbst betroffen ist (mithin bei Selbstreferenz-Problemen), wenn man also etwas Idiosynkratisches mitteilen will, obgleich Kommunikation keine Privatsprache zulässt, oder wenn man seine Aufrichtigkeit beteuern will und dies Beteuern die Mitteilung ins Licht anderer Möglichkeiten rückt, und zwar unvermeidbar. Es bleibt deshalb notwendig, zu bestimmen, wie es möglich ist, dass Kommunikation über sich selbst kommuniziert. Und eine der ersten Einschränkungen, die hier nützlich werden könnten, besteht in der scheinbar trivialen These: Metakommunikation ist Kommunikation. Sie ist keine besondere, übergeordnete Operation. Sie ist als Kommunikation die Synthese (Syndosis) von Information, Mitteilung und Verstehen. Sie fällt wie jede Kommunikation unter das Gesetz der Autopoiesis, also des Nachtrags, der Verspätung, des beständigen Aufschubs gültigen Sinns. Sie kann sich insofern nicht auf ihre eigene Gegenwart beziehen. Wie alle Kommunikation arbeitet sie mit dem Rücken zur Zukunft und sieht dabei nicht etwa sich selbst, sondern das schon Verschwundene.

Worin sie sich offenbar unterscheidet von anderen Kommunikationen, das ist, dass sie sich selbst als Fremdreferenz, als Thema, als Weltsachverhalt behandelt. Sie rückt sich selbst auf die Informationsseite. Und die Frage ist dann, was dieses sich-selbst bedeutet. Eine übliche Antwort ist es, zu sagen, dass Metakommunikation genau dann stattfindet, wenn auf der Seite der Thematizität von Kommunikation über die Strukturen, Codes, Spielräume, Einschränkungen derselben Kommunikation gesprochen wird.[36] Metakommunikation ist dann explizite Kommunikation über dieselbe Kommunikation. Und da dies nicht funktioniert (dieselbe Kommunikation gibt es nicht), ist Metakommunikation Kommunikation über das System, das sich mit Hilfe bestimmt gearteter Kommunikationen reproduziert: Was für ein System wird da gerade durchgezogen? Geht es um Geld oder Liebe oder Religion? Sind wir noch eine Familie? Sind wir hier bei Shell oder bei Green Peace? Diese Form der Beobachtung beträfe die Innen/Außen-Unterscheidung des Systems, und man könnte sie deshalb auch auf der Ebene der Selbstbeobachtung sozialer Systeme ansiedeln, oder: auf den komplexeren Fall der Selbstbeschreibung, die die Grenzen des Systems Prüf-Operationen unterzieht und dann daraus Orientierungen für passende Anschlüsse ermittelt. Metakommunikation wäre dann (und dies scheint der übliche Begriffsgebrauch zu sein) Kommunikation

35 Natürlich ginge es auch so. Jedenfalls könnte Tucholsky sich den Spaß gemacht haben à la Rheinsberg. Aber wenn man sorgfältig darauf achtet, hat die Sinnversetzung schon stattgefunden.

36 Es genügt dann nicht ein Spiel der verwerfenden oder wissenden Blicke, ausgetauscht zwischen Teilnehmern, die sozusagen für sich das Spiel der Kommunikation beschreiben, weil sie ein Muster erkennen. Das ist noch angesiedelt im Bereich rücknehmbarer (bestreitbarer) Äußerungen.

über das System, in dem die Kommunikation gerade läuft – Kommunikation als Identifikationssicherungsinstrument oder als Krisenmanager. Das ist die hier wichtige Überlegung: Metakommunikation würde das System, das dazu in der Lage ist, individualisieren in dem Sinne, dass es sich selbst unter Bedingungen des Vergleichs setzt und damit seine Eigenheit, seine Idiosynkrasien exploriert.

Die Selbst-Entdeckung der Kommunikation

Man kann aber auch an den seltener und hier nur noch spekulativ skizzierten Fall denken, dass Kommunikation die eigene Selbstreferenz beobachtet (nicht nur: die des Systems, in dem sie sich realisiert). Dazu wäre erforderlich, dass Kommunikation sich entdeckt (und damit entdeckt wird) als etwas, das nicht ohne Bewusstsein stattfindet, aber eigentümliche Bewandtnisse aufweist, die mit Bewusstsein nicht erklärt werden können. Kommunikation dürfte nicht mehr aufgefasst werden als die Verständigung zwischen Subjekten, nicht mehr als Vehikel der Akkordierung von Verhalten, sondern als autonome Sphäre. Die Frage ist, wie und wann die Eigensphäre der Kommunikation thematisch wird. Und die These ist, dass dies als ein seltsames Versteckspiel geschieht, in dem die primären Medien der Kommunikation (Sinn, Sprache) als autonome Domänen diskutiert werden, als ob diese Domänen sich wie Kommunikation selbst betreiben könnten (und nicht etwa betrieben würden).[37]

Es ist auffällig, dass mit der Installation funktionaler Differenzierung eine ganz zentrale Entmächtigung des Menschen (als Subjekt, als Dominator der Weltverhältnisse) über die Vorstellung läuft, dass sein Wesen genuin und unablösbar und von allem Anfang an mit Sprache verbunden war. Man muss hier an Herder und Wilhelm von Humboldt denken, die dieses Motiv so liefern, dass mehr und mehr und im 20. Jahrhundert zentral die Sprache vom Bewusstsein abgekoppelt werden kann – bis hin zum linguistic turn, der im angelsächsischen Raum die geistesgeschichtliche Parallele zur heideggerschen Lehre vom Verstehen bildete.[38] Die Selbstbeweglichkeit der Sprache (Saussure), die Arbitrarität der Zeichen, die Sinn-Stiftungen, die über die Differenz von Identität und Differenz laufen, die Entdeckung von bewusstseinsfreien Sinnverteilungen (Strukturalismus), die Auslöschung des Subjekts im frei flottierenden Spiel der Zeichen, die Unmöglichkeit eines kor-

37 Es ist so, als ob (wenn ich im Kontext meiner Arbeiten überlege) die Umschrift von psychisch gedeuteten Prozessen auf Kommunikation einen Umweg genommen hätte (Fuchs 1995).

38 So spricht Gadamer (1993: 148) etwa von der „abgründigen Unbewußtheit" der Sprache. Hier ist nicht der Platz, aber gerade Gadamers Hermeneutik ließe sich umschreiben von Sprache auf Kommunikation, ohne dass seine Befunde entwertet würden.

rekten Sinnzugangs auf der Basis der Zeitlichkeit der différance (Derrida), die Aufdeckung der Schrift (die Entzifferung) des Unbewussten durch Freud (kein Individuum verfügt über sich, es wird verfügt), die In-Sicht-Nahme der Schrift (beginnend mit der Romantik) bis hin zur Analyse der écriture, die elektronischen Netze, die Sinn geradezu unkontrollierbar streuen (und die Einsicht, dass dort eine autonome Welt der Dissemination von Sinn entsteht) – all dies (und wir kratzen nur an diesen Motiven) verdeckt (aber ist zugleich ein Präludium), dass die Maschine, um die es geht, die Maschine der Kommunikation ist und nicht primär die des Sinns oder der Sprache. Es scheint, dass dieses Spiel des Verdeckens, der indirekten Beobachtung von Kommunikation, noch nicht zu Ende ist, aber dass mit ihm die Selbstbeobachtung von Kommunikation in einem sehr eigentlichen Sinne begonnen hat im Sinne des Unterscheidens der Unterscheidung, mit der sie sich selbst unterscheidet. Aber das wäre auch der Anfang der Einsicht, dass Kommunikation, die sich so individualisiert, schärfer denn je gesehen werden müsste als etwas, das die extern nachgeführten Bewusstseine in dem, was sie für sich sind, verstummen lässt (Fuchs 1998a). Sie würden, wie man sagen könnte, de-individualisiert. Ihre Selbstbeobachtung fände im eigenen Medium (Bewusstsein) und gleichwohl sozial statt.

Der Konjunktiv dieser Formulierungen signalisiert, dass – wenn dies alles erwägenswert wäre – darin etwas Schaudererregendes formuliert ist, das den Indikativ noch scheuen muss.

Literatur

Baecker, Dirk (1998): *Poker im Osten. Probleme der Transformationsgesellschaft.* Berlin.

Baeumler, Alfred (1967): *Das Irrationalitätsproblem in der Ästhetik und Logik des 18. Jahrhunderts bis zur Kritik der Urteilskraft.* Darmstadt.

Boiadjiev, Tzotcho (1996): Die Marginalisierung als principium individuationis des mittelalterlichen Menschen – am Beispiel Abelaerds: In: Aertsen, Jan A./Andreas Speer (Hrsg.): *Individuum und Individualität im Mittelalter.* Berlin, New York: S. 111-123.

Dahrendorf, Ralf (1968): *Homo Sociologicus.* Köln.

Dekker, Rudolf (1996): Ego-Dokumente in den Niederlanden vom 16. Bis zum 17. Jahrhundert. In: Schulze, Winfried (Hrsg.): *Ego-Dokumente: Annäherung an den Menschen in der Geschichte.* Berlin: S. 33-57.

Fuchs, Peter (1991): Kommunikation mit Computern? Zur Korrektur einer Fragestellung. In: *Sociologia Internationalis*, H. 1: S. 1-30.

Fuchs, Peter (1992): *Die Erreichbarkeit der Gesellschaft. Zur Konstruktion und Imagination gesellschaftlicher Einheit.* Frankfurt/Main.

Fuchs, Peter (1993): *Moderne Kommunikation. Zur Theorie des operativen Displacements.* Frankfurt/Main.

Fuchs, Peter (1995): *Die Umschrift. Zwei kommunikationstheoretische Studien.* Frankfurt/Main.

Fuchs, Peter (1997a): Wie lernen autopoietische Systeme und Wie ändert sich dieses Lernen, wenn sich die Zeiten ändern. In: *Soziale Wirklichkeit*, Jg. 1, H 2: S. 119-134.

Fuchs, Peter (1997b): Adressabilität als Grundbegriff der soziologischen Systemtheorie. In: *Soziale Systeme*, H. 1: S. 57-79.

Fuchs, Peter (1997c): Weder Herd noch Heimstatt – Weder Fall noch Nichtfall. Doppelte Differenzierung im Mittelalter und in der Moderne. In: *Soziale Systeme*, H. 2: S. 413-437.

Fuchs, Peter (1998a): *Das Unbewußte in Psychoanalyse und Systemtheorie. Die Herrschaft der Verlautbarung und die Erreichbarkeit des Bewußtseins.* Frankfurt/Main.

Fuchs, Peter (1998b): *Moderne Identität – im Blick auf das europäische Mittelalter.* Manuskript.

Fuchs, Peter (1998c): Realität der Virtualität – Aufklärungen zur Mystik des Netzes. In: Andreas Brill/Michael de Vries (Hrsg.): *Virtuelle Wirtschaft, Virtuelle Unternehmen, Virtuelle Produkte, Virtuelles Geld und virtuelle Kommunikation.* Opladen: S. 301-322.

Fuchs, Peter (1998d): „Das ‚Ich' ist jenseits der Kommunikation ein lärmender Kasper". Ein Gespräch mit Peter Fuchs. In: Bardmann, Theodor M. (Hrsg.): *Zirkuläre Positionen 2. Die Konstruktion der Medien.* Opladen: S. 171-198.

Fuchs, Peter (1998e): *Die world in der Welt des World Wide Web.* Manuskript.

Fuchs, Peter (1998f): *Theorie als Lehrgedicht.* Manuskript.

Fuchs, Peter (1999): *Intervention und Erfahrung.* Frankfurt/Main.

Fuchs, Peter/Dietrich Buhrow/Michael Krüger (1994): Die Widerständigkeit der Behinderten. Zu Problemen der Inklusion/Exklusion von Behinderten in der ehemaligen DDR. In: Ders./Andreas Göbel (Hrsg.): *Der Mensch – Das Medium der Gesellschaft?* Frankfurt/Main: S. 239-263.

Fuchs, Peter/Dietrich Schneider (1995): Das Hauptmann-von-Köpenick-Syndrom. Überlegungen zur Zukunft funktionaler Differenzierung. In: *Soziale Systeme*, H. 2: S. 203-224.

Gadamer, Hans-Georg (1993): *Hermeneutik II. Wahrheit und Methode.* Ergänzungen, Register (Ges. Werke Bd. II). Tübingen.

Gumbrecht, Hans Ulrich/K. Ludwig Pfeiffer (Hrsg.) (1988): *Materialität der Kommunikation.* Frankfurt/Main.

Hahn, Alois (1990): Beichte und Biographie. In: Sonntag, Michael (Hrsg.): *Von der Machbarkeit des Psychischen. Texte zur historischen Psychologie II.* Pfaffenweiler: S. 55-76.

Hahn, Alois (1991): Beichte und Therapie als Formen der Sinngebung. In: Jüttemann, Gerd et al. (Hrsg.): *Die Seele. Ihre Geschichte im Abendland.* Weinheim: S. 493-512.

Hahn, Alois/Volker Kapp (Hrsg.) (1987): *Selbstthematisierung und Selbstzeugnis: Bekenntnis und Geständnis.* Frankfurt/Main.

Krappmann, Lothar (1972): *Soziologische Dimensionen der Identität. Strukturelle Bedingungen für die Teilnahme an Interaktionsprozessen.* Stuttgart.

Lejeune, Philippe (1971): *L'histoire de l'autobiographie en France.* Paris.

Linton, Ralph (1936): *The Study of Man.* New York.

Luhmann, Niklas (1984): *Soziale Systeme. Grundriß einer allgemeinen Theorie.* Frankfurt/Main.

Luhmann, Niklas (1987): Die gesellschaftliche Differenzierung und das Individuum. In: Olk, Thomas/Hans-Uwe Otto (Hrsg.): *Soziale Dienste im Wandel 1. Helfen im Sozialstaat.* Neuwied, Darmstadt: S. 121-137.

Luhmann, Niklas (1994): Inklusion und Exklusion. In: Berding, Helmut (Hrsg.): *Nationales Bewußtsein und kollektive Identität. Studien zur Entwicklung des kollektiven Bewußtseins der Neuzeit 2.* Frankfurt/Main: S. 15-45.

Luhmann, Niklas (1995a): *Die Kunst der Gesellschaft.* Frankfurt/Main.

Luhmann, Niklas (1995b): Die Form „Person". In: Ders.: *Soziologische Aufklärung 6. Die Soziologie und der Mensch.* Opladen: S. 142-168.

Luhmann, Niklas/Peter Fuchs (1989): *Reden und Schweigen.* Frankfurt/Main.

Lyotard, Jean-Francois (1988): *Das Inhumane. Plaudereien über die Zeit.* Wien.

Montaigne, Michel Eyquem de (1962): *Essays.* Bd. 1. Paris.

Pankow, Walter (1976): Openess as Self-Transcendence. In: Jantsch, Erich/Conrad H. Waddington, (Hrsg.): *Evolution and Consciousness. Human Systems in Transition.* London: S. 16-36.

Pfeiffer, Riccarda (1998): *Philosophie und Systemtheorie. Die Architektonik der Luhmannschen Theorie.* Wiesbaden.

Ruesch, Jürgen/Gregory Bateson (1995): *Kommunikation. Die soziale Matrix der Psychiatrie.* Heidelberg.

Schulze, Winfried (1996): Ego-Dokumente: Annäherung an den Menschen in der Geschichte? Vorüberlegungen für die Tagung über „EGO-DOKUMENTE“. In: Ders. (Hrsg.): *Ego-Dokumente: Annäherung an den Menschen in der Geschichte*? Berlin: S. 11-30.

Spencer-Brown, George (1996): *Wahrscheinlichkeit und Wissenschaft.* Heidelberg.

Stanitzek, Georg (1989): *Blödigkeit. Beschreibungen des Individuums im 18. Jahrhundert.* Tübingen.

Stichweh, Rudolf (1988): Inklusion in Funktionssysteme der modernen Gesellschaft: In: Mayntz, Renate et al. (Hrsg.): *Differenzierung und Verselbstständigung: Zur Entwicklung gesellschaftlicher Teilsysteme.* New York, Frankfurt/Main: S. 261-293.

Trilling, Lionel (1974): Sincerity and Authenticity. New York, London.

Wegmann, Nikolaus (1988): *Diskurse der Empfindsamkeit. Zur Geschichte eines Gefühls in der Literatur des 18. Jahrhunderts.* Stuttgart.

Weiand, Christof (1993): *„Libri di famiglia“ und Autobiographie in Italien zwischen Tre- und Cinquecento. Studien zur Entwicklung des Schreibens über sich selbst.* Tübingen.

Winter, Helmut (1985): *Der Aussagewert von Selbstbiographien. Zum Status autobiographischer Urteile.* Heidelberg.

Hans-Jürgen Aretz

Individualisierung und Modernisierung

Eine Betrachtung zwischen Handlungs- und Systemtheorie

Die gegenwärtigen strukturellen Veränderungen der Gesellschaften lassen auch die kognitiven Strukturen der Wissenschaft nicht unberührt. Eines der hervorstechendsten kognitiven Merkmale des modernen Weltsystems, die Herausbildung der „zwei Wissenschaftskulturen" – Naturwissenschaften und „humanities" – sowie die methodologische Zwischenstellung der Sozialwissenschaften, gerät zunehmend mehr ins Zentrum wissenskritischer Aufmerksamkeit. Die Prämissen der klassischen Physik als bisherige „Leitwissenschaft", insbesondere deren Determinismus und Universalismus, werden sowohl von den aus dem Bereich der Naturwissenschaften entstammenden „complexity studies" als auch von den auf dem Boden der „humanities" erwachsenden „cultural studies" heftig attackiert. Gleichwohl bleibt dabei die Trennung zwischen den Wissenschaftskulturen häufig weiterhin bestehen und integrative Versuche sind eher noch die Ausnahme, wenngleich hierzu der soziale Druck zunimmt und sich nun für die „dazwischenstehenden" Sozialwissenschaften eine besondere Chance der Vermittlung bietet (Wallerstein 1999). Gleichsam quer zu diesen methodologischen Aspekten und paradigmatischen Umorientierungen lassen sich innerhalb der Sozialwissenschaften in einem weiten Sinne Annäherungen zwischen handlungs- und systemorientierten Ansätzen beobachten, die ein wachsendes Bedürfnis nach theoretischer Integration zu artikulieren scheinen (vgl. den Überblick von Nolte 1999). Als einen der bislang vielversprechendsten Versuche einer solchen Integration halte ich die Theorie Allgemeiner Handlungssysteme von Talcott Parsons, wobei ich einerseits Habermas' Einschätzung einer missglückten Verbindung von System- und Handlungstheorie bei Parsons nicht teile (Habermas 1981: 303) und auch den Rückzug auf eine Handlungstheorie nicht akzeptiere, andererseits aber anerkenne, dass auch die vom amerikanischen Neofunktionalismus aufgearbeiteten kritischen Einwände gegen den Strukturfunktionalismus berücksichtigt (Colomy 1990) sowie einige Elemente seiner Variante der Systemtheorie aus heutiger Sicht überholt sind und „überarbeitet" werden müssen (dazu auch Bailey 1994). Insbesondere die Einsicht der „complexity studies", dass ein Systemgleichgewicht eher die

Ausnahme bildet und „Entropie“ nicht zum Tod eines Systems führt, sondern vielmehr Kreativität bedeuten kann, d.h., Entropie führt zu systemisch nicht determinierten Bifurkationen, die neue Ordnungen aus dem Chaos entstehen lassen (Prigogine/Stengers 1997), bedeutet eine Verabschiedung von Parsons' Gleichgewichtskonzept, bietet aber auch weitere theoretische Anschlussmöglichkeiten für eine Handlungstheorie. Nun ist hier nicht der Ort, dies alles breit zu entfalten, so dass ich auf künftige Publikationen verweisen muss, gleichwohl soll dieser theoretische Bezugsrahmen als Basis für die folgenden Ausführungen genommen werden.

Individualisierung zwischen Kultur-, Sozial- und Persönlichkeitssystem

Der „Individualismus“ ist zusammen mit dem Rationalismus, Universalismus und Aktivismus konstitutiver Bestandteil unserer okzidentalen Kultur, der schon latent im antiken Judentum angelegt ist und sich im Verlaufe der weiteren gesellschaftlichen Entwicklung immer weiter entfaltet hat (Münch 1986). Dabei hat sich unser heutiges Verständnis von „Individualität“ und „Individuum“ erst ab dem 18. Jahrhundert semantisch parallel zur Gesellschaftsstruktur und den funktionalen Differenzierungsprozessen breiter durchgesetzt, durch den evolutionären Prozess der zunehmenden gesellschaftlichen Differenzierung wird die Individualität der Individuen gesteigert und entsprechend als kulturelles Wertmuster institutionalisiert (Luhmann 1989: 149ff.). Im Unterschied zu einer autopoietischen Systemtheorie geht die Theorie Allgemeiner Handlungssysteme von Parsons allerdings von einem Interpenetrationsverhältnis zwischen den verschiedenen Systemen aus, so dass sich die institutionalisierten kulturellen Werte einer bestimmten Gesellschaft als Sozialsystem aus der Durchdringung mit den im kulturellen System verankerten okzidentalen normativen Standards ergeben. Demnach lässt sich – genauer als bei Luhmann – beispielsweise hinreichend deutlich zwischen einem spezifisch amerikanischen, englischen, französischen und deutschen kulturellen Verständnis von Individualismus, Rationalismus, Aktivismus und Universalismus unterscheiden (Münch 1986). Weiterhin macht Parsons deutlich, dass diese allgemeine Kultur einer partikularen Gesellschaft im Zuge der Ausdifferenzierung sozialer Subsysteme wiederum nach deren funktionalen Aufgaben als Wertmuster weiter spezifiziert und in diesen Subsystemen verankert wird: „This value pattern of the subsystem must be treated as a *differentiation from* the common value system of the society as a whole. Its direction of differentiation is defined by the primary function of the subsystem for the larger system of which it is a part.“ (Parsons/Bales 1955: 160, Herv. i. O.). Wie sich dies genau vollzieht, hängt wiederum ab von den verschiedenen Nutzenkalkulationen, Macht- und Einflusspotentialen sozialer Akteure sowie von der konkreten Konfiguration diskursiver Prozesse innerhalb der Gesellschaft. Diese spezifizierten Wertmuster müssen einerseits im Hinblick auf integrative Erfordernisse zwischen den verschiedenen sozialen Subsystemen kompatibilisiert werden, haben andererseits allerdings bei den operativen und über die Interaktionsmedien symbolisch gesteuerten Austauschbeziehungen eines Subsystems mit seinen Umweltsystemen einen „isolierten" Charakter, sie wirken hier gewissermaßen als „Quasi-Codes" und bleiben bei den „interchanges" zwischen den Subsystemen unbeeinflusst (Parsons/Smelser 1969: 69f.). Auf dieser „Code-Ebene" werden Veränderungsprozesse über einen entsprechenden Wandel des sozial-kulturellen Systems einer Gesellschaft initiiert, der selbst wiederum auch von den konditionalen Bedingungen des Handelns verursacht sein kann (im Unterschied zu einer autopoietischen Systemtheorie sind hier also „genetische Manipulationen" konzeptionell berücksichtigt). Auf diese Weise sind die verschiedenen gesellschaftlichen Subsysteme einerseits mit dem generellen Wertmuster der Gesellschaft und untereinander normativ verklammert und gewährleisten so eine gewisse kulturelle Konsistenz und Kohärenz, andererseits erfährt dieses Wertmuster eine subsystemspezifische Konkretisierung und Ausgestaltung im Hinblick auf das Handeln der Akteure in diesen Systemkontexten. Dies heißt im hier erörterten Zusammenhang, dass entsprechende Prozesse der Individualisierung eng verwoben sind mit der Herausbildung der modernen Marktwirtschaft im ökonomischen System, den Demokratisierungsprozessen innerhalb des politischen Systems, der Etablierung freier sozialer Vereinigungen im sozial-gemeinschaftlichen System sowie mit den verschiedenen modernisierten institutionellen Komplexen des sozial-kulturellen Systems (Wissenschaft, Kunst, professioneller Komplex etc.), forciert insbesondere durch die Bildungsrevolution. Insofern sind – neben den anderen kulturellen Komponenten – Individualisierungsprozesse als soziale Verwirklichung der kulturellen Idee integraler Bestandteil gesellschaftlicher Modernisierungsprozesse. Unterhalb der Wert-Ebene der verschiedenen Systeme sind in dieser Theoriearchitektur die jeweiligen (differenzierten) sozialen Institutionen lokalisiert, die mehr generell und daher offen für konkrete Handlungsumstände das systemspezifische Wertmuster mit den Interaktionen der Akteure durch die Definition von Rollenerwartungen mit entsprechenden Sanktionen sowie durch die Organisation der Motivation integrieren und so die sozialen Beziehungen regulieren. Da die nach ihren funktionalen Aufgaben hin differenzierten Subsysteme über Interpenetrationsprozesse intern wiederum differenziert und formal mit den gleichen funktionalen Erfordernissen konfrontiert sind wie das Gesamtsystem, konstituieren sich auch analytisch die sozialen Institutionen aus den entsprechenden funktionalen Komponenten. Insofern bestehen also beispielsweise ökonomische Institutionen nicht nur aus ökonomischen, sondern auch aus Elementen der Umweltsysteme. Aus dieser Perspektive ist die Entwicklung der okzidentalen Moderne daher nicht einfach nur durch eine fortschreitende strukturelle Differenzierung gekennzeichnet, sondern zugleich auch durch eine „Kontraktion" mittels systemischer Interpenetration – die empirisch durchaus unterschiedlich konfiguriert sein kann – und funktionale Verflechtung der Systeme und Institutionen, die nicht mit Prozessen einer Entdifferenzierung zu verwechseln ist. Differenzierung und Interpenetration sind nur zwei Seiten einer Münze im Prozess der Modernisierung westlicher Gesellschaften, was durchaus auch mit strukturellen Ungleichzeitigkeiten und regressiven Strömungen verbunden sein kann. Was Beck daher als „Entgrenzung" von Wissenschaft und Politik beschreibt, ist aus dieser Perspektive nichts anderes als der fortschreitende Prozess gegenseitiger Durchdringungsverhältnisse historischer Sozialsysteme. Wie nachfolgend argumentiert wird, bildet die Ebene der Institutionen vorrangig den Hauptfokus der gegenwärtig im Zusammenhang mit der „Individualisierung" zu beobachtenden strukturellen Veränderungsprozesse, wobei die o.a. Wertmuster als solche zwar weiterhin bestehen bleiben, jedoch über die Prozesse einer fortschreitenden Individualisierung eine unterschiedliche Interpretation und Ausgestaltung erfahren, z.B. dass „Gleichheit" zunehmend mehr im Sinne von individueller Chancengleichheit und „Fairness" (Rawls) interpretiert wird. Dabei wird mit „Individualisierung" nicht einfach nur eine Herauslösung aus alten Strukturen bezeichnet, sondern zugleich der Aufbau neuer Strukturlagen und neuer sozialer Inklusion der Individuen.

Im Gegensatz also zu gängigen Interpretationen, die das konstitutive Merkmal moderner Gesellschaften allein in deren internen funktionalen Differenzierungen und der Entfaltung systemischer Eigengesetzlichkeiten sehen, macht Parsons im Hinblick auf eine evolutionäre Höherentwicklung darauf aufmerksam, dass „Differenzierung" nur ein Aspekt gesellschaftlicher Modernisierung und Evolution darstellt: daneben sind konzeptionell noch die adaptative Höherentwicklung des Gesellschaftssystems (bereits Spencer hatte ja betont, dass die Freiheit der Individuen die Leistungsfähigkeit des Systems steigert) sowie das Erfordernis nach neuen Integrationsmechanismen und eine Generalisierung der kulturellen Werte zu berücksichtigen. In diesem Zusammenhang kommt dem „Kult des Individuums" (Durkheim 1986) bzw. dem „institutionalisierten Individualismus" (Parsons 1973: 42) als modernes Wertmuster westlicher Gesellschaften ein besonderer Stellenwert zu. Da nun das Individuum in Richtung auf Einzigartigkeit und Unvergleichbarkeit zum Subjekt, zur Grundlage alles Seienden wurde und die kollektivistische durch eine individualistische Wertorientierung abgelöst wurde, kann sich nun entsprechend auch der Inklusionsmechanismus moderner Gesellschaften nicht mehr auf kollektive Einheiten beziehen, sondern macht das Individuum zum Bezugspunkt sozialer Inklusion. Mit dem Wertmuster des „institutionalisierten Individualismus" ist allerdings nicht ein utilitaristischer Egoismus und eine Glorifizierung des Ichs gemeint, sondern vielmehr das Individuum, welches als Person die „Menschheit" in sich trägt; der Kult wendet sich nicht an das Individuum als eigennütziges und hedonistisches Wesen, sondern an die menschliche Person, in welcher Form sie auch immer verkörpert sein mag. Wie Durkheim hervorhebt, bedeutet ein solcher Individualismus eben nicht soziale Anarchie, sondern „stellt fortan das einzige Glaubenssystem dar, das die moralische Einheit eines Landes sicherstellen kann" (Durkheim 1986: 62). In diesem Sinne formuliert Parsons im Anschluss an Durkheim, dass das Wertmuster des „institutionalisierten Individualismus" auf der Basis pluralistischer Differenzierungen mit einer entsprechenden „organischen" Solidarität der gesellschaftlichen Gemeinschaft und ihrer integrativen Sozialfunktion einhergeht. Die Geburt der Moderne ist demnach durch die Verschränkung von Individualisierung und neuen Formen der Vergemeinschaftung auf den verschiedensten Systemebenen gekennzeichnet. Entgegen der Interpretation der „Individualisierungsthese" als zunehmende Atomisierung der Individuen ist auch empirisch betrachtet die weitere Entwicklung der Moderne eben nicht durch eine Abnahme der Inklusion des Individuums in soziale Vereinigungen geprägt, sondern gerade durch ihre Zunahme (Münch 1998: 288). Auf der Ebene des Gesamtsystems wird im Modell des Nationalstaates die soziale Gemeinschaft mit dem individualistisch gefassten Bürgerrechtskomplex verbunden, wobei jedoch in einigen Gesellschaften „Demos" und „Ethnos" eng miteinander verschmolzen werden. Dabei wird mit den Prozessen gesellschaftlicher Rationalisierung und mit der Herausbildung des modernen Wohlfahrtsstaates der Solidarzusammenhang vom Prinzip der Wohltätigkeit (die Hilfe gebietet) auf das Prinzip Gerechtigkeit, das die Verletzung von (einklagbaren) subjektiven Rechten verbietet, umgestellt.

Die inhärente Kluft zwischen Idee und Wirklichkeit sowie die durch die Einbettung kultureller Ideen in die Subsysteme mit ihren Funktionslogiken sich manifestierende „Paradoxie der Wirkung gegenüber dem Wollen" (Schluchter 1979: 212) implizieren, dass zwischen den normativen Standards des kulturellen Systems und dem konkreten Operieren der Gesellschaft als Sozialsystem ein mit Implementations- bzw. Modernisierungsrisiken behaftetes Spannungsverhältnis besteht: So geht mit der Emanzipation des Subjekts von der Natur über die Objektivierung der Natur und der Befreiung von magischen Vorstellungen gleichzeitig die Gefahr der „entstellten menschlichen Instinkte und Leidenschaften" (Horkheimer 1987) und der Verdinglichung des Subjekts in einer instrumentellen Zivilisation einher, die den Menschen ebenso unter ihre Herrschaft bringt wie er die Natur mit ihrer Hilfe unter seine Herrschaft gebracht hat (Horkheimer/Adorno 1987); mit unserer Art der rationalen Welterkenntnis und der immer schnelleren Produktion von neuem Wissen produzieren wir auch immer neue Wissenslücken, und die stetige Offenlegung unseres Nichtwissens sowie die prinzipiell immer mögliche weitere Hinterfragung kann zu kognitiver Orientierungslosigkeit und zu Sinnkrisen führen (Popper 1989; Weber 1985); die Realisierung universeller Vergemeinschaftung und Gleichheit hat als nicht-intendierte Folgen oft eine verstärkte Partikularisierung, Vereinsamung, individuelle Benachteiligung und einen verschärften individuellen Wettbewerb zwischen den Gleichgemachten hervorgebracht; das aktive Eingreifen in die Welt und deren Beherrschung hat als Risiko die Zerstörung eben dieser Welt und ihre Unkontrollierbarkeit; die Verwirklichung der Idee des Individualismus befreit den Menschen einerseits vom Zwang geschlossener Gruppen mit ihren „little worlds", macht ihn aber andererseits abhängig von anonymen „gesamtsystemischen" Zuständen, die er selbst nicht mehr unmittelbar kontrollieren kann (Simmel 1989: 375ff.). Dabei gehen die Versuche, in der gesellschaftlichen Wirklichkeit immer besser und umfangreicher die kulturellen Ideen zu realisieren und die nicht-intendierten Folgen zu bearbeiten, mit kleineren, aber auch mit größeren gesellschaftlichen Wandlungs- bzw. Transformationsprozessen einher. Sowohl handlungs- als auch systemtheoretische Konzeptionen machen deutlich, dass sich mit dem Übergang zur Moderne die Prozesse der Individualisierung einmal auf die strukturelle Dimension der Gesellschaft und die aus den Zwängen der traditionalen Strukturen befreiten Akteure beziehen, wobei spätestens seit Hegel jede etwas anspruchsvollere Sozialtheorie auf den dialektischen Prozess der Herauslösung des Individuums aus traditionalen Gefügen und den damit verbundenen individuellen Freiheitsgewinnen einerseits und der Unterwerfung unter neue „Sachzwänge" und Strukturlagen andererseits aufmerksam macht. Zum anderen wird der Wechsel von einer heteronomen Bestimmung des Handelnden und seine Identität zu einer autonomen Bestimmung fokussiert. Dies führt dann zu dem schärfer hervortretenden Gegensatz zwischen Individuum und Gesellschaft und von da aus dann weiter zu dem bekannten „Problem der Ordnung". Systemtheoretisch werden diese Aspekte sowohl bei Parsons als auch bei Luhmann mit der internen Differenzierung sozialer Systeme und der Unterscheidung zwischen Sozialsystem und Persönlichkeits- bzw. psychischem System präzisiert: einerseits können nun Personen nicht mehr wie in segmentär oder stratifikatorisch differenzierten Gesellschaften jeweils allein einem Teilsystem zugeordnet werden, das in Form von multifunktionalen Einheiten die Identität sozial zuweist und Sicherheiten und Stabilität gewährleistet, sondern die moderne Gesellschaft verlangt von den Personen die gleichzeitige Zugehörigkeit zu verschiedenen Teilsystemen der Gesellschaft. Mit dieser „Mischexistenz" stellt sich das Problem der Inklusion bzw. Integration der Akteure in die verschiedenen sozialen Funktionssysteme. Andererseits wird die Individualität der Person als Umwelt des Sozialsystems Gesellschaft mit dem Konzept des Persönlichkeitssystems bzw. psychischen Systems gefasst. Die Identität der Person wird nun zu einem spezifischen Ergebnis der Leistung psychischer Systeme, wobei sich hier allerdings gravierende Divergenzen zwischen Parsons und Luhmann zeigen. Während bei Luhmann zwar von der Gesellschaft immer noch bestimmte Definitionsmerkmale, semantische Beschreibungsfolien und vorstrukturierte Wirklichkeitsbereiche angeboten werden, ist nun aber die Identität des Einzelnen nicht mehr von außen durch die Gesellschaft bestimmt, sondern die Individualität des Individuums wird hier durch soziale Exklusion innerhalb des psychischen Systems hergestellt. Bei Parsons hingegen konstituiert sich die Identität und Persönlichkeitsentwicklung über Internalisierungsprozesse durch eine enge Verklammerung und Durchdringung von Kultur-, Sozial- und Persönlichkeitssystem (Parsons 1964). Also nicht durch Exklusion, sondern durch die zunehmende Inklusion in Gesellschaft und Kultur, durch die individuelle Kombination vielfäliger sozialer Kreise, um mit Simmel zu sprechen, kommt hier über die Interaktion mit und Differenzziehung zu anderen Individualität zu Stande, und zwar nicht als jeweilige Eigenleistung kultureller, sozialer Systeme oder psychischer Systeme, sondern erst aus dem komplexen Zusammenwirken dieser Systeme.

Zum gegenwärtigen Zeitpunkt – insbesondere im Zusammenhang mit den Prozessen einer zunehmenden ökonomischen, kommunikativen, politischen und gemeinschaftlichen Globalisierung – wird wiederum ein nachhaltiger gesellschaftlicher Transformationsprozess sowohl auf der Ebene des Weltsystems (Hopkins/Wallerstein 1996) und damit verklammert auch auf der Ebene nationaler Gesellschaftssysteme konstatiert, der mit einer weiteren Entfaltung des okzidentalen Wertmusters (und damit auch einer zunehmenden „Individualisierung") verbunden ist und von einigen Autoren mit dem Begriff der „reflexiven Modernisierung" (Beck/Giddens/Lash 1996) zum Ausdruck gebracht wird. Auch die „reflexive Modernisierung" bezieht sich auf die von der Systemtheorie vorgenommene Differenzierung der Systemebenen und meint einmal eine „strukturelle Reflexivität", d.h., die im Zuge der weiteren Individualisierung aus den Zwängen bisheriger gesellschaftlicher Strukturen befreiten Akteure reflektieren über eben diese Sozialstrukturen, zum anderen wird auf die „Selbst-Reflexivität" der Handelnden verwiesen (Lash 1996: 203). Mit dieser Dimensionenbestimmung ist zunächst also noch nichts Neues gesagt und wiederholt nur das, was für die „einfache" Modernisierung auch schon konstatiert wird. Neu ist, dass in der Phase der „reflexiven Modernisierung" die spezifischen Sozialformen der industriellen Gesellschaft brüchig werden: während traditionale Gesellschaften durch die Dominanz gemeinschaftlicher Strukturen gekennzeichnet sind, gehen (halb-) moderne industrielle Gesellschaften von interessensbasierten kollektiven Strukturen (soziale Klassen, Beruf, Gewerkschaft etc.) aus, die nun ausgedünnt werden und zu einer Auflösung der Großgruppengesellschaft führen. Damit wird aber nur generell der Trend, der schon der „einfachen" Modernisierung mit der Herausbildung der Industriegesellschaft zu Grunde liegt, weiter fortgesetzt, wie ihn schon Marx und Engels (1980: 465) treffend im „Kommunistischen Manifest" beschrieben haben: „Die fortwährende Umwälzung der Produktion, die ununterbrochene Erschütterung aller gesellschaftlichen Zustände, die ewige Unsicherheit und Bewegung zeichnet die Bourgeoisepoche vor allen anderen aus. Alle festen eingerosteten Verhältnisse mit ihrem Gefolge von altehrwürdigen Vorstellungen und Anschauungen werden aufgelöst, alle neugebildeten veralten, ehe sie verknöchern können. Alles Ständische und Stehende verdampft, alles Heilige wird entweiht, und die Menschen sind endlich gezwungen, ihre Lebensstellung, ihre gegenseitigen Beziehungen mit nüchternen Augen zu sehen.". Zugleich wird eine zentrale soziale Doktrin der Aufklärung, der immer weitere Fortschritt der Gesellschaft zum Besseren, angesichts der sich immer stärker offenbarenden Modernisierungsrisiken unterschiedlichster Art aufgeweicht. Die Verabschiedung von der Vorstellung eines linearen Fortschritts heißt aber nicht, dass damit ein gesellschaftlicher Fortschritt unmöglich ist: Die mit den Systemkrisen auftretenden Bifurkationen (Prigogine/Stengers 1997) bedeuten zugleich auch vom System nicht determinierte Entscheidungsmöglichkeiten für soziale Akteure über die weitere Ausgestaltung der gesellschaftlichen Verhältnisse. Mit dieser neuen Dynamisierung struktureller Handlungsbedingungen und symbolischer Orientierungskomplexe geht eine Kontingenzsteigerung des Handelns und Erlebens, eine verstärkte ontologische Unsicherheit im Sinne Giddens und eine kognitive Ungewissheit einher, so dass wir nun – um mit Vaclav Havel zu sprechen – in einer Welt leben, in der alles möglich ist und nichts gewiss. Damit wird einerseits das Handeln und Entscheiden der Akteure einem erhöhten Risikodruck aussetzt, andererseits bedeutet diese enorme Dynamisierung und Kontingenzsteigerung aber auch die Chance für gesellschaftliche und individuelle Innovation und Kreativität.

Die Krise industriegesellschaftlicher institutioneller Arrangements, Pluralismus und „institutionelle Reflexion" in Deutschland

Wie bei allen reflexiven Prozessen kommt auch bei der reflexiven Modernisierung dem kognitiven Komplex – obwohl im Prinzip auch die moralische, ästhetische und sinnhaft-konstitutive Dimension der Kultur von solchen Prozessen erfasst werden, was von den Theoretikern der „reflexiven Moderne" jedoch nicht systematisch konzipiert wird – in Form von Expertensystemen (Giddens), der Informationsgesellschaft (Lash) sowie den Definitionsprozessen von Wissen/Nichtwissen (Beck) eine gesteigerte Bedeutung zu. „Wissen" steht hier als Medium sozialer Interaktion und Kommunikation im Mittelpunkt der theoretischen Aufmerksamkeit. Allerdings verbinden die Autoren damit Unterschiedliches: Während strukturelle Reflexivität bei Giddens Vertrauen in die Expertensysteme heißt, bedeutet bei Beck diese Reflexivität umgekehrt ein Misstrauen in die Expertensysteme. Man darf allerdings vermuten, dass hier nur zwei Seiten einer Medaille angesprochen werden: einerseits gewinnen „Wissen" – als strategisch relevante gesellschaftliche Ressource – und die Rolle des Experten im Zuge der immensen Beschleunigung der Informations- und Wissensgewinnung, -verarbeitung und -weiterleitung eine zunehmende soziale Bedeutung, andererseits wird jedoch mit der Verabschiedung von „Gewissheiten" auch der kognitive Komplex dynamisiert, so dass die Bedeutung von „Wahrheit" als bloß regulative Idee im Sinne Poppers immer stärker auch ins Bewusstsein der gesellschaftlichen Öffentlichkeit gerät und über die gesellschaftliche Geltung von Wissen tendenziell in pluralistischen sozialen „Aushandlungsprozessen", an denen unterschiedliche soziale Akteure über Kritik und Gegenkritik beteiligt sind, entschieden wird. Die in diesem Zusammenhang von Beck in seiner „Risikogesellschaft“ als dritte mögliche Alternative der weiteren Entwicklung skizzierte institutionelle Reflexion und sein Plädoyer für Pluralismus und institutionalisierte Selbstkritik, wo beispielsweise „Medizin gegen Medizin, Atomphysik gegen Atomphysik, Humangenetik gegen Humangenetik, Informationstechnik gegen Informationstechnik steht“ (Beck 1986: 372), erfordern allerdings einen Umbau der industriegesellschaftlichen Institutionen, in denen ja der Erwerb und Gebrauch der sozialen Interaktionsmedien (wie z.B. „Wahrheit“) normativ festgelegt ist (diese institutionelle Ebene einer differentiellen gesellschaftlichen Handhabung der Interaktionsmedien wird bei Luhmann durch seine Fixierung auf den Code nicht näher analysiert). Wie die systemtheoretischen Ansätze herausstellen, wird mit der funktionalen Differenzierung der Gesellschaft die Interaktion bzw. Kommunikation innerhalb und zwischen den Subsystemen über die systemischen Austauschmedien wie Geld, Macht, Wahrheit und so fort symbolisch kontrolliert. Die Leistungen funktionaler Differenzierung und der damit verbundenen systemspezifischen Kommunikationsmedien können auch innerhalb einer reflexiven Modernisierung und einer immer weiteren systemischen Verflechtung nicht rückgängig gemacht werden, jedoch besteht auf der institutionellen Ebene der „Industriegesellschaft“ ein Veränderungsdruck auf das normative Gefüge. Dies lässt sich insbesondere in solchen Zusammenhängen beobachten, wo es um die konkreten politischen Ausgestaltungen unserer gesellschaftlichen Verhältnisse geht.

Ich möchte dies am Beispiel der deutschen Gesellschaft anhand risikopolitischer Auseinandersetzungen, konkret am Beispiel der Auseinandersetzung um die Gentechnik, kurz und nur unter den hier relevanten Aspekten illustrieren. Obwohl der Anwendungszusammenhang der modernen Gentechnik weit in alle soziale Subsysteme und institutionelle Komplexe hineinreicht (OECD 1989), zeigt sich, dass über den Umgang mit dieser Hochtechnologie innerhalb industriegesellschaftlich formierter Großgruppen entschieden wird, die das gesellschaftliche Zentrum der Konfliktarena besetzen und bei denen die sozialen Interaktionsmedien gebündelt sind. Solche Konfliktauseinandersetzungen sind nämlich genau dadurch gekennzeichnet, dass hinsichtlich der erfolgreichen Interessendurchsetzung die beteiligten sozialen Akteure darauf angewiesen sind, mit Hilfe der Interaktionsmedien ausreichende ökonomische Mittel zu mobilisieren, weiterhin über politische Macht verfügen müssen, um ihrer Stimme bis weit in das politische System hinein Nachdruck zu verleihen sowie im Hinblick auf das öffentliche Meinungsklima mit Hilfe von sozialem Einfluss versuchen, eine breite soziale Akzeptanz herzustellen und dabei auch insbesondere kulturelle Ressourcen (Wertinterpretationen, Ideologien, kulturelle Deutungen, Argumente etc.) zur normativen Legitimation der Interessen zu mobilisieren. Welche Chancen nun aber in einer Gesellschaft bestehen, die konfligierenden Interessen und normativen Vorstellungen in Politik und Öffentlichkeit einzubringen, hängt maßgeblich vom jeweiligen institutionellen Arrangement ab, dessen Struktur die Art der Austauschbeziehungen zwischen den Systemen und den Transfer der Interaktionsmedien normativ festlegt.

Betrachtet man die Akteurkonstellation bei der Auseinandersetzung um die Gentechnik in Deutschland, so lässt sich deutlich eine institutionelle Verfestigung von Zentrum und Peripherie beobachten, wobei das Zentrum einen vergleichsweise geschlossenen Charakter hat und damit gerade das verhindert, was mit dem Begriff der institutionellen Reflexion anvisiert wird (Aretz 1999). Da in der deutschen Zivilgesellschaft der politische Einfluss wesentlich stärker auf relativ wenige Großverbände konzentriert ist, beherrschen diese Großverbände aus Wissenschaft, Industrie und Politik sowie den Kirchen die politische Konfliktarena, während kleinere Gruppierungen, die mit weniger politischem Einfluss, Geld und Macht ausgestattet sind, weitgehend an der Peripherie verharren. So sind in den wissenschaftlichen Großorganisationen wie z.B. DFG und MPG die Stimmen der Fachwelt und der Einfluss der Forscher vergleichsweise stark gebündelt; entsprechend findet sich bei der Gentechnologie-Kontroverse eine strikte Trennung zwischen der Mainstream-Wissenschaft und den wissenschaftskritischen Gruppen wie z.B. den *Öko-Instituten* in Freiburg und Darmstadt oder dem *Bund Demokratischer Wissenschaftlerinnen und Wissenschaftler* (BdWI). Die wissenschaftliche Funktionselite besitzt die Definitionsmacht über „Wahrheit" und „Rationalität", wissenschaftskritische Stimmen werden als irrational abgewertet. Auch bei der Artikulation der ökonomischen Interessen dominieren die Großakteure der chemisch-pharmazeutischen Industrie sowie zum Teil die hier relevanten Gewerkschaften (insbesondere die Industrie-Gewerkschaft „Chemie-Papier-Keramik") die Auseinandersetzung. Die vergleichsweise schwache Entwicklung der kleinen und mittleren Unternehmen und die Dominanz der mächtigen Verbandsstrukturen der Großunternehmen trugen dazu bei, dass im Gegensatz zu den meisten anderen europäischen Ländern die Entwicklung eines gesonderten Bio-Industrieverbandes nicht stattfand (Ronit 1997). Damit war einem kooperativen Vorgehen der Interessen aus Großindustrie und kleineren Unternehmen von vornherein ein Riegel vorgeschoben, so dass in erster Linie die besonderen Anliegen der Großindustrie politische Resonanz fanden. Bei den Akteuren aus dem politischen System dominierten die traditionellen Parteien. Die Grünen, die mit dem Anspruch als „Sprachrohr" für Gefahren auftraten, eine aktive Partnerschaft von Natur und Mensch anstrebten und sich nach ihrem Engagement in der Kernenergiedebatte verstärkt der neuen Biotechnologie widmeten und mit einem lockeren Netzwerk von partikularen Protestgruppen verbunden waren, wurden bei der Auseinandersetzung von den anderen Parteien schnell ins Abseits gedrängt. Dieses Muster der Konzentration auf die funktionalen Eliten im gesellschaftlichen Zentrum findet man entsprechend auch bei der Besetzung der verschiedenen Kommissionen (z.B. der Enquete-Kommission „Chancen und Risiken der Gentechnik" oder der Benda-Kommission), Beratungsgremien, Bund-Länder-Arbeitsgruppen oder der *Zentralen Kommission für Biologische Sicherheit* vor, während die fragmentierten Protestgruppen der Peripherie weitgehend marginalisiert werden. Auch bei der Einrichtung der Genzentren zeigt sich die enge Kooperation von Mainstream-Wissenschaft, Politik und Großindustrie. Institutionell hat sich in Deutschland ein solches Arrangement der Funktionselite als Neokorporatismus verfestigt, der das gesellschaftliche Zentrum dauerhaft okkupiert und Akteure, die kaum oder nur geringe Macht und politischen Einfluss besitzen, an die Peripherie verbannt. Idealtypisch ist in einem solchen Strukturarrangement die Zahl der im Zentrum stehenden Akteure klein und begrenzt; konkurrierende, spontan organisierte oder nur schwer organisierbare Interessengruppen haben keinen Zugang zu diesem Zentrum. Zwischen den Funktionseliten zirkulieren die Interaktionsmedien Geld, Macht, Einfluss und Wahrheit in konzentrierter Form und werden nahezu nahtlos wechselseitig transformiert: Wahrheit, Einfluss und Geld werden so unmittelbar in politische Macht verwandelt, während in umgekehrter Richtung das politische System einen direkten Zugriff auf die Umweltsysteme gewinnt. Die Funktionseliten arbeiten bei gesellschaftspolitischen Fragen eng mit dem als aktiver Akteur agierenden Staat zusammen, und die „Verhandlungssysteme" sind nicht am Wettbewerb unterschiedlicher Standpunkte, sondern am Elite-Konsens orientiert. Wie die zahlreichen Studien zum (Neo-)Korporatismus verdeutlichen (etwa Schmitter 1985; 1982; 1977; Streeck 1987; 1982) können auf diese Weise die Großverbände relativ nahtlos ihren politischen Einfluss geltend machen, während umgekehrt der Staat durch die Einbindung der Großverbände in den Prozess der politischen Entscheidungsfindung und -implementation einen Zugriff auf den gesellschaftlichen Einfluss der Verbände auf deren Mitglieder hat, da diese von der Verbandsspitze auf das zu Stande gekommene Ergebnis verpflichtet werden und der Staat so die Implementation seiner Maßnahmen sicherstellen kann. Das heißt aber nicht, dass in den Verhandlungssystemen der Funktionselite keine Konflikte auftreten: So machte bei der Gentechnikdebatte die Industrie angesichts der „Standortfrage" und einer zunehmenden Erfordernis nach Handlungs- und Rechtssicherheit eine Kehrtwendung und konnte ihr Interesse an einem Gentechnikgesetz schließlich durchsetzen. Kritische Einwände gegenüber der Anwendung der Gentechnologie, etwa Aspekte einer sozialverträglichen Technikgestaltung oder die stärkere Beteiligung der Öffentlichkeit, wurden nicht von außen in das Verhandlungssystem hineingetragen, sondern waren darauf angewiesen, dass sie von der Funktionselite selbst thematisiert wurden, z.B. von der SPD und den Gewerkschaften, bei moralischen Fragen insbesondere von den beiden großen Kirchen. Obwohl auch die Protestgruppen schon früh für eine gesetzliche Regulierung im Sinne einer Begrenzung der Gentechnik plädierten, war jedoch die konkrete Ausgestaltung des GenTGs stark auf das „Muster der Marktgesellschaft" hin formuliert. Bis zu diesem Zeitpunkt korrespondierte der politischen Konfrontation von gesellschaftlich mächtigen Verbandsinteressen im Zentrum und den kleinen Protestakteuren an der Peripherie eine Konfrontation von inhaltlichen Wertespezifikationen auf kultureller Ebene, die sich auch im Mediendiskurs niederschlug. Hinsichtlich der Entscheidungsverfahren forderte man vor allem mehr demokratische Teilhabe sowie mehr Öffentlichkeit und Information. Solche Forderungen nach stärkerer Partizipation fanden aber bei der Funktionselite noch wenig Gehör, die dem Freiheitsrecht eine höhere Priorität einräumen als einer vermehrten Bürgerpartizipation.

Eine solches institutionelles Arrangement, bei dem kritische Stimmen kaum eine Chance haben, ins Zentrum der Auseinandersetzung und politischen Entscheidungsfindung vorzudringen, trägt dazu bei, dass sich bei den konfligierenden Parteien jeweils dichte soziale und moralische Milieus herausbilden und verhärten, die das Individuum in den kollektiven Vorstellungen aufgehen lassen und so ein enormes Maß an affektiver Energie binden (Durkheim 1976: 150ff.). Dies erschwert eine verständigungsorientierte und lernbereite Auseinandersetzung zwischen den verschiedenen Positionen, forciert eine scharfe Polarisierung, die der Öffentlichkeit nur ein „entweder/oder" vermitteln kann und verhindert so eine ausgewogene Meinungsbildung. Diese Konfliktkonfiguration trug maßgeblich dazu bei, dass im Vergleich zu anderen Gesellschaften die Debatte so erhitzt verlief. Zugleich hat man sich auf dem Höhepunkt der Kontroverse mit der im Eiltempo durchgeführten parlamentarischen Verabschiedung des GenTGs in die Gefahr begeben, den Anspruch auf Legitimität der politischen Entscheidung nach dem Mehrheitsprinzip zu überdehnen. Geht man davon aus, dass politische Mehrheitsentscheidungen nur dann einen demokratischen Sinn machen und legitim sind, wenn die überstimmte Minderheit in einen umfassenden gesellschaftlichen Solidarzusammenhang („Wir-Gefühl") und ein gemeinsames Kollektivbewusstsein im Sinne Durkheims eingebunden ist, dann trägt eine solche institutionell polarisierte und bis auf die Wertebene verlängerte Konfliktsituation dazu bei, die normative Ordnung der Gesellschaft in zentralen Fragen der Gesellschaftsgestaltung aufzuweichen. Die motivationale Fundierung der systemischen Wertmuster im konkreten Handeln der opponierenden Akteure wird hierdurch zunehmend aufgeweicht, so dass die gesellschaftlichen Institutionen ihrer integrativen Kraft beraubt werden und entsprechende systemische Krisen nach sich ziehen können.

Diese skizzierte institutionelle Konfiguration der Konfliktaustragung, die in der „einfachen" Moderne in Deutschland durchaus eine stabilisierende Funktion besaß, gerät nun in ein zunehmendes Spannungsverhältnis zu den forcierten Liberalisierungs- und Individualisierungsprozessen, das die Großverbände im Zentrum nicht nur in eine scharfe Macht-Konfrontation mit einer rebellierenden Peripherie führt, sondern auch in eine immer weiter geöffnete Schere zwischen „Mitgliedschaftslogik" und „Einflusslogik" treibt. Tatsächlich ist bei den traditionellen Großverbänden, Parteien und Kirchen ein zunehmender Mitgliederschwund zu verzeichnen (Kleinert 1992; Wiesendahl

1992), wobei sich allerdings im Gegenzug vielfältige neue soziale Vereinigungen herausbilden. Diese strukturellen Krisen gehen aus der Perspektive des Systems mit internen Bifurkationen einher, die für die sozialen Akteure mit bestimmten Entscheidungsmöglichkeiten verbunden sind. Damit wird – handlungstheoretisch betrachtet – der Handlungsraum für unterschiedliche Akteurorientierungen und alternative Modernisierungswege geöffnet. Allerdings können die möglichen Richtungen solcher Entscheidungen wiederum durch Trajektorien vorgezeichnet sein, so dass man aktuell vermuten darf, dass sich die weitere Entwicklung im Kontext der Globalisierungsprozesse in Richtung eines US-amerikanischen Strukturmusters bewegt. Dies bedeutet eine Zunahme an Wettbewerbsstrukturen und weitgreifenden Individualisierungsprozessen, verbunden mit neuen Formen sozialer Vergemeinschaftungen, die eine wie oben beschriebene institutionell dauerhaft abgesicherte Konzentration der Interaktionsmedien in den gesellschaftlichen Großgruppen eher verhindert sowie die Interessenkonflikte zwischen pluralistischen Gruppen mit fairen Zugangschancen für alle Akteure und einer dynamischen Zentrums- und Peripheriebildung verknüpft und so eine institutionelle Reflexion fördert.

Identitätswachstum

Nachdem ich mich bis hier auf einige strukturelle Veränderungen auf der Ebene eines historischen Sozialsystems konzentriert habe, möchte ich nun abschließend noch kurz auf das Verhältnis zwischen Persönlichkeits- und Sozialsystem eingehen, insbesondere im Hinblick auf die Erweiterung der sozialen Kreise bis auf die Ebene des Weltsystems. Bekanntlich bezieht sich der Prozess der Globalisierung auf zwei unterschiedliche, aber eng miteinander verflochtene Dimensionen: einerseits auf die räumliche Ausdehnung gesellschaftlicher Aktivitäten oberhalb der Ebene nationaler Gesellschaften, andererseits auf deren soziale Intensivierung und Verdichtung (Held/McGrew 1993: 262). Damit geht eine wachsende Durchdringung mit den lokalen und individuellen Besonderheiten des gesellschaftlichen Lebens einher, d.h., obwohl „everyone has a local life, phenomenal worlds for the most part are truly global“ (Giddens 1991: 187). Die immer weitere, insbesondere durch die neuen IuK-Technologien begünstigte Ausdehnung sozialer Kreise von der nationalen über die europäische bis hin zur globalen Ebene, die wachsende soziale Mobilität und die in der „Netzwerkgesellschaft“ sich je nach speziellen Interessen konstituierenden vielfältigen freien Assoziationen binden das Individuum in eine wachsende Anzahl unterschiedlichster Formen sozialer Vergemeinschaftung ein (und von wiederum anderen aus). Von einer Atomisierung der Gesellschaft und einem Verlust sozialer Aktivität und sozialen Bindungen kann daher bei den gegenwärtigen gesellschaftlichen Transformationsprozessen kaum die Rede sein. Die Zunahme sozialer Inklusionsprozesse und Mitgliedschaften auf den unterschiedlichsten Ebenen der Weltgesellschaft führt zu einer größeren Zahl von sozialen Loyalitäten, auf der Ebene des Persönlichkeitssystems zu multiplen Identitäten und erfordert hier weitere Kräfte der Integration und eine Generalisierung von Identität, um ein Identitätswachstum zu ermöglichen und nicht auf halbem Wege in einer („postmodernen") bloßen „patchwork identity" steckenzubleiben. Durch das Identitätswachstum eröffnen sich wiederum neue Denk- und Handlungsressourcen für das Individuum, die es einerseits für seine kreative Selbstverwirklichung nutzen kann, ihm andererseits aber auch weitere Loyalitätspflichten auferlegen. In einer Umkehr der durkheimschen Metapher, dass die Gesellschaft nur in den Köpfen der Individuen existiert, könnte man auf der Grundlage von Freud und Mead sagen, dass Identität nur in sozialen Interaktionen existiert, „Identität" wird mit der gesteigerten Ausdehnung sozialer Kreise zunehmend komplexer, nimmt immer mehr eine symbolische Qualität an und wird so zum Kommunikationsmedium sozialer Interaktionen. Je mehr allerdings Identitätskommunikationen und ihre Einlösung in reales Handeln auseinander klaffen, um so mehr werden dadurch Prozesse einer Identitätsinflation in Gang gesetzt, die das soziale Vertrauen in Identität erschüttern, einen Rückzug aus solchen Kommunikationen nach sich ziehen und kaum noch zur Koordination des Handelns beitragen. Dies löst dann wiederum den umgekehrten Prozess einer Identitätsdeflation aus, bei dem der Identitätsbegriff immer weniger zur Verständigung eingesetzt wird. Solche Inflations- und Deflationsspiralen von Identität sind insbesondere im Zuge der Herausbildung eines vereinten Europas auch empirisch zu beobachten (Münch 1998: 314ff.). Dies verweist wiederum auf den grundlegenden Sachverhalt, dass Identität, um überhaupt wachsen zu können, über Individualisierungsprozesse aus traditionalen Lebenskontexten der sozialen Gemeinschaft herausgelöst und generalisiert werden muss, andererseits aber wieder darauf angewiesen ist, in konkrete Kontexte sozialer Vergemeinschaftung innerhalb der verschiedenen Systeme hineingetragen zu werden, um einer Entleerung von Identitätskommunikation wirksam begegnen zu können. Gesteigerte Identität und Individualität gehen so mit Prozessen der Vergemeinschaftung Hand in Hand.

Literatur

Aretz, Hans-Jürgen (1999): *Kommunikation ohne Verständigung. Das Scheitern des öffentlichen Diskurses über die Gentechnik und die Krise des Technokorporatismus in Deutschland.* Frankfurt/Main am Main.

Bailey, Kenneth D. (1994): *Sociology and the New Systems Theory. Towards a Theoretical Synthesis.* Albany.

Beck, Ulrich (1986): *Risikogesellschaft: Auf dem Weg in eine andere Moderne.* Frankfurt/Main.

Beck, Ulrich/Anthony Giddens/Scott Lash (1996): *Reflexive Modernisierung. Eine Kontroverse.* Frankfurt/Main.

Beck-Gernsheim, Elisabeth (1991): *Technik, Macht und Moral.* Frankfurt/Main.

Colomy, Paul (Hrsg.) (1990): *Neofunctional Sociology.* Aldershot.
Durkheim, Emile (1976): *Soziologie und Philosophie.* Frankfurt/Main.
Durkheim, Emile (1986): Der Individualismus und die Intellektuellen. In: Bertram, Hans (Hrsg.): *Gesellschaftlicher Zwang und moralische Autonomie.* Frankfurt/Main: S. 54-70.
Giddens, Anthony (1991): *Modernity and Self-Identity.* Cambridge.
Habermas, Jürgen (1981): Theorie des Kommunikativen Handelns. Bd. 2, Frankfurt/Main.
Held, David/Anthony McGrew (1993): Globalization and the Liberal Democratic State. In: *Government & Opposition,* Nr. 3: S. 261-287.
Hopkins, Terence K./Immanuel Wallerstein (1996): *The Age of Transition: Trajectory of the World System, 1945-2025.* London.
Horkheimer, Max (1987): Interesse am Körper. In: Ders.: *Gesammelte Schriften.* Bd. 5. Frankfurt/Main: S. 263-268.
Horkheimer, Max/Theodor W. Adorno (1987): Dialektik der Aufklärung. In: Horkheimer, Max: *Gesammelte Schriften.* Bd. 5. Frankfurt/Main: S. 13-190.
Kleinert, Hubert (1992): Die Krise der Politik. In: *Aus Politik und Zeitgeschichte,* B 34-35: S. 15-25.
Lash, Scott (1996): Reflexivität und ihre Doppeldeutungen: Struktur, Ästhetik und Gemeinschaft. In: Beck, Ulrich/Anthony Giddens/Ders.: *Reflexive Modernisierung. Eine Kontroverse.* Frankfurt/Main: S. 195-286.
Luhmann, Niklas (1989): *Gesellschaftsstruktur und Semantik.* Bd. 3. Frankfurt/Main.
Marx, Karl/Friedrich Engels (1980): Manifest der Kommunistischen Partei. In: Dies.: *Werke.* Bd. 4, Berlin.
Münch, Richard (1986): *Die Kultur der Moderne.* Frankfurt/Main.
Münch, Richard (1998): *Globale Dynamik, lokale Lebenswelten.* Frankfurt/Main.
Nolte, Helmut (1999): Annäherungen zwischen Handlungstheorien und Systemtheorien. Ein Review über einige Integrationstrends. In: *Zeitschrift für Soziologie,* H. 2: S. 93-113.
OECD (Hrsg.) (1989): *Biotechnology. Economic and wider Impacts.* Paris.
Parsons, Talcott (1964): *Social Structure and Personality.* Glencoe.
Parsons, Talcott (1973): *The American University.* Cambridge, Mass.
Parsons, Talcott /Neil J. Smelser (1969): *Economy and Society.* New York.
Parsons, Talcott/Bales, Robert F. (1955): *Family, Socialization and Interaction Process.* New York.
Popper, Karl R. (1989): *Auf der Suche nach einer besseren Welt.* München.
Prigogine, Ilya/Isabelle Stengers (1997): *The End of Certainty: Time, Chaos, and the New Laws of Nature.* New York.
Ronit, Karsten (1997): Wirtschaftsverbände in der Bioindustrie. Stabilität und Dynamik deutscher und europäischer Interessenvermittlung. In: Martinsen, Renate (Hrsg.): *Politik und Biotechnologie. Die Zumutung der Zukunft.* Baden-Baden: S. 81-97.
Schluchter, Wolfgang (1979): *Die Entwicklung des okzidentalen Rationalismus.* Tübingen.
Schmitter, Philippe C. (1977): Modes of Interest Mediation and Models of Societal Change in Western Europe. In: *Comparative Political Studies,* H. 10: S. 7-21.
Schmitter, Philippe C. (1982): Reflection on Where the Theory of Neo-corporatism Has Gone and Where the Praxis of Neo-corporatism May be Going. In: Lehmbruch, Gerhard/Ders. (Hrsg.): *Patterns of Corporatist Policy-Making.* London: S. 259-279.
Schmitter, Philippe C. (1985): Neo-corporatism and the State. In: Grant, Wyn (Hrsg.): *The Political Economy of Corporatism.* London: S. 32-62.
Simmel, Georg (1989): *Philosophie des Geldes.* Frankfurt/Main.
Streeck, Wolfgang (1982): Organizational Consequences of Neo-corporatist Co-operation in West German Labour Unions. In: Lehmbruch, Gerhard/Philippe C. Schmitter (Hrsg.): *Patterns of Corporatist Policy-Making,* London: S. 29-81.

Streeck, Wolfgang (1987): Vielfalt und Interdependenz. Überlegungen zur Rolle von intermediären Organisationen in sich ändernden Umwelten. In: *Kölner Zeitschrift für Soziologie und Sozialpsychologie*, H. 3: S. 471-495.
Wallerstein, Immanuel (1999): *Social Sciences in the Twenty-first Century*. Fernand Braudel Center, http://fbc.binghampton.edu/iwunesco.htm.
Weber, Max (1985): Wissenschaft als Beruf. In: Ders.: *Gesammelte Aufsätze zur Wissenschaftslehre*. Tübingen: S. 582-613.
Wiesendahl, Elmar (1992): Volksparteien im Abstieg. In: *Aus Politik und Zeitgeschichte*, B 34-35: S. 3-14.

Akteur- und handlungstheoretische Perspektiven

Uwe Schimank

Die individualisierte Gesellschaft – differenzierungs- und akteurtheoretisch betrachtet

Die Person in der modernen Gesellschaft begreift sich als Individuum. Individualität ist eine tragende Säule der Identitätskonstruktion des modernen Menschen. Die zwei Komponenten von Individualität sind Einzigartigkeit und Selbstbestimmung der Person. Als Kurzformel: Individualität ist *selbstbestimmte Einzigartigkeit.* Bereits im Sprachgebrauch des Alltags heißt Individualität zum einen, dass eine Person in ihrem Auftreten unverwechselbar und dadurch einzigartig auf andere und auf sich selbst wirkt. Zum anderen zeigt sich die Individualität einer Person darin, dass diese in ihrem Handeln trotz aller sozialen Einflüsse selbstbestimmt erscheint. Dieses Zusprechen von Einzigartigkeit und Selbstbestimmtheit geschieht je nach Person und Situation in unterschiedlichem Maße. Verschiedenen Menschen werden unterschiedliche Grade von Individualität bescheinigt – jeweils immer von anderen und von sich selbst. Manche erscheinen unverwechselbarer und selbstbestimmter als andere. Zugleich kann die Individualität auch situativ mehr oder weniger stark zur Geltung kommen – beim Basteln z.B. meist eher als beim Schlangestehen am Postschalter. Trotz dieser Abstufungen beharren wir jedoch stillschweigend – und in bestimmten Fällen auch explizit – darauf, dass jeder Mensch in der modernen Gesellschaft prinzipiell jederzeit Individuum zu sein hat. Dies ist ein evaluativer Selbstanspruch einer Person: „Ich will Individuum sein!“ Und dieser Selbstanspruch wird von außen sowohl toleriert als auch in bestimmten Situationen gefordert, wird also auch zum normativen Fremdanspruch: „Du darfst und sollst Individuum sein!“

Diese Aussage, dass die moderne Gesellschaft – neben anderen konstitutiven Merkmalen – auch dadurch charakterisiert ist, dass sie eine *individualisierte Gesellschaft* ist, will ich hier in ihren verschiedenen Implikationen ausarbeiten. Ich will dabei vorführen, dass eine akteurtheoretisch ansetzende Betrachtung der gesellschaftlichen Differenzierungsstruktur eine sehr geeignete Perspektive auf Individualität ist.[1] Denn diese Perspektive vermag eine

1 Wie andere Beiträge dieses Bandes zeigen, ist es beileibe nicht die einzig mögliche Perspektive auf diesen Gegenstand.

ganze Reihe von Phänomenen einzufangen und miteinander zu verknüpfen, die immer wieder als wichtige Aspekte von Individualität thematisiert worden sind. Insbesondere wird in der akteur- und differenzierungstheoretischen Perspektive auch deutlich, dass die Individualität der Personen kein akzidentielles, sondern ein konstitutives Merkmal der Moderne ist.

Ich werde im Folgenden eine Serie von theoretischen Überlegungen vorstellen und miteinander verknüpfen. Dabei kann ich jede einzelne Überlegung nur sehr knapp thesenhaft skizzieren und schon gar nicht hinsichtlich ihrer empirischen Triftigkeit diskutieren. Das Ziel dieses Beitrags besteht in dieser theoretischen Zusammenführung und nicht darin, einzelne Überlegungen en detail auszuarbeiten und abzuwägen. Allerdings kann ich für die meisten von ihnen eigene Vorarbeiten heranziehen und dann auch auf sie verweisen. So besehen stellt der vorliegende Beitrag auch eine in großen Teilen resümierende Zusammenschau meiner bisherigen Überlegungen zur individualisierten Gesellschaft dar.

Rollendifferenzierung

Die moderne Gesellschaft wird differenzierungstheoretisch üblicherweise als *funktional differenziert* bezeichnet.[2] Es handelt sich, zunächst abstrakt formuliert, um eine Differenzierung der Gesellschaftsstruktur in hochgradig spezialisierte Elemente, die dadurch vielfältig voneinander abhängig sind. Diese Differenzierungsform prägt sich auf der Rollenebene als *diversifikatorische Differenzierung* aus.[3] Die Rollenstruktur der modernen Gesellschaft erlangt durch Diversifikation eine immer höhere Komplexität. Dies gilt zum einen im Vergleich zu vormodernen Gesellschaften, zum anderen aber auch und erst recht für die seit Beginn der modernen Gesellschaft in Gang gesetzte Dynamik der Rollenstruktur. Im Einzelnen bedeutet dies: An die Stelle einer für die meisten Gesellschaftsmitglieder recht ähnlichen, kaum trennbaren Gemengelage weniger diffuser Rollen tritt in der funktional differenzierten Gesellschaft ein Ensemble vieler funktional spezifischer Rollen; und dieses Ensemble sieht bei jeder Person anders aus. Denn mit der Zunahme verschiedener Rollen und der gleichzeitigen Abnahme von Beschränkungen ihrer Kombinierbarkeit wächst die Anzahl möglicher und tatsächlich vorkommender Rollenkombinationen exponential. Unterschiedliche persönliche Priorität jeder Rolle und die verschiedenen Kontexte der Rollenausübung diversifizieren noch weiter. So wird es zur alltäglichen Erfahrung eines jeden, dass ein

2 Dieser von Parsons geprägte Begriff entspricht dem hier zu Grunde gelegten, maßgeblich von Luhmann geprägten Verständnis gesellschaftlicher Differenzierung zwar genau genommen nicht mehr (Schimank 1998a), wird aber als eingeführte Sprachregelung weiter benutzt.

3 Zu den Überlegungen dieses Abschnitts siehe ausführlicher – auch mit weiteren Literaturverweisen – Schimank (1996: 44ff.; 1983: 94ff.; 1981: 20ff.).

anderer zwar vielleicht den gleichen Beruf ausübt wie man selbst, womöglich auch in derselben Gewerkschaft ist und offenbar ähnliche politische Präferenzen hat, aber einer anderen Religionsgemeinschaft angehört, ledig anstatt verheiratet, Sportfan und kein Opernliebhaber, Mieter und nicht Eigenheimbesitzer ist usw. Genau hieraus stellt sich die Erfahrung von Individualität ein, wie Georg Simmels (1908: 304ff.) Idee der „Kreuzung sozialer Kreise" prägnant festhält. Einzigartigkeit ergibt sich aus der je besonderen Kombination von Rollen.[4] Selbstbestimmung besteht zum einen in den Wahlfreiheiten, die die Gesellschaftsmitglieder hinsichtlich immer mehr Rollen genießen. Zum anderen manifestiert sich Selbstbestimmung auch im operativen Vollzug vieler Rollen. Das ergibt sich erstens aus der Wahlfreiheit, die ja auch eine fortbestehende „exit" -Option beinhaltet, aus der wiederum Drohpotentiale gegenüber Konformitätszumutungen erwachsen. Wenn mir z.B. meine Bezugsgruppen die Rolle des Ehemanns unerträglich werden lassen, kann ich mich auch scheiden lassen. Zweitens erwächst operative Selbstbestimmung des Rollenhandelns daraus, dass die Person immer wieder auch verschiedene Bezugsgruppen oder Rollen gegeneinander ausspielen, also Intra- und Inter-Rollenkonflikte strategisch nutzen kann. Natürlich bringen gesteigerte Wahlfreiheiten und häufigere Konflikte auch mannigfachen Rollenstress hervor. Das ist die Ambivalenz von Individualisierung, wie sie sich in extremer Steigerung als Anomie äußern kann. Der Genuss selbstbestimmter Einzigartigkeit ist nicht kostenfrei und risikolos zu haben.

Hat man sich diesen Zusammenhang von Rollendifferenzierung und Individualisierung vor Augen geführt, könnte man zunächst einmal meinen, dass sich die moderne Gesellschaft damit ein enormes Desintegrationspotential eingehandelt habe. Ganz abgesehen von anomischen Erscheinungsformen wird das Ausleben von Individualität im Alltagsdenken schnell als Gefährdung sozialer Ordnung gewertet. Der Individualist ordnet sich nicht ein, will vielleicht gar zwanghaft sein Anders-Sein durch Devianz demonstrieren. Differenzierungs- und rollentheoretisch gelangt man allerdings – ohne diese Probleme gänzlich abstreiten zu wollen – zum entgegengesetzten Ergebnis: Eine individualistische Identität der Mitglieder der modernen Gesellschaft ist ein *unerlässlicher Garant gesellschaftlicher Ordnung.*

Jedes Rollenhandeln ist immer wieder situativen Akkordierungsproblemen ausgesetzt. Erstens sind die Rollenerwartungen längst nicht immer hinreichend klar und können es angesichts der Vielfalt variierender situativer Umstände auch gar nicht sein. Zweitens muss eine Person sowohl mit den konfligierenden Erwartungen verschiedener Bezugsgruppen an ihr Rollenhandeln als auch mit den unter Umständen konfligierenden Erwartungen ein und derselben Bezugsgruppe zurechtkommen. Drittens kann es Komple-

---

4 Hierfür reicht es aus, dass niemand in der näheren Umgebung der betreffenden Person dieselbe Rollenkombination wie sie aufweist. Es muss beileibe keine weltweite Einzigartigkeit sein.

mentaritätsprobleme des aufeinander bezogenen Rollenhandelns verschiedener Personen geben. Viertens sind auch noch die bereits angesprochenen Inter-Rollenkonflikte in Rechnung zu stellen. All diese Probleme einer situationsgerechten Umsetzung von Rollenerwartungen können zum einen durch sozial normierte Standardlösungen bewältigt werden. Dergleichen gab es immer und gibt es auch heute noch. Man denke z.B. an das Recht von Eheleuten, nicht vor Gericht als Zeugen gegeneinander aussagen zu müssen. Dass das Gros der Rollenakkordierungsprobleme durch solche Standardlösungen bewältigt wird, ist jedoch nur in wenig differenzierten Gesellschaften möglich. Denn nur dort verteilt sich die Mehrzahl der Probleme auf relativ wenige, jeweils häufig vorkommende Ausprägungen. Die hochgradige Rollendifferenzierung der modernen Gesellschaft schafft hingegen eine unbestimmte Vielfalt möglicher Problemkonstellationen, die oft sehr ausgefeilte, einzelfallspezifische Lösungen verlangen. Angesichts dessen bleibt aber nur noch übrig, sich für diese vielfach erforderlichen und äußerst vielfältigen Feinregulierungsleistungen auf die Person selbst zu verlassen. Die Person, vordem bloß ein gelegentlicher Störfaktor sozialer Ordnung, avanciert zu deren umsichtigem Hüter und Reparateur.[5] Als solcher muss die Person zum einen die situative Einzigartigkeit der eigenen Kombination von Rollen im Vergleich zu allen anderen beteiligten Personen in Rechnung stellen. Zum anderen muss die Person daraus die Konsequenz ziehen, ihr Rollenhandeln nicht rigide an äußeren Kriterien und Modellen zu orientieren, sondern es situativ flexibel selbst zu gestalten und zu verantworten, was voraussetzt, dass sie sich als selbstbestimmt begreift. Damit wird klar, dass Individualisierung und diversifikatorische Rollendifferenzierung in doppelter Hinsicht untrennbar zusammengehören. Die Individualität der Person ist sowohl zwangsläufiges Resultat dieser Rollendifferenzierung als auch funktionales Erfordernis zur Bewältigung der daraus erwachsenen gesellschaftlichen Integrationsprobleme.

Dies gilt nicht nur auf der Gesellschafts-, sondern ebenfalls auf der in der modernen Gesellschaft immer wichtiger gewordenen Organisationsebene.[6] Die moderne Gesellschaft ist auch eine *Organisationsgesellschaft* (Schimank 1997a), in der viele wichtige Rollenzusammenhänge organisatorisch verankert sind. Für diese Ebene sozialer Zusammenhänge wird gängigerweise ein quasi-tayloristisches Stereotyp unterstellt: Organisationen funktionieren demzufolge um so effektiver und effizienter, je stärker sie sich von der Individualität ihrer Mitglieder abkoppeln. Insbesondere für die Industriearbeit wurde und wird dies mit Verweis auf die Technisierung und Informatisierung von

---

5 Was, um es nochmals zu betonen, nicht bedeutet, dass Individualität in jeder sozialen Situation gefragt ist. Oft genug wird soziale Ordnung auch ohne oder sogar gegen sie reproduziert. Dennoch wird allgegenwärtig aktualisierbare Individualität überall als letzter Mechanismus der Ordnungsabsicherung benötigt.

6 Zum Folgenden siehe mit weiterer Literatur Schimank (1986; 1983: 101ff.).

Produktionsabläufen behauptet; und viele Büro- und Dienstleistungstätigkeiten unterliegen angeblich einer ähnlichen Dynamik der Spezialisierung, Standardisierung und Technisierung bzw. Routinisierung. Genauere Beobachtungen erschüttern dieses simple Bild freilich. Umsichtige Vermeidung und Behebung allfälliger Störungen der technischen Abläufe sowie ein situativer und fallsensibler Umgang mit Ausnahmen von den bürokratischen Routinen sind auf organisatorischer Ebene das Pendant zur Bewältigung von Rollenakkordierungsproblemen auf der Gesellschaftsebene; und auf beiden Ebenen springt sozusagen die Individualität der Personen in die Bresche. Schon per definitionem stellen Störungen und Ausnahmen nicht den Regelfall organisatorischen Operierens dar. Das bedeutet, dass die Individualität der Organisationsmitglieder die meiste Zeit nicht gebraucht wird. Doch ebenso definitionsgemäß können Störungen und Ausnahmen prinzipiell jederzeit auftreten, weshalb die Individualität ständig aktualisierbar sein, also jeden organisatorischen Vorgang latent begleiten muss.[7]

Zusammengefasst: Sowohl auf der Gesellschafts- als auch auf der Organisationsebene erzeugt eine fortschreitende diversifikatorische Rollendifferenzierung eine individualistische Identität der Personen und muss diese zugleich als Mechanismus der Ordnungserhaltung nutzen.

Individualitätsbedrohungen

Einerseits ist die Individualität der Personen also in der Moderne gesellschaftlich erforderlich. Andererseits jedoch existieren gleichzeitig sowohl auf der Gesellschafts- als auch auf der Organisationsebene strukturelle Mechanismen der *Entindividualisierung.* Diese Mechanismen stellen systematische Identitätsbedrohungen dar, die von den Gesellschaftsmitgliedern nicht ignoriert werden können.

Auf der Gesellschaftsebene läuft Entindividualisierung darauf hinaus, dass jemand sich und anderen als „Massenmensch" erscheint.[8] Ein „Massenmensch" ist nicht einzigartig, sondern einer unter vielen, meist anonymen anderen, denen er zum Verwechseln ähnlich ist; und der „Massenmensch" agiert nicht selbstbestimmt, sondern von der Masse getrieben so wie alle um ihn herum. Individualität und „Massenmenschentum" sind dabei zwei Pole eines Kontinuums, auf dem sich Personen bewegen können. Kunden in Einkaufspassagen, Verkehrsteilnehmer in der „rush hour" oder Besucher eines Sportstadions sind häufig weit in Richtung des letzteren Pols gerückt. Auf

7 Nicht zu vergessen ist überdies, dass es auch organisatorische Rollen gibt, denen Individualität als zentrale Aufgabe abverlangt wird – z.B. als kreative Problemlösungen von Wissenschaftlern oder Managern.

8 Es geht also wohlgemerkt nicht darum, dass jemand ein „Massenmensch" ist, sondern dass er sich selbst so erlebt und von seinen Gegenübern so erlebt wird.

der Organisationsebene äußert sich Entindividualisierung u.a. in Austauschbarkeit, Machtunterwerfung, Aufgabenrestriktivität, Unterforderung oder Entfremdung (Schimank 1997a: 43ff.; 1981: 30ff.). Dies gilt im Übrigen für die Mitglieder einer Organisation ebenso wie für deren Publikum.[9] Der Sachbearbeiter im Finanzamt wird gegebenenfalls durch das einengende Regelwerk ebenso entindividualisiert wie der Bürger, der sein konkretes Anliegen nicht anzubringen vermag. Die moderne Gesellschaft ist also als anonyme und standardisierte „Massengesellschaft" sowie als Organisationsgesellschaft eine Umwelt, die immer wieder die individualistische Identität der Gesellschaftsmitglieder bedroht. Das wird von den Personen allerdings nicht einfach passiv ertragen. Zum einen erleichtern sie sich die Behauptung der eigenen Identität durch entsprechende Reduktionen von Individualitätsansprüchen und durch Individualitätsfiktionen. Zum anderen stehen den Personen auch vielfältige Praktiken der Identitätsbehauptung zur Verfügung.

Es wäre eine hoffnungslose Übersteigerung des Individualitätsanspruchs, wollte jemand jede Sekunde seines Lebens die eigene Einzigartigkeit und Selbstbestimmtheit zum Ausdruck bringen. Sich selbst als Individuum zu begreifen bedeutet lediglich einen entsprechenden Generalvorbehalt: Auch wenn ich mich in einer gegebenen Situation – oder gar in den meisten Situationen – nicht als einzigartige und selbstbestimmte Person darstelle, behalte ich mir vor, dass ich es jederzeit könnte. Erst wenn sich im Leben einer Person die Situationen häufen, die ihr diese Hoffnung nicht mehr geben, ist ihr individualistisches Selbstverständnis wirklich gefährdet. Dieser *Individualitäts-Minimalismus* wird weiter dadurch getragen, dass der Person eine relative Einzigartigkeit und Selbstbestimmung zur Identitätsbehauptung ausreicht. „Relativ" meint dabei, die Person muss lediglich den Eindruck gewinnen, dass sie wenigstens genauso einzigartig und selbstbestimmt wie die meisten anderen in ihrer Umgebung ist – mehr ist zur Identitätsbehauptung nicht erforderlich.

Hinsichtlich der subjektiven Erfahrung persönlicher Einzigartigkeit gilt: Selbstbeobachtung bietet die Chance zur Individualisierung, während der Fremdbeobachtung oft nur Typisierung übrig bleibt. Das liegt darin begründet, dass jemand sein eigenes Innenleben beliebig komplex zu erleben vermag, während er sich die – objektiv genauso große – Komplexität seiner Gegenüber fast immer drastisch reduziert, um auf sie bezogen handeln zu können. Eine ähnliche Verzeichnung der Tatsachen geschieht bei positiv bewerteten eigenen und fremden Handlungen hinsichtlich der Selbstbestimmung. Eigene Leistungen und Erfolge rechnet man primär sich selbst zu, während man bei anderen Personen viel stärker begünstigende äußere Umstände –

9 Zur Entindividualisierung des Publikums siehe viele Beobachtungen bei Ritzer (1993). Eine Extremform entindividualisierender Organisationen stellen die „totalen Institutionen" (Goffman 1961) dar – z.B. das Militär oder eine psychiatrische Anstalt oder, abgeschwächter, auch ein Krankenhaus oder ein Internat.

glückliche Fügungen, hilfreiche Unterstützer u.ä. – in Rechnung stellt.[10] Sowohl bezüglich der Einzigartigkeit als auch bezüglich der Selbstbestimmtheit der eigenen Person gibt man sich also in gewissem Maße Selbsttäuschungen hin – Identität bestätigenden und daher auch kaum einmal kritisch hinterfragten *Individualitätsfiktionen*. Weiterhin stehen den Gesellschaftsmitgliedern vielfältige *Praktiken der Identitätsbehauptung* zur Verfügung, um der Entindividualisierung als „Massenmensch" und „organization man" (Whyte 1956) entgegenzutreten.[11] Durch Rolleninszenierung, Rollendistanz, Rollendevianz und Ausstieg aus der Rolle vermag der Einzelne seine Einzigartigkeit und Selbstbestimmung gegenüber den Rollenzwängen zum Ausdruck zu bringen. Das Spektrum reicht von der „persönlichen Note" beim Rollenhandeln über die – in Organisationen gebräuchliche – Markierung des Unterschieds von „persönlich" und „dienstlich" bis hin zu solchen Akten abweichenden Verhaltens, die primär zur Selbstdarstellung dienen, und schließlich zum demonstrativen Aufgeben einer Identität bedrohenden Rolle.

Zusammengefasst: Die Strukturen der modernen Gesellschaft enthalten Bedrohungen der individualistischen Identität von Personen. Doch ein Individualitäts-Minimalismus, Individualitätsfiktionen und Praktiken der Identitätsbehauptung ermöglichen den Gesellschaftsmitgliedern zumeist, mit diesen Identitätsbedrohungen zurechtzukommen. Sieht man diese ersten beiden Überlegungen zusammen, kann man die schwierige Balance ermessen, die das Verhältnis zwischen einer auf diversifikatorischer Rollendifferenzierung, Durchorganisierung sowie Anonymität und Routinisiertheit der meisten Rollenzusammenhänge beruhenden Gesellschaft auf der einen und einer individualistischen Identität der Gesellschaftsmitglieder auf der anderen Seite kennzeichnet.

Polykontexturalität und biografische Kontingenz

Ich gehe nun von der Rollen- und Identitätsdimension zur kulturellen und biografischen Dimension von Individualität über. Ausgangspunkt ist wiederum die funktionale Differenzierung der modernen Gesellschaft. Diese Differenzierungsform prägt sich auf der Ebene gesellschaftlicher Teilsysteme als *Polykontexturalität* aus.[12] Die Ausdifferenzierung der Teilsysteme erfolgt als evolutionäre Kultivierung, Vereinseitigung und schließlich Verabsolutierung von Weltsichten oder „Wertsphären" (Weber 1919: 27f.), bis diese sich in Form jeweils hochgradig spezialisierter, selbstreferentiell angelegter binärer Codes etabliert haben – etwa Zahlen/Nichtzahlen als „distinction directrice"

10 Bei negativ bewerteten eigenen Handlungen neigt man hingegen zur Fremdzurechnung auf äußere Umstände und Mächte. Auch dies dient der Identitätsbehauptung.
11 Siehe dazu für die Organisationsebene ausführlich Schimank (1981: 45ff.).
12 Siehe zum Folgenden mit weiteren Literaturverweisen Schimank (1985: 448ff.)

(Luhmann 1986) des Wirtschaftssystems oder Recht/Unrecht als Pendant beim Rechtssystem. Diese „von unten" und gegeneinander profilierten, also nicht wie bei einer Arbeitsteilung möglichst harmonisch aufeinander abgestimmten Leitdifferenzen konstituieren keine überschneidungsfreien Segmente der sozialen Wirklichkeit, sondern eine Überlappung von Perspektiven. Jedes Ereignis in der modernen Gesellschaft – einschließlich vorgestellter möglicher Ereignisse – hat damit eine Mehrzahl gesellschaftlich relevanter sinnhafter Bedeutungen, je nachdem, im Kontext welcher teilsystemischen Leitdifferenz es betrachtet wird. Und keine dieser Perspektiven ist allen anderen übergeordnet in dem Sinne, dass sie den integrierenden, Spannungen und Widersprüche auflösenden Rahmen bildet.

In der mittelalterlichen Gesellschaft war genau diese Rahmung Sache der Religion gewesen. Gottes Wort und dessen autoritative Auslegung durch die katholische Kirche boten klare, lebensnahe Antworten auf alle vorkommenden Fragen der individuellen Lebensführung. Aus diesem Rahmen fiel nichts und niemand heraus. Die Polykontexturalität der modernen Gesellschaft relativiert hingegen die religiöse Welt- und Existenzdeutung grundsätzlich, macht sie zu einer neben anderen, weil auch das Religionssystem eines neben anderen Teilsystemen wird. Funktionale Differenzierung geht also zwingend mit *Säkularisierung* einher. Die Gesellschaftsmitglieder werden deshalb nicht notwendigerweise allesamt Atheisten – doch Gottes Wort ist für den Einzelnen oft genug im Gewirr anderer, vielleicht auch lauterer Stimmen kaum noch zu vernehmen. Nicht nur Gewissenskonflikte wie die Frage der Abtreibung, auch alltägliche Fragen der Lebensführung wie die Entscheidung zwischen Pkw und öffentlichen Nahverkehrsmitteln erscheinen jetzt im Horizont einer irreduziblen Pluralität und damit Relativität von Perspektiven. Für die Lebenserfahrung des Einzelnen heißt dies: Alles und jedes wird kontingent, erscheint also immer auch im Lichte anderer Möglichkeiten, die entweder noch ergreifbar sind und ergreifbar gewesen wären. Kontingenz ist zwar ein universeller Tatbestand der conditio humana. Unerklärliche Schicksalsschläge ebenso wie Glücksfälle hat es immer schon gegeben. Nicht zuletzt aus den daraus – zumindest aus Ersteren – hervorgehenden Deutungsbedürfnissen ist Religion entstanden. In der Moderne muss allerdings von einer *Totalisierung biografischer Kontingenz* ausgegangen werden. Rollendiversifizierung und teilsystemische Polykontexturalität wirken hierbei zusammen. Auf der Rollenebene entsteht die Erfahrung und der Anspruch selbstbestimmter Einzigartigkeit, wodurch sich Kontingenz aus dem Vergleich mit anderen und aus dem Bewusstsein ergibt, entscheidungsmächtig bezüglich des eigenen Lebens zu sein. Und aus der Teilsystemebene wird dieses Leben in jedem Augenblick durch mehrere Scheinwerfer beleuchtet, die jeweils etwas ganz anderes hervorheben und von denen keiner die „einzig wahre" und letztentscheidende Sicht vermittelt.

Für die existentielle Problematik des modernen Individuums ergibt sich aus der totalisierten Kontingenz biografischer Entscheidungen und Maßstäbe ein doppeltes Problem. Zum einen stellt sich die Frage, welche *substantiellen Identitätsanker* überhaupt noch verfügbar sind. Zum anderen muss das Individuum auch einen *prozeduralen Modus der Identitätskonstruktion* finden, der dieser Art von Kontingenz angemessen ist. In substantieller Hinsicht war der mittelalterliche Mensch in den kanonisierten Vorstellungen über ein – nach Ständen differenziertes – gottgefälliges Leben fest und fremdreferentiell, durch von außen vorgegebene Maßstäbe, verankert. Und in prozeduraler Hinsicht lief dies auf eine teleologisch angelegte Biografie hinaus: ein fortwährendes, strebendes Bemühen und Sich-Bewähren, das durch ein deutlich vor Augen stehendes jenseitiges Fernziel auf eine klare Linie gebracht war. Diese Kombination einer fremdreferentiell-teleologischen Identität brach dann mit dem Übergang zur Moderne zusammen, und neue Lösungen mussten gefunden werden.

Leistungsindividualismus

Wendet man sich zunächst der substantiellen Dimension zu, kann man einen Identitätsanker ausmachen, der den Übergang zur Moderne und deren weitere Dynamik maßgeblich mitgetragen hat: den *Leistungsindividualismus*.[13] Anfangs als protestantische Ethik noch religiös überhöht (Guttandin 1998; Weber 1905), wurde dann die, insbesondere in der Berufssphäre ausgelebte, persönliche Leistungsbereitschaft und -fähigkeit zum wichtigsten Identitätsanker des größten Teils der Gesellschaftsmitglieder. Die moderne Gesellschaft versteht sich bis heute als „achieving society", begreift Leistung also als gesellschaftsweiten Zentralwert (McClelland 1976; Parsons 1971: 120ff.; 1951: 182ff.). Sich selbst als Individuum durch Leistungen zu identifizieren und dafür soziale Bestätigungen in Gestalt von Reichtum, Gehaltserhöhungen, beruflichem Aufstieg, Machtbefugnissen, Prestige u.ä. zu erhalten, war das, wofür man lebte. Diese Selbstfindung in eigener Leistung konnte vor allem in den zumeist berufsförmig institutionalisierten Leistungsrollen der verschiedenen gesellschaftlichen Teilsysteme stattfinden: vom Unternehmer und Facharbeiter über den Verwaltungsbeamten, den Wissenschaftler, Arzt oder Rechtsanwalt bis hin zum Künstler, Journalisten oder Lehrer. Frauen, denen der Zugang zu diesen Leistungsrollen lange Zeit weitgehend verschlossen geblieben ist, haben den Leistungsindividualismus dann in der Hausfrauen- und Mutterrolle gelebt, also darüber, dass sie den Leistungsindividualismus ihres Mannes – und der männlichen Kinder – mitgetragen haben. Zusätzlich konnte der Leistungsindividualismus auch noch auf weitere Rollen neben dem Beruf ausgedehnt werden: beispielsweise als entsprechend ambitionier-

13 An Biografien von Spitzensportlern lässt sich diese substantielle Ausprägung von Individualität heutzutage in einer extremen und dadurch besonders prägnanten Zuspitzung studieren – siehe dazu Bette/Schimank (1995: 127ff.).

ter Amateurforscher, Breitensportler, Vereinsvorsitzender, politischer oder gewerkschaftlicher Aktivist oder auch Frauenheld. Berufliche Misserfolge oder Sackgassen ließen sich so durch andere Leistungen zumindest partiell kompensieren.

Im heutigen Spitzensport ist der Leistungsindividualismus extrem eng geführt. Er bezieht sich auf eine einzige Rolle der Person, die Sportlerrolle; in dieser Rolle ist Individualität auf eine einzige Ausdrucksmöglichkeit, das durch Regeln eng fixierte sportartspezifische Handeln, beschränkt; und Individualität kann sich erst im Überbieten von Konkurrenten und Rekordmarken beweisen. Im Leben eines Hundertmeterläufers dreht sich dann beispielsweise letztlich alles darum, auf dieser Sprintstrecke schneller zu sein als die anderen Läufer. In allen drei Hinsichten war der Leistungsindividualismus der Gesellschaftsmitglieder ansonsten offener angelegt. Wie schon erwähnt, konnte er sich auf mehrere Rollen und Teilsysteme erstrecken. In diesen Rollen fand die Person dann durchaus vielfältige Möglichkeiten, sich leistungsorientiert auszudrücken. Dabei kam es weiterhin auch nicht darauf an, unbedingt der Beste zu sein. Wer ein sozial akzeptables Mindestmaß der Leistungsfähigkeit erreicht hatte, dem konnte das bereits ausreichen; und auch gelegentliche Selbstüberbietung konnte als Maßstab gelten – unabhängig davon, was andere zu leisten imstande waren.

Nach wie vor ist Leistung ein hoher Wert. Dennoch ist eine leistungsindividualistische Identitätsverankerung in den letzten Jahrzehnten sowohl schwieriger als auch unattraktiver geworden. Schwieriger ist sie in dem Maße geworden, wie die moderne Gesellschaft von einer Leistungs- zu einer „*Erfolgsgesellschaft*“ mutiert ist, sich also der Bedingungszusammenhang von Leistungseinsatz und Lebenserfolg, insbesondere im Beruf, gelockert hat (Neckel 1999; Sennett 1998). Schon immer ist es für Gesellschaftsmitglieder in der Moderne ein Ärgernis gewesen, wenn sie erleben mussten, dass andere mit weniger Leistungseinsatz erfolgreicher abschneiden oder man selbst trotz großem Leistungseinsatz scheitert. Solange derartiges „Glück“ bzw. „Pech“ punktuelle Phänomene bleiben, kann man damit leben und gerät nicht in wirkliche Zweifel am eigenen Leistungsindividualismus. Häufen sich entsprechende Erfahrungen hingegen, verursacht u.a. durch eine sich globalisierende Wirtschaft mit flexibleren Formen des Arbeitskräfteeinsatzes und schnelleren Veränderungen von Qualifikationsanforderungen, bei immer mehr Gesellschaftsmitgliedern und wird dies durch die Massenmedien noch weiter verbreitet, untergräbt das eine leistungsindividualistische Identitätsverankerung. Wer meint, dass man fast nur noch durch glückliche Umstände oder auf „krummen Wegen“ erfolgreich sein kann, geht nicht länger davon aus, dass sich Leistung lohnt. Entsprechend wird er sich auch nicht mehr darum bemühen, sein Leben zu einer Geschichte des mühsamen, aber stetigen Vorankommens zu formen – und sei es dadurch, dass man den Aufstieg der eigenen Kinder vorbereitet. Anstelle einer Lebensgeschichte wird er einen Okkasionalismus kultivieren, der auf seiner aktiven Seite erratisch auftauchende Gelegenheiten zur eigenen Besserstellung nutzt und als passive Seite auf „drift" (Sennett 1998), einen weitgehenden Kontrollverlust bezüglich des eigenen Lebenswegs, hinausläuft.[14] Noch wichtiger für die Erosion des Leistungsindividualismus ist allerdings gewesen, dass ein Individualismus des gegenwartsbezogenen hedonistischen *Sich-Auslebens* um sich gegriffen hat (Bell 1976; Schulze 1992; Turner 1975; Ziehe 1975). Zukunftsorientiertes fleißiges und beharrliches Streben, wie es auch im „deferred gratification pattern" (Caesar 1972: 29) zum Ausdruck kommt, ist nicht länger alles im Leben. Stattdessen wollen immer mehr Gesellschaftsmitglieder heutzutage auch oder sogar vorrangig den Tag genießen, verlegen also das Zentrum ihrer Selbstverwirklichung von der Arbeit in die Freizeit. Dieser Wandel, der immer noch im Gange ist, hängt vor allem mit zwei sozialstrukturellen Veränderungen zusammen. Erstens ist die Massenkaufkraft enorm gestiegen und stellt mittlerweile einen unentbehrlichen Motor des Wirtschaftswachstums dar. Die moderne Gesellschaft ist zur „affluent society" (Galbraith 1958) geworden und ist dies auch trotz schlechterer Wirtschaftsentwicklung seit Mitte der siebziger Jahre geblieben. Zweitens ist die Arbeitszeit stark reduziert worden, so dass – euphemistisch – auch von der „Freizeitgesellschaft" gesprochen wird. Disponibles Einkommen und disponible Zeit sind die wichtigsten Voraussetzungen, um jenseits des Berufs, des „Häuslebauens" und der Sorge dafür, dass es den Kindern „mal besser gehen" soll, das eigene Leben hier und jetzt zu genießen.

Zusammengefasst: Der ursprüngliche Leistungsindividualismus der Moderne hat in größeren Bevölkerungskreisen als Identitätsanker an Bedeutung verloren, weil sich Leistung teilweise nicht mehr auszahlt und zudem ein von Leistung entlastetes und an Spaß orientiertes Lebensprogramm um sich gegriffen hat. Eine sich nun anschließende genauere Betrachtung zeigt, dass damit nicht zwangsläufig, aber doch faktisch Ansprüche zu den wesentlichen substantiellen Identitätsankern werden.

Anspruchsindividualismus

Der Leistungsindividualismus wandelt sich also zu einem Individualismus des Sich-Auslebens. Bevor allerdings darauf näher eingegangen wird, muss zunächst noch der *Anspruchsindividualismus* angesprochen werden,[15] der als zweiter substantieller Identitätsanker sowohl mit dem Leistungsindividualismus als auch mit dem Individualismus des Sich-Auslebens verknüpft sein kann. Für das Individuum gilt: „Im Geltendmachen eines Anspruchs orientiert es sich an einer Differenz zwischen dem, was momentan besteht und

---

14 Siehe hierzu auch die plastischen Schilderungen – am Beispiel einer Paraquayischen Provinzstadt – der „Improvisationsgesellschaft" bei Guttandin (1996).

15 Eingehender hierzu und zum folgenden Abschnitt siehe Schimank (1998b).

dem, was sein soll, hergestellt werden soll, erreicht werden soll; und es kann sich dann mit seinem Anspruch identifizieren." (Luhmann 1995: 135) „Identifizieren" ist hier durchaus in seinen zwei Bedeutungen gemeint. Die Person stimmt mit dem Anspruch überein – und dies deshalb, weil sie sich selbst über den Anspruch bestimmt.

Ansprüche gehen auf Diskrepanzen zwischen Sein und zum Sollen erhobenem Wollen zurück. So, wie ich bin bzw. es mir geht, ist es nicht richtig. Insbesondere zwei Vergleichsdimensionen werden benutzt, um den eigenen Zustand als defizitär zu empfinden. Zum einen die Zeitdimension: „Gestern war ich noch besser dran!" Entsprechend der kulturellen Fortschrittssemantik der Moderne spitzt sich dies noch zu: „Warum bin ich heute nicht besser dran als gestern!" Zum anderen ziehen Personen die Sozialdimension heran: „Andere sind besser dran als ich!" Die allgegenwärtige Faktizität gesellschaftlicher Ungleichheit bietet für derartige Erfahrungen relativer Deprivation unerschöpfliche Anknüpfungspunkte, und das ebenfalls in der Kultur der Moderne verankerte normative Postulat der Gleichheit erschwert es, Ungleichheit zu legitimieren.[16] Die Ansprüche, die sich an Fortschrittshoffnungen und Ungleichheiten entzünden, richten sich an eine Reihe gesellschaftlicher Teilsysteme. Weil die Lebenschancen der Gesellschaftsmitglieder vor allem durch die Leistungen des Wirtschafts-, des Bildungs- und des Gesundheitssystems sowie des politischen Systems bestimmt werden, sind diese Systeme die wichtigsten Adressaten der auf eine unmittelbare Besserstellung abzielenden basalen Ansprüche. Höhere Einkommen für mehr Konsumchancen, abgesichert durch Arbeitslosen- und Rentenversicherung; bessere Bildung, insbesondere Ausgleich von „Bildungsbenachteiligung", um Aufstiegschancen zu steigern; Zugang zu medizinischen Leistungen auf dem letzten Stand und ungeachtet der Kosten durch staatlich geregelte Krankenversicherung: Dies sind schon seit dem letzten Jahrhundert die wichtigsten kollektiv verfolgten Ansprüche, hinsichtlich derer viele Gesellschaftsmitglieder ihre Lebenschancen verbessern wollen. Da alle diese Ansprüche in hohem Maße auf wohlfahrtsstaatliche Regelungen und Leistungen setzen, kann man auch sagen: Der Anspruchsindividualismus der Person in der modernen Gesellschaft und der Ausbau des Wohlfahrtsstaats bedingen einander wechselseitig in hohem Maße (Luhmann 1981: 25ff.). Die Austragung der Verteilungskonflikte über diese teilsystemischen Leistungen wird durch reflexive Ansprüche auf politische Partizipationschancen, rechtliche Klagechancen und massenmediale Informationschancen unterstützt. Parallel zu den Verteilungskonflikten über die basalen Ansprüche haben also auch Konflikte über die Verteilung von institutionali-

16 Lange Zeit konnte differentielle persönliche Leistung als Rechtfertigung ungleicher Lebenschancen herangezogen werden. Aber wenn, wie schon angesprochen, die, denen es besser geht, gar nicht unbedingt leistungsfähiger, sondern nur irgendwie erfolgreicher gewesen sind, verliert die meritokratische Legitimationsformel an Überzeugungskraft.

siertem gesellschaftlichem Einfluss stattgefunden, der sich in politischer und rechtlicher Macht sowie in der Öffentlichkeit von Informationen über die Ungleichheit von „Lebenschancen" manifestiert.

Prinzipiell grenzenlose Ansprüche treffen auf eine ebenso unbegrenzte teilsystemische Neigung zur Anspruchsbedienung. Denn die binären Codes der Teilsysteme verfügen über keinerlei Stoppregeln und animieren im Gegenteil gerade dazu, eine immer weitergehende Perfektionierung der teilsystemischen Leistungen für wünschenswert zu halten und zu verlangen. Damit öffnen die Teilsysteme einer *„Anspruchsinflation"* (Luhmann 1983) Tür und Tor. Es besteht somit ein „Steigerungszusammenhang [...] von Aussichten, die die Funktionssysteme eröffnen, und von Anspruchshaltungen der Individuen" (Luhmann 1995: 140). Eine akteurtheoretische Betrachtung verweist hier zusätzlich darauf, dass auch die Interessen der Leistungsrollenträger in den verschiedenen Teilsystemen auf ein Wachstum der Nachfrage nach ihren Leistungen ausgerichtet sind. Denn um so mehr Ressourcen können beispielsweise Ärzte, Lehrer, Rechtsanwälte oder Journalisten für ihre Berufsfelder mobilisieren und entsprechend steigen ihre Karrierechancen sowie ihr gesellschaftlicher Einfluss und ihr Sozialprestige.

Die moderne Gesellschaft ist also nicht zufällig auch eine *Wachstumsgesellschaft.* Insbesondere durch Wachstum der teilsystemischen Leistungsproduktionen können Verteilungskonflikte zwischen gesellschaftlichen Gruppen in Positivsummenspiele transformiert werden, anstatt als Nullsummenkonkurrenzen ausgetragen werden zu müssen. Wenn die Bessergestellten Umverteilung vermeiden wollen, müssen sie darauf setzen, dass diejenigen teilsystemischen Leistungen, um deren Verteilung es jeweils geht, so gesteigert werden, dass die Ansprüche der Schlechtergestellten befriedigt werden, ohne den Besitzstand der Bessergestellten nennenswert zu gefährden. Beispielsweise werden durch einen Ausbau der Hochschulen auch Studienplätze für Frauen oder Arbeiterkinder geschaffen, ohne dass dafür Männer oder Mittel- und Oberschichtkinder zu weichen hätten.

Sich-Ausleben

Der Anspruchsindividualismus begründet sich in Bezug auf einige Teilsysteme wie Bildung und Gesundheit vor allem als Voraussetzung des Leistungsindividualismus. Die Ansprüche beziehen sich auf Voraussetzungen der Chancengleichheit in der Leistungskonkurrenz. Andere Ansprüche – etwa Konsumerwartungen – gewinnen ihre Bedeutung im Rahmen eines noch anzusprechenden Individualismus des Sich-Auslebens. Beide substantiellen Identitätsanker des modernen Individuums – Leistung oder Sich-Ausleben – setzen eine hinreichende Anspruchsbefriedigung, also entsprechende Steigerungen teilsystemischer Leistungsproduktionen voraus. Allerdings werden zunehmend drei „Grenzen des Wachstums" der teilsystemischen Leistungsproduktionen gewahr – und damit *Frustrationen des Anspruchsindividualismus*. Erstens verlieren bestimmte teilsystemische Leistungen mit ihrer quantitativen Vermehrung qualitativ an Wert. Dies gilt für solche Leistungen, die im Sinne Fred Hirschs (1976) „positionale Güter" darstellen – etwa Bildungszertifikate. Wenn immer mehr Personen Hochschulabschlüsse erwerben, kommt das einer Inflationierung dieser Titel auf dem Arbeitsmarkt gleich. Damit wird die Unzufriedenheit der in Bezug auf Bildung Schlechtergestellten nur vorübergehend beseitigt und taucht bald in anderer Form wieder auf. Fanden Arbeiterkinder es früher ungerecht, nicht studieren zu können, so sind sie und andere Studierende jetzt enttäuscht, dass ihnen das Hochschuldiplom keine gutbezahlten Stellen auftut. Die Bildungsexpansion fliegt also bald als Schwindel auf, und danach hat die Unzufriedenheit von auf Berufskarrieren setzenden Leistungsindividualisten sogar eine noch breitere soziale Basis. Die teilsystemischen Leistungsproduktionen können zweitens an Ressourcengrenzen stoßen, wie sie sich insbesondere als Finanzknappheit manifestieren können. So hat z.B. die „Kostenexplosion" im Gesundheitssystem dazu geführt, dass bestimmte medizinische Leistungen rationiert werden. So etwas ruft wiederum Unzufriedenheiten hervor. Dies gilt erst recht, wenn Personen das Opfer von Exklusionskumulationen werden, also von den Leistungen einer ganzen Reihe von Teilsystemen dauerhaft ausgeschlossen werden (Luhmann 1997: 630f.). Anstoß dafür ist oft, aber nicht immer, dass jemand als Träger einer wirtschaftlichen Leistungsrolle überflüssig ist oder wird. Wer seine Arbeit verliert und keine neue mehr findet oder von vornherein nicht auf den Arbeitsmarkt gelangt, muss entsprechend seine Ansprüche als Konsument und Rechtssubjekt, auf dem Heiratsmarkt und im Krankenhaus, als Kunstliebhaber und hinsichtlich der Ausbildung der eigenen Kinder drastisch reduzieren. Drittens schließlich kann eine ungezügelte teilsystemische Leistungssteigerung, die keine Unzufriedenheiten aufkommen lässt, zu einer Problemverschiebung in Richtung Natur führen. Das eklatanteste Beispiel dafür gibt das Wirtschaftssystem ab. Um die Nachfrage von seiten der Konsumenten und deren Lebensstandard nicht zu gefährden, wird – siehe etwa das Wachstum des Verbrauchs nicht erneuerbarer Energien – die natürliche Umwelt so ausgebeutet, dass womöglich die längerfristige Reproduktionsfähigkeit der Gesellschaft aufs Spiel gesetzt wird und spätestens dann viel größere Unzufriedenheiten und dramatische weltweite Verteilungskonflikte um elementare Lebensnotwendigkeiten wie z.B. Trinkwasser aufkommen. Ob das „Raumschiff Erde" und ob eine demokratische „Konsensgesellschaft" (Heitmeyer 1997) den Anspruchsindividualismus aushält, ist eine offene Frage. Dass zwei Milliarden Chinesen Auto fahren wollen und Hungermärsche von zig Millionen Afrikanern nach Europa führen, mag heute noch hergeholt erscheinen; aber lassen sich derartige Wünsche bzw. Zwangslagen auf Dauer klein halten?

Zusammengefasst: Der Anspruchsindividualismus ist als Voraussetzung sowohl des Leistungsindividualismus als auch eines Individualismus des

Sich-Auslebens in sozialintegrativer und in ökologischer Hinsicht nicht unproblematisch. Die Problematik lässt sich auf folgende Kurzformel bringen: In der weltweiten „Multioptionsgesellschaft“ (Gross 1994) wollen immer mehr immer mehr, und es ist immer weniger da oder immer weniger wert.

Zukunfts- oder Gegenwartsorientierung

Leistungs- und Anspruchsindividualismus passen insofern gut zusammen, als beide substantiellen Identitätsanker in zeitlicher Hinsicht zukunftsorientiert sind. Jede Leistung ist nicht nur von anderen, auch vom Betreffenden selbst überbietbar, so dass entsprechende Zukunftshoffnungen sprießen; und auch jeder Anspruch lässt sich, erst einmal erfüllt, immer noch weiter steigern, wie das grimmsche Märchen vom Fischer und seiner Frau lehrt.[17] Dieses Diktat der Zukunft läuft auf eine *Gegenwartsvergessenheit* des modernen Individualismus hinaus. Die Gegenwart ist nur eine ständige Vorbereitung, das aktuell Erreichte ist nie genug.[18]

Auch der den Leistungsindividualismus zurückdrängende Individualismus des Sich-Auslebens, der von sich aus gegenwartsorientiert ist, gibt diese zeitliche Ausrichtung in dem Maße auf, in dem er sich mit einem zukunftsorientierten Anspruchsindividualismus verbindet. Denn dann wird der Genuss dessen, was man jetzt hat, stets sogleich durch das Bewusstsein darüber entwertet, was man noch mehr und anders haben könnte – und haben will. Wenn beispielsweise das Schönste am diesjährigen Urlaub ist, sich auszumalen, was für einen noch luxuriöseren, ausgefalleneren, spektakuläreren Urlaub man sich kommendes Jahr leisten möchte, wird das Sich-Ausleben vor sich her geschoben – was im Effekt dem Bedürfnisaufschub des Leistungsindividualismus gleichkommt. Diese Verknüpfung ist allerdings nicht zwangsläufig. Löst sich das Sich-Ausleben von Ansprüchen und begnügt sich mit dem, was momentan und situativ gerade da ist und geschieht, wird es zum *Augenblicksgenuss*. Worauf es dafür ankommt, ist die Ausblendung des Verweisungshorizonts des gegenwärtigen Moments in die Zukunft.[19] Da dieser Verweisungshorizont Zeitlichkeit überhaupt erst konstituiert, könnte man paradox und doch völlig zutreffend von „ewigen Augenblicken“ sprechen, in denen – wie es umgangssprachlich so treffend heißt – „die Zeit stehen bleibt“. Hierbei sind zwei Arten zu unterscheiden, die freilich auch gemeinsam vorkommen können: Momente ästhetischer Sinnlichkeit und Momente dialogischer Sozialität (Schimank 1983: 20ff.). Dabei geht es keineswegs nur um große, erhabene, feierliche Augenblicke, die ja selten sind, son-

---

17 Freilich mit einer vormodernen Moral, die auf Sich-Bescheiden hinausläuft.

18 Auch die christlich geprägte vormoderne Identität war zukunftsorientiert: auf ein ewiges Leben im Jenseits.

19 Und auch, worauf es hier aber nicht ankommt, in die Vergangenheit.

dern mindestens ebenso sehr um eher alltägliche, beiläufige Erlebnisse einer erfüllten Gegenwart: etwa das gute Essen, der belebende Spaziergang oder die turbulente Party.

Ein Individualismus des Sich-Auslebens, der in diesem Sinne auf sich gestellt als substantieller Identitätsanker fungiert, also ohne Kombination mit dem Anspruchsindividualismus, beinhaltet auf der einen Seite auch nicht dessen aufgezeigte gesellschaftliche Dysfunktionen. Auf der anderen Seite könnte ein nicht anspruchsindividualistisch angebundenes Sich-Ausleben eine zu weit gehende *Zurückdrängung des Leistungsindividualismus* bewirken. Der Anspruchsindividualismus trägt den Leistungsindividualismus durchaus mit, weil insbesondere die ans Wirtschaftssystem adressierten Konsumansprüche erst erfüllbar werden, wenn berufliche Leistungen entsprechende finanzielle Ressourcen erbringen. Bescheidet sich das Sich-Ausleben hingegen mit den hier und jetzt verfügbaren Möglichkeiten und Ressourcen, wird Leistungsbereitschaft unnötig. Vermutlich ist aber auch weiterhin eine beträchtliche individuelle Leistungsbereitschaft nicht nur bei dem relativ kleinen Personenkreis von teilsystemischen Führungseliten, sondern bei sehr viel mehr Gesellschaftsmitgliedern erforderlich. Auch wenn sich nicht länger alles im Leben um insbesondere berufliche Leistungen drehen muss, heißt das doch nicht genau umgekehrt, dass nunmehr überall der Schlendrian Einzug halten darf. Wenn alle nur noch den Tag genießen würden, gerieten die Leistungsproduktionen der gesellschaftlichen Teilsysteme ebenso wie die Abstimmungen zwischen ihnen aus dem Lot. Sich-Ausleben und Leistungsbereitschaft müssen daher in den meisten Personen dauerhaft als Identitätsanker koexistieren. Daniel Bell (1976: 90) sieht darin einen der „kulturellen Widersprüche des Kapitalismus": „Man hat am Tage ‚korrekt' und am Abend ein ‚Herumtreiber' zu sein." Ob sich der Leistungsindividualismus in dieser psychischen Balance dauerhaft zu halten vermag oder erodiert, ist eine offene Frage.

Zusammengefasst: Auch ein vom Anspruchsindividualismus abgelöster Individualismus des Sich-Auslebens ist gesellschaftlich nicht unproblematisch. Damit verfügt der moderne Individualismus mittlerweile über drei substantielle Identitätsanker, deren Verhältnis untereinander spannungsreich ist, woraus dann auch verschiedene gesellschaftliche Integrationsprobleme erwachsen.

Reflexivismus und Subjektivismus

Ich gehe nun zum prozeduralen Modus der Identitätskonstruktion des modernen Individuums über.[20] Nach welcher Logik gewinnt es seine existentielle Selbst-Sicherheit? Für die Person in der vormodernen, mittelalterlichen Ge-

---

20 Zu diesem Abschnitt und dem Folgenden siehe mit weiterer Literatur ausführlich Schimank (1985).

sellschaft war diese Logik, wie bereits erwähnt, eine teleologische. Die Person strebte ihr ganzes Leben lang auf etwas hin, das ihr, in jeweils lebensphasenspezifischer Gestalt, stets klar vor Augen stand. Zwar war das Ideal eines Gott gefälligen Lebens auf Erden unerreichbar. Doch es war immer nahe genug am wirklichen Leben, dass dieses sich an dem Ideal ausrichten konnte. Die Biografie der Person stellte sich demgemäß in ihrer Gesamtheit als ein Prozess der Zielverfolgung dar. Das schloss durchaus vorübergehende Phasen der Zielunsicherheit ein, nach denen man dann möglicherweise Kurskorrekturen vornehmen musste, weil man vom rechten Weg abgekommen war. Und in Einzelfällen konnte jemand auch dauerhaft sein Ziel verfehlen, vergessen oder sogar bewusst ignorieren. Doch dass sowohl die Anderen als auch er selbst das dann so rubrizierten, beweist wiederum, dass hier ein teleologischer Modus der Identitätskonstruktion vorlag.

Trotz aller möglichen und faktischen Wirrnisse ihres Lebenslaufs verfügte die Person in der mittelalterlichen Gesellschaft damit gewissermaßen über einen Fixstern, an dem sie sich unbeirrt orientieren konnte, weil gewiss war, dass dieser für immer und ewig dort bleiben würde, wo er war. Es war kein „moving target" und schon gar kein Irrlicht, auf das hin sich die Lebensführung ausrichten konnte. Als dieser Fixstern mit dem Tod Gottes in der polykontexturalen Gesellschaft erlosch, mussten sich die nunmehr individualisierten Personen auf die Suche nach einem anderen Modus der Identitätskonstruktion begeben.

Die Identität einer Person beruht auf Selbstfestlegungen in Gestalt evaluativer und normativer Selbstansprüche: „So will und soll ich sein bzw. werden." Wenn diese Selbstfestlegungen nicht länger teleologisch fixiert und damit begründet werden, sondern wie alle Handlungen und Erlebnisse einer Person kontingent werden, geraten sie ins Visier einer grundsätzlichen Infragestellung. Warum gerade diese und nicht ganz andersartige Selbstfestlegungen? Wobei zugleich klar ist: Wären sie anders, stellte sich dieselbe Frage und wäre genauso wenig zwingend beantwortbar. Angesichts dieses Tatbestands haben sich zwei Reaktionsmuster herausgebildet, die als moderne prozedurale Modi der Identitätskonstruktion vielfach literarisch, philosophisch und in der alltäglichen Lebenspraxis durchgespielt worden sind: der Reflexivismus und der Subjektivismus.

Der *Reflexivismus* tritt angesichts der Unbeendbarkeit des Infragestellens eigener Selbstfestlegungen die Flucht nach vorn an: „Ich zweifle an mir, also bin ich." Die eigene Identität soll hierbei nicht im – sich niemals einstellenden – Ergebnis, sondern im Prozess einer unaufhörlichen Problematisierung jeglicher unvermeidlich anfallenden Selbstfestlegung gefunden werden. Der Weg wird als Ziel ausgegeben. Doch das frei flottierende Reflexionspotential zerfrisst säureartig jegliche – wie immer relative – Gewissheit und Überzeugung, wodurch das Individuum schnell in einen Zustand völliger Desorientiertheit gerät. Der vielleicht anfängliche Stolz darauf, sich selbst als „heroischer Nihilist" sämtliche Illusionen zu nehmen, kann diese Sinnleere längerfristig nicht ausgleichen.

Der *Subjektivismus* tabuisiert – vielleicht auch angesichts von Erfahrungen mit dem Reflexivismus – demgegenüber die eigenen Selbstfestlegungen. Sie sind natürlich, was der Person auch bewusst ist, völlig kontingent – aber weil sie sie, gewollt oder im faktischen Vollzug ihres Lebens, gesetzt hat, werden sie fortan von ihr niemals in Frage gestellt, sondern dienen vielmehr als Maßstäbe für die Beurteilung aller zukünftigen Möglichkeiten und Erfahrungen. Subjektivistisch in diesem Sinne „ist es, keiner Sache einen eigenen oder ‚absoluten' Wert beizulegen, sondern ihren Wert in mir zu suchen."[21] Diese unhinterfragten Selbstfestlegungen kommen nach gesellschaftlich gängiger Deutung insbesondere in heftigen Gefühlen zum Ausdruck, so dass der Subjektivismus letztlich ein Gefühlsdezisionismus ist. Gefühle offenbaren demzufolge die „wahre", nur um den Preis einer Selbstverleugnung und -entfremdung übergehbare „authentische" Subjektivität eines Individuums. Gerade als Gegenpol zur modernen Rationalität, wie sie im Reflexivismus zum Ausdruck kommt, sollen Gefühle Halt in einer ansonsten haltlosen Welt geben. Aber genau das erweist sich schnell als trügerisch, weil der Reflexivismus nicht herauszuhalten ist. Das moderne Individuum kann sich nicht dauerhaft als Spielball schwankender Gefühlsregungen und anderer unreflektierter Selbstfestlegungen verstehen.

Biografischer Inkrementalismus

Wenn weder Reflexivismus noch Subjektivismus als tragfähiger prozeduraler Modus der Identitätskonstruktion des modernen Individuums fungieren können: Ist dieses dann unrettbar in einem ewigen Hin-und-Her zwischen diesen beiden untauglichen Nachlassverwaltern teleologischer Identitätskonstruktion gefangen? Oder bietet vielleicht gerade das Hin-und-Her einen stabilisierbaren existentiellen modus vivendi?

Wie sich dies empirisch verhält, muss hier völlig dahingestellt bleiben. Theoretisch plausibilisierbar ist jedenfalls ein *reflexiver Subjektivismus*, der die Kontingenz der Subjektivität durch Reflexion und die Kontingenz der Reflexion durch Subjektivität konditioniert. Der reflexive Subjektivist macht – wie der reine Subjektivist – die je eigenen Selbstfestlegungen zum Bezugsrahmen biografischer Selbstreflexion. Damit wird die Aporie des Reflexivismus, das haltlose Vagabundieren des Sich-Selbst-in-Frage-Stellens, vermieden. Die konkrete Subjektivität des Individuums bildet in ihrer jeweiligen Einzigartigkeit den Gegenstand der Selbstreflexion. Damit ist jedoch – anders als beim reinen Subjektivisten – keine Meta-Selbstfestlegung auf eine Unveränderbarkeit der bisherigen Selbstfestlegungen verbunden. Jede dieser Selbstfestlegungen kann vielmehr jederzeit problematisiert und gegebenenfalls revidiert werden. Ausschlaggebend dafür sind allerdings nicht – immer

21 So Max Stirner (1844: 186), der dies missverständlich „egoistisch" nennt.

mögliche und damit beliebige – diffuse, sondern spezifische Selbstzweifel. Sofern diese sich erhärten und zu daraus abgeleiteten bestimmten Negationen der bisherigen Identität führen, ändert sich diese, wahrt aber in dieser Diskontinuität zugleich Kontinuität. „Lernbereitschaft“: Dies ist das Leitprinzip des reflexiven Subjektivisten, das „Gottgefälligkeit“ als Leitprinzip einer vormodernen teleologischen Identitätskonstruktion ablöst.

Das moderne Individuum geht seinen Lebensweg also nicht so, dass es sich auf etwas ihm im wahrsten Sinne des Wortes Vor-gesetztes hin entwickelt, sondern so, dass es sich immer wieder von sich selbst fort entwickelt. Es weiß niemals definitiv, was es will – doch es merkt immer wieder, was es nicht will. Dies darf nicht als „Außenleitung“ im Sinne David Riesmans (1950) missverstanden werden. Zwar sind die Auslöser von „Lernbereitschaft“ zumeist externe Ereignisse und Entwicklungen. Doch solange es dem Individuum gelingt, auch tiefgreifende Veränderungen seiner Selbstfestlegungen subjektiv plausibel an die bisherige eigene Biografie anzuschließen, also externe Impulse – bis hin zu Zwangslagen – reflexiv zu verarbeiten anstatt bloß passiv zu erleiden, ist die Lebensgeschichte kein identitätsloser Prozess. Von außen induzierter Identitätswandel bewegt sich dann innerhalb des Spielraums, den die bisherige Subjektivität absteckt. Erst über viele Schritte und damit in jedem einzelnen Schritt an den vorherigen Status quo angebunden kann sich radikaler Identitätswandel vollziehen – der aber weder im Vollzug noch im Nachhinein als abrupt und sprunghaft, sondern als allmählicher Übergang erscheint – sofern nicht bloß Ausgangs- und Endzustand verglichen werden, sondern die Trajektorie zwischen ihnen in den Blick genommen wird. Biografische Selbststeuerung erfolgt also als „Politik der kleinen Schritte“: als *biografischer Inkrementalismus* (Schimank 1988: 55ff.). Wenn dabei überhaupt Ziele vor Augen stehen, dann sind es kurz- bis höchstens mittelfristige, die nicht selten auch eher vage und vielleicht sogar untereinander widersprüchlich gehalten sind. Öfter geht es um die situative Nutzung von Gelegenheiten und die Auseinandersetzung mit sich aufdrängenden, nicht länger ignorierbaren Problemen. Nicht endgültige Problemlösungen werden dabei realistischerweise erwartet, sondern lediglich Problemverschiebungen. Hat man ein Problem soweit bearbeitet, dass es sozusagen fürs Erste ruhig gestellt ist, kann man so gut wie sicher sein, dass es entweder demnächst wieder auftauchen wird oder dessen Bearbeitung ein anderes Problem erzeugt – oder sogar beides zugleich passiert.

So wurstelt sich die biografische Selbststeuerung von einer vorläufigen Problembearbeitung zur nächsten durch. Es ist wie beim Flipperspielen (Schimank 1997b): Man lernt, dass das eigene Steuerungshandeln selbst bei großem Aufwand die biografischen Dynamiken oft nur mehr oder weniger marginal bestimmt, es aber besser ist, dennoch etwas zu versuchen und auf koinzidentielle Unterstützung durch äußere Ereignisse zu hoffen; und man erfährt, dass es bei biografischer Selbststeuerung insgesamt primär darum geht, Schlimmeres – bis hin zum finalen Scheitern des eigenen Lebens – zu verhüten als Besseres zu erreichen. Zu all dem kommt noch eine Einsicht in die eigene Unfähigkeit hinzu, beurteilen zu können, was längerfristig gut oder schlecht für einen selbst ist. Momentanes Pech oder Unglück kann sich immer noch morgen als Glück und umgekehrt herausstellen. Der biografische Inkrementalismus kultiviert damit ein Verhältnis zur eigenen Lebensgeschichte, das einen mittleren Weg zwischen der stringent linearen Aufstiegsgeschichte des Leistungsindividualisten auf der einen und einem in „drift" abgleitenden Okkasionalismus einschlägt. Brüche, Stillstand, dauerhafte Widersprüche, temporäre Rückschritte und Ungleichzeitigkeiten der Lebensgeschichte können verarbeitet werden, ohne dass dabei die Einheit des individuellen Lebens verloren geht. Zugleich festigt der biografische Inkrementalismus eine Gegenwartsorientierung der Art, wie sie für einen nicht auf Ansprüche ausgerichteten Individualismus des Sich-Auslebens konstitutiv ist. Reflexiver Subjektivismus als prozeduraler Modus der Identitätskonstruktion und ein nicht mit dem Anspruchsindividualismus verknüpfter Individualismus des Sich-Auslebens als substantieller Identitätsanker passen also zusammen und passen als Kombination wiederum zur funktional differenzierten Gesellschaft.

Zusammengefasst: Der reflexive Subjektivismus ist zwar ein theoretisch ableitbarer tragfähiger prozeduraler Modus der Identitätskonstruktion in einer funktional differenzierten Gesellschaft; aber wie weit und in welchen Gestalten er gesellschaftlich verbreitet ist, lässt sich mangels entsprechender empirischer Studien nicht sagen. Es kann auch sein, dass viele Gesellschaftsmitglieder erratisch zwischen Reflexivismus und Subjektivismus schwanken, ohne dass die entsprechenden individuellen Sinnprobleme allerdings bislang zu einem ernsthaften gesellschaftlichen Problem geworden sind.

Schluss

In dieser *tour de force* durch die individualisierte Gesellschaft der Moderne, wie sie sich einer differenzierungs- und akteurtheoretischen Perspektive darbietet, habe ich drei analytische Stränge mit den ihnen jeweils innewohnenden Spannungen betont: (1) die zwangsläufige Genese und funktionale Erforderlichkeit einer individualistischen Identität in einer funktional differenzierten Gesellschaft bei gleichzeitigen Identitätsbedrohungen durch diese; (2) das teilweise spannungsreiche Verhältnis der drei substantiellen Identitätsanker des modernen Individualismus – Leistungen, Ansprüche, Sich-Ausleben – untereinander und deren teilweise problematische Bezüge zur Sozialintegration und ökologischen Integration der modernen Gesellschaft, und (3) den reflexiven Subjektivismus als schwierig zu stabilisierenden prozeduralen Modus der Konstruktion einer individualistischen Identität.

Weitergehende theoretische Überlegungen müssten sich den Zusammenhängen zwischen diesen analytischen Strängen widmen. Theoretisches Bindeglied wäre stets, wie hoffentlich deutlich geworden ist, die Differenzierungsform der modernen Gesellschaft: die Kombination aus diversifikatorischer Rollendifferenzierung und teilsystemischer Polykontexturalität, verbunden mit Durchorganisierung und Wachstumsdynamiken. Dieses zentrale Strukturmuster ist der Rahmen, in den sich zum einen die Identität der Personen in substantieller und prozeduraler Hinsicht einfügen und das diese Identität zum anderen mit tragen muss. Ob eine so beschaffene individualisierte Gesellschaft, die immer noch auf dem Weg zu sich ist, längerfristig reproduktionsfähig ist oder sich selbst, ihr Personal oder ihre natürliche Umwelt ruiniert, ist eine Frage, die sich vielleicht bald stellt, aber womöglich auch erst dann beantwortbar ist.

Literatur

Bell, Daniel (1976): *Die Zukunft der westlichen Welt.* Frankfurt/Main.

Bette, Karl-Heinrich/Uwe Schimank (1995): *Doping im Hochleistungssport.* Frankfurt/Main.

Caesar, Beatrice (1972): *Autorität in der Familie.* Reinbek.

Galbraith, John Kenneth (1958): *The Affluent Society.* Harmondsworth.

Goffman, Erving (1961): *Asyle. Über die soziale Situation psychiatrischer Patienten und anderer Insassen.* Frankfurt/Main.

Gross, Peter (1994): *Die Multioptionsgesellschaft.* Frankfurt/Main.

Guttandin, Friedhelm (1996): *Improvisationsgesellschaft. Provinzstadtkultur in Südamerika.* Pfaffenweiler.

Guttandin, Friedhelm (1998): *Einführung in die „Protestantische Ethik" Max Webers.* Opladen.

Heitmeyer, Wilhelm (Hrsg.) (1997): *Was treibt die Gesellschaft auseinander? Bundesrepublik Deutschland: Auf dem Weg von der Konsens- zur Konfliktgesellschaft.* Frankfurt/Main.

Hirsch, Fred (1976): *Social Limits to Growth.* London.

Luhmann, Niklas (1981): *Politische Theorie im Wohlfahrtsstaat.* München.

Luhmann, Niklas (1983): Anspruchsinflation im Krankheitssystem. Eine Stellungnahme aus gesellschaftstheoretischer Sicht. In: Herder-Dorneich, Philipp/Alexander Schuller (Hrsg.): *Die Anspruchsspirale. Schicksal oder Systemdefekt.* Stuttgart: S. 28-49.

Luhmann, Niklas (1986): Distinctions Directrices. Über Codierung von Semantiken und Systemen. In: Neidhardt, Friedhelm/Mario Rainer Lepsius (Hrsg.): *Kultur und Gesellschaft.* Opladen: S. 145-161.

Luhmann, Niklas (1995): Die gesellschaftliche Differenzierung und das Individuum. In: Ders.: *Soziologische Aufklärung 6. Die Soziologie und der Mensch.* Opladen: S. 125-141.

Luhmann, Niklas (1997): *Die Gesellschaft der Gesellschaft.* 2. Bd. Frankfurt/Main.

McClelland, David C. (1976): *The Achieving Society.* New York.

Neckel, Sieghard (1999): Blanker Neid, blinde Wut? Sozialstruktur und kollektive Gefühle. In: *Leviathan,* H. 2: S. 145-165.

Parsons, Talcott (1951): *The Social System.* London.

Parsons, Talcott (1971): *Das System moderner Gesellschaften.* München.

Riesman, David (1950): *Die einsame Masse.* Reinbek.

Ritzer, George (1993): *Die MacDonaldisierung der Gesellschaft.* Frankfurt/Main.

Schimank, Uwe (1981): *Identitätsbehauptung in Arbeitsorganisationen. Individualität in der Formalstruktur.* Frankfurt/Main.

Schimank, Uwe (1983): *Neoromantischer Protest im Spätkapitalismus.* Bielefeld.
Schimank, Uwe (1985): Funktionale Differenzierung und reflexiver Subjektivismus. Zum Entsprechungsverhältnis von Gesellschafts- und Identitätsform. In: *Soziale Welt*, H. 4: S. 447-465.
Schimank, Uwe (1986): Technik, Subjektivität und Kontrolle in formalen Organisationen. Eine Theorieperspektive. In: Seltz, Rüdiger/Ulrich Mill/Eckard Hildebrand (Hrsg.): *Organisation als soziales System. Kontrolle und Kommunikationstechnologie in Arbeitsorganisationen.* Berlin: S. 71-92.
Schimank, Uwe (1988): Biographischer Inkrementalismus: Lebenslauf – Lebenserfahrung – Lebensgeschichte in funktional differenzierten Gesellschaften. In: Fuchs, Werner (Hrsg.): *Biographie oder Lebenslauf.* FernUniversität Hagen, Studienbrief 3636: S. 41-63.
Schimank, Uwe (1996): *Theorien gesellschaftlicher Differenzierung.* Opladen.
Schimank, Uwe (1997a): Organisationsgesellschaft. In: *Hagener Materialien zur Soziologie*, 2/97: S. 35-60.
Schimank, Uwe (1997b): Flipperspielen und Lebenskunst. In: *Hagener Materialien zur Soziologie*, 1/97: S. 20-38.
Schimank, Uwe (1998a): Code – Leistungen – Funktion. Zur Konstitution gesellschaftlicher Teilsysteme. In: *Soziale Systeme*, H. 1: S. 175-184.
Schimank, Uwe (1998b): Funktionale Differenzierung und soziale Ungleichheit. Die zwei Gesellschaftstheorien und ihre konflikttheoretische Verknüpfung. In: Giegel, Hans-Joachim (Hrsg.): *Konflikt in modernen Gesellschaften.* Frankfurt/Main: S. 61-88.
Schulze, Gerhard (1992): *Die Erlebnisgesellschaft.* Frankfurt/Main.
Sennett, Richard (1998): *The Corrosion of Character. The Personal Consequences of Work in the New Capitalism.* New York.
Simmel, Georg (1908): *Soziologie. Untersuchungen über die Formen der Vergesellschaftung.* Berlin.
Stirner, Max (1844): *Der Einzige und sein Eigentum.* Stuttgart.
Turner, Ralph H. (1975): The Real Self. From Institution to Impulse. In: *American Journal of Sociology* 81: S. 989-1015.
Weber, Max (1905): *Die Protestantische Ethik.* Hamburg.
Weber, Max (1919): *Wissenschaft als Beruf.* Berlin.
Whyte, William H. (1956): *The Organization Man.* New York.
Ziehe, Thomas (1975): *Pubertät und Narzissmus. Sind Jugendliche entpolitisiert?* Frankfurt/Main.

Hartmut Esser

Gesellschaftliche Individualisierung und methodologischer Individualismus

In seinen „Regeln der soziologischen Methode“ forderte Emile Durkheim, die „sozialen Erscheinungen“ wie „Dinge“ zu behandeln. Sie müssten „losgelöst von den bewußten Subjekten, die sie sich vorstellen“, betrachtet werden (Durkheim 1976: 125). Es war das Programm der Suche nach soziologischen Gesetzen „sui generis“ unter der Annahme einer grundlegenden „Emergenz“ der sozialen Phänomene gegenüber den Motiven und Handlungen der individuellen Akteure. In Gestalt des parsonsschen Strukturfunktionalismus hat der soziologische Kollektivismus seine Hochblüte erlebt und beansprucht, wenngleich inhaltlich verändert, gegenwärtig noch in Gestalt der von Niklas Luhmann formulierten soziologischen Systemtheorie die Geltung des Prinzips einer „Konstitution von oben“ bei den sozialen Prozessen. Gemeinsam war diesen Varianten des soziologischen Kollektivismus die Ansicht, dass es bei den soziologischen Erklärungen des systematischen Rückbezugs auf Theorien über die menschlichen Akteure und ihr Handeln grundsätzlich nicht bedürfe und, mehr noch, dass jeder Versuch in dieser Richtung aus einem grundsätzlich verfehlten Verständnis des Sozialen entstehe und folglich notwendigerweise in die Irre gehen müsse. Nicht erst in der letzten Zeit finden sich jedoch in vielen herkömmlichen soziologischen und sogar in manchen systemtheoretisch inspirierten Beiträgen mehr und mehr Passagen wie diese: „Einen immer bedeutenderen Beitrag (bei der Integration funktional differenzierter Gesellschaften, H.E.) liefern *Individuen*. Sie sind [...] angesichts gegenwärtiger gesellschaftlicher Umbrüche mit neuartigen Integrationszumutungen konfrontiert, und weil *sie* in der Lage sind, spezifische Integrationsleistungen zu erbringen, kann sich Gesellschaft weiter differenzieren. [...] Vielmehr übernehmen *Personen* entscheidende gesellschaftliche Integrationsleistungen und stellen diese wiederum gesellschaftlichen Institutionen und Organisationen als Differenzierungsressource zur Verfügung: *Individuen* sind *integrale* Bestandteile gesellschaftlicher Differenzierungsprozesse.“ (Degele 1999: 345, 361, Herv. H.E.) Das Argument erscheint auf den ersten Blick wenigstens nahe liegend: Prozesse zunehmender funktionaler Differenzierung rücken die eigenständigen Beiträge der „Subjekte“ mehr und mehr in den Vordergrund und sie erzwingen darüber eine Abkehr vom klassischen soziologischen Kollektivismus wie ebenso von einer soziologischen Systemtheorie, die „leibhaftige Menschen" immer nur als letztlich unbeachtliches Spielmaterial des eigenständigen Prozessierens der (Funktions-)Systeme ansah. Die Entwicklungen der sog. verhaltenstheoretischen Soziologie um George C. Homans und des sog. interpretativen Paradigmas waren frühe Reaktionen auf das gleiche Phänomen: Der (strukturfunktionale) Kollektivismus des sog. normativen Paradigmas kam mit der zunehmenden „Individualisierung" der Gesellschaft nicht zurecht, und diese Schwächen legten, so schien es, eine „individualistische" Methode der soziologischen Analyse nahe, einschließlich der Beachtung eines besonderen „interpretativen" oder „reflexiven" Beitrags der Akteure bei der („interaktiven") „Konstruktion" der Situationsvorgaben und ihrer Umsetzung in konkretes Handeln.

Über die nicht ganz einfachen Beziehungen zwischen den *gesellschaftlichen* Prozessen der funktionalen Differenzierung bzw. Individualisierung und den *methodologischen* Konsequenzen daraus und – insbesondere – über die Frage der allgemeinen, vom Typ der Gesellschaft unabhängigen Brauchbarkeit und Anwendbarkeit des sog. Methodologischen Individualismus geht es in dem folgenden Beitrag. Die grundlegende These lautet: Der Methodologische Individualismus in der Gestalt des Konzepts der Situationslogik (im Sinne von Popper; siehe dazu unten) bzw. des Modells der soziologischen Erklärung ist *unabhängig* von den speziellen Strukturen der gesellschaftlichen Verhältnisse notwendig und anwendbar. Es ist eine *allgemeine* Methode der soziologischen Analyse und keine, die erst mit der Individualisierung von Gesellschaften plausibel würde.

Was heißt „gesellschaftliche Individualisierung"?

Der Ausgangspunkt der sog. Individualisierungsthese sind Beobachtungen, die insbesondere die soziologische Ungleichheitsforschung schon lange dokumentiert hat: Eine – mehr oder weniger – weitgehende Auflösung der hergebrachten ständischen Strukturen und sozialmoralischen Milieus, eine starke innere Differenzierung der „alten" Klassen und eine weitgehende Entschärfung der Klassengegensätze, die allesamt dazu zwangen, anstelle der klassischen Konzepte wie „Klasse" und „Stand" zur Beschreibung der veränderten Strukturen der sozialen Ungleichheit „neue" Konzepte, zum Beispiel das der sozialen Schichtung zu setzen. Diese und andere schon länger verspürten und beschriebenen Tendenzen und Entwicklungen wurden von Ulrich Beck (1983) in einem viel beachteten Beitrag unter dem Titel „Jenseits von Stand und Klasse" zusammengefasst und mit der „Risikogesellschaft" (1986) auf den auch publizistisch erfolgreichen und danach vielfach variierten Punkt gebracht. Nicht immer freilich ist, auch bei Beck selbst nicht, die Bedeutung des Begriffs deutlich gewesen. Mindestens sechs, teilweise sehr verschiedene

Vorgänge lassen sich darunter fassen (vgl. dazu auch verschiedene Beiträge bei Friedrichs 1998).

Der *erste* Vorgang betrifft zunächst das, was man sich vom Wortlaut des Titels des Aufsatzes von Beck sofort vorstellt: Die weitere *Entstrukturierung* der sozialen Zugehörigkeiten der Menschen, speziell die weitere Differenzierung, Dimensionierung, ja „Auflösung" der „alten" Kategorien der sozialen Ungleichheit von Klasse und Stand. Hinzu tritt die Hypothese von der Entkopplung der Klassenlagen und der damit immer noch verbundenen Mentalitäten, kulturellen Vorlieben und Gewohnheiten, damit die Auflösung der klassen- und schichtspezifischen Subkulturen und der so genannten „sozialkulturellen Milieus", etwa das sozialdemokratische und das katholische, wie sie noch die Weimarer Republik stark geprägt haben, sowie die Vereinzelung der Menschen durch die Auflösung der traditionellen Netzwerke, Verkehrskreise und Lebenswelten. Das umfasst im Wesentlichen das, was Georg Simmel mit der Kreuzung der sozialen Kreise bezeichnet hat, einschließlich der „Freisetzung" der Menschen aus den lebensweltlichen Bindungen und dem damit einhergehenden Zwang, viele Entscheidungen plötzlich autonom treffen und sein Leben selbst als „Bastelexistenz" zusammenstellen zu müssen. Damit eng verbunden, aber nicht identisch, ist *zweitens* die Pluralisierung, Neuentstehung und Verselbstständigung bestimmter Formen der Lebensführung, die zuvor eng an die Klassen und Stände gebunden waren, zu einer Vielzahl eigener *kultureller Milieus* in Form von Lebensweisen und Lebensstilen, die letztlich immer mehr zum Selbstzweck der Erlebnisproduktion werden. Das verweist auf den *dritten* Vorgang: Die *Subjektivierung* der gesellschaftlichen Lage. Weil sich die „objektiven" Zugehörigkeiten immer mehr überkreuzen, sich immer rascher wandeln und sonstwie verdünnen, komme es mehr und mehr darauf an, wie die Menschen ihre Situation selbst erleben, interpretieren, verarbeiten und so einen eigenen Weg finden. Ein Korrelat davon ist die Entstehung und Verbreitung der Einstellung des „Individualismus", der Betonung des Wertes und der Einzigartigkeit der einzelnen Person also, und das Zurücktreten von Kollektivgefühlen und von auf das gesellschaftliche Ganze bezogenen Solidaritäten. Vor diesen Hintergründen treten *viertens* auch andere gesellschaftliche Entwicklungen, wie die Zunahme der Frauenerwerbstätigkeit, der Ehescheidungen oder der grenzüberschreitenden Arbeitsmigration, *„neue" Formen der sozialen Ungleichheit*, in den Blick: Ungleichheiten nach Geschlecht, nach Alter und Generationenzugehörigkeit, nach Familienstand, nach Region und nach nationaler oder ethnischer Zugehörigkeit. Die Gemeinsamkeit dieser „neuen" Kategorien der sozialen Ungleichheit ist die, dass zuvor durch die groben Gussformen von Stand und Klasse alle anderen Unterschiede, etwa die der demographischen Ungleichheit, sozusagen überrollt wurden, obwohl es sie natürlich immer schon gab. Aber, etwa mit dem Ende des bürgerlichen Patriarchalismus wird aus der Familie und einem Haushaltsvorstand, der alles für die ganze Familie entschied, eine komplexe Organisation (mindestens) zweier selbstständiger

Individuen, die sich jeweils für sich in einer nun ganz eigenen „Klassenlage" befinden: Männer und Frauen eben. Ähnliches gilt für die anderen Kategorien der demographischen Ungleichheit: Sie werden zunehmend wichtiger als nunmehr relevant gewordene Parameter der Situation. Die *fünfte* Entwicklung ist eine der Ursachen für alle diese Prozesse der Freisetzung und Pluralisierung: Die allgemeine *Wohlfahrtssteigerung* durch die Ausweitung der ökonomischen Produktion und den dadurch möglichen „Fahrstuhleffekt" eines kollektiven Aufstiegs. Dadurch erweitern sich die Optionen für fast alle Schichten. Das lässt die unteren Schichten und die Eliten in durchaus „nivellierender" Weise aneinanderrücken – und bei „denen da oben" den Bedarf an Distinktion deutlich ansteigen. Der *sechste* Vorgang schließlich sieht wie das Gegenteil von „Individualisierung" aus. Es ist die Entstehung eines gewissen, *alle* Gruppen erfassenden *gemeinsamen Schicksals*, teils im Guten, teils im Bösen. Eher im Guten ist das die Etablierung des Wohlfahrtsstaates gewesen, der die Ungleichheiten wenigstens etwas eingeebnet hat. Im Bösen sind es dagegen die inzwischen globalen Gefahren und Risiken der Umweltzerstörung, atomarer Unfälle und weltweiter kriegerischer Auseinandersetzungen. Davon werden die Akteure unterschiedslos als „Individuen" getroffen: Jeder stirbt für sich allein. Hinzu treten die Entwicklungen, die inzwischen als Globalisierung bezeichnet werden – das Entstehen von weltumspannenden, vor allem ökonomischen, Interdependenzen, von denen man nicht so eindeutig sagen kann, ob sie eher gut oder böse sind.

Das Konzept der Individualisierung behauptet also in seinem Kern die Auflösung der deutlichen Konturen von Klasse und Stand als kategoriale Merkmale, durch die die alltägliche Situation der Akteure verhältnismäßig eindeutig festgelegt war, die Auflösung der daran gebundenen Verkehrskreise und die Ablösung bestimmter kultureller Muster von diesen Zugehörigkeiten. Dadurch entstehe für die Individuen ein Zwang zur Wahl eigener Entscheidungen, etwa über das Muster der Biografie, die von einer durch Stand und Klasse auferlegten Standardbiografie zu einer individuell zusammenzustellenden „Wahlbiografie", einer „reflexiven Biografie" oder einer „Bastelbiografie" mutiert. *Nicht* ist damit, wie Beck gelegentlich deutlich betont hat, dagegen die Entlassung der Menschen in Vereinzelung, Vereinsamung, Freiheit und Autonomie gemeint, und auch *nicht*, dass der neue Zwang zur Wahlhandlung und zur selbstständigen Gestaltung des Lebens etwas mit einem freien und ungebundenen „rationalen" Handeln zu tun habe. Die erste Annahme sei das „individualistische", das zweite das „rationalistische" Missverständnis in der Debatte über die Individualisierung der Gesellschaft (Beck/Beck-Gernsheim 1993: 179ff.).

Was ist „Methodologischer Individualismus"?

Der Methodologische Individualismus ist, so schreibt Karl R. Popper in der „Offenen Gesellschaft", „die wichtige Lehre, daß alle sozialen Phänomene, insbesondere das Funktionieren der sozialen Institutionen, immer als das Resultat der Entscheidungen, Handlungen, Einstellungen usf. menschlicher Individuen verstanden werden sollten und daß wir nie mit einer Erklärung auf Grund sogenannter ‚Kollektive' (Staaten, Nationen, Rassen usf.) zufrieden sein dürfen." (Popper 1977: 124). Man könnte hinzufügen, dass wir auch nie mit einer Erklärung auf Grund, sagen wir, der autopoietischen Eigenlogik sozialer Systeme alleine zufrieden sein dürften, ohne diese Eigendynamik als das Resultat der Entscheidungen, Handlungen, Einstellungen usf. menschlicher Individuen zu rekonstruieren. Der Methodologische Individualismus ist damit das Gegenprogramm zum soziologischen Kollektivismus mit seiner Hypothese von der grundlegenden Irreduzibilität des Sozialen auf das Handeln individueller Akteure, der Annahme eigenständiger soziologischer Gesetze „sui generis" und der „emergenten" Eigenständigkeit sozialer Systeme. Popper verband mit seinem Plädoyer für den Methodologischen Individualismus politische wie methodologische Gründe: Er hatte sowohl die sog. Verschwörungstheorien wie den Historizismus im Visier, die Vorstellung also, dass es so etwas wie Gesetze gesellschaftlicher oder historischer Entwicklung unabhängig von den Bestrebungen und Verflechtungen der Menschen gebe, und mit beiden zusammen bekämpfte er den kollektivistischen Hegelianismus (von rechts wie von links). Zwar gebe es durchaus Verschwörungen, aber die meisten Dinge geschähen als unintendierte Handlungsfolgen. Und es gebe durchaus auch gewisse Trends und Eigendynamiken gesellschaftlicher Entwicklungen, aber keine übergreifenden Geschichtsgesetze.

Der Methodologische Individualismus kommt in verschiedenen Spielarten vor. Eine davon ist der sog. Psychologismus. Das ist die Annahme, dass sich die sozialen Phänomene als unmittelbares Resultat gewisser Motive und Antriebe der Menschen erklären ließe – ohne Berücksichtigung der jeweiligen Situation und ohne Beachtung eventueller unintendierter Folgen ihres durch gewisse Motive veranlassten Tuns. Der Psychologismus sei, so Popper, die Grundlage der Verschwörungstheorien, weil dort die sozialen Phänomene als das direkte Ergebnis der Motive verschwörerischer Mächte zu erklären versucht werden. Und er sei die Basis auch für den Historizismus, weil er die Institutionen der Gesellschaften unmittelbar aus gewissen „natürlichen" Urtrieben und Bedürfnissen erklären wolle und dafür stets einen gewissen Urzustand annehmen müsse, von dem aus sich alles weitere nach Maßgabe der historischen Gesetze ergeben habe. Kurz: Der Psychologismus bilde eine oft übersehene Gemeinsamkeit von Verschwörungstheorien und Historizismus und sei auch deshalb, wenngleich er das an sich beherzigenswerte Programm eines Methodologischen Individualismus verfolge, nicht akzeptabel.

In der Soziologie hat es, wie oben schon kurz angedeutet, als Reaktion auf die Schwierigkeiten der kollektivistischen Soziologie zwei derartige psychologistische Gegenbewegungen gegeben: Das interpretative Paradigma und die verhaltenstheoretische Soziologie. Das *interpretative Paradigma* verwies insbesondere auf die Subjektivität eines jeden Handelns. Es geht u.a.

auf Überlegungen von William I. Thomas und George Herbert Mead zurück. Danach wählen die Akteure ihr Handeln nach einer vorher stattfindenden Definition der Situation, wobei sie die Merkmale einer Situation als „bedeutungsvolle" Symbole interpretieren und sich eine spezielle subjektive Sichtweise der Situation zurechtlegen, die dann das Handeln als „sinnhaftes" Tun leitet. Die verhaltenstheoretische Soziologie ist eng mit dem Namen George C. Homans verbunden. Homans betonte auch, dass es ohne den Einbezug der Akteure und ohne die Erklärung ihres Verhaltens eine angemessene soziologische Erklärung grundsätzlich *nicht* geben könne, weil nur auf der Ebene des Verhaltens von Menschen die erforderliche *kausale* Verbindung zwischen Situation und Handeln und kollektiven Folgen denkbar wäre. Er bestand aber gleichzeitig – in Abgrenzung zu allen „verstehenden" und „interpretativen" Ansätzen – auch darauf, dass diese Erklärung über das deutende Verstehen irgendeines „Sinns" des Handelns nicht möglich wäre. Das Handeln der Menschen müsse im Prinzip als eine kausale „Reaktion" auf gewisse objektiv gegebene und wirksame „Reize" in der Situation erklärt werden: als „Verhalten". Beide Ansätze der Mikrosoziologie sehen die Gesellschaft somit zwar – ganz anders als die herkömmliche Makrosoziologie – als *Produkt* des Handelns der menschlichen Akteure. Aber sie können beide *nicht* deutlich machen, wie dadurch die Gesellschaft als *objektive*, den Menschen oft fremd gegenüberstehende Wirklichkeit entsteht. Die beiden psychologistischen Mikrosoziologien wussten – kurz gesagt – nicht, wie sie von der Detailbeschreibung der Lernbiografien, der Reize und der Reaktionen, der Interpretation der Symbole und des Sinns des Handelns sowie der kleinen Lebenswelten zu den überdauernden Strukturen der Gesellschaft vorstoßen könnten, um die es in der Soziologie ja zu allererst geht. Insofern sind sie beide in einer anderen Hinsicht unvollständig geblieben: Es war viel zu wenig an Soziologie sowohl in der interpretativen wie in der verhaltenstheoretischen Soziologie.

Die andere Spielart des Methodologischen Individualismus ist das Konzept der sog. Situationslogik. Popper schlägt die Situationslogik als Methode einer wirklich „autonomen" Soziologie und im Rahmen eines explizit *nicht*-psychologistisch verstandenen Methodologischen Individualismus vor (zusammenfassend Popper 1994 und neuerdings Hedström, Swedberg, Udéhn 1998): Die Analyse der, insbesondere institutionell geprägten, „objektiven" Situation, in der sich die Akteure befinden, die „objektiv-verstehende" Ableitung des in diesem Rahmen „situationsgerechten" Handelns und die Untersuchung der daraus dann wieder entstehenden unintendierten Folgen. Unter „Situationsgerechtigkeit" versteht Popper dabei, wie selbstverständlich, die „Rationalität" des Handelns angesichts der gegebenen Umstände, wobei er diese Selektionsregel des Handelns für dermaßen trivial hält, dass er ihr sogar einen vor-empirischen, apriorischen Status gibt, obwohl es sich, wie wir heute wissen, ohne Zweifel um ein durchaus fallibles empirisches Gesetz handelt. In ganz ähnlicher Weise hatte sich einige Zeit davor Max Weber schon geäußert. Er wollte mit seiner Arbeit als Soziologe, wie er noch kurz vor seinem Tod in einem Brief an Robert Liefmann vom 9. März 1920 schrieb, vor allem „dem spukenden Betrieb, der mit Kollektivbegriffen arbeitet, ein Ende machen", denn die Soziologie könne sinnvollerweise nur „strikt individualistisch in der Methode" betrieben werden. Nur solche gesellschaftlichen Zusammenhänge, die sich auf subjektiven Sinn und auf ein „sinnhaftes" Handeln von Akteuren zurückführen lassen, seien „verständlich", und das Höchstmaß an Verständlichkeit habe ein solches Handeln, das an den Kategorien von „Zweck" und „Mittel" orientiert, also: „zweckrational", sei. Max Weber *definiert* daher, bekanntlich, die Soziologie sogar als jene Wissenschaft, „welche soziales Handeln deutend verstehen und dadurch in seinem Ablauf und seinen Wirkungen ursächlich erklären will." (Weber 1972: 1) Das aber ist ersichtlich nichts anderes als die Aufforderung zu einem verstehenden Erklären der gesellschaftlichen Konstruktion der Wirklichkeit durch handelnde und die Folgen ihres Tuns im Prinzip reflektierende Subjekte nach Maßgabe des später von Popper in einem anderen Zusammenhang entwickelten Konzepts der soziologischen Situationslogik.

Das Konzept der (objektiv „verstehenden" und „darüber" das Handeln und seine Folgen „erklärenden") Situationslogik, wie es Max Weber und Karl R. Popper in durchaus kongenialer Weise entwickelt haben, entspricht, bis auf einige präzisierende Details in der Ausführung und bis auf später entwickelte theoretische Instrumente, wie sie etwa inzwischen in der sog. Spieltheorie und den Modellen komplexerer „dynamischer" Aggregationen vorliegen, so sei noch ergänzt, im Prinzip dem Vorgehen der wichtigsten Klassiker der Soziologie, wie, neben Max Weber natürlich, Alexis de Tocqueville, Karl Marx, William I. Thomas, Robert K. Merton und Norbert Elias zum Beispiel. Es ist *die* soziologische Methode wohl immer gewesen. Auf Marx, den er ansonsten wegen seines Historizismus heftig kritisiert, beruft sich Popper bei seiner Begründung der Situationslogik als soziologischer Methode sogar ganz ausdrücklich.

Das Konzept der Situationslogik und das Modell der soziologischen Erklärung

Das Konzept der Situationslogik ist vor dem Hintergrund der diversen Strömungen der soziologischen Paradigmen eine lange Zeit vergessen gewesen, wenngleich es, etwa als „Situationsmethode", hier und da durchaus beachtet wurde. Es ist – nach einer jahrelangen Klärung vieler Einzelprobleme – inzwischen in Gestalt des Modells der soziologischen Erklärung zu einer systematischen Methodologie ausgebaut und in vielen Einzelfeldern der Soziologie mit Erfolg angewandt worden (Esser 1999a, Kapitel 6; 1999b: 24ff.).

Die Grundlage des Modells der soziologischen Erklärung ist, wie bei Weber und bei Popper, das Prinzip eines nicht-psychologistischen Methodologischen Individualismus, der deshalb auch gelegentlich und zur Vermeidung von Verwechslungen mit dem Psychologismus als Strukturtheoretischer Individualismus bezeichnet wird. Es besteht, bekanntlich, aus drei elementaren Schritten – der typisierenden Beschreibung der „objektiven" Logik der Situation, in der sich die Akteure befinden, der Ableitung des danach zu erwartenden Handelns nach Maßgabe der Theorie der rationalen Wahl und der Transformation der so erklärten individuellen Effekte in den zu erklärenden kollektiven Sachverhalt. Leicht sind die Bestandteile des Konzepts der Situationslogik zu erkennen: Die Analyse der „objektiven" Situation, die Anwendung der „trivialen" Regel des situationsgerecht-rationalen Handelns und die Analyse der unintendierten kollektiven Folgen. Weil bei der Logik der Selektion des Handelns als handlungstheoretische Grundlage meist eine Variante der Theorie des rationalen Handelns, die Wert-Erwartungstheorie nämlich, genommen wird, wird dieser Ansatz oft verkürzend und irreführend als „Rational Choice"-Ansatz bezeichnet. Verkürzend und irreführend ist diese Bezeichnung, weil es sich bei der „rationalen Wahl" nur um *einen*, wenngleich unverzichtbaren Teil des gesamten Erklärungsargumentes handelt, und weil im Konzept des Modells der soziologischen Erklärung im Prinzip auch eine andere Handlungstheorie zum Zuge kommen könnte, wenn sich die als angemessener und leistungsfähiger erweisen sollte. Bislang gibt es diese bessere Alternative nicht.

Das Modell der soziologischen Erklärung beseitigte einige der zentralen Schwächen der anderen „individualistischen" Ansätze der Soziologie. Es erlaubt, anders als die interpretativen mikrosoziologischen Ansätze, die nomologische Erklärung des Handelns der Akteure, ebenso aber wie ihr „Verstehen", weil sie, anders als die verhaltenstheoretische Soziologie, sich auf Wissen, Bewertungen, „Reflexionen" und „Interpretationen" der Situationsumstände durch die Akteure beziehen kann. Und es bemüht sich, wiederum ganz anders als die herkömmlichen Mikrosoziologien, um die systematische Verbindung zwischen der Mikro- und der Makroebene des gesellschaftlichen Geschehens: Über die explizite Formulierung der sog. Brückenhypothesen können die „objektiven" Strukturen der Situation mit den Randbedingungen der Handlungstheorie systematisch verbunden werden, und über die Benutzung der sog. Transformationsregeln gibt es Möglichkeiten, die Mikroebene des Handelns wieder mit der Makroebene der kollektiven Strukturen logisch vollständig zu verbinden (zu komplexeren Modellen zur Lösung des Aggregationsproblems: Müller-Benedict 2000). Kurz: Das Modell der soziologischen Erklärung *verbindet* die Mikro- mit der Makroebene und *vermeidet* so die Einseitigkeiten der herkömmlichen mikrosoziologischen Paradigmen, mit denen es die (nur allzu begründete) Gegnerschaft zur kollektivistischen Makrosoziologie teilt.

Eine nahe liegende Vermutung

Das kollektivistische Programm der Soziologie fußte auf der Annahme, dass jedes „individualistische“ und „utilitaristische“ Vorgehen den Gegenstand der Soziologie – allen scheinbaren Erklärungserfolgen im Einzelfall zum Trotz – grundsätzlich verfehlen müsse, sowie auf der Hoffnung, es ließen sich gewisse makrosoziologische Gesetze finden, die der so verstandenen Soziologie die benötigte erklärende Grundlage geben könnten. In der Zwischenzeit hat sich, wie wir wissen, vieles anders entwickelt. Einer längeren Phase der Dominanz des kollektivistischen Programms in Gestalt des parsonsschen Strukturfunktionalismus folgten eine Reihe von „individualistischen“ Gegenströmungen, wie die schon erwähnte verhaltenstheoretische Soziologie um George C. Homans und das interpretative Paradigma in seinen diversen Varianten.

Der wichtigste Grund für das Aufkommen dieser individualisitischen Gegenreaktionen auf den soziologischen Kollektivismus war das inzwischen deutlich gewordene Scheitern des Programms der „klassischen“ kollektivistischen Soziologie: Bis heute ist *kein* einziges derartiges soziologisches Gesetz gefunden worden, und derzeit sind die Aussichten darauf dramatisch schlecht. Das empirische Versagen der klassischen Makrosoziologie wird auch als das Problem der *Unvollständigkeit* der soziologischen Gesetze bezeichnet. Außerdem wurde – vom Problem der Unvollständigkeit ganz unabhängig – mit der Annahme soziologischer Gesetze jede Subjektivität und jeder „Sinn“ des Handelns systematisch ausgeblendet. Die Gesetze der Soziologie konnten nur solche einer gesellschaftlichen Logik sein, die unabhängig von den Bedürfnissen und Vorstellungen der menschlichen Akteure entstehen. Die Gesellschaft wurde so *nur* als objektive Wirklichkeit vorstellbar, nicht aber als Produkt des menschlichen Handelns „verständlich“. Menschen sind nur die Marionetten der sozialen Strukturen bzw., in der Sprache der soziologischen Systemtheorie, eigentlich unbeachtliche Teile der Umwelt der sozialen Systeme. Man könnte diese systematische Ausblendung der Subjektivität und Reflexivität menschlichen Handelns als das Problem der *„Sinn“-losigkeit* der kollektivistischen Makrosoziologie ansehen. Dagegen hat sich insbesondere Max Weber schon gewandt.

Das alles ist im Prinzip mittlerweile Konsens, und nach einer durchaus längeren Zeit der kontroversen Diskussionen ist, wie es scheint, die klassische kollektivistische soziologische Methode fast geräuschlos in sich verfallen, und es gibt derzeit wohl niemanden mehr, der an einem strikt kollektivistischen Programm festhält, selbst Luhmann bis in die Bekundungen in seinen letzten Schriften hinein nicht. Vielmehr gibt es derzeit kaum eine nennenswerte theoretische Richtung in der Soziologie, die nicht, wenigstens ebenfalls im Prinzip, die Abkehr von einer strikt makrosoziologischen Perspektive, irgendeine handlungs- oder akteurtheoretische Komponente und die Verbindung von Makro- und Mikrosoziologie fordert: Strukturen und Akteure, soziale Differenzierung der Systeme und soziale Ungleichheit der Akteure, Institutionen und Interessen, Situation und Handeln, Systeme und Lebenswelten, psychische und soziale Systeme, systemische und soziale Integration usw. müssten miteinander verbunden werden. Wie das im Einzelnen gehen könnte, ist zwar immer noch umstritten, und fast nie findet man mehr als nur die beschriebene Forderung nach einer Zusammenführung von mikro- und makrotheoretischen Ansätzen. Aber dass die „Subjekte“ immer wichtiger würden, daran könne kein Zweifel sein: Die funktionale Differenzierung der Gesellschaft erzeuge, gewissermaßen historisch erstmals, Individuen als aktive und soziologisch belangvolle Subjekte, die es vorher in der segmentären und in der stratifikatorischen Differenzierung nur als passive Mitglieder von Kollektiven oder als anonyme Platzhalter in Rollensystemen und in der funktionalen Differenzierung nur als letztlich unerhebliches Spielmaterial sozialer Systeme gegeben habe (so etwa Schimank 1998: 73).

Neben den methodologischen und teilweise politischen Gründen, auf die sich Popper und Weber bezogen, hat, so scheint es manchem, die zunehmende Plausibilität und Verbreitung mikrotheoretischer Perspektiven also offenbar auch einen realen *gesellschaftlichen* Bezug. Dieser Bezug sei die gesellschaftliche Individualisierung, wie sie oben skizziert wurde und gemeinhin als Folge oder Korrelat der Entfaltung der funktionalen Differenzierung gesehen wird. Mit der Auflösung der einfachen Klassen- und Ständestrukturen im Zuge der fortschreitenden funktionalen Differenzierung, mit der damit einhergehenden Zunahme der „Kreuzung der sozialen Kreise“, mit der De-Kristallisation von Interessen und Milieus bzw. von Klasse und Stand und mit der Zunahme komplexer Interdependenzen über funktionale, arbeitsteilige Verflechtungen hätten sich die *gesellschaftlichen* Grundlagen geändert, vor denen die alten „Regeln“ der Makrosoziologie ihre Plausibilität durchaus hatten – die Existenz relativ einfach geschnittener und stabiler Strukturen der Gesellschaft. Diese besonderen, mit den „alten“ Regeln der soziologischen Methode vereinbaren Strukturen der Gesellschaft beruhten, wie man nun nach ihrer Auflösung sieht, auf zwei Gegebenheiten: Auf deutlichen Interessen-Differenzierungen, die sich in eindeutigen Kategorisierungen, wie z.B. Klasse, bezeichnen ließen, und auf ebenso deutlichen Milieu-Differenzierungen, die man z.B. in der Kategorie des Standes begrifflich zusammenfassen konnte. Der historische, aber bis dahin als solcher unbemerkte „Glücksfall“ für die soziologische Methode Durkheims war nun aber, dass diese Interessen- und Milieudifferenzierungen von Klasse und Stand deutlich miteinander kovariierten. Aus dieser Kristallisation von Struktur und Kultur der Gesellschaft ergaben sich dann eine Reihe weiterer Korrelate, die es gestatteten, die Soziologie als eine Art von Kategorienlehre typischer gesellschaftlicher Gruppen mit typischen Interessen und typischen Institutionen aufzubauen. Empirisch wird dann eine Soziologie der „Standarddemographie“ möglich, plausibel – und erklärungskräftig. Ein Beispiel dafür war/ist die Wahlsoziologie: Typische gesellschaftliche cleavages erzeugen typische Interessenlagen und politische Organisationen – die Parteien. Wegen der Einlagerung der betreffenden Gruppen in stabile Milieus auch kulturell typischer Lebenswelten ist das Wahlverhalten tatsächlich stabil an Interessenlagen und (standard-)demographische Variablen – sogar mit einer deutlichen, nicht unmittelbar interessebezogenen Identifikation – gebunden. So wurde eine *implizit* erklärende Theorie möglich, die unbemerkt theoretisch viel weiter reichte als es diese Kategorien erlaubt hätten: Klassenverhältnisse kennzeichneten z.B. eindeutige und exklusive *Motivationen* und – verstärkt durch entsprechende organisatorische und institutionelle Zuspitzungen – auch bestimmte Typen von *Kognitionen*, Alltagstheorien und Weltinterpretationen. Die Milieudifferenzierungen sorgten dafür, dass die Motivations- und Kognitionsdifferenzierungen, die sich aus der Interessenlage ergaben, im Alltag auch fortwährend interaktiv bestärkt wurden und damit eine durchgängige und nachhaltige und stabile Handlungs*relevanz* erhielten. Und beide zusammen bildeten dann jene unwiderstehlichen „Gussformen" des Handelns und Fühlens, die Emile Durkheim als die kollektivistische Basis der Soziologie als wissenschaftlicher Disziplin aufgefasst hatte. Auf diese Weise konnte sich auch für die Analyse von Industriegesellschaften eine soziologische Methode – und ein Gesellschaftsbild! – etablieren, die einmal für die Analyse von einfachen Stammesgesellschaften und der „alteuropäischen" Feudalgesellschaften entstanden war: Stand und Klasse erzeugen deutlich unterscheidbare Segmente einer stratifikatorischen Differenzierung mit einer hohen Prägekraft für das Handeln der Akteure als Mitgliedern dieser Segmente. Und dann muss man „nur" noch die Strukturen dieser Segmente kennen, um zu wissen, was gesellschaftlich geschieht. Auf die „Individuen" kommt es überhaupt nicht an.

Die *methodologischen* Konsequenzen des *gesellschaftlichen* Prozesses der funktionalen Differenzierung und Individualisierung erscheinen dann ebenso nahe liegend wie unausweichlich: Der Verfall der soziologischen Methode und die Notwendigkeit, endgültig die Anmahnungen von Weber und Popper auf eine Sozialtheorie ernst zu nehmen, die den Prinzipien des Methodologischen Individualismus folgt (Esser 1989; 1979). Das zeige sich an einem oft behaupteten, aber nur selten auch systematisch empirisch geprüften Sachverhalt: Die aus den herkömmlichen Kategorisierungen abgeleiteten Prognosen für das Handeln von Akteuren und für darauf aufruhende kollektive Prozesse können immer weniger auf eine empirische Einlösung hoffen (Schnell/Kohler 1995). Und was zunächst – unbemerkt – wie ein Glücksfall für das umstandslose Funktionieren von Strukturerklärungen ausgesehen hat, erweist sich nun als ein tiefgreifendes Defizit: Weil es unter den Bedingungen von Stand und Klasse keinen Anlass für eine mikrotheoretisch fundierte soziologische Tiefenerklärung gab, trifft der Fortfall der impliziten gesellschaftlichen Geltungsbedingungen der soziologischen Methode die nur strukturtheoretisch orientierte Kategorien-Soziologie nahezu unvorbereitet. Ihr plötzlicher und lautloser Tod wäre dann nur ein weiteres Zeichen dafür, dass sie mindestens für die komplexen Verhältnisse der modernen, funktional differenzierten individualisierten Gesellschaften untauglich sei.

… und ein voreiliger Schluss

Nicht überall in der Soziologie ist man freilich bereit, die nötigen methodologischen Konsequenzen der gesellschaftlichen Differenzierung zu ziehen und Webers Vorstellung einer verstehend-erklärenden individualistischen Soziologie, das Konzept der nicht-psychologistischen Situationslogik von Popper bzw. das Modell der soziologischen Erklärung als Grundlage einer neuen und offenbar gerade für differenzierte Gesellschaften geeigneteren Sozialtheorie zu übernehmen. Zwar sei, so liest man, zuzugeben, dass eine individualisierte Gesellschaft der Ergänzung durch eine handlungs- oder akteurtheoretische Perspektive bedürfe, die dann zusammen mit systemtheoretischen Konzepten die Mikro- und die Makroebene „komplementär" verbinden könnten (so Schimank 1998: 76). Eine „nur" individualistische Perspektive müsse jedoch weiterhin unzureichend bleiben, weil hier von der Autonomie der Subjekte und der Abwesenheit gesellschaftlicher Zwänge ausgegangen werden müsse und sich das Phänomen der Eigendynamiken der Systeme „über die Köpfe der Akteure hinweg" damit grundsätzlich nicht erfassen lasse (für viele andere Eder und Schmidtke 1998). Der in den „individualistischen" Perspektiven meist verwendete handlungstheoretische Utilitarismus in Gestalt der „Rational Choice"-Theorie setze außerdem gänzlich unrealistische Entscheidungssituationen voraus, die mit den unvollkommenen und undurchsichtigen Optionen und den zahllos gewordenen existentiellen Dilemmata des Lebens unter den Bedingungen der Individualisierung nichts zu tun hätten (siehe dazu auch noch den Schluss dieses Beitrags). Nämlich: „Autonomie und Souveränität, Freiwilligkeit und Kontrolle über alle Bedingungen, die in die Entscheidungssituation hineinspielen." (Beck/Beck-Gernsheim 1993: 181) Man dürfe, wie gesagt, weder dem „individualistischen", noch dem „rationalistischen" Missverständnis der Individualisierungsdebatte verfallen. Damit aber zeige sich auch, dass der Anspruch, den Popper, Weber und insbesondere das Modell der soziologischen Erklärung erhoben hätten, nämlich den einer „allgemeinen" Methodologie für die Sozialwissenschaften, nur eine höchst spezifische und historisch bedingte Grundlage habe. Mehr noch: Es wäre die „Apotheose der Ellbogengesellschaft", bloßer ideologischer Widerschein des entfesselten Kapitalismus, der sich als „allgemeine" Theorie des Sozialen ausgebe, in Wirklichkeit aber nur eine höchst partikulare Gesellschaftsform widerspiegele (so etwa Miller 1994). Und außerdem (so Dahrendorf 1989): Wäre die Übernahme einer „individualistischen" Perspektive nicht das Ende der Soziologie? Und wäre das nicht erst recht undenkbar?

Eine These und drei Beispiele

Die These, um deren Begründung es in diesem Beitrag geht, lässt sich nach diesen Erläuterungen dann etwas ausführlicher so zusammenfassen: Obgleich es durchaus gewisse Wahlverwandtschaften zwischen der gesellschaftlichen Individualisierung und der Plausibilität bzw. der endgültigen Unumgänglichkeit einer „individualistischen" Methode der soziologischen Erklärung gibt, sind das Konzept der Situationslogik (nach Weber und Popper) bzw. das Modell der soziologischen Erklärung keineswegs auf diese gesellschaftlichen Bedingungen beschränkt. Alle Äußerungen, die dies nahelegen, verwechseln offenbar den Methodologischen Individualismus des Konzeptes der Situationslogik mit irgendeiner Spielart des Psychologismus, gegen die die o.a. Einwände ihre Berechtigung durchaus hätten. Damit aber ist das beschriebene Konzept der Situationslogik eine Methode für *alle* Fälle der gesellschaftlichen Verhältnisse, solchen also sowohl der segmentären, wie der stratifikatorischen, wie der funktionalen Differenzierung und der „Individualisierung". Das trifft selbst für den handlungstheoretischen Kern, die sog. „Rational Choice"-Theorie zu (obwohl dieser Kern keineswegs zwingend mit dem Konzept des Methodologischen Individualismus und auch nicht unbedingt mit der Idee der Situationslogik verbunden ist, wie das etwa Popper noch annahm): Zwar gibt es ohne Zweifel auch Formen des nicht-rationalen Handelns, wie die Verfolgung gewisser „unbedingter" Werte, die Befolgung von Gewohnheiten oder das spontane Nachgeben gegen Emotionen und Affekte, aber ob es dazu kommt, hängt wieder von Umständen ab, die sich, etwa in der Sprache der Wert-Erwartungstheorie, als „verständliche" Selektion rekonstruieren lassen. Zum Beleg der These seien drei inhaltliche Beispiele etwas näher behandelt, in denen insbesondere begründet werden soll, dass die Methode des (situationslogisch verstandenen) Methodologischen Individualismus keineswegs auf die gesellschaftlichen Verhältnisse einer „Individualisierung" beschränkt ist, dass es gerade für eine „soziologische" Analyse der mit der gesellschaftlichen Individualisierung komplexer gewordenen Verhältnisse dieser Methode bedarf und dass das alles andere bedeutet als die Annahme der Destrukturierung der Gesellschaft, der Autonomie der Akteure, die Abwesenheit von Zwängen oder das Fehlen von Restriktionen, wie das Beck in seiner These vom „rationalistischen" Missverständnis an die Adresse der sog. „Rational Choice"-Theorie gewandt meinte.

Das erste Beispiel: Der egoistische Selbstmord

Emile Durkheim ist der Begründer des soziologischen Kollektivismus, und eines seiner wichtigsten Werke war bekanntlich „Der Selbstmord". Dabei verglich er bestimmte Regionen, Gruppen und gesellschaftliche Bedingungen nach der Häufigkeit der Selbstmordneigung und versuchte, die festgestellten Unterschiede anschließend zu erklären. Wie ging Durkheim dabei aber, im Übrigen auch in seinen anderen Werken, tatsächlich vor? Nicht wenige, wie etwa Raymond Boudon (1980: 21ff.), meinen: „individualistisch" und damit *gegen* seine eigene Doktrin der kollektivistischen „soziologischen Methode".

Nämlich: unter Bezug auf Hypothesen darüber, wann individuelle Akteure ganz allgemein zum Selbstmord neigen, und unter Verbindung der jeweiligen speziellen Randbedingungen in den verglichenen Kontexten mit den allgemeinen Bedingungen für die Selbstmordneigung. Am Beispiel des deutlichen Unterschiedes zwischen Katholiken und Protestanten in der Selbstmordneigung ist dieses Vorgehen besonders transparent. Die zentrale allgemeine Bedingung für die Entstehung einer Selbstmordneigung (vom egoistischen Typ) sieht Durkheim – neben anderen Umständen freilich – in der Veränderung und Erschütterung der eingelebten Verhältnisse und in der dadurch einsetzenden Entstehung der Einstellung des „Individualismus", die Durkheim auch als „Egoismus" bezeichnet. Der Protestantismus zeichne sich aber gerade dadurch aus, dass der dem Einzelnen mehr Spielraum im Denken und Handeln überlässt und dass die protestantischen Glaubensgemeinschaften auch weniger Zusammenhalt zeigen. Damit ist der Zusammenhang erklärt: Der Protestantismus führt zur Desintegration der Akteure und zum Egoismus und der wiederum zum vermehrten Selbstmord: „Wir kommen also zu dem Schluß, daß der Grund für die größere Selbstmordanfälligkeit des Protestantismus darin zu suchen ist, daß er als Kirche weniger stark integriert ist als die katholische." (Durkheim 1973: 171) Das ist in keiner Weise die einzige Stelle, an der offenbar wird, dass Durkheim nichts anderes anwandte als die Methode der Situationslogik und das Prinzip des Methodologischen Individualismus: Die für bestimmte soziale Kategorien vorgenommene typisierende Beschreibung der *speziellen* „objektiven" Situation, der sich die *Akteure* ganz im Sinne eines unverrückbaren soziologischen Tatbestandes *typischerweise* gegenübersehen, und die Anwendung eines auf das Handeln von „anonymen" Individuen bezogenen *allgemeinen* Mikrogesetzes darauf, hier eines, das den Selbstmord ganz generell erklären soll – als Folge von Desintegration und Egoismus. Das aber sind genau die ersten beiden Schritte bei der Situationslogik nach Popper bzw. nach dem Modell der soziologischen Erklärung. Der dritte Schritt, die „Logik der Aggregation" zu den Unterschieden in den Selbstmordraten, muss dann nicht noch besonders erwähnt werden, weil die einfacherweise aus der „Summe der Teile" bezogen auf die Gesamtbevölkerung bestehen und so auch leicht als Selbstmord-„Raten" berechnet werden können. Dass in diesem Rahmen die Entstehung der Randbedingungen – hier also: die Entstehung katholischer und protestantischer Glaubensgemeinschaften und deren regionale Verteilung – nicht weiter erklärt wird, ist kein Einwand: Dies könnte man in einem gesonderten Erklärungsschritt tun, bei dem nichts dagegen spricht, nun auch wieder „individualistisch" vorzugehen. Durkheim selbst hat zu diesen „Anschluss"-Erklärungen über die jeweiligen Randbedingungen jedenfalls auch nicht mehr viel gesagt – und dennoch geglaubt, eine genuin soziologische Analyse des „egoistischen" Selbstmords vollzogen zu haben.

Das zweite Beispiel: Die Kontrolle der Affekte

Einer der Standardeinwände gegen die Allgemeinheit des Konzepts der individualistischen Methode speziell unter Benutzung einer Theorie des „rationalen" Handelns ist, dass es auch andere Typen des Handelns gebe und dass das „rationale" Handeln (und der egoistische und kalkulierende Akteur), wenn es das denn überhaupt gäbe, eine Folge der gesellschaftlichen Rationalisierung und Individualisierung wäre und dass deshalb der ganze Ansatz des so verstandenen Methodologischen Individualismus seine historisch und sozial eng gezogenen Grenzen habe. Was wäre dazu aus der Sicht des Konzepts der Situationslogik bzw. der Theorie des rationalen Handelns zu sagen? Nahe liegend wäre wohl dies: Es ist nicht zu bestreiten, dass es Emotionen und Affekte gibt, die alle „rationalen" Überlegungen der Menschen überlagern oder gar ausschalten können. Aber: Auch bei den unglaublichsten Exzessen der Emotionalität sind die Faktoren nicht einfach ausgeschaltet, die nach der Theorie des rationalen Handelns für die Entscheidungen der Menschen maßgeblich sind.

Von Norbert Elias stammt beispielsweise genau diese Hypothese. Seine, in der Soziologie weithin akzeptierte, Idee: Wenn die Konsequenzen des Tuns unübersichtlicher und teurer werden, dann werden die Menschen vorsichtiger und „berechnender". Gibt es dagegen klare Fronten und ist mit Vorsicht, Nachdenken und „rationaler" Kalkulation nicht viel zu gewinnen, dann kann man ungestraft seinen Affekten folgen. Mehr noch: Dann wird es oft buchstäblich lebenswichtig, nicht lange zu überlegen, was man tut. Elias geht dabei von der These einer Koevolution der gesellschaftlicher Strukturen mit der psychologischen Verfassung von Menschen aus (Elias 1969: VIIIff.): Mit dem „Prozess der Zivilisation" verändere sich gleichzeitig die Persönlichkeitsstruktur. Und zwar in der folgenden Weise: Wo es zuvor, etwa: im Mittelalter, spontane und affektgeleitete Reaktionen gab, herrschen nun, etwa in den Intrigantennetzen und komplizierten Spannungsbalancen der Höfischen Gesellschaft, Vorsicht, Rationalität und strategische Weitsicht. Welchen Typus oder Modus des Handelns – affektuell oder zweckrational – die Menschen jeweils wählen, ist danach also deutlich von der sozialen Situation bestimmt, in der sie stehen. Diese Situationen sind ohne Zweifel sehr verschieden. Aber der Modus des Reagierens in Situationen wird nach der gleichen Selektionsregel gewählt wie jedes andere Handeln auch: Welcher Modus ist angesichts der Umstände der günstigere und erfolgversprechendere? In der Rittergesellschaft der freien Konkurrenz der Krieger untereinander galt beispielsweise: „Den Impulsen unmittelbarer nachzugeben und nicht erst auf längere Sicht zu berechnen, gehörte [...] zu den Verhaltensweisen, die – selbst wenn sie zum Untergang des Einzelnen führten – dem Gesellschaftsaufbau als Ganzem *adäquat* und daher *‚wirklichkeitsgerecht'* waren. Der Kampffuror war hier eine *notwendige* Voraussetzung des *Erfolges* und des *Prestiges* für den Mann des Adels". (Elias 1969: 382, Herv. H.E.) Und welcher Modus des Handelns ist unter diesen Umständen der „vernünftigste"? Natürlich: Das affektuell-irrationale Handeln ohne langes Zögern. Mit der fortschreitenden Monopolbildung und Zentralisierung von politischer Macht und Gewalt im Verlaufe des Prozesses der Zivilisation änderte sich dies allerdings: „Der veränderte Aufbau der Gesellschaft *bestraft* jetzt Affektentladungen und Aktionen ohne entsprechende Langsicht mit dem sicheren Untergang. Und wer nun mit den bestehenden Verhältnissen, mit der Allmacht des Königs nicht einverstanden ist, *muß* anders vorgehen." (ebd.: 383, Herv. H.E.) Und wie müsste man nun – etwa im Gewirr der Intrigen und Beziehungsgeflechte der Höfischen Gesellschaft – tunlichst vorgehen? Natürlich: zweckrational bzw. strategisch. Man sieht: Es ändern sich also keineswegs die „Natur" des Menschen und die grundlegende Art des Umgangs mit sozialen Situationen. Was sich ändert, ist der Grad der Aufmerksamkeit, das erforderliche Maß an Kalkulation und die Reichweite der Beachtung von Folgen und Nebeneffekten. Und der Grund dafür ist auch sehr verständlich: Als Ritter berechnend und zweckrational abzuwarten, wäre ebenso töricht, wenn nicht sofort letal, wie als Höfling polternd und gerade heraus seinen Affekten nachzugehen.

Das dritte Beispiel: Die situationslogische Erklärung der gesellschaftlichen Individualisierung

Die „Individualisierung" der Gesellschaft bedeutet zwar die Auflösung der einfachen Strukturen von Klassen und Ständen, aber keine Strukturlosigkeit. Darauf hat Beck mit seiner Warnung vor dem „individualistischen" Missverständnis zu Recht hingewiesen: Es gibt keine Abschwächung der Strukturen, sondern nur *andere* Strukturen, und die soziologischen Konzepte und Begriffe haben dem Rechnung zu tragen. Wie aber soll man nun theoretisch mit der neuen Vielfalt umgehen? Mit dem Konzept der Situationslogik fällt die Antwort nicht schwer: Es geht um die Beschreibung der mit der gesellschaftlichen Individualisierung eventuell anders oder auch stärker differenzierten situationalen Umstände, denen sich die Akteure gegenübersehen, um die Erklärung des dann zu erwartenden geänderten Handelns und – gegebenenfalls – um die Ableitung bestimmter, zuvor nicht zu erwartender kollektiver Folgen. Nicht also die „Autonomie" und die „Subjektivität" der Akteure werden als Folge der Individualisierung angesehen, sondern die veränderten und eventuell komplexer gewordenen sozialen Strukturen, denen sich die Akteure dann – nach wie vor – als soziologischen Tatbeständen gegenübersehen. Walter Müller hat beispielhaft gezeigt, wie eine solche Analyse der Entstehung und der Auswirkungen „individualisierter" Strukturen der sozialen Ungleichheit vor sich gehen kann (Müller 1998).

Der Beitrag war auch als theoretische Antwort auf die empirische Feststellung gemeint, dass sich die Determinationskraft der klassischen soziodemographischen Variablen (hier: für das Wahlverhalten) abgeschwächt habe, wie das Schnell und Kohler (1995) festzustellen geglaubt haben. Es ging um die Frage, ob sich die Zusammenhänge zwischen einigen sozialstrukturellen Variablen und dem Wahlverhalten, insbesondere aber der Einfluss der Klassenzugehörigkeit, abgeschwächt haben, wie es einige Interpretationen der These von der Individualisierung der Gesellschaft nahe legen. Es gebe, so heißt es dort beispielsweise, keine fest umrissenen Interessen bestimmter Gruppen mehr, sondern immer mehr nur noch „individuelle" Nachfragen nach politischer Partizipation, und die Grünen seien jene Partei, die diesen geänderten Verhältnissen eine politische Artikulation habe verleihen können. Dieser Deutung widerspricht Müller (1998) ganz ausdrücklich und stellt ihr die These gegenüber, dass die empirischen Ergebnisse zur angeblich nachlassenden Erklärungskraft der Klassenzugehörigkeit (auf das Wahlverhalten) nur daran liege, dass „keine adäquaten Begriffe und Operationalisierungen verwendet wurden." (ebd.: 6)

Das zentrale Argument setzt an der Kategorie der Dienstklasse des goldthorpeschen Klassenschemas an (ebd.: 7f.). Die Dienstklasse ist jene Klasse, deren Tätigkeit durch delegierte Autorität, spezialisiertes Wissen und Expertise gekennzeichnet ist und deren Angehörige deswegen besondere Arbeitsbeziehungen unterhalten, zu denen insbesondere Vertrauen und Loyalität von ihrer Seite und durch eine Bezahlung auf der Basis längerfristiger Leistungen sowie einiger Vergünstigungen von der Arbeitgeberseite her gehören. Daraus ergebe sich, so hatte Goldthorpe gemeint, eine im Kern konservative Einstellung und die Tendenz zur Wahl der entsprechenden Parteien. Müller schlägt nun eine Differenzierung der Dienstklasse vor, weil er diese Gruppe für inzwischen nicht mehr so homogen hält, wie das Goldthorpe offenbar annimmt. Er unterscheidet zunächst Akteure, die tatsächlich vorwiegend delegierte Autorität ausüben, etwa in administrativen Hierarchien, die also eine Organisation leiten, Entscheidungen für die Organisation treffen und die Arbeit anderer in der Organisation anweisen und überwachen. Diese Gruppe ist also in der Tat an der Macht der betreffenden Organisation beteiligt und sollte daher auch ganz ähnliche politische Auffassungen wie die „principals" haben, in deren Diensten sie stehen. Müller nennt diese Klasse die *administrative Dienstklasse*. Daneben werden nun diejenigen unterschieden, die in ihrer Tätigkeit spezialisiertes Wissen und Expertise anwenden. Für diese Gruppe werde nicht der Bezug auf „ihre" Organisation allein wichtig, sondern die Orientierung an gewissen, für ihre Tätigkeit zentralen „professionellen" Standards. Das aber durchbricht die einfache Loyalität zur Organisation und zum jeweiligen Prinzipal und legt eine gewisse Autonomie in der Interpretation und der Ausübung der jeweiligen Tätigkeit nahe. Dieser Zug der Unabhängigkeit und der „individuellen" Gestaltung der Tätigkeit sei nun besonders hoch bei den sog. sozialen und kulturellen Diensten, etwa aus der medizinischen Versorgung, der Tätigkeiten im kulturellen Bereich, der Kunst, der Medien, der Betreuung usw. Hier wirke sich zusätzlich aus, dass zum Erfolg der jeweiligen Tätigkeit oft die Kooperation mit den Klienten und ein besonderes Einfühlungsvermögen wichtig sei. Diese Gruppe nennt Müller zusammenfassend *soziale Dienste*. Daneben gebe es natürlich noch die Experten im Technik- und Ingenieurswesen, die auch professionelles Wissen anwenden und auf Autonomie dringen, aber nicht unbedingt für ihre Klienten Partei ergreifen (müssen), wenn sie Erfolg haben wollen. Das sind die *Experten* in dem (neuen) Schema von Müller. Die zunächst einfache Kategorie der Dienstklasse wird also „individualisierend" in drei Untergruppen aufgespalten – administrative Dienstklasse, soziale Dienste und Experten. Und jeder dieser Untergruppen kann dann ein für sie, nach der für sie jeweils typischen Logik der Situation, typisches politisches Interesse zugeschrieben werden: Die Angehörigen der administrativen Dienstklasse sollten, wenn es sich, so wollen wir noch hinzufügen, um einigermaßen „rationale" Akteure handelt, über ihre Bindung an die Organisation eher Affinitäten mit den politischen Interessen der Prinzipals haben und in der Tendenz eher konservativ wählen, und die Angehörigen der Klasse der Experten und insbesondere die der sozialen Dienste sollten zu politischen Bewegungen neigen, in denen es um die Sicherung individueller Autonomie, Schutz vor bürokratischer Kontrolle, Gleichheitsrechte, individuelle Partizipation und dezentrale Entscheidungen geht (ebd.: 10ff.). Die empirischen Ergebnisse zum Zusammenhang der drei Unterfraktionen der Dienstklasse bestätigten dann diese Vermutungen weitgehend: Die Angehörigen der administrativen Dienstklasse stehen in ihren Orientierungen zwischen CDU und SPD und wählen, wie das Kleinbürgertum, mal so und mal so, aber nicht grün. Die Experten neigen zur SPD, und die Angehörigen der sozialen Dienste ganz eindeutig zur Politik der sog. Neuen Linken, wie sie vor allem bei den Grünen zum Ausdruck kommt (ebd.: 37f.). Die Etablierung der Grünen war also offenbar alles andere als bloß die politische Organisation eines altruistischen und von „autonomen" Subjekten getragenen freischwebenden Interesses an der „Umwelt", der Ausläufer einer anarchischen Spontibewegung oder die neue politische Heimat therapiebeflissener guter Menschen, sondern der „situationsgerechte" Reflex auf neu entstandene systematische Umstände der beruflichen Tätigkeit und damit verbundener typischer gesellschaftlicher Lagen und Interessen. Und weil auf Grund dieser *strukturellen* Entwicklungen die Anzahl der „interessierten" Akteure stabil und groß genug war, traf das – irgendwie sonst entstandene – „Angebot" einer grünen Partei auf eine deutliche „Nachfrage" nach politischer Artikulation und Interessenwahrnehmung. Und alles das wirkte schließlich bei der Konstitution jenes alternativen „Milieus" zusammen, von dem heute die Grünen durchaus auch jenseits der bloßen Klasseninteressen der sozialen Dienste ihre gesellschaftliche Bedeutsamkeit beziehen – und vielleicht mit der weiteren Veränderung der Gesellschaft wieder verlieren werden.

Methodische Konsequenzen der gesellschaftlichen Differenzierung

Durkheim erklärte den Selbstmord vor dem Hintergrund deutlich strukturierter und wenig individualisierter Verhältnisse, etwa denen der katholischen und der protestantischen Milieus, als nach der jeweils gegebenen „Logik der Situation" zu erwartenden Reaktionen individueller Akteure – ganz gegen die kollektivistische Doktrin der herkömmlichen (Makro-)Soziologie, die jeden Bezug auf das Handeln individueller Akteure ausschließen will. Elias leitete den Grad an Affektualität im Verhalten von Akteuren ebenfalls aus deutlichen Unterschieden in der Situation der individuellen Akteure und insbesondere aus den „Kosten" von Emotionen und dem „Nutzen" berechnen der Vorsicht ab: Unter den einfachen „kollektiven" Bedingungen der Rittergesellschaft ist die Affektkontrolle deutlich weniger situationsgerecht und „rational" als unter den komplizierten und unübersichtlichen Verhältnissen bei Hof und bei den langen Interdependenzketten in zivilisierten und „individualisierten" Gesellschaften. Und Müller zeigte, wie die mit dem Begriff der Individualisierung vorwiegend gemeinte innere Differenzierung alter einfacher Klasseneinteilungen nur andere und zahlreichere Strukturierungen in der Logik der Situation der individuellen Akteure hervorbringt – und eben keine „Entstrukturierung", „Autonomie" oder „Freisetzung". Und er zeigt besonders, wie man diese Vorgänge systematisch begründet und wie sich daraus, unter der impliziten Annahme eines situationsgerechten Interesses und Handelns der Akteure, das ohne Zweifel stärker individualisierte Handeln gleichwohl in deutlich strukturierter Weise voraussagen lässt.

Selbstmord, Spontaneität, Affektkontrolle und das Wählen grüner Parteien sind gewiss sehr unterschiedliche Arten von Handlungen. Und katholische und protestantische Milieus, Rittergesellschaften, höfische und zivilisierte Gesellschaften, die Klasseneinteilung einer ansonsten homogenen Dienstklasse und deren Differenzierung nach administrativer Dienstklasse, sozialen Diensten und Experten spiegeln sicher auch sehr unterschiedliche gesellschaftliche Verhältnisse, nicht zuletzt in Hinblick auf den Grad der gesellschaftlichen Differenzierung und der „Individualisierung". Jedesmal wurde aber von Durkheim, von Elias und von Müller, wie man leicht sehen kann, wenngleich nicht in allen Einzelheiten auch explizit, im Grunde die gleiche Methode angewandt: die Methode der Situationslogik und das Prinzip des Methodologischen Individualismus. Und jedesmal wurde dabei, wieder wenigstens implizit, als Ableitungsregel für die Erklärung der Interessen und des Handelns der Akteure auch das Prinzip der rationalen „Situationsgerechtigkeit" des Handelns angewandt, das im Modell der soziologischen Erklärung in Gestalt der Wert-Erwartungstheorie lediglich eine präzisere Formulierung gewinnt als in den verbalen Umschreibungen bei Durkheim, Elias oder Müller (und anderen, die der Logik der Methode der Situationslogik folgen). Kurz: Der Methodologische Individualismus, die Methode der Situationslogik, das Modell der soziologischen Erklärung und die Selektionsregel des situationsgerechten (rationalen) Handelns sind in ihrer Anwendbarkeit *nicht* an die gesellschaftliche Individualisierung gebunden, wenngleich unter diesen Bedingungen besonders angebracht, wenn nicht unumgänglich geworden.

Inzwischen beginnt bei vielen Soziologen, auch solchen, die dem alten kollektivistischen Programm nachtrauern oder etwa den neofunktionalistischen oder systemtheoretischen Reaktionen auf den Verfall der klassischen soziologischen Methode nahe stehen, die Einsicht um sich zu greifen, dass angesichts der Individualisierung der Gesellschaft gute soziologische Erklärungen nicht ohne irgendeine theoretische Mikrofundierung, nicht ohne eine akteur- oder handlungstheoretische Dimension also, möglich sind. Die zunehmenden Hinweise auf die wachsende Bedeutung der „Subjekte“ und die Forderungen nach einer Zusammenführung von Makro- und Mikrosoziologie sind ein Zeichen dafür. Groß sind aber nach wie vor die Vorbehalte gegen den Methodologischen Individualismus, der – für viele unbemerkt – in Gestalt und Ausarbeitung der weberschen und der popperschen Situationslogik und des Modells der soziologischen Erklärung seit einiger Zeit schon die nötigen Werkzeuge bereithält – gerade zur Analyse der Vorgänge in individualisierten Gesellschaften, wenngleich, wie wir gesehen haben, nicht nur dort. Einer der Gründe für diese Vorbehalte ist wohl auch der Widerstand gegen die Übernahme einer strikt erklärenden Perspektive und der damit verbundenen, auch formalen, Instrumente der Theoriebildung, ein anderer die Gleichsetzung jeder Variante des Methodologischen Individualismus mit einem „reduktionistischen“ Psychologismus, ein Vorhalt, der vielleicht noch gegen die verhaltenstheoretische Soziologie oder gegen bestimmte Varianten des interpretativen Paradigmas nicht ohne Berechtigung war. Ein weiterer Grund ist aber wohl auch die Abwehr gegen das „utilitaristische“ oder „ökonomische“ Denken, die sich – das Vorgehen „individualistischer“ Erklärungen nach dem „Rational Choice“ -Ansatz ohnehin drastisch verkürzend – im Widerstand gegen die (Entscheidungs-)Theorie des rationalen Handelns zeigt, gelegentlich mit Argumenten, die zweifeln lassen, ob gewusst wird, wovon die Rede ist. Beck (und Beck-Gernsheim) halten beispielsweise dem von ihnen so genannten rationalistischen Missverständnis der Individualisierungsdebatte vor, dass es „völlig die verschiedenen Varianten der Realität, die Entscheidungen angesichts ‚unvollkommener‘ Optionen, die existentiellen Dilemmata des Lebens unter Individualisierungsbedingungen (verkennt): Individualisierung meint (demgegenüber vielmehr, H.E.) *Wahl unter Restriktionen*, z.B. unter institutionellen Vorgaben, ökonomischen Zwängen, persönlichen Abhängigkeiten.“ (Beck/Beck-Gernsheim 1993: 182, Herv. H.E.)

So kann man es ohne Zweifel nach wie vor in manchem soziologischen Journal und in manchem Feuilleton lesen. Aber was lernt jeder Student der Ökonomie schon im ersten Semester? Genau das: Das rationale ökonomische Handeln bedeutet eine „Wahl unter Restriktionen“ . Und bald lernt er auch dieses: Es gibt Entscheidungen nicht nur unter Sicherheit, sondern auch unter Risiko, Unsicherheit und Ambiguität. Es gibt ferner Verhandlungs- und Koalitionstheorien etwa für die Prozesse des interaktiven „Aushandelns" von Übereinkünften. Und es gibt eine Vielzahl von Modellen zur Analyse komplexer Situationen und von Prozessen der Interdependenz, etwa Modelle der Eigendynamik sozialer Prozesse und deren unintendierter Folgen für die Akteure oder die Modelle der sog. Spieltheorie, bei denen gezeigt wird, wie sich die Akteure oft in sog. paretoinferiore Gleichgewichte und „Dilemmata" des Lebens verfangen und mit von ihnen unerwarteten und unerwünschten strukturellen Folgen ihres Tuns konfrontiert sind, wie sie gerade unter den Bedingungen der gesellschaftlichen Individualisierung zu erwarten sind. Und selbst der wertrationale, affektuelle und traditionale Verzicht auf die rationale Durchdringung einer Situation lässt sich inzwischen als höchst situationsgerechte und „rationale" Reaktion rekonstruieren, sofern man auch den Modus der Informationsverarbeitung zum „Handeln" zählt und die Kosten und Möglichkeiten einer (zweck-)rationalen Reaktion berücksichtigt (vgl. zur Integration verschiedener, auch „irrationaler" Typen des Handelns in das Modell der soziologischen Erklärung und in die Wert-Erwartungstheorie: Esser 1996). Kurz: Der situationslogische Methodologische Individualismus und das Modell der soziologischen Erklärung mit allen ihren inzwischen entwickelten Möglichkeiten der Analyse komplexer Situationen und komplizierter kollektiver Aggregationen sind nicht nur schon das theoretische Instrument zur Auflösung der Probleme der Unvollständigkeit und der „Sinnlosigkeit" des soziologischen Kollektivismus, sondern sie werden gerade mit dem Verfall relativ einfacher und übersichtlicher gesellschaftlicher Strukturen die Methode der (wissenschaftlich „rationalen") Wahl, nicht zuletzt auch deshalb, weil unter diesen Verhältnissen die herkömmlichen kollektivistischen Konzepte und Erklärungen vollends unbrauchbar werden.

Diese methodische Konsequenz aus der zunehmenden (funktionalen) Differenzierung der Gesellschaft(en) wird, nicht nur von Beck (und Beck-Gernsheim), gelegentlich unter Hinweis auf das „individualistische" und das „rationalistische" Missverständnis der Individualisierungsdebatte abgewehrt. Diese Abwehr ist einigermaßen unverständlich, denn auf das Konzept der Situationslogik ist der Vorhalt des „individualistischen" Mißverständnisses allein deshalb nicht anwendbar, weil es sich dabei eben um keinen Psychologismus handelt, wie man unzweideutig schon bei Popper nachlesen kann. Und der Vorhalt des „rationalistischen" Missverständnisses ist, wie wir auch gesehen haben, erst recht grundlos, weil er auf einem – wenngleich durchaus verbreiteten – Fehlverständnis des „Rational Choice"-Ansatzes beruht, wonach die „rationale Wahl" das autonome Subjekt, Sicherheit, das Fehlen von Macht und Zwängen und Optimismus voraussetze. Die Ökonomie ist die Wissenschaft von den *Knappheiten* der Güter dieser Welt, freilich auch des in diesem Rahmen dann erwartenden geschickten, „reflektierenden", findigen, kreativen und optimierenden Umgangs damit – und der Fallen, in die die

Akteure auf Grund ihrer oft kurzsichtigen und kurzfristigen Orientierung geraten können. Mehr noch: Erst der situationslogische Methodologische Individualismus verfügt über das Instrumentarium, um mit der Unübersichtlichkeit, der „Reflexivität", der Zwanghaftigkeit und der Eigendynamik der modernen individualisierten Verhältnisse wirklich erklärend und damit aufklärend umzugehen. Zur Analyse der komplexer gewordenen gesellschaftlichen Verhältnisse taugen jedenfalls die inzwischen unübersehbar gewordenen postmodernen, „chaotischen", konstruktivistischen, „reflexiven" und systemtheoretischen Reaktionen auf den Verfall der klassischen soziologischen Methode sehr viel weniger, allein schon deshalb, weil man in ihnen methodisch angemessene soziologische Erklärungen vergeblich sucht und sie dort manchmal auch gar nicht beabsichtigt werden. Die turbulenten Verhältnisse individualisierter Gesellschaften benötigen jedenfalls keine immer wieder neuen turbulenten Begriffsschöpfungen – und erst recht nicht jene theorie- und datenfreien essayistischen Assoziationen, wie sie sich die (Individualisierungs-)Soziologen inzwischen vielfach angewöhnt haben.

Literatur

Beck, Ulrich (1983): Jenseits von Stand und Klasse. Soziale Ungleichheiten, gesellschaftliche Individualisierungsprozesse und die Entstehung neuer sozialer Formationen und Identitäten. In: Kreckel, Reinhard (Hrsg.): *Soziale Ungleichheiten.* Göttingen: S. 35-74.

Beck, Ulrich (1986): *Risikogesellschaft. Auf dem Weg in eine andere Moderne.* Frankfurt/Main.

Beck, Ulrich/Elisabeth Beck-Gernsheim (1993): Nicht Autonomie, sondern Bastelbiographie. Anmerkungen zur Individualisierungsdiskussion am Beispiel des Aufsatzes von Günter Burkart. In: *Zeitschrift für Soziologie,* H. 3: S. 178-187.

Boudon, Raymond (1980): *Die Logik des gesellschaftlichen Handelns. Eine Einführung in die soziologische Denk- und Arbeitsweise.* Neuwied, Darmstadt.

Dahrendorf, Ralf (1989): Einführung in die Soziologie. In: *Soziale Welt,* H. 1/2: S. 2-10.

Degele, Nina (1999): Soziale Differenzierung: Eine subjektorientierte Perspektive. In: *Zeitschrift für Soziologie,* H. 5: S. 345-364.

Durkheim, Emile (1973): *Der Selbstmord.* Neuwied, Berlin.

Durkheim, Emile (1976): *Die Regeln der soziologischen Metho*de. Darmstadt, Neuwied.

Eder, Klaus/Oliver Schmidtke (1998): Ethnische Mobilisierung und die Logik von Identitätskämpfen. Eine situationstheoretische Perspektive jenseits von „Rational Choice". In: *Zeitschrift für Soziologie,* H. 6: S. 418-437.

Elias, Norbert (1969): *Über den Prozess der Zivilisation. Soziogenetische und psychogenetische Untersuchungen. Bd. 1: Wandlungen des Verhaltens in den weltlichen Oberschichten des Abendlandes.* Frankfurt/Main.

Esser, Hartmut (1979): Methodische Konsequenzen gesellschaftlicher Differenzierung. In: *Zeitschrift für Soziologie,* H. 1: S. 14-27.

Esser, Hartmut (1989): Verfällt die „soziologische Methode"? In: *Soziale Welt,* H. 1/2: S. 57-75.

Esser, Hartmut (1996): Die Definition der Situation. In: *Kölner Zeitschrift für Soziologie und Sozialpsychologie,* H. 1: S. 1-34.

Esser, Hartmut (1999a): *Soziologie. Allgemeine Grundlagen.* Frankfurt/Main, New York.

Esser, Hartmut (1999b): *Soziologie. Spezielle Grundlagen. Band 1: Situationslogik und Handeln.* Frankfurt am Main, New York.

Friedrichs, Jürgen (Hrsg.) (1998): *Die Individualisierungsthese.* Opladen.

Hedström, Peter/Richard Swedberg/Lars Udéhn (1998): Popper's Situational Analysis and Contemporary Sociology. In: Matzner, Egon/Ian C. Jarvie (Hrsg.): *Papers from the Vienna Workshop on Popper's Situational Analysis and the Social Sciences,* Part I. Thousand Oaks, London, New Delhi: S. 339-365.

Miller, Max (1994): Ellbogenmentalität und ihre theoretische Apotheose. Einige kritische Anmerkungen zur Rational Choice Theorie. In: *Soziale Welt,* H. 1: S. 3-15.

Müller, Walter (1998): Klassenstruktur und Parteiensystem. Zum Wandel der Klassenspaltung im Wahlverhalten. In: *Kölner Zeitschrift für Soziologie und Sozialpsychologie,* H. 1: S. 3-46.

Müller-Bendict, Volker (2000): *Selbstorganisation in sozialen Systemen. Erkennung, Modelle und Beispiele nichtlinearer sozialer Dynamik.* Opladen.

Popper, Karl R. (1977): *Die offene Gesellschaft und ihre Feinde. Band 2: Falsche Propheten. Hegel, Marx und die Folgen.* München.

Popper, Karl R. (1994): *Models, Instruments, and Truth: The Status of the Rationality Principle in the Social Sciences.* In: Ders.: *The Myth of the Framework.* London: S. 154-184.

Schimank, Uwe (1998): Funktionale Differenzierung und soziale Ungleichheit: die zwei Gesellschaftstheorien und ihre konflikttheoretische Verknüpfung. In: Giegel, Hans-Joachim (Hrsg.): *Konflikt in modernen Gesellschaften.* Frankfurt/Main: S. 61-88.

Schnell, Rainer/Ulrich Kohler (1995): Empirischer Test einer Individualisierungshypothese am Beispiel des Wahlverhaltens 1953-1992. In: *Kölner Zeitschrift für Soziologie und Sozialpsychologie,* H. 4: S. 634-657.

Weber, Max (1972): *Wirtschaft und Gesellschaft. Grundriss der verstehenden Soziologie.* Tübingen.

Sibylle Kalupner

Der Akteur als Mensch

Setzt der Individualisierungsbegriff anthropologische Grundannahmen voraus?

Die Frage nach den anthropologischen Implikationen des Individualisierungsbegriffs scheint auf den ersten Blick falsch gestellt. Sie irritiert, und dies aus zweierlei Gründen. Zum einen, weil der Gegenstand der Anthropologie, die Beschreibung der unwandelbaren Natur des Menschen, wie sie insbesondere in den Werken Max Schelers (1930), Helmuth Plessners (1928) und Arnold Gehlens (1940) unternommen worden war, spätestens in der zweiten Hälfte des 20. Jahrhunderts von einer großen Mehrheit humanwissenschaftlicher Autoren verabschiedet worden zu sein schien. Mit dem Aufschwung der Kulturanthropologie als letztem theoretischen Relikt dieser Disziplin schien sich ein für allemal die Meinung durchgesetzt zu haben, dass die anthropologische Frage nach universalen Eigenschaften des Menschen nurmehr als Frage nach den universalen kulturellen Formen menschlichen Zusammenlebens, nach „transkulturellen Konstanten" und „kulturellen Varianten" des Menschseins angemessen gestellt ist (Mühlmann 1962). Entspringt die Frage nach der Anthropologie folglich nicht einem hoffnungslos veralteten Verständnis von Sozialtheorie? Zum anderen, weil sich doch gerade auch die im engeren Sinne sozialwissenschaftlichen Denker der Individualisierungsdiagnose als Vertreter jener postanthropologischen Ära der Sozialphilosophie verstehen. Schließlich geht es so unterschiedlichen klassischen wie auch zeitgenössischen Autoren von Emile Durkheim (1898; 1893) und Georg Simmel (1992; 1984) bis Norbert Elias (1988), Michel Foucault (1977) und Jürgen Habermas (1988) mit der Denkfigur der Individualisierung doch immer auch um eine Kritik an der Vorstellung einer vorgesellschaftlichen Festgelegtheit des Menschen. So sehen diese Autoren den Menschen in erster Linie als Ergebnis und Produkt sozialer Formungsprozesse. Die Annahme einer solchen sozialen Plastizität des Menschen führt aber dann die Frage nach anthropologischen Grundgedanken gewissermaßen von vorneherein ad absurdum.

Mit der Diskussion zwischen „liberalen" und „kommunitaristischen" Sozialtheoretikern um ein angemessenes Verständnis menschlicher Subjektivität, die in der Rezeption von John Rawls' Theorie der Gerechtigkeit (1975) entstand, ist die Frage nach den anthropologischen Grundlagen der Sozialphilosophie wieder zum Thema geworden. Michael Sandel und Charles Taylor machten darauf aufmerksam, dass auch die betonte Abstinenz von anthropologischen Überlegungen nicht mit Neutralität und Unparteilichkeit in dieser Frage zu verwechseln ist. Sie zeigten, dass der liberale Verzicht auf anthropologische Fragestellungen die Annahme eines atomistischen Menschenbilds unverbundender Rechtssubjekte impliziert, der – wenn auch ungewollt – eine bestimmte Vorstellung vom „Wesen" des Menschen zu Grunde liegt (Sandel 1993, 1982; Taylor 1989, 1985a).

In einer vergleichbaren Intention möchte ich mit den folgenden Überlegungen zeigen, dass die Frage nach den anthropologischen Implikationen des Individualisierungstheorems berechtigte Gründe hat. Zwar soll nicht bezweifelt werden, dass dessen maßgebende Autoren sich in ihrem Selbstverständnis als Repräsentanten einer postanthropologischen Sozialtheorie verstehen und infolgedessen dazu neigen, die Frage nach der Natur des Menschen als ihren Überlegungen äußerlich zurückzuweisen. Widersprochen wird aber der Vorstellung, dass mit der Explizierung dieses Selbstverständnisses die Frage nach der Anthropologie bereits vollständig – was in diesem Falle heißt: negativ – beantwortet wäre. Demgegenüber soll gezeigt werden, dass gerade auch solche Autoren, die eine anthropologische Fundierung oder zumindest Einbettung ihrer Sozialtheorie ablehnen, nicht ohne eine Annahme bestimmter Eigenschaften der Akteure auskommen, die ihren Überlegungen meist stillschweigend vorausgesetzt werden, die gegen den Strich gekämmt aber als deren anthropologisches Vorverständnis gelesen werden müssen.

Der Einwand des Atomismus trifft auf die liberale Version des Individualisierungsbegriffs jedoch in dieser Einfachheit nicht zu. Wie die Endung dieses Begriffs bereits deutlich macht, geht es der Denkfigur der Individualisierung ja gerade darum, den historischen Wandel und damit die soziale Konstitution menschlicher Subjektivität beschreibbar zu machen. Dies macht die Antwort auf die Frage nach den anthropologischen Implikationen des Individualisierungstheorems komplex. Die These, die ich im Folgenden begründen möchte, lautet, dass der liberalen Version des Individualisierungstheorems kein einfacher, sondern vielmehr ein verzeitlichter Atomismus zu Grunde liegt, der aus der funktionalistischen Beschreibung der sozialen Konstitution der menschlichen Person resultiert. Diese Konzeption erweist sich bei näherem Hinsehen als unzulänglich, denn sie birgt einen Selbstwiderspruch der zu Grunde liegenden anthropologischen Theorie: Der Idee einer uneingeschränkten sozialen Plastizität der Akteure steht die Vorstellung einer absoluten Autonomie des modernen Subjekts gegenüber.

Gegenstand dieser Argumentation ist die Auseinandersetzung mit Jürgen Habermas' Handlungstheorie, wie er sie im Rahmen seiner „Theorie der Rationalisierung der Lebenswelt" in der Theorie des kommunikativen Handelns (1995) entwickelt hat. Der Grund dieser Gegenstandswahl ist ein zweifacher. Zum einen halte ich Habermas' „Theorie der Rationalisierung der Lebenswelt" für den mehr oder weniger unerkannten kanonischen Text zumindest der deutschsprachigen Debatte um Individualisierung. Die darin zentrale Unterscheidung zwischen System und Lebenswelt, die in Ulrich Becks einflussreicher Formulierung des Individualisierungsbegriffs, insbesondere in der Differenzierung zwischen der „objektiven" und der „subjektiven" Seite der Individualisierung wiederkehrt (Beck 1986: 207) sowie die Vorstellung, die Prinzipien menschlichen Handelns würden in der Moderne einen tiefgreifenden Wandel erfahren, gehören zu den Grundmotiven der Rede von Individualisierung. Zum anderen hat sich Habermas immer wieder mit Nachdruck gegen die sozialtheoretische Fruchtbarkeit anthropologischer Überlegungen ausgesprochen und sich im Gegenzug um eine nichtanthropologische Beschreibung menschlicher Subjektivität bemüht. Auf diese Weise kann von der Auseinandersetzung mit Habermas' Handlungstheorie eine weitgehende Klärung des spannungsreichen Verhältnisses von Anthropologie und Individualisierung erwartet werden.

Habermas' Kritik der Anthropologie

Die kritische Absetzung von der anthropologischen Grundfrage nach dem „Wesen" des Menschen ist von Beginn an ein tragendes Motiv in Habermas' Theoriebildung. Bereits in dem 1958 erstmals erschienen Lexikonartikel zur philosophischen Anthropologie macht er die Gründe seiner Skepsis gegenüber dieser Disziplin deutlich (Habermas 1973a). Die von den führenden Vertretern der philosophischen Anthropologie hervorgehobene Instinktfreiheit und Weltoffenheit des Menschen im Gegensatz zur Instinkt- und Umweltgebundenheit des Tieres hat für Habermas in letzter theoretischer Konsequenz die Preisgabe des anthropologischen Erkenntnisinteresses zur Folge. Da der Mensch ebenso wenig in der Welt lebt, wie er die Sprache spricht, sondern sich immer nur in den umwelthaft beschränkten Welten einer konkreten Lebenswelt bewegt, müsse die Suche nach den ahistorischen und transkulturellen Merkmalen des Menschseins zwangsläufig leer ausgehen. Menschliches Leben und Handeln könne stets nur als Element geschichtlich erworbener Lebensstile menschlicher Gesellschaften betrachtet werden. Habermas wendet sich insbesondere gegen die Möglichkeit, aus anthropologischen Vorstellungen Schlussfolgerungen für eine normative Gesellschaftstheorie zu ziehen, derart, dass die Prinzipien menschlicher Sozialität aus der Analyse der Natur des Menschen hergeleitet würden. In ihren normativen Konsequenzen gefährlich sei eine solche Theoriebildung, weil sie unweigerlich dazu führe, historisch und kulturell partikulare Erscheinungen zum Prinzip sozialer Ordnung zu erklären, was einer Selbstblockade des aufklärerischen Potentials der Gesellschaftstheorie gleichkäme. Dies sei etwa bei Arnold Gehlen der Fall, aus dessen anthropologischer These der Repressionsabhängigkeit menschlicher Sozialität unweigerlich die normative Theorie einer autoritär verfassten Gesellschaft hervorgehe.

Wenn Habermas dennoch der Frage nach dem Menschen ein zentrales Erkenntnisinteresse zuspricht, so nur vor dem Hintergrund eines unablässigen Wechselgesprächs mit der Theorie der Gesellschaft. Der Begriff des Menschen kann für Habermas nur aus der Einbettung in die Analyse der gesellschaftlichen Entwicklung, in der dieser formuliert wird, Sinn machen. Das Verhältnis von Soziologie und Anthropologie dürfe daher nicht so verstanden werden, als diene die Anthropologie der Soziologie als Grundlagenwissenschaft. „Vielmehr muß sich die Anthropologie grundsätzlich ihren Begriff von (sic) Menschen erläutern lassen durch den Begriff der Gesellschaft, in dem er entsteht und nicht zufällig entsteht – nur so entgeht sie der Versuchung, geschichtlich Gewordenes schlechthin als ‚Natur' auszugeben und als Norm zu suggerieren." (Habermas 1973a: 110) Was Habermas hier noch in relativ allgemein gehaltenen Begriffen formuliert, ist die These von der umfassenden sozialen Konstitution menschlicher Subjektivität, eine Vorstellung, die für die weitere Entwicklung seines Denkens von zentraler Bedeutung ist und die er im Laufe der Zeit immer weiter präzisieren wird.[1]

Moderne Handlungsrationalisierung und der Individualisierungsbegriff

Voll zum Tragen kommt Habermas' Bestimmung des Verhältnisses von Anthropologie und Gesellschaftstheorie in seinem Hauptwerk, in der 1981 erstmals erschienen „Theorie des kommunikativen Handelns". Zwar wird in diesem Theorieentwurf keine eigenständige Auseinandersetzung mit der philosophischen Anthropologie und dem Begriff des Menschen geführt. In einer zentralen Dimension von Habermas' Theoriekonstruktion bildet die Kritik der Anthropologie jedoch eine wichtige Grundlage seiner Argumentation: gemeint ist die Begründung der Handlungstheorie sowie sein Verständnis des sozialen Akteurs, wie er sie im Theorem der „Rationalisierung der Lebenswelt" unternommen hat. Für beide ist eine Weichenstellung von zentraler Bedeutung, deren Grundmotiv erst aus der Kritik der Anthropologie vollends verständlich wird, nämlich die Unterordnung der Handlungs- unter die Systemtheorie. In seiner Bestimmung des Verhältnisses zwischen der Lebenswelt als der Sphäre der Akteure und deren Handlungen einerseits und dem System als dem Ort der Reproduktion der für die gesellschaftliche Entwicklung maßgeblichen Mechanismen andererseits, antwortet Habermas gewissermaßen auf die in seiner Anthropolgiekritik selbstauferlegte Forderung, der Begriff des Menschen müsse stets vor dem Hintergrund eines angemessenen Verständnisses der gesellschaftlichen Entwicklung, angesichts derer er for-

1 Vgl. aus der Frühphase des Entwurfs Habermas (1976; 1973b). Als Synthese des damaligen Forschungsstandes: Krappmann (1971); zum Identitätsbegriff im Hauptwerk: Habermas (1995; 1988; 1983).

muliert wird, expliziert werden. Die „Theorie der Rationalisierung der Lebenswelt“ befasst sich auf diese Weise mit der Frage der Auswirkungen der systemischen Differenzierung auf die Handlungsbedingungen der Akteure, sie fragt danach, wie die „Lebenswelt als der Horizont, in dem sich die kommunikativ Handelnden ‚immer schon‘ bewegen, ihrerseits durch den Strukturwandel der Gesellschaft im ganzen begrenzt und verändert wird.“ (Habermas 1995, Bd. 2: 229) Aus der Betonung dieser Unterordnung der Lebenswelt unter das Primat systemischer Wirkungsmechanismen zieht Habermas Konsequenzen für seine handlungstheoretische Beschreibung der Moderne sowie für seine Konzeption der sozialen Konstitution moderner Akteure. Beide Themen entwickelt er im Rahmen einer spezifischen Lesart der klassischen Handlungstheorien Emile Durkheims, Max Webers und George H. Meads. Im Zentrum dieser Rekonstruktion steht die These, dass sich die allgemeine gesellschaftliche Differenzierung auf die Lebenswelt im Sinne eines umfassenden Rationalitätsgewinns auswirke. Dieser Rationalitätsgewinn umfasst Habermas zufolge nicht allein die die Akteure umgebenden lebensweltlichen Strukturen. Der zentrale Gedanke von Habermas' Handlungstheorie besteht vielmehr in der These, die Art und Weise, in der Akteure ihre Handlungen entwerfen und aufeinander abstimmen, würde mit dem historischen Übergang zur funktional differenzierten Gesellschaftsform einen fundamentalen Wandel erfahren. In ihrem substantiellen Kernstück gipfelt Habermas' „Theorie der Rationalisierung der Lebenswelt“ also in der ontologischen These der modernen Rationalisierung menschlichen Handelns, oder anders gewendet: in der geschichtsteleologischen These der modernen Durchsetzung des rationalen Handlungsschemas und somit im Siegeszug rationaler Akteure. In der im Rahmen des „Theorems der Rationalisierung der Lebenswelt“ entworfenen Handlungstheorie lassen sich drei Aspekte unterscheiden, in denen die Handlungsorientierungen einen Rationalitätssprung verzeichnen:

(1) Einen *Gewinn an Reflexivität.* Ausgehend von der an Durkheims Religionssoziologie entwickelten These der Versprachlichung des Sakralen sowie Meads sprachtheoretischen Überlegungen beschreibt Habermas das Bild einer zunehmenden Versprachlichung der Handlungsorientierungen. Während in vormodernen Lebenswelten die Handlungsorientierungen durch die Bindung an eingewöhnte Handlungsdispositionen geprägt seien und daher im sozialen Handeln der Akteure gewissermaßen unerkannt vorausgesetzt würden, erfahren die Inhalte des Handelns in differenzierten Lebenswelten eine zunehmende sprachliche Thematisierung, was Habermas zufolge einem Reflexivwerden gleichkommt. Der damit einhergehende Rationalitätsgewinn besteht darin, dass die Handlungsnormen in verstärktem Maße einer Problematisierung und bewussten gemeinsamen Überprüfung unterzogen werden können und somit anders als in vormodernen Zeiten verhandelbar sowie intentional veränderbar seien.

(2) Eine *Rationalisierung der Handlungsinhalte.* Ausgehend von Webers Konzept der Dezentrierung der Weltbilder begründet Habermas die These eines qualitativen Wandels der Inhalte der Handlungsorientierungen. Während in vormodernen Lebenswelten wert- und zweckorientierte Inhalte des Handelns noch ungeschieden miteinander einhergingen, kristallisiert sich beim Übergang in die funktional differenzierte Lebenswelt eine zunehmende Loslösung der Handlungsentwürfe von werthaften Motiven heraus. In der Folge richten sich die Handlungsorientierungen nicht mehr nach den qualitativen Implikationen von konkreten Handlungsoptionen, sondern sind von dem übergreifenden Ziel oder Zweck des Findens rational begründeter Handlungsnormen bewegt.

(3) Eine *Rationalisierung der sinnhaften Konstitution der Handlungsnormen.* Ebenfalls von Weber ausgehend beschreibt Habermas den Prozess einer Loslösung der semantischen Inhalte der Handlungsentwürfe von den in Kultur und Sprache tradierten Formen möglichen Handelns. In dem Maße, in dem Handlungsorientierungen reflexiv und zum Gegenstand diskursiver Verständigungsprozesse werden, geht die Bindung an gewohnheitsmäßig vorausgesetzte Konventionen verloren und damit auch die normative Kraft kulturell-sprachlich tradierter Verhaltensmuster. Der Rationalitätsgewinn besteht unter diesem Aspekt in der von Tradition und Kultur losgelösten und insofern „freien“ Wählbarkeit angemessener Handlungsnormen.

Die Theorie moderner Handlungsrationalisierung beschreibt somit den Prozess der Entbindung der Handlungsorientierungen der Akteure von sozial generierten und kulturell nahegelegten Handlungsgewohnheiten, Wertvorstellungen und Sinnmustern. Diese Beschreibung kommt aber einer handlungstheoretischen Formulierung jener vorwiegend strukturtheoretischen Überlegungen gleich, die Ulrich Beck in dem fünf Jahre nach Habermas' Hauptwerk erschienenen und für die Verbreitung des Individualisierungsbegriffs – zumindest im deutschsprachigen Raum – maßgeblichen Buch über die Risikogesellschaft anstellte (Beck 1986).[2] Beck hatte mit „Individualisierung“ eher grobkörnig den sozialstrukturell bedingten Niedergang „traditionaler“ sozialmoralischer Milieus in der Umwelt der Akteure bezeichnet, wie etwa den von Familien und klassen- bzw. schichtspezifischen Lebensweisen. Bei Habermas wird der Verlust normativer Integration analog, lediglich systematisch tiefgreifender als Umstellung der Prinzipien menschlichen Handelns von „traditionalen“ Aspekten – Gewohnheiten, Werten und symbolischen Formen – zu Gunsten „modern“-rationaler Zweckorientierung, also als Eigenschaft des Handelns selbst beschrieben. Im Inneren von Habermas' Theoriekonstruktion hat diese evolutionstheoretische Argumentation

2 Die jüngeren Texte Becks zu Individualisierung bauen im Wesentlichen auf den in der Risikogesellschaft formulierten Grundthesen auf. Vgl. Beck (1997), Beck/Beck-Gernsheim (1994), Beck/Sopp (1997).

vornehmlich eine Begründungsfunktion für die deskriptive Basis seiner Moraltheorie. Es geht ihm darum darzulegen, wie es in modernen Gesellschaften zur Genese von sozialen Akteuren kommt, die in der Lage sind, ihre Handlungen intersubjektiv nunmehr über eine universalistische Prinzipienmoral abzustimmen und sich auf diese Weise wechselseitig als Träger unveräußerlicher und gleicher politischer Rechte anzuerkennen. Der Zusammenhang zu dieser normativen Dimension der Theorie des kommunikativen Handelns braucht für unsere Frage nach ihrem ontologisch-anthropologischen Gehalt jedoch nicht weiter zu interessieren.

Anthropologischen Implikationen der These moderner Handlungsrationalisierung

Mit den bisherigen Überlegungen wurde aber nur gezeigt, dass Habermas' Theorie moderner Handlungsrationalisierung eine These über den Wandel der Formen und Vollzugsweisen sozialen Handelns beinhaltet. Von der Konstitution der menschlichen Natur der involvierten Akteure war noch nicht die Rede. Worin könnte dann das Anthropologische an Habermas' Argumentation bestehen? Wenn wir bei einer bloßen Wiedergabe des Selbstverständnisses der Theorie bleiben, so müssten wir, an diesem Punkt angelangt, tatsächlich zu dem Ergebnis kommen, dass die Frage nach der Anthropologie fehl am Platze ist. Betrachtet man aber vergleichsweise die Kritik, die im Zuge der Rezeption von John Rawls' „Theorie der Gerechtigkeit" am Menschenbild liberaler Sozialtheorien geübt wurde, und fragt, inwiefern diese auf Habermas', sich ebenfalls in der liberalen Tradition verstehendes Konzept moderner Handlungsrationalisierung zutrifft, so erweitert sich die Perspektive.

Der Kern der Atomismus-Kritik an den auf der Idee des Gesellschaftsvertrags basierenden liberalen Sozialtheorien besteht in dem Argument, dass deren zentraler Gedanke, die individuellen Rechte der Gesellschaftsmitglieder zum Ausgangspunkt des Nachdenkens über die Integration moderner Gesellschaften zu machen, auf einer voraussetzungsreichen Grundentscheidung beruht. Hinter der Idee, das positive Recht sei das einzige Bindeglied, welches jene legitimerweise miteinander verbindet, verbirgt sich Sandel und Taylor zufolge die anthropologische Vorstellung der Selbstgenügsamkeit des einzelnen Menschen. Diese setze das Bild eines in seinen sozialen Fähigkeiten bereits voll ausgebildeten vorgesellschaftlichen Individuums voraus, das lediglich durch einen willentlichen Entschluss in die Gesellschaft der Anderen und die jene konstituierenden Beziehungen von gegenseitigen Rechten und Pflichten eintritt. Einer solchen Vorstellung von Selbstgenügsamkeit widersprechen jedoch zum einen all jene sozialwissenschaftlichen Theorien, die zeigen, dass der Mensch seine spezifisch menschlichen Fähigkeiten nur in der Gesellschaft und im Austausch mit anderen erwerben kann. Zum anderen erweist sich die Idee der Selbstgenügsamkeit der Rechtssubjekte auch als in ihrer normativen Dimension inkohärent, weil die Bestimmung des konkreten Gehalts individueller Rechte logisch nur über ein stets durch Wertunterscheidungen begründetes Vorverständnis der Respektwürdigkeit unserer spezifisch menschlichen Fähigkeiten erklärbar ist. So ist etwa der Umstand, dass das Recht auf freie Religionsausübung ein wichtiges Bestandteil der liberalen politischen Freiheitsrechte wurde, nur vor dem Hintergrund der Herausbildung eines gesellschaftlichen Grundkonsenses über die Bedeutsamkeit und Schützenswürdigkeit der menschlichen Fähigkeit zur religiösen Hingabe zu erklären (Taylor 1985a). Vor diesem Hintergrund lautet der Einwand gegen die liberalen „primacy-of-rights-Theorien" (Taylor), dass diese auf deskriptiver wie auf normativer Ebene ihrer explizierten Annahme selbstgenügsamer Individuen vorausliegend in Wahrheit doch auf ein in bestimmter Weise konturiertes Menschenbild rekurrieren, ohne jedoch dabei Begriffe und Denkfiguren bereitzustellen, die den Gehalt dieses normativ geladenen Begriffs des Menschen offenlegen könnten oder die Bedingungen seiner sozialen Genese zu klären erlaubten.

Betrachtet man im Lichte dieser Kritik Habermas' Ansatz, so gilt es freilich zuallererst zu betonen, dass sich wohl kaum ein andere Theorie derart um die Klärung der intersubjektiven Konstitution der gesellschaftlichen Akteure bemüht hat, wie Habermas' Theorie des kommunikativen Handelns. Im Zentrum dieses Unternehmens steht eine sprachtheoretische Interpretation der Sozialpsychologie George H. Meads, mit der dieser gezeigt hatte, dass die menschliche Person ihre Identität immer in einem dialogischen Prozess mit „signifikanten" Anderen gewinnt, deren Perspektive sie erst übernehmen können muss, ehe sie eine bewusste Identität im Sinne des „Me" ausbilden kann. Die zentrale Stellung, die Meads Sozialpsychologie in Habermas' Handlungstheorie einnimmt, präzisiert somit Habermas' Grundidee der umfassend sozialen Konstitution menschlicher Subjektivität. Der simple Vorwurf des Atomismus scheint somit unangebracht zu sein. Betrachtet man allerdings die Art und Weise, in der Habermas Mead im Rahmen seiner These moderner Handlungsrationalisierung interpretiert, verändert sich dieses Bild. Im Zentrum dieser Interpretation steht nämlich der Versuch, Lawrence Kohlbergs Begriff der postkonventionellen Moralstufe mit Meads Theorie intersubjektiver Rollenübernahme zusammenzuführen. In dem für diese Interpretation maßgeblichen Aufsatz „Individuierung durch Vergesellschaftung. Zu George Herbert Meads Theorie der Subjektivität" (Habermas 1988) versucht Habermas mittels einer differenzierungstheoretischen Lesart Meads nachzuweisen, dass dessen Verständnis der universalen Diskursgemeinschaft, die am Ende des Prozesses gesellschaftlicher Differenzierung stehe, die Ausbildung eines postkonventionellen Moralbewusstseins der Akteure phylogenetisch notwendig mache. Mit Mead lasse sich folglich zeigen, dass die Differenzierung der Rollenstruktur in den vielfältigen und konfligierenden Handlungszusammenhängen moderner Gesellschaften zwingend zu einer Loslösung des reflexiven Selbstverhältnisses von den konventionellen Stützen der Orientierung – Handlungsgewohnheiten, Wertvorstellungen und Sinnmustern – führe. „Unter Bedingungen eines ‚universal discourse' sollen nun auch jene moralischen Entscheidungen zustande kommen, die in modernen Gesellschaften das bloß konventionelle Moralbewußtsein immer häufiger überfordern. Der Übergang zu einer postkonventionellen Moral wird unausweichlich. [...] Für die Individuen bedeutet gesellschaftliche Individualisierung, daß von ihnen eine Selbstbestimmung und eine Selbstverwirklichung erwartet wird, die eine Ich-Identität nicht-konventioneller Art voraussetzt." (ebd.: 224) Habermas' differenzierungstheoretische Mead-Interpretation vertritt demnach eine Art Zwei-Phasen-Modell der sozialen Konstitution der gesellschaftlichen Akteure. Während das reflexive Selbstverhältnis in der „Phase eins" der noch nicht vollständig ausdifferenzierten Lebenswelt an die Erwartungen von alter ego gebunden bleibt und daher von den durch soziale Konventionen festgelegten Handlungserwartungen bestimmt ist, löst sich in der „Phase zwei", an der Schwelle zur ausdifferenzierten Lebenswelt die Identitätsbildung von den Handlungserwartungen der lebensweltlichen Umwelt der Akteure zu Gunsten universal begründeter Handlungsnormen. Mit dieser Mead-Interpretation formuliert Habermas die Vorstellung eines „Take-Off" der intersubjektiv vermittelten Identitätsbildungsprozesse. Demnach gibt es in der Onto- und Phylogenese menschlicher Moralentwicklung einen Punkt, an dem das reflexive Selbstverhältnis des Menschen unabhängig von den kulturell nahegelegten Gewohnheiten, Wertvorstellungen und Sinnmuster eingenommen werden kann. Dieses Moment der Gleichzeitigkeit von gesellschaftlicher Entwicklung und der Entstehung eines postkonventionellen Moralbewusstseins bezeichnet Habermas – wie in dem Zitat deutlich wurde – mit dem Individualisierungsbegriff. In den Begriffen der Atomismus-Kritik Charles Taylors gesprochen ist es dieser Punkt, an dem in Habermas' Theoriekonstruktion die Denkfigur der Selbstgenügsamkeit der Individuen einsetzt. Diese ist gemeint, wenn er schreibt, der Handelnde müsse auf der postkonventionellen Stufe „die vor dem hypothetisch entschleiernden Blick zerfallenen Ordnungen des Normativen (bei Strafe völliger Orientierungslosigkeit) grundbegrifflich rekonstruieren. Diese müssen aus den Trümmern der entwerteten, als bloß konventionelle und rechtfertigungsbedürftig durchschauten Traditionen wieder so zusammengesetzt werden, daß der Neubau dem kritischen Blick eines Ernüchterten standhält, der nicht mehr anders kann, als fortan zwischen sozial geltenden und gültigen, faktisch anerkannten und anerkennungswürdigen Normen zu unterscheiden [...]; am Ende bleibt nurmehr eine Prozedur für die rational motivierte Wahl zwischen den ihrerseits als rechtfertigungsbedürftig erkannten Prinzipien übrig." (ders. 1983: 137, Herv. i. O.)

Als ein Zwischenergebnis der Untersuchung des der Theorie der Handlungsrationalisierung zu Grunde liegenden Menschenbildes lässt sich so konstatieren, dass Habermas mit ihr gewissermaßen einen verzeitlichten Atomismus beschreibt. Anders als bei den ahistorisch argumentierenden Gerechtigkeitstheorien rawlscher Prägung ist die Selbstgenügsamkeit der Individuen keine Eigenschaft, die diese in den Schöpfungsakt der Gesellschaft zu Anbeginn mitbringen, sondern eine Fähigkeit, die sie als Ergebnis eines vorangegangenen sozialhistorischen Prozesses erst entwickeln. Die Selbstgenügsamkeit der Individuen ist das Resultat des Prozesses gesellschaftlicher Differenzierung. Zwar betont Habermas (1983), dass es ihm mit seiner Theorie postkonventioneller Identitätsbildung nicht um eine entwicklungspsychologische Beschreibung „natürlicher“ Moralstufen auf Seiten der Akteure, sondern um Aussagen über gesellschaftlich bedingte Interaktionsstufen geht. Aber diese Selbstbeschreibung kann nicht darüber hinwegtäuschen, dass es sich dabei um Eigenschaften oder Fähigkeiten handelt, die letztlich von den Akteuren erbracht werden müssen, um gesellschaftlich wirksam zu sein. In diesem Sinne beinhaltet Habermas' „Theorie moderner Handlungsrationalisierung“ also sehr wohl eine anthropologische Aussage, derzufolge Menschen unter der Bedingung ausdifferenzierter Lebenswelten befähigt bzw. dazu gebracht werden, ihre Identität in einer qualitativ grundsätzlich neuen Weise herzustellen als dies in vormodernen Lebensformen der Fall ist.

An diesem Punkt stellt sich aber nun die Frage, ob diese Beschreibung der gleichzeitigen Entwicklung von Gesellschaft und Identitätsbildung, die in die These der korrelativen Genese funktionaler Differenzierung und der Herausbildung postkonventionell konstituierter Akteure mündet, plausibel ist. Auf den ersten Blick geht ihr eine gewisse Überzeugungskraft nicht ab, denn sie erinnert stark an sozialisationstheoretische Darstellungen, die zeigen, wie Menschen in ihrer Entwicklung vom Kind zum Erwachsenen verschiedene Lernprozesse durchmachen und dabei bestimmte kognitive Fähigkeiten erst ausbilden. Warum sollte dies nicht auch auf längerfristige phylogenetische Prozesse und gesellschaftliche Entwicklungsstadien übertragbar sein? Vielleicht hat Habermas also mit seiner These Recht und wir müssen tatsächlich um so rationaler werden, je komplizierter und unüberschaubarer unsere Lebenswelt wird? Eine Möglichkeit, diese Frage zu beantworten, läge im Aufgabenbereich empirischer Forschung. Habermas selbst verweist auf Kohlbergs empirische Arbeiten zur Moralentwicklung, bei denen sich allerdings gerade die postkonventionelle Stufe als schwer nachweisbar erwies.[3] Doch vielleicht muss in dieser Richtung nur noch intensiver geforscht werden. Andererseits spricht eine nicht geringe Anzahl von im habermasschen Sinne irrationalen Phänomenen inmitten moderner Lebenszusammenhänge – wie etwa ethnisch aufgeladene Kriege, nationalistische Bewegungen und die un-

3 Die hypothetische Konstruktion der Stufe 6 des „moral musical chair“ einer universalen Prinzipienmoral konnte bekanntlich im Interviewmaterial Kohlbergs nicht bestätigt werden. Die Stufe 5 einer Moral der Gerechtigkeit, bzw. des Gesellschaftsvertrag wurde lediglich bei weniger als der Hälfte der Befragten ausgemacht und das – trotz vergleichbarer Lebensbedingungen – mit einer erheblichen Unterrepräsentiertheit von Frauen. Die empirische und methodologische Kritik an Kohlbergs Ansatz führte zur Infragestellung des Monopols der Moral der Gerechtigkeit (Gilligan 1982).

geminderte Bedeutung religiös-spiritueller Sinnsuche und entsprechender Gruppenbildungen – gegen eine lineare Rationalisierungstendenz moderner Identitätsbildung.

Doch noch grundsätzlicher als die Frage der empirischen Plausibilität von Habermas' Idee postkonventioneller Identitäten scheint mir die innere Widersprüchlichkeit seiner anthropologischen Vorstellung von der sozialen Konstitution des Menschen zu sein. Einerseits ist der Mensch ein Wesen, dessen Identitätsbildung aufs Engste an die Bedingung seiner gesellschaftlichen Umwelt, insbesondere der sich funktional differenzierenden Systeme sowie auch der sich zunehmend komplexer gestaltenden lebensweltlichen Horizonte gebunden ist. Das funktionalistische Vokabular, mit dem Habermas die Wirkung systemischer Differenzierung auf alle anderen sozialen Entwicklungen – lebensweltliche Dezentrierung der Weltbilder bis hin zur Unausweichlichkeit der Herausbildung postkonventioneller Identitäten – behauptet, spricht hier für sich. Habermas Beschreibung des Verhältnisses von systemischer Differenzierung und lebensweltlicher Identitätsbildung ist von der mehr oder minder stillschweigenden Kausalitätsannahme geprägt, derzufolge die Bedingungen systemischer Differenzierung zwingenden Einfluss auf den Vorgang der Identitätsbildung der Akteure haben. Dieser Denkfigur zufolge verhalten sich die Vorgänge der Entstehung individueller Identitäten reaktiv auf die Einflüsse der sich differenzierenden Umwelt. Dies wird insbesondere an dem Umstand deutlich, dass Habermas bis auf seine sprachtheoretischen Ausführungen wenig Überlegungen darüber anstellt, welche produktiven Eigenschaften des Wahrnehmens und Handelns die Akteure in den Prozess der intersubjektiv vermittelten Identitätsbildung mitbringen, obwohl solche Überlegungen in Meads Theorie durchaus angelegt sind.[4] Aus Habermas' Formulierungen ergibt sich so das bekannte sozialdeterministische Bild der Prägung des Menschen durch seine soziale Umwelt.

Andererseits zeichnet Habermas' Rationalisierungstheorie den Menschen als ein Wesen, das die Fähigkeit besitzt, sich in seinem reflexiven Selbstverhältnis von allen Bindungen und normativen Vorstellungen des sozialen Raumes, in dem es sich bewegt, loszulösen. Die Art und Weise, in der Habermas die Konsequenzen fortgeschrittener lebensweltlicher Differenzierung für die Identitätsbildung der Akteure beschreibt, bedeutet einen deutlichen Widerspruch zur funktionalistischen Denkfigur sozialer Plastizität. Betrachtet man die Begriffe, in denen Habermas die Vollzugsweise dieser Loslösung darstellt, näher, so wird deutlich, dass er hier im Kern auf bewusstseinsphilosophische Konzepte zurückgreift. Das, was den Einzelnen die Einnahme einer postkonventionellen Perspektive ermöglicht, ist die durch rationale Entscheidung motivierte Suche nach universalen Prinzipien (Habermas 1983: 137); in seiner Mead-Interpretation fügt Habermas Meads Konzept der reflexiven

4 Vgl. dazu alternativ Hans Joas' (1992; 1989) die „Kreativität des Handelns" betonende Mead-Interpretation.

Selbstbeziehung den Begriff der epistemischen im Gegensatz zur praktischen Selbstbeziehung hinzu und verbindet mit dieser Unterscheidung die These, moderne Akteure seien durch die Folgen zunehmender lebensweltlicher Differenzierung gezwungen, ihre reflexive Selbstbeziehung auf der Ebene eines erkennenden Selbst einzunehmen, also ihre spontanen Handlungen zunehmend erkenntnismäßig zu erfassen und kritisch zu betrachten (ders. 1988: 218ff.). Habermas' Beschreibung moderner Identität basiert so auf der in sich paradoxen anthropologischen Vorstellung des Menschen als einem zur Autonomie gezwungenen Tieres. Rationale Begründung, epistemische Selbstbeziehung und kritische Distanzierung sind Leistungen moderner Subjekte, die diesen letztlich ermöglichen, sich frei und selbstbestimmt von den Einflüssen ihrer gesellschaftlichen Umgebung zu orientieren. Alle drei Begriffe rekurrieren aber auf eine die Gesellschaft übersteigende Größe, nämlich die Vernunft; also eine Größe, der konstitutiv ein Merkmal inhärent ist, das Habermas in seiner Kritik der philosophischen Anthropologie gerade vermeiden wollte: die Universalität einer menschlichen Eigenschaft.

Schluss

Wenn diese Überlegungen in sich stimmig sind, so kommt auch eine Theorie, die sich in ihrem Selbstverständnis von anthropologischen Denkfiguren distanziert, nicht ohne die Annahme eines in bestimmter Weise konturierten Menschenbildes aus. Die Untergründigkeit dieser Anthropologie bringt sie dabei in die Gefahr, unplausible oder gar in sich widersprüchliche theoretische Setzungen zu machen. In der Reaktion auf die postanthropologische Sozialphilosophie wurde in dieser Perspektive von einer Reihe von Autoren deutlich gemacht, dass Annahmen darüber, was das Wesen des Menschen ausmachen könnte, grundlegend für die Plausibilität jeder sozialphilosophischen Theoriebildung sind, weil nur von ihnen ausgehend beurteilt werden kann, welche Formen sozialen Handelns erstrebenswert oder eher zu vermeiden sind und so auch das normative Ziel einer Theorie überhaupt erst überzeugen kann (Honneth/Joas 1980; Shapiro 1990). Es sei daher für den praxisverbundenen Aspekt sozialwissenschaftlichen Denkens fruchtbarer, die anthropologischen oder „naturalistischen" Annahmen, die einer Theorie implizit zu Grunde liegen, auch auszusprechen und zur Diskussion zu stellen. Diese Anmerkungen zielen dabei freilich nicht auf die Forderung einer Rückbesinnung auf die substantialistischen Anthropologien des frühen 20. Jahrhunderts. Habermas hatte diese mit seiner Ideologiekritik zurecht für überwunden erklärt, indem er hervorhob, dass es keine ahistorische Wesenheit des Menschen als Grundlage sozialwissenschaftlicher Theoriebildung zu bestimmen gibt. Die Entscheidung liegt jedoch nicht zwischen Bejahung und Ablehnung von Anthropologie schlechthin, sondern in der Wahl einer angemessenen und das wiederum heißt: einer nichtsubstantialistischen Anthropologie.

Die philosophische Anthropologie Taylors (1989; 1985), in deren Zentrum die Bestimmung des Menschen als ein „self-interpreting animal" steht, ist in dieser Hinsicht von besonderem Interesse. Ihr Ausgangspunkt ist die Überlegung, dass wir als denkende, handelnde und entscheidende Subjekte in unserer alltäglichen Erfahrung wie auch in der sozialwissenschaftlichen Reflexion dieser Erfahrung gar nicht anders können, als ein bestimmtes – immer auch wertendes – Verständnis darüber zu entwickeln, was es heißt, ein menschliches Wesen zu sein. Diese Frage stellt sich dabei nicht im Sinne der abstrakt-objektivierenden Formulierung „Was ist der Mensch?", sondern vielmehr in der engagierten, stets angesichts konkreter Konstellationen und Probleme artikulierten Frage: „Wer bin ich?". Mit dieser Ausgangsbasis ist Taylor gegen den Substantialismusvorwurf gefeit, weil mit ihr vorausgesetzt wird, dass die Konzepte und Begriffe, in denen sie beantwortet wird, nach Problemkonstellationen, historischen Epochen und kulturellen Eigenheiten der Subjekte und Gesellschaften je unterschiedlich ausfallen können. Die spezifischen Inhalte der Antwort auf jenes „Wer bin ich?" bleiben also immer Interpretationssache. Keine Interpretationssache ist dagegen die Notwendigkeit, dass diese Frage gestellt und beantwortet werden muss. Für Taylor bedeutet die Suche nach Möglichkeiten ihrer Beantwortung eine unausweichliche Rahmenbedingung der Identität der menschlichen Person, ohne die diese nicht in der Lage wäre, sich in der Welt denkend und handelnd zurechtzufinden.[5] Taylors philosophische Anthropologie entkommt auf diese Weise nicht nur dem Substantialismus-Einwand, sondern vermag es darüber hinaus, eine philosophisch-anthropologische Rahmung und Konkretisierung für die Behauptung der „grenzenlosen Formbarkeit" und Historizität des Menschen zu bieten. Diese Überlegungen führen dann aber unausweichlich zu einer Revision der anthropologischen Implikationen des Individualisierungsbegriffs. Die Vorstellung, moderne Akteure seien ab einem gewissen Grad lebensweltlicher Differenzierung dazu befähigt, sich in ihrem Denken und Handeln jenseits der kulturell und sozial nahegelegten Interpretamente zu orientieren und ein Stadium moralischer Autonomie zu erreichen, ist mit Taylors Anthropologie nicht nachvollziehbar. Die spezifischen Merkmale des neuzeitlichen Individualismus, die Vorstellungen der Selbstbestimmtheit und der Authentizität der Individuen, sind kein Resultat „echter" Unabhängigkeit und Selbstgenügsamkeit, sondern Ausdruck kulturell gewachsener Wertvorstellungen, die als Antwort auf jenes „Wer bin ich?" gegenwärtige Selbstinterpretationen prägen. „En réalité, la religion de l'individu est d'institution sociale." Mit diesem Ausruf wollte – den Überlegungen Taylors verblüffend nahestehend – bereits der soziologische Klassiker des Individualisierungsbegriffs, Emile Durkheim (1898: 12), den Autonomiegewinn moderner Akteure als Phänomen eines moralischen Individualismus verstanden wissen.

5 Vgl. dazu meine Darstellung dieses zentralen Themas von Taylors Anthropologie in dem Abschnitt „Intentionalität und Wertorientierung", sowie eine umfassendere Darlegung der handlungstheoretischen Grundlagen des Individualisierungsbegriffs in: Kalupner (1999)

Literatur

Beck, Ulrich (1986): *Risikogesellschaft: Auf dem Weg in eine andere Moderne*. Frankfurt/Main.
Beck, Ulrich (Hrsg.) (1997): *Kinder der Freiheit*. Frankfurt/Main.
Beck, Ulrich/Elisabeth Beck-Gernsheim (Hrsg.) (1994): *Riskante Freiheiten*. Frankfurt/Main.
Beck, Ulrich/Peter Sopp (Hrsg.) (1997): *Individualisierung und Integration: Neue Konfliktlinien und neuer Integrationsmodus?* Opladen.
Durkheim, Emile (1893): *De la Division du Travail Social: Etude sur l'Organisation des Sociétés Supérieures*. Paris.
Durkheim, Emile (1898): L'Individualisme et les Intellectuels. In: *Revue Bleue*, quatrième série, X: S. 7-13.
Elias, Norbert (1988): Über den Prozess der Zivilisation*: Soziogenetische und psychogenetische Untersuchungen*. 2 Bd. Frankfurt/Main.
Foucault, Michel (1977): *Überwachen und Strafen. Die Geburt des Gefängnisses*. Frankfurt/Main.
Gehlen, Arnold (1940): *Der Mensch, seine Natur und seine Stellung in der Welt*. Berlin.
Giddens, Anthony (1991): *Modernity and Self-Identity: Self and Society in the Late Modern Age*. Cambridge.
Gilligan, Carol (1982): *In a Different Voice*. Cambridge.
Habermas, Jürgen (1973a): Philosophische Anthropologie. In: Ders.: *Kultur und Kritik*. Frankfurt/Main: S. 89-111.
Habermas, Jürgen (1973b): Stichwort zur Theorie der Sozialisation. In: Ders.*: Kultur und Kritik*. Frankfurt/Main: S. 118-194.
Habermas, Jürgen (1976): Moralentwicklung und Ich-Identität. In: Ders.*: Zur Rekonstruktion des Historischen Materialismus*. Frankfurt/Main: S. 63-91.
Habermas, Jürgen (1983): *Moralbewußtsein und kommunikatives Handeln*. Frankfurt/Main.
Habermas, Jürgen (1988): Individuierung durch Vergesellschaftung. Zu George Herbert Meads Theorie der Subjektivität. In: Ders.: *Nachmetaphysisches Denken: Philosophische Aufsätze*. Frankfurt/Main: S. 187-241.
Habermas, Jürgen (1992): *Faktizität und Geltung: Beiträge zur Diskurstheorie des Rechts und des demokratischen Rechtsstaats*. Frankfurt/Main.
Habermas, Jürgen (1995): *Theorie des kommunikativen Handelns*. 2 Bd. Frankfurt/Main.
Honneth, Axel (Hrsg.) (1993): *Kommunitarismus: Eine Debatte über die moralischen Grundlagen moderner Gesellschaften*. Frankfurt/Main, New York.
Honneth, Axel/Hans Joas (1980): *Soziales Handeln und menschliche Natur: Anthropologische Grundlagen der Sozialwissenschaften*. Frankfurt, New York.
Joas, Hans (1989): *Praktische Intersubjektivität*: Die Entwicklung des Werkes von George Herbert Mead. Frankfurt/Main.
Joas, Hans (1992): *Die Kreativität des Handelns*. Frankfurt/Main.
Joas, Hans (1997): *Die Entstehung der Werte*. Frankfurt/Main.
Kalupner, Sibylle (1999): *Die Grenzen der Individualisierung. Handlungstheoretische Grundlagen einer Zeitdiagnose*. Dissertation der Martin-Luther-Universität Halle-Wittenberg.
Krappmann, Lothar (1971): *Soziologische Dimensionen der Identität. Strukturelle Bedingungen für die Teilnahme an Interaktionsprozessen*. Stuttgart.
Mead, Georg Herbert (1968): *Geist, Identität und Gesellschaft*. Frankfurt/Main.
Mühlmann, Wilhelm E. (1962): *Homo Creator: Abhandlung zur Soziologie, Anthropologie und Ethnologie*. Wiesbaden.

Plessner, Helmuth (1928): *Die Stufen des Organischen und der Mensch.* Berlin.
Rosa, Hartmut (1998): *Identität und kulturelle Praxis: Politische Philosophie nach Charles Taylor.* Frankfurt/Main.
Sandel, Michael (1982): *Liberalism and the Limits of Justice.* Cambridge.
Sandel, Michael (1993): Die verfahrensrechtliche Republik und das ungebundene Selbst. In: Honneth, Axel (Hrsg.): *Kommunitarismus: Eine Debatte über die moralischen Grundlagen moderner Gesellschaften.* Frankfurt/Main, New York: S. 18-35.
Scheler, Max (1930): *Die Stellung des Menschen im Kosmos.* Darmstadt.
Shapiro, Ian (1990): *Political Criticism.* Berkeley u.a.
Simmel, Georg (1984): *Das Individuum und die Freiheit*: Essais. Berlin.
Simmel, Georg (1992): Die Erweiterung der Gruppe und die Ausbildung der Individualität. In: Ders.: *Soziologie: Untersuchungen über die Formen der Vergesellschaftung.* Frankfurt/Main, S. 791-863.
Taylor, Charles (1985): *Philosophical Papers.* 2 Bd. Cambridge.
Taylor, Charles (1985a): Atomism. In: Ders.: *Philosophical Papers.* Bd. 2. Cambridge: S. 187-210.
Taylor, Charles (1986): Sprache und Gesellschaft. In: Honneth, Axel/Hans Joas (Hrsg.): *Kommunikatives Handeln: Beiträge zu Jürgen Habermas' Theorie des kommunikativen Handelns.* Frankfurt/Main: S. 35-52.
Taylor, Charles (1988): *Negative Freiheit? Zur Kritik des neuzeitlichen Individualismus.* Frankfurt M.
Taylor, Charles (1989): *Sources of the Self: The Making of Modern Identity.* Cambridge.

Matthias Junge

Solidarität als Ordnung der Moderne und die Ordnungspluralität der Postmoderne[1]

Moderne und Modernität können formal durch das Merkmal der Veränderbarkeit (Kaufmann 1986) definiert werden. Diese Kennzeichnung kann in inhaltlicher Hinsicht durch die Angabe zentraler Paradoxien (Münch 1991) der Moderne präzisiert werden. Paradoxien erscheinen dann als ein beständiger Entwicklungsmotor der Vergesellschaftung und der gesellschaftlichen Modernisierung, denn sie können praktisch nicht aufgelöst und theoretisch keiner endgültigen logischen Lösung zugeführt werden. Sie erfordern einerseits immer neue individuelle und soziale Anstrengungen zu ihrer Bewältigung, andererseits stellen sie für die Soziologie eine dauerhafte Herausforderung zur Entwicklung theoretischer Reflexionen der zentralen Paradoxien der Moderne und zur Konstruktion von Modellen der Paradoxiebewältigung dar.

1. Die moderne Ordnung der Ambivalenzbewältigung: Solidarität

Bereits Emile Durkheim suchte in „Über soziale Arbeitsteilung" eine theoretische Lösung für eine von ihm bemerkte Paradoxie des Vergesellschaftungsprozesses – „Wie geht es zu, daß das Individuum, obgleich es immer autonomer wird, immer mehr von der Gesellschaft abhängt? Wie kann es zu gleicher Zeit persönlicher und solidarischer sein?" (Durkheim 1988: 82) –, indem er zu zeigen versuchte, dass eine Auflösung dieser „scheinbaren Antinomie" (ebd.: 82) durch die Annahme eines wechselseitigen Steigerungsverhältnisses von individueller Autonomie und sozialer Solidarität möglich ist (Di Fabio 1991). Wenngleich heute die Annahme eines Steigerungsverhältnisses nicht mehr unumstritten ist und immer häufiger die Problematik einer Erosion sozialer Solidarität durch Individualisierungsprozesse erörtert wird (Heitmeyer 1997; Teufel 1996), so besteht doch die von Durkheim bemerkte Paradoxie weiter. Ihre für die Gegenwart verbindliche Formulierung hat sie

1 Gefördert durch die Volkswagen-Stiftung.

von Alan Wolfe (1989: 5) erhalten: „The paradox of modernity is that the more people depend on one another owing to an ever-widening circle of obligations, the fewer are the agreed-upon guidelines for organizing moral rules that can account for those obligations." In zeitdiagnostischer Absicht befassen sich mit der Lösung dieser Problematik auch die hier in vergleichender Absicht im Folgenden im Mittelpunkt stehende Individualisierungsthese von Ulrich Beck und die kommunitaristische Sozialtheorie.[2] Beide Diskussionslinien gehen von der Zentralität der Paradoxie der Modernität für den Vergesellschaftungsprozess aus und suchen Wege ihrer Bewältigung. Sie fassen dabei die Paradoxie der Moderne als Ursache individueller und sozialer Ambivalenzen zwischen konträren Handlungsorientierungen oder Bewertungsalternativen auf und versuchen, individuelle und soziale Möglichkeiten der Ambivalenzbewältigung aufzuzeigen. Wenngleich die kommunitaristische Sozialtheorie eine Verfallsgeschichte des Individuums skizziert und die Individualisierungsthese eine Möglichkeitsgeschichte des Individuums entwickelt (Junge 1999), konzentrieren sich beide Diskussionsstränge auf Solidarität, die Neuentstehung von Solidarität oder die Wiedergewinnung von Solidarität als verbindliche soziale Ordnung der Ambivalenzbewältigung. Sie folgen einer soziologischen Tradition, die sich auf die Frage nach der Erzeugung sozialer Solidarität (Bayertz 1998; Hondrich/Koch-Arzberger 1992) als Integrationsmechanismus der Gesellschaft und damit als maßgebliche Ordnung der Ambivalenzbewältigung festgelegt hat, ohne nach Chancen nicht-solidarischer Ordnungen der Ambivalenzbewältigung zu fragen.

Mit der gesellschaftlichen Transformation von der Moderne zur Postmoderne, die korrekter als „postmoderne Moderne" (Welsch 1987) zu kennzeichnen wäre, weil sie ein Bewegungsmoment in der Moderne ist und ihr zugehört, wird die unterstellte gesellschaftliche Bedeutung einer Ordnung der Solidarität für den gesellschaftlichen Zusammenhalt zweifelhaft. Die Postmoderne, die durch eine Zunahme gesellschaftlicher Ambivalenzen auf Grund des Versagens des modernen gesellschaftlichen Ordnungsstrebens gekennzeichnet werden kann (Bauman 1995b), lässt die Instabilität von Solidarität als Voraussetzung gesellschaftlicher Ordnung und die Entstehung einer Pluralität gesellschaftlicher Ordnungen sichtbar werden. Solidarität wird in der Postmoderne zu einer schwachen „Chance dritten Grades" (ebd.: 313). Diese Vermutung führt zu der Frage: Welche gesellschaftlichen Ordnungen treten neben oder an die Stelle der brüchig werdenden Ordnung der Solidarität? Geht man in der Beantwortung dieser Problemstellung von der Zentra-

2 Eine Diskussion theoretischer und empirischer Aspekte der Individualisierungsthese findet sich vor allem in Beck/Sopp (1997) und Friedrichs (1998), eine Rekonstruktion zentraler Aussagen bietet Junge (1996). Für einen Überblick zur kommunitaristischen Sozialtheorie siehe Honneth (1993) und Reese-Schäfer (1994), zur Begründung der Annahme einer einheitlichen Struktur der Vielzahl von Ansätzen innerhalb der kommunitaristischen Sozialtheorie vgl. Junge (1998).

lität unterschiedlicher Möglichkeiten der Ambivalenzbewältigung im Vergesellschaftungsprozess aus, dann werden Alternativen zur Ordnung der Solidarität als Ambivalenzbewältigung analysierbar und die Entwicklung einer der Flüssigkeit postmoderner Vergesellschaftungszusammenhänge angemessenen Konzeption sozialer Ordnung als Ordnungspluralität möglich.

1.1 Kommunitaristische Sozialtheorie und die Krise der Moralökologie

Die kommunitaristische Sozialtheorie geht konzeptionell von der Grundspannung zwischen sozialer Ordnung und individueller Autonomie aus. Sie führt bereits am Ausgangspunkt der Theoriekonstruktion das Phänomen der Ambivalenz in das sozialtheoretische Modell ein und erlaubt die Ableitung der gesellschaftlichen Entwicklungsdynamik aus der Bearbeitung dieser Grundspannung. Ambivalenz wird dabei im Konzept der „inversen Symbiose" (Etzioni 1997: 64) – die Annahme, dass „das Verhältnis von Ordnung und Autonomie aus einer sich gegenseitig verstärkenden Beziehung" in eine Relation umschlägt, „in der sie in Widerspruch zueinander geraten" (ebd. S. 65) – grundlagentheoretisch im Sinne eines Permanenzverständnisses von Ambivalenz verwendet. Ambivalenz ist ein dauerhaft notwendiger Bestandteil der Konstitution von Sozialität aus der Grundspannung von Autonomie und Ordnung. Sie manifestiert sich als Spannung zwischen republikanischem – Gemeininteressen und Eigeninteressen zugleich berücksichtigendem – und utilitaristischem – nur am Eigeninteresse orientiertem – Individualismus als Formen der kulturellen Selbstbeschreibung (Bellah et al. 1985: 335f.).

Die aus der Spannung von Ordnung und Autonomie erwachsende Problematik der Ambivalenzbewältigung wird durch die Temporalisierung des Steigerungsverhältnisses in Form einer zyklischen Ablösung der jeweils dominierenden kulturellen Orientierung am republikanischen oder utilitaristischen Individualismus bewältigt. Sobald in diesem Modell die Ambivalenz zwischen den Orientierungsalternativen durch das Abrücken von der Gleichgewichtigkeit der Orientierungen reduziert wird, gerät die Moralökologie, genauer, die gesellschaftliche Moralökologie der Ambivalenz, in Gefahr. Die gesellschaftliche Entwicklungsdynamik kommt zum Erliegen, wenn die sozial notwendige Ambivalenzmenge zerstört wird.[3] Eine gesellschaftspolitische Hauptaufgabe besteht daher für den Kommunitarismus darin, dass ein hinreichendes Maß an gesellschaftlicher Ambivalenz gewährleistet wird, um die moralökologische Bilanz ausgeglichen zu halten. Maximale Ambivalenz des

3 Die Konzeption von Ambivalenz als Mengenphänomen versteht Menge nicht im Sinne einer methodisch kontrollier- und messbaren Menge, sondern als Metapher. Sie bringt zum Ausdruck, dass Bewertungssituationen von Individuen oder Beobachtern vage als mehr oder weniger ambivalenzhaltig markiert werden, ohne dass ein objektiver Maßstab für diese Bewertung gegeben ist.

Vergesellschaftungsprozesses und damit auch maximale Dynamik bei gleichzeitiger maximaler Stabilität ist gegeben, wenn republikanischer und utilitaristischer Individualismus gleichgewichtige Orientierungsalternativen sind.

Die Krise der Moralökologie resultiert aus der Überhandnahme des utilitaristischen Individualismus, der die Gleichgewichtigkeit zwischen den zwei kulturellen Deutungsangeboten des Individualismus zerstört. Deshalb hat Robert Wuthnow zur Behebung des Unbehagens an den modernen Lebensbedingungen nach dem Verlust des Orientierungsgleichgewichts konsequenterweise vorgeschlagen, dass zur Stabilisierung der Moralökologie die Wiedergewinnung der notwendigen Ambivalenz angestrebt werden sollte: „to rediscover the moral ambivalence toward economic pursuits that lies deep within our own tradition." (Wuthnow 1996: 59) Der Aufruf zur Etablierung kommunitärer Bewegungen als Reaktion auf die überhand nehmende Orientierung am utilitaristischen Individualismus ist die Aufforderung zum Aufbau sozialer Bewegungen mit dem Ziel der Ambivalenzerzeugung, um eine im Zeitverlauf ausbalancierte Ambivalenz zwischen den kulturellen Orientierungspolen herzustellen.

Aber hinter dieser Forderung verbirgt sich ein grundlegendes Problem der kommunitaristischen Sozialtheorie. Obwohl konzeptionell der republikanische Individualismus als Einheit aus Gemein- und Eigenwohlorientierung verstanden wird, wird er in der gesellschaftspolitischen Forderung Wuthnows auf die Gemeinwohlorientierung reduziert und seine inhärente Ambivalenz übergangen. Damit ist der Vorschlag von Wuthnow mit der Paradoxie behaftet, dass die Wiedergewinnung von Ambivalenz zugleich zu einer Zerstörung von Ambivalenz beiträgt, weil letztlich ein kohärentes kulturelles Deutungssystem auf der Basis des verkürzt verstandenen republikanischen Individualismus angestrebt wird, ohne dessen innere Ambivalenz als Einheit aus Eigen- und Gemeinwohlorientierung noch zu berücksichtigen. Diese Paradoxie von Ambivalenzerzeugung und Ambivalenzzerstörung kommt auch im Traditionsverständnis der kommunitaristischen Sozialtheorie zum Ausdruck. Tradition bedeutet in ihr den Rückgriff auf gesicherte, gemeinsam geteilte Werte, Normen und Erfahrungen. Gemäß der Begriffsbestimmung von David Gross (1992) ist Tradition etwas Hergekommenes, Überliefertes, ein eigenständiger Wert, den es im Rahmen der Mitgliedschaft innerhalb einer Gemeinschaft oder einer zivilgesellschaftlichen Assoziation fraglos anzuerkennen gilt, andernfalls die Mitgliedschaft verloren zu gehen droht. Das Konzept führt durch die unterstellte Fraglosigkeit von Tradition die Konnotation mit sich, eine Zerstörungsform von Ambivalenz zu sein, denn Tradition ist ein Weg, „Konfrontationen zwischen unterschiedlichen Werten und Lebensformen zu vermeiden" (Giddens 1996: 189), d.h. ein Weg der Ambivalenzvermeidung, weil Ambivalenzen Alternativen voraussetzen. Insgesamt ist auch die Strategie der Revitalisierung von Tradition zur Stabilisierung der Moralökologie paradox, weil Ambivalenzerzeugung zugleich eine Form von Ambivalenzzerstörung durch die Möglichkeitsräume „schließende" Tradition ist.

1.2 Privatisierung der Ambivalenz und der altruistische Individualismus

Ambivalenz ist auch in der Theorie der reflexiven Modernisierung und der darin enthaltenen Individualisierungsthese das zentrale Merkmal der Kennzeichnung von hochentwickelten Gegenwartsgesellschaften, denn die reflexive Moderne ruht auf dem „historischen Apriori der Ambivalenz" (Beck 1993: 195). Diese kommt im die Gleichzeitigkeit konträrer Momente der gesellschaftlichen Wirklichkeit betonenden „und" zum Ausdruck, welches das rigide „entweder-oder" durch das „zugleich" ersetzt. Die reflexive Moderne ist von Ambivalenz durchtränkt: „Wir leben im Zeitalter des *und* – was heißt: der Ambivalenz." (ebd.: 27, Herv. i. O.) Eine Ursache für Ambivalenz ist, dass Risiken und Risikoabschätzungen notwendigerweise in „Dezisionismus" führen und zur „Anerkennung von Ambivalenz" (ebd.: 4) aufrufen. Zudem erzeugt die Spannung zwischen einer industriellen Moderne und der in ihr entstehenden „zweiten" Moderne, „deren Konturen unscharf sind, weil in ihr das *und*, seine Dilemmata und Ambivalenzen, regieren" (ebd.: 59, Herv. i. O.), Ambiguitäten, die zu „Ambivalenz und Vakuum" (ders. 1997: 33) individueller Orientierungen in der reflexiven Moderne führen. Aus der Modernisierung der Vergesellschaftung resultieren kognitive Ambiguitäten, weil den Individuen angesichts der Pluralisierung der möglichen Beschreibungen der Gegenwart kein eindeutiger Zuordnungsrahmen gegenüber der Gleichzeitigkeit von halbierter und durchgesetzter Moderne in der „zweiten" Moderne zur Verfügung steht. Das Individuum wird zum Träger der Möglichkeiten der Ambivalenzbewältigung, weil es kognitive Ambiguitäten der Orientierung zwischen den beiden Modi der Moderne auflösen muss, ohne dabei schon auf entwickelte institutionalisierte Formen zur Bewältigung dieser Ambivalenz zurückgreifen zu können. Das Individuum wird zum Schlüssel der Bewältigung gesellschaftlich erzeugter Ambivalenzen. Aber ohne stabile institutionelle und kulturelle Orientierungsformen bleibt nur die individuelle Ambivalenzbewältigung zurück, die zur Privatisierung der Ambivalenz führt.

Privatisierung der Ambivalenz hat in den Überlegungen von Ulrich Beck eine Doppelbedeutung. Einerseits bezeichnet sie das Eindringen gesellschaftlicher Ambivalenz in den privaten Lebensbereich, der zum Austragungsort gesellschaftlicher Konflikte, etwa des Gender-Konflikts, wird. Andererseits bezeichnet Privatisierung der Ambivalenz die Form der Bewältigung der durch die gesellschaftliche Transformation erzeugten Ambivalenzen, die sich zu einer solidarischen Ambivalenzbewältigung verdichten kann, wenn das Individuum zivilgesellschaftliches Engagement eingeht oder sich aktiv am Aufbau und der Gestaltung von sozialen Netzwerken oder im Rahmen von „Bürgerarbeit" (ders. 1999: 122ff.) beteiligt. Folgerichtig entwickelt Beck gesellschaftspolitische Vorschläge zur Stabilisierung der Möglichkeiten der Ambivalenzbewältigung: subjektivistisch aufgefasste Subpolitik (ders. 1993),

„Code-Synthesen“ (ebd.: 176) und die Hoffnung auf einen „altruistischen Individualismus“ (ders. 1997: 19) etwa in Form der o.g. „Bürgerarbeit“. Bürgerarbeit stellt dabei genau wie die kommunitaristische Idee des „republikanischen Individualismus“ die Einheit von Eigeninteresse und „Arbeit für das Gemeinwohl“ (ebd.: 131) her, „der Sozialfigur nach sozusagen eine Verbindung zwischen Mutter Teresa und Bill Gates“ (ebd.). Diese Konzepte schließen allerdings, obwohl die Idee der Privatisierung der Ambivalenzbewältigung sowohl die Konzeption individualisierter wie auch solidarischer Ambivalenzbewältigung erlaubt, an die klassische Fixierung auf Solidarität als entscheidender Ordnung der Ambivalenzbewältigung an und geben zuletzt der solidarischen Ambivalenzbewältigung den Vorzug vor alternativen Möglichkeiten. Besonders deutlich kommt das in der Annahme zum Ausdruck, dass Individualisierungsprozesse auch zu neuen „Möglichkeiten der Herstellung von sozialen Bindungen und Verbindlichkeiten“ (ders. 1993: 159) führen, weil Individualisierung zweierlei bedeutet: „Freisetzung von traditionalen Gemeinschaftsbindungen und reaktive, sekundäre Einbeziehung in neue Vergemeinschaftungsprozesse.“ (Lau 1988: 219) Der letztgenannte Prozess soll Entstehungsräume eines „solidarischen Individualismus“ (Berking 1994) oder eines „altruistischen Individualismus“ öffnen, die Einheit von „an sich selbst zu denken und für andere da zu sein“ (Beck 1997: 19).

Diese Argumentation unterschätzt die Solidarität sprengenden Wirkungen der Individualisierung und fällt zudem in das klassische Muster der Idee der Integration durch soziale Banden zurück, ohne die theoretischen Chancen der Idee der Privatisierung der Ambivalenz zu nutzen. Die innere Widersprüchlichkeit des Individualisierungsprozesses wird konzeptionell durch die Reintegrationsdimension negiert und die Analysen der Auswirkungen von Freisetzung und Entzauberung von Anfang an in das klassische Fahrwasser einer angenommenen Verträglichkeit von Individualisierung und Solidarität geführt, ohne noch die möglichen Solidarität sprengenden Wirkungen von Individualisierung zu beachten. Für die auf sekundäre Vergemeinschaftung gesetzte Hoffnung wird allerdings, außer der prima facie Plausibilität, keine Begründung gegeben und die mit Individualisierung auch einhergehende Anomisierung und Vereinzelung stillschweigend übergangen.[4] Die Reintegrationsdimension, die Annahme sekundärer Vergemeinschaftungsprozesse, zwingt Beck in der Auseinandersetzung mit gesellschaftlich erzeugten Ambivalenzen zur Revitalisierung des klassischen Konzeptes von Solidarität als Mittel der Bewältigung gesellschaftlicher Ambivalenzen. Wenn aber das Individuum in seiner privatisierten Ambivalenzbewältigung ein Motor der Vergesellschaftung sein soll, so kann nicht mehr fraglos unterstellt werden, dass

4 Die gleiche Argumentationsstrategie hatte bereits Durkheim nach seiner Selbstmordstudie (1987) zur Revision der ursprünglichen optimistischen Argumentationslinie der „Arbeitsteilung“ (1988) bezüglich des Zusammenhangs von Individualisierung und Solidarität in einem neuen Vorwort genötigt.

die Individuen sich des altruistischen Individualismus bedienen, um Ambivalenzbewältigung durch die Erzeugung einer über Solidarität konstituierten sozialen Ordnung zu leisten.

2. Die Ordnungspluralität der Postmoderne

Die kommunitaristische Sozialtheorie und die Individualisierungsthese verwenden ein gemeinsames Grundmuster der Argumentation: Sie konzipieren Ambivalenzbewältigung hauptsächlich als solidarische Ambivalenzbewältigung. Dieses Denkmuster reaktualisiert die klassische Vorstellung einer eher statischen Ordnungskonzeption, die von einer einzigen durch Solidarität integrierten Ordnung der Ambivalenzbewältigung ausgeht. Demgegenüber ist festzuhalten, dass der Zusammenhang von Individualisierung und der Entstehung neuer Wahlsolidaritäten eine Möglichkeit ist. Sie ist keine Notwendigkeit und keine funktionale Voraussetzung der Vergesellschaftung. Solidarität ist eine Chance, nicht mehr und nicht weniger. Wenn man hier ansetzt, ist Solidarität nur eine unter vielen möglichen Ordnungen der Ambivalenzbewältigung. Wie kann diese Vorstellung konzeptionell konkretisiert werden?

Eine Möglichkeit liegt im Rückgriff auf ein von Georg Simmel (1992) entwickeltes und später von Zygmunt Bauman (1995a; 1995b) fortgeschriebenes Denkmuster. Sie suchen mit Hilfe der Konzepte von Synchronizität (Lichtblau 1994) und Individualisierung (Junge 1997) der sich aus einem elementaren Vergesellschaftungsdualismus (Nedelmann 1980) ergebenden Ambivalenz (dies. 1992) auf die Spur zu kommen. Damit wird die Chance zur Konzeptualisierung von Ordnung als Ordnungspluralität, als Pluralität synchroner Ordnungen[5] der Ambivalenzbewältigung, eröffnet und die Erfassung nicht-solidarischer Ordnungen der Ambivalenzbewältigung denkbar.

Synchronizität zielt nicht auf das Nacheinander eines im kausalen Sinne zu verstehenden Zusammenhangs, sondern sucht die Gleichzeitigkeit sozialer Phänomene zu erfassen, wie es beispielhaft in Simmels Konzept der Wechselwirkung vorgeführt wird. Simmels und Baumans Interesse an Individualisierung steht im Gegensatz zur Fokussierung auf Verallgemeinerung, d.h. auf Solidarität und soziale Banden als Form der Ordnungsbildung, wenngleich beide darauf hinweisen, dass Individualisierung und Verallgemeinerung dialektisch aufeinander bezogene Pole der Vergesellschaftung sind. Ambivalenz schließlich ist in beiden Ansätzen ein Grundsachverhalt von Vergesellschaf-

---

5 Auch Max Weber (1985: 16) ging von der Möglichkeit einer Pluralität synchroner Ordnungen aus – „Es macht der Soziologie keine Schwierigkeiten, das Nebeneinandergelten verschiedener, einander widersprechender Ordnungen innerhalb des gleichen Menschenkreises anzuerkennen. Denn sogar der Einzelne kann sein Handeln an einander widersprechenden Ordnungen orientieren." – und betont, das Bestehen sozialer Beziehungen „besagt [...] nichts darüber: ob ‚Solidarität' der Handelnden besteht oder das gerade Gegenteil" (ebd.: 13).

tungsprozessen. Sie ergibt sich bei Simmel aus einem elementaren Dualismus, der Vergesellschaftung konstituiert und dynamisiert, während sie in Baumans Überlegungen sprachtheoretisch, und damit ohne die metaphysischen Annahme Simmels, aus dem notwendigen Versagen der Klassifikationsfunktion der Sprache abgeleitet wird.

Die Zentralität von Ambivalenz für den Vergesellschaftungsprozess und die Konstitution einer Pluralität von Ordnungen lässt sich mit Hilfe eines Rückgriffes auf ein sprachtheoretisches Verständnis sozialer Ordnung erfassen. Soziale Ordnungen können als durch den Gebrauch eines Sprachspiels (Wittgenstein 1989) konstituiert angesehen werden. Die Rekonstruktion sozialer Ordnungen als Praxis von Sprachspielen muss berücksichtigen, dass Ambiguität, Mehrdeutigkeit, ein grundsätzliches Merkmal jeder über Sprachspiele konstituierten Kultur ist, weil es keine feststehende Wortbedeutung gibt, sondern diese immer mit „systematischer Ambiguität" (Winch 1974: 39) verbunden ist. Diese Mehrdeutigkeit geht in Ambivalenz, Mehrwertigkeit, über, wenn kulturelle Sprachspiele der individuellen Orientierung des Handelns oder Erlebens dienen. Über Sprachspiele konstituierte soziale Ordnungen sind einerseits inhärent ambivalent, weil die Sprachspiele nicht eindeutig sind, andererseits konstituiert eine Pluralität von Sprachspielen Ambivalenz zwischen differenten Sprachspielen, weil für denselben Bereich verschiedene Sprachspiele zur Verfügung stehen und sich überlagern (Welsch 1996: 414). Deshalb kann der Vergesellschaftungsprozess auch als Prozess der Erzeugung von Ordnungen der Ambivalenzbewältigung aufgefasst werden. Das sprachtheoretische Verständnis sozialer Ordnung verändert auch die Konzeption des Zusammenhangs von Ordnung und Autonomie. Sie sind dann „not necessarily antagonistic" (Murphy 1988: 603), vielmehr fällt die Konstitution von Ordnung in die Autonomie der Wahl eines Sprachspiels zurück und befreit konzeptionell das Individuum aus seiner Rolle als Anhängsel einer Ordnung (ders. 1989: 19).

Die konzeptionelle Befreiung des Individuums durch ein sprachtheoretisches Verständnis sozialer Ordnung kann mit einer wissenssoziologischen Interpretation des Modernisierungsprozesses als Übergang von der Moderne zur Postmoderne auch historisch verständlich gemacht werden. Die Moderne, verstanden als Streben nach Ordnung und Beseitigung von Ambivalenz, legitimierte sich durch eine einheitliche und umfassende Metaerzählung (Lyotard 1986). Diese beanspruchte, die einzig mögliche Erzählung zu sein und ließ keine Alternative zu. Entscheidend ist, dass diese Erzählung den Zweifel ausschließt und unverbrüchliche Sicherheit zu gewähren scheint. Vor allem zwei gesellschaftliche Entwicklungsprozesse stabilisieren die Moderne: einerseits die entstehenden Nationalstaaten (Bauman 1995a), die den Anspruch auf Ordnungserzeugung innerhalb ihrer räumlichen Ausdehnung durchsetzen; andererseits der zur Selbstdisziplinierung und Affektkontrolle führende Zivilisationsprozess (Elias 1976). Beiden Prozessen ist gemeinsam, dass sie Formen der Ambivalenzkontrolle sind. Der Nationalstaat, weil es innerhalb seiner Grenzen nur eine legitimierte Ordnungsinstanz gibt und Ambivalenz erzeugende Alternativen zu dessen Ordnungsanspruch ausgeschlossen werden. Affektkontrolle, weil diese den Ort der Erfahrung und des Erlebens von Ambivalenz einer Ordnung unterwirft und so nicht nur das menschliche Gewaltpotential diszipliniert, sondern auch ambivalente Affekte zu vermeiden hilft.

Beide Strategien der Vermeidung und Beseitigung von Ambivalenz geraten unter Druck, wenn die Legitimität der Metaerzählung in Zweifel gezogen wird und an ihre Stelle eine Vielfalt gleichberechtigter Erzählungen tritt. Dadurch werden Alternativen freigesetzt, die eine individuelle Wahl zwischen den verschiedenen Deutungsangeboten herausfordern und vermehrt Ambivalenz auftreten lassen. Begleitet wird dieser Übergang in die Postmoderne, das Zeitalter der Ambivalenz, wieder durch zwei gesellschaftliche Entwicklungsprozesse: einerseits der Globalisierungsprozess, der zur Denationalisierung führt und den Ordnungsanspruch der Nationalstaaten abschwächt (Zürn 1998); andererseits ein Informalisierungsprozess der Affektkontrolle (Wouters 1979). Beiden Prozessen ist gemeinsam, dass sie Ambivalenzen aufbrechen lassen, die in der Moderne noch kontrolliert werden konnten. Globalisierung und Denationalisierung, weil die Nationalstaaten ihren Ordnungsanspruch nur noch begrenzt und in Rivalität mit anderen weltgesellschaftlichen Instanzen durchsetzen können. Informalisierung, weil die Lockerung der Affektkontrolle den Ort der Erfahrung von Ambivalenz für diese Erfahrung wieder freigibt. Diese Freisetzung von Ambivalenz führt dazu, dass Solidarität, d.h. eine durch eine einheitliche Metaerzählung abgestützte soziale Ordnung, zu einer unter vielen Ordnungen der Ambivalenzbewältigung wird. Im Zuge der Transformation zur Postmoderne treten andere Ordnungen neben die Ordnung der Solidarität. Damit ist, das sei wegen möglicher Missdeutungen betont, nicht gesagt, dass die Ordnung der Solidarität im Vergesellschaftungsprozess belanglos wird. Aber sie ist nicht mehr die dominierende Metaerzählung der Ambivalenzbewältigung. Sie steht nun vielmehr mit vielen anderen Ordnungen der Ambivalenzbewältigung in Konkurrenz. Beispiele dafür sind „posttraditionale Gemeinschaften" (Giddens 1996), „imaginierte Gemeinschaften" (Bauman 1995a), „reflexive Gemeinschaften" (Lash 1996), aber auch Simmels Idee vom „Individuellen Gesetz" (1987) oder Baumans (1993) Überlegungen zur Ethik radikaler Alterität.

Wie kann nun, ausgehend von der Zentralität von Ambivalenz für den Vergesellschaftungsprozess, das Konzept der Ordnungspluralität entfaltet werden? Einen Vorschlag hierzu skizziert das folgende Modell. Dessen Ausgangspunkt ist die Annahme, dass jede Ambivalenzbewältigung inhärent ambivalent ist, weil die alternativen Sprachspiele weiterhin existent bleiben und eine beständige Infragestellung des gewählten Bewältigungsversuchs darstellen. Alternative Sprachspiele konfrontieren notwendigerweise mit der Erfahrung von Ambivalenz, d.h. der gleichzeitigen Gegebenheit gegensätzlich bewerteter Erlebens- oder Handlungsorientierungen auf der individuellen oder institutionellen Ebene. Zur Erfassung der Ordnungen der Ambivalenzbewältigung wird in dem Modell analytisch zwischen individuellen Handlungsmotiven und institutionalisierten Leitideen der Vergesellschaftung der Ambivalenzbewältigung differenziert. Innerhalb der Handlungsmotive können analytisch Ambivalenzkontrolle und Ambivalenzakzeptanz unterschieden werden. Ambivalenzkontrolle versucht durch Exklusion alternativer Wertpräferenzen der Orientierung die Dauerhaftigkeit der Distanzierung von Ambivalenz zu sichern. Ambivalenzakzeptanz hingegen zielt auf die Inklusion alternativer Wertpräferenzen in die Orientierung, d.h. auf eine durch Ambivalenz ermöglichte Öffnung von Möglichkeitsräumen des Handelns. Innerhalb der Leitidee der Vergesellschaftung der Ambivalenzbewältigung können analytisch die Leitideen solidarischer und privatisierter, d.h. individualisierter Vergesellschaftung der Ambivalenzbewältigung unterschieden werden. Durch Kreuztabellierung beider Dimensionen entsteht eine Vierfeldertafel von Ordnungen der Ambivalenzbewältigung:

Abbildung: Leitideen, Handlungsmotive und Ordnungen der Ambivalenzbewältigung

		Handlungsmotiv	*Handlungsmotiv*
		Ambivalenz-kontrolle	**Ambivalenz-akzeptanz**
Leitidee der Vergesellschaftung	**Solidarische Ambivalenz-bewältigung**	Ordnung der Solidarität Beispiel: Tradition, Gemeinschaft	Ordnung der Toleranz Beispiel: Diskurs
Leitidee der Vergesellschaftung	**Privatisierte Ambivalenz-bewältigung**	Ordnung der Freiheit Beispiel: imaginierte Gemeinschaft	Ordnung der Verantwortung Beispiel: Ethik radikaler Alterität

Die Benennung der vier Ordnungen der Ambivalenzbewältigung – Solidarität, Toleranz, Freiheit und Verantwortung – gibt ihren dominierenden, präferierten Wertbezug wieder. Die Ordnungsnamen bezeichnen keine spezifischen Vorstellungen der gewählten Ambivalenzbewältigung, diese ergeben sich erst durch Auseinandersetzungen innerhalb der Ordnungen um ein konkretes Wertverständnis. Diese Feststellung impliziert, dass nicht nur die unterschiedlichen Ordnungen der Ambivalenzbewältigung untereinander die Erfahrung von Ambivalenz hervorrufen, sondern dass auch die einzelnen Ordnungen der Ambivalenzbewältigung inhärent ambivalent sind, wenn alternative Deutungen des dominierenden Wertbezuges gegeben sind. Die Ordnungen der Ambivalenzbewältigung konstituieren ein horizontales und vertikales Ordnungskontinuum. Der Wertbezug kann in der vertikalen Dimension als individuelle Maxime der Orientierung des Handelns aufgefasst werden, aber auch die Leitidee einer institutionellen Ordnung bezeichnen; und in der horizontalen Dimension sind die Abgrenzungen zwischen den spezifischen Vorstellungen der Wertbezüge der einzelnen Ordnungen fließend.

Die vier Ordnungen können durch den Namen gebenden präferierten Wertbezug und der darin implizierten Vorstellung der sozialen Ordnung beschrieben werden. Die Ordnung der Solidarität entspricht dem von Anthony Giddens (1991) skizzierten Konzept emanzipatorischer Politik. Gleichheit und Gerechtigkeit spielen in dieser Ordnung eine hervorgehobene Rolle, weil sie soziale Banden über die schwachen Bindungswirkungen der Einsicht in wechselseitige Abhängigkeit hinaus noch mit der bindenden Wirkung von Ansprüchen und Anrechten an die solidarische Gruppe unterstützen. Die Ordnung der Freiheit lässt sich anhand von Versuchen zur Explikation einer Politik der Lebensführung beschreiben, ihr Freiheitsverständnis entspricht der durch Isaiah Berlin (1997) beschriebenen Konzeption der auf Selbstrealisierung zielenden „positiven" Freiheit. Diese Ordnung stellt grundlegende Prämissen der Ordnung der Solidarität in Frage, weil Selbstverwirklichung im Gegensatz zur Gleichheitsprämisse der Ordnung der Solidarität steht.[6] Die Ordnung der Toleranz kann beispielhaft an der Theorie des kommunikativen Handelns von Jürgen Habermas (1981), und dabei vor allem an der idealen Sprechsituation als symmetrischer Verteilung von Chancen zur Wahl von Sprechakten (1971), expliziert werden. Entscheidend ist hier der Begriff der Chancengleichheit, der identische Redebedingungen kennzeichnet und implizit Gleichheit in der Differenz als Ausgangspunkt für den idealen Diskurs ansetzt. Das Schwergewicht liegt auf der Betonung der Anerkennung von Verschiedenheit auf der Basis grundlegender Gleichheit.[7] Die Ordnung der Verantwortung schließlich kann durch die Überlegungen Baumans zur Ethik radikaler Alterität dargestellt werden (1993). In dieser konstituiert die Übernahme der Verantwortung für den Anderen eine kontingente Ordnung, die Toleranz und Solidarität als Chance enthält, aber weder Gleichheit noch Gleichheit in der Differenz kennt, sondern Differenz ist.

Das Verständnis der Vergesellschaftung als Prozess der Konstitution einer Pluralität synchroner Ordnungen führt, normativ gewendet, zur Forderung nach Anerkennung der Pluralität von Vorstellungen der Ambivalenzbewältigung, die verallgemeinert als Anerkennung von „plural equality" (Friedman 1999: 173) gekennzeichnet werden kann. Deren Verwirklichung öffnet Raum für die Koexistenz unterschiedlicher Ordnungen der Ambivalenzbewältigung, indem po-

---

6 Dieser Gegensatz zwischen beiden Ordnungen kommt in der Wertewandelforschung besonders deutlich zum Ausdruck. Die Gegenüberstellung von materialistischen und postmaterialistischen Wertmustern (Inglehart 1997) korrespondiert der Gegenüberstellung der Ordnungen von Solidarität und Freiheit.

7 Um den Umfang dieser Gleichheit in der Differenz wird etwa in der Diskussion über den Multikulturalismus unter dem Schlagwort der „Politik der Anerkennung" gestritten (Taylor 1993).

litische Rahmenbedingungen für den Vergesellschaftungsprozess bereitgestellt werden, die Ordnungspluralität durch ihre Umrahmung mit einer Pluralitätsordnung ermöglicht, ohne eine bestimmte Ordnungsvorstellung zu bevorzugen. Das Konzept der Ordnungspluralität erlaubt die Annahme einer Vielfalt von Ordnungsformen, die relativ unabhängig nebeneinander existieren können. Erst dann wird die volle Konsequenz postmoderner Vergesellschaftung greifbar: Sie ist ein nur temporär stabiles, überwiegend bewegliches Gewebe aus den Verflechtungen einer Pluralität vertikaler und horizontaler Ordnungen. Postmoderne Vergesellschaftung transformiert das Soziale in eine „serielle Struktur", „eine durch Querverweise figurierte Verteilung singulärer Punkte in einem Raum voller Interaktionen" (Bude 1988: 9). Eine solche Vorstellung des Sozialen kann die Zentralität von Ambivalenz im Vergesellschaftungsprozess aufnehmen und die damit gegebenen Möglichkeiten zur Erfassung unterschiedlicher Ordnungen der Ambivalenzbewältigung erweitern. Im Gegensatz hierzu bleiben die kommunitaristische Sozialtheorie und die Individualisierungsthese dem Verständnis des Sozialen als einer „externen Struktur" (ebd.: 5) verhaftet und suchen den durch die Postmoderne aufbrechenden Ambivalenzen und dem Unbehagen an der Postmoderne durch Gemeinschafts- und Solidaritätssehnsucht zu entkommen. Solange Ambivalenz praktische und theoretische Fluchttendenzen heraufbeschwört, wird Solidarität nicht als das verstanden was sie ist: eine unter vielen Möglichkeiten der Ambivalenzbewältigung und der Erzeugung von Ordnung im Gesamtkontext von Ordnungspluralität.

Literatur

Bauman, Zygmunt (1993): *Postmodern Ethics.* Oxford, Cambridge.

Bauman, Zygmunt (1995a): *Ansichten der Postmoderne.* Hamburg, Berlin.

Bauman, Zygmunt (1995b): *Moderne und Ambivalenz. Das Ende der Eindeutigkeit.* Frankfurt/Main.

Bayertz, Kurt (Hrsg.) (1998): *Solidarität. Begriff und Problem.* Frankfurt/Main.

Beck, Ulrich (1993): *Die Erfindung des Politischen. Zu einer Theorie reflexiver Modernisierung.* Frankfurt/Main.

Beck, Ulrich (1997): Kinder der Freiheit. Wider das Lamento über den Werteverfall. In: Ders. (Hrsg.): *Kinder der Freiheit.* Frankfurt/Main: S. 9-33.

Beck, Ulrich (1999): *Schöne neue Arbeitswelt. Vision: Weltbürgergesellschaft.* Frankfurt/Main, New York.

Beck, Ulrich/Peter Sopp (Hrsg.) (1997): *Individualisierung und Integration: Neue Konfliktlinien oder neuer Integrationsmodus?* Opladen.

Bellah, Robert N et al. (1985): *Habits of the Heart. Individualism and Commitment in American Life.* Berkeley, Los Angeles.

Berking, Helmuth (1994): Solidarischer Individualismus. Ein Gedankenspiel. In: *Ästhetik und Kommunikation,* H. 85/86: S. 37-44.

Berlin, Isaiah (1997): Two Concepts of Liberty. In: Henry, Hardy/Roger Hausheer (Hrsg.): *Isaiah Berlin. The Proper Study of Mankind. An Anthology of Essays.* New York: S. 191-242.

Bude, Heinz (1988): Auflösung des Sozialen? Die Verflüssigung des soziologischen „Gegenstandes“ im Fortgang der soziologischen Theorie. In: *Soziale Welt*, H. 1: S. 4-17.
Durkheim, Emile (1987): *Der Selbstmord*. Frankfurt/Main.
Durkheim, Emile (1988): *Über soziale Arbeitsteilung. Studie über die Organisation höherer Gesellschaften*. Frankfurt/Main.
Elias, Norbert (1976): *Über den Prozess der Zivilisation. Soziogenetische und psychogenetische Untersuchungen*. 2 Bde. Frankfurt/Main.
Etzioni, Amitai (1997): *Die Verantwortungsgesellschaft. Individualismus und Moral in der heutigen Demokratie*. Frankfurt/Main, New York.
Fabio Di, Udo (1991): *Offener Diskurs und geschlossene Systeme. Das Verhältnis von Individuum und Gesellschaft in argumentations- und systemtheoretischer Perspektive*. Berlin.
Friedman, Lawrence M. (1999): The Horizontal Society. New Haven, London.
Friedrichs, Jürgen (Hrsg.) (1998): *Die Individualisierungsthese*. Opladen.
Giddens, Anthony (1991): *Modernity and Self-identity. Self and Society in the Late Modern Age*. Cambridge.
Giddens, Anthony (1996): Leben in einer posttraditionalen Gesellschaft. In: Beck, Ulrich/Anthony Giddens/Scott Lash (Hrsg.): *Reflexive Modernisierung. Eine Kontroverse*. Frankfurt/Main: S. 113-194.
Gross, David (1992): *The Past in Ruins: Tradition and the Critique of Modernity*. Amhurst.
Habermas, Jürgen (1971): Vorbereitende Bemerkungen zu einer Theorie der kommunikativen Kompetenz. In: Ders./Niklas Luhmann (Hrsg.): *Theorie der Gesellschaft oder Sozialtechnologie – Was leistet die Systemforschung?* Frankfurt/Main: S. 101-141.
Habermas, Jürgen (1981): *Theorie des kommunikativen Handelns*. 2 Bd. Frankfurt/Main.
Heitmeyer, Wilhelm (Hrsg.) (1997): *Was hält die Gesellschaft zusammen? Bundesrepublik Deutschland: Auf dem Weg von der Konsens- zur Konfliktgesellschaft*. Bd. 2. Frankfurt/Main.
Hondrich, Karl Otto/Susanne Koch-Arzberger (1992): *Solidarität in modernen Gesellschaften*. Frankfurt/Main.
Honneth, Axel (Hrsg.) (1993): *Kommunitarismus: eine Debatte über die moralischen Grundlagen moderner Gesellschaften*. Frankfurt/Main, New York.
Inglehart, Ronald (1997): *Modernization and Postmodernization. Cultural, Economic, and Political Change in 43 Societies*. Princeton, N.J.
Junge, Matthias (1996): Individualisierungsprozesse und der Wandel von Institutionen – Ein Beitrag zur Theorie reflexiver Modernisierung. In: *Kölner Zeitschrift für Soziologie und Sozialpsychologie*, H. 4: S. 729-748.
Junge, Matthias (1997): Georg Simmels Individualisierungstheorie. Eine systematische Rekonstruktion ihrer Argumentationsfiguren. In: *Sociologia Internationalis*, H. 1: S. 1-26.
Junge, Matthias (1998): Die kommunitaristische Herausforderung der Moralsoziologie. Was kann eine empirische Moralsoziologie von der kommunitaristischen Moraltheorie lernen? In: Lüschen, Günther (Hrsg.): *Das Moralische in der Soziologie*. Opladen: S. 93-106.
Junge, Matthias (1999): Die Spannung von Autonomie und Verbundenheit in der kommunitaristischen Sozialtheorie und der Individualisierungstheorie. In: Leu, Hans Rudolf/ Lothar Krappmann (Hrsg.): *Zwischen Autonomie und Verbundenheit. Bedingungen und Formen der Behauptung von Subjektivität*. Frankfurt/Main: S. 108-132.
Kaufmann, Franz-Xaver (1986): Religion und Modernität. In: Berger, Johannes (Hrsg.): *Die Moderne – Kontinuitäten und Zäsuren*. Göttingen: S. 283-310.
Lash, Scott (1996): Reflexivität und ihre Doppelungen: Strukturen, Ästhetik und Gemeinschaft. In: Beck, Ulrich/Anthony Giddens/Ders. (Hrsg.): *Reflexive Modernisierung. Eine Kontroverse*. Frankfurt/Main: S. 195-286.

Lau, Christoph (1988): Gesellschaftliche Individualisierung und Wertwandel. In: Luthe, Heinz Otto/Heiner Meulemann (Hrsg.): *Wertwandel – Faktum oder Fiktion? Bestandsaufnahmen und Diagnosen aus kultursoziologischer Sicht.* Frankfurt/Main, New York: S. 217-234.
Lichtblau, Klaus (1994): Kausalität oder Wechselwirkung? Max Weber und Georg Simmel im Vergleich. In: Wagner, Gerhard/Heinz Zipprian (Hrsg.): *Max Webers Wissenschaftslehre. Interpretation und Kritik.* Frankfurt/Main: S. 527-562.
Lyotard, Jean-Francois (1986): *Das postmoderne Wissen. Ein Bericht.* Graz, Wien.
Murphy, John W. (1988): Making Sense of Postmodern Sociology. In: *British Journal of Sociology*, No. 4: S. 600-614.
Murphy, John W. (1989): *Postmodern Social Analysis and Criticism.* New York u. a.
Münch, Richard (1991): *Dialektik der Kommunikationsgesellschaft.* Frankfurt/Main.
Nedelmann, Birgitta (1980): Strukturprinzipien der soziologischen Denkweise Georg Simmels. In: *Kölner Zeitschrift für Soziologie und Sozialpsychologie*, H. 3: S. 559-573.
Nedelmann, Birgitta (1992): Ambivalenz als vergesellschaftendes Prinzip. In: *Simmel Newsletter*, H. 1: S. 36-47.
Reese-Schäfer, Walter (1994): *Was ist Kommunitarismus?* Frankfurt/Main, New York.
Simmel, Georg (1987): *Das individuelle Gesetz. Philosophische Exkurse.* Frankfurt/Main.
Simmel, Georg (1992): *Soziologie. Untersuchungen über die Formen der Vergesellschaftung.* Frankfurt/Main.
Taylor, Charles (1993): Die Politik der Anerkennung. In: Gutmann, Amy (Hrsg.): *Multikulturalismus und die Politik der Anerkennung.* Frankfurt/Main: S. 13-78.
Teufel, Erwin (Hrsg.) (1996): *Was hält die moderne Gesellschaft zusammen?* Frankfurt/Main.
Weber, Max (1985): *Wirtschaft und Gesellschaft. Grundriss der verstehenden Soziologie.* Tübingen.
Welsch, Wolfgang (1987): *Unsere postmoderne Moderne.* Weinheim.
Welsch, Wolfgang (1996): *Vernunft. Zeitgenössische Vernunftkritik und das Konzept der transversalen Vernunft.* Frankfurt/Main.
Winch, Peter (1974): *Die Idee der Sozialwissenschaft und ihr Verhältnis zur Philosophie.* Frankfurt/Main.
Wittgenstein, Ludwig (1984): *Tractatus logico-philosophicus. Tagebücher 1914-1916. Philosophische Untersuchungen.* (Werkausgabe Bd. 1) Frankfurt/Main.
Wolfe, Alan (1989): *Whose Keeper? Social Science and Moral Obligation.* Berkeley, Los Angeles.
Wouters, Cas (1979): Informalisierung und der Prozess der Zivilisation. In: Gleichmann, Peter/Johan Goudsblom/Hermann Korte (Hrsg.): *Materialien zu Norbert Elias' Zivilisationstheorie.* Frankfurt/Main: S. 279-298.
Wuthnow, Robert (1996): *Poor Richard's Principle. Recovering the American Dream through the Moral Dimension of Work, Business, and Money.* Princeton, N.J.
Zürn, Michael (1998): *Regieren jenseits des Nationalstaates. Globalisierung und Denationalisierung als Chance.* Frankfurt/Main.

Postmoderne

Albert Scherr

Individualisierung – Moderne – Postmoderne

Eine Auseinandersetzung mit dem Individualisierungstheorem in der Perspektive eines kritischen Postmodernismus

Die Frage nach der Situation des Individuums in der Gegenwartsgesellschaft hat in der sozialwissenschaftlichen Diskussion seit einiger Zeit erneut Konjunktur. Anders als in der älteren kritischen Theorie wird gegenwärtig jedoch nicht die Frage nach der wachsenden Übermacht der gesellschaftlichen Verhältnisse gegenüber dem Willen und Bewusstsein der Individuen akzentuiert, die in der problematischen Annahme einer fortschreitenden Zerstörung von Subjektivität unter Bedingungen spätkapitalistischer Vergesellschaftung sowie eines „mittlerweile evidenten Verfalls von Individualität" (Adorno 1966: 344) mündete. Im Zentrum der aktuellen Debatten stehen vielmehr Varianten der These, „that the old identities which stabilized the social world for so long are in decline, giving rise to new identities and fragmenting the modern individual as a unified subject" (Hall 1992: 274). Solche Überlegungen reagieren auf eine Entwicklung, in deren Folge die Tragfähigkeit von Beschreibungen der modernen Gesellschaft als eine Ordnung, der ein übergreifender Werte- und Normenkonsens zu Grunde liegt und der ein dominantes, um Erwerbsarbeit und Familie zentriertes Modell der Lebensführung korrespondiert, wie sie klassisch bei Parsons (1972) vorliegt, fragwürdig geworden ist. Demgegenüber wird ein verändertes Verständnis von Gesellschaft eingefordert, das den Prozesscharakter sozialer Wirklichkeit betont (Giesen 1991) und Instrumente bereitstellt, die zur Beobachtung der Heterogenität und Vielfalt postmoderner Lebensformen befähigt (Baumann 1995: 28ff.). Als Alternative zu einer Darstellung von Gesellschaft als einer stabilen Ordnung mit einer klar definierten Entwicklungsperspektive wird die „postmoderne Auffassung von der Welt als eines sich selbst erzeugenden, selbst antreibenden, nur durch seine eigene Dynamik bestimmten Prozesses" (ebd.: 64) vorgeschlagen.[1]

1 Offenkundig werden nicht nur in dieser Formulierung Parallelen zu Luhmanns Gesellschaftstheorie. Luhmann (1997: 1143) distanziert sich gleichwohl von Theorien der Postmoderne mit der These, dass diese eine Epochenzäsur unterstellten, für die es wenig Anhaltspunkte gebe. Dieser Einwand basiert jedoch auf einer Unterstellung, die zumindest auf Lyotards Verständnis der Postmoderne (s.u.) nicht zutrifft.

Mit Ulrich Becks Individualisierungstheorem (Beck 1986; 1983; Beck/ Beck-Gernsheim 1994; 1993) liegt ein in dieser Debatte – nicht nur innerhalb der Soziologie – einflussreicher Versuch vor, Veränderungstendenzen im Verhältnis von Gesellschaft und Individuum in den entwickelten westlichen Gesellschaften zu bestimmen, der zwischenzeitlich mit der weitreichenden Behauptung verbunden wird, dass sich die Konturen einer „zweiten Moderne" (Beck 1996: 22) abzeichneten.[2] Im vorliegenden Beitrag wird demgegenüber vorgeschlagen, *Individualisierung als Strukturmerkmal* moderner Vergesellschaftung zu unterscheiden von postmodernen, insbesondere durch Veränderungen der bislang dominanten soziokulturellen Muster moderner Lebensführung bedingten *Individualisierungstendenzen* innerhalb moderner, d.h. funktional differenzierter, nationalstaatlich verfasster Gesellschaften mit kapitalistisch-marktwirtschaftlicher Ökonomie.[3]

Damit ist eine für die weitere Argumentation folgenreiche Vorentscheidung getroffen: Auf eine gesellschaftstheoretische Auseinandersetzung mit der Behauptung, dass sich gegenwärtig auf der Grundlage eines umfassenden „Zusammenbruchs bisheriger Basisselbstverständlichkeiten" die Entstehung einer „zweiten, nichtlinearen globalen Moderne" (ebd.: 19) abzeichnet, wird im Folgenden verzichtet. Denn dies würde es nicht nur erforderlich machen, eine – zudem bislang nicht in ausgearbeiteter Form vorliegende – „Soziologie der zweiten Moderne" (ebd.: 33) in ihrem Verhältnis zu den verfügbaren alternativen Theorien der Gegenwartsgesellschaft, insbesondere ihren heterogenen systemtheoretischen sowie den an Max Weber, die marxsche Kritik der politischen Ökonomie und die ältere und neuere kritische Theorie anschließenden Varianten zu diskutieren. Dies kann im Rahmen eines Aufsatzes ersichtlich nicht geleistet werden. Zudem besteht hinreichender Anlass für Skepsis gegenüber der Beanspruchung der Beobachtung von, in ihrer gesellschaftlichen und biografischen Reichweite begrenzten (s.u.), Individualisierungstendenzen als Element eines umfassenden gesellschaftlichen Umbruchs, der die Rede von der „zweiten Moderne" rechtfertigen würde (Joas 1988; Weiss 1998). Demgegenüber lässt sich mit guten Gründen behaupten,

2 Obwohl eine Einordnung des Individualisierungstheorems als Beitrag zu einer Soziologie der Postmoderne bzw. zu einer postmodernen Soziologie (Scherr 1991) nicht gängig ist, ist es plausibel, hierin eine spezifischen Versuch zu sehen, Aspekte von Entwicklungen zu analysieren, die auch in Theorien der Postmoderne diagnostiziert werden (Lützeler 1998). Die Eigentümlichkeit des Individualisierungstheorems gegenüber Theorien der Postmoderne ist wohl nicht zuletzt darin begründet, dass es zunächst als Kritik der Instrumentarien soziologischer Ungleichheitsforschung und nicht als Kritik universalistischer Geltungsansprüche des Projekts Moderne formuliert wurde.

3 Die Frage nach dem Zusammenhang kultureller mit ökonomischen und politischen Veränderungen kann hier nicht angemessen diskutiert werden: Jamesons auf die Hochkultur bezogene These, dass die „postmoderne Kultur nichts anderes als den spezifischen Überbau der allerneuesten Welle globaler amerikanischer Militär- und Wirtschaftsvormacht darstellt" (Jameson 1986: 49), ist eine zu grobe Vereinfachung, auch wenn sie auf einen wichtigen Aspekt hinweist.

dass die „moderne Gesellschaft in ihren wesentlichen Strukturen kontinuiert" (Luhmann 1996a: 8. Vgl. Berger 1988; 1986) – trotz aller verbreiteten Skepsis gegenüber einer fortschrittsoptimistischen Deutung des Modernisierungsprozesses, wie sie in Theorien der Postmoderne artikuliert wird (Derrida 1996: 132ff.; Luhmann 1996: 26; Lyotard 1990b).

Die Perspektive eines kritischen Postmodernismus

Um Becks Individualisierungstheorem in ihrem Verhältnis zu Positionen eines kritischen Postmodernismus diskutieren zu können, ist es erforderlich, Letztere zunächst knapp zu erläutern (Baumann 1995; 1992; Lyotard 1990a; 1990b; 1982; Scherr 1992; 1991; Welsch 1998; 1991; van Reijen 1989). Zu erinnern ist dazu zunächst daran, dass Postmoderne bei Lyotard dezidiert nicht als Bezeichnung einer gesellschaftsgeschichtlichen Epoche beansprucht wird, sondern als eine Haltung der „Kritik, Skepsis, Perspektivierung" (Lyotard 1991: 294) gegenüber den legitimatorischen Selbstbeschreibungen der Moderne. In Frage gestellt wird nicht nur die Tragfähigkeit von (Selbst-) Beschreibungen der modernen, funktional differenzierten, nationalstaatlich verfassten Gesellschaften mit kapitalistisch-marktwirtschaftlicher Ökonomie als ein Projekt, das auf Überwindung von Herrschaftsverhältnissen, entfremdeter Arbeit und Armut, sozialer Ungleichheit sowie die Ermöglichung von Selbstbestimmung ausgerichtet ist, sondern zudem der normativ positiv akzentuierte Universalitätsanspruch der Grundannahmen moderner Naturwissenschaft, Sozialphilosophie und Gesellschaftstheorie.[4] Wie schon in der älteren kritischen Theorie, insbesondere bei Adorno (1966), wird Modernisierung dagegen als ein auf rationale Weltbeherrschung ausgerichteter Prozess gedeutet. Postmoderne Theorien akzentuieren vor diesem Hintergrund, dass für das Projekt Moderne die Tendenz zur herrschaftsförmigen Unterwerfung aller unangepassten, traditionalen und partikularen Lebensformen grundlegend ist. Die Moderne wird damit unter den Verdacht gestellt, dass ihr „Terror der Uniformität und der Effizienz" (van Reijen 1989: 54) innewohnt (vgl. vor allem Baumann 1992; Lyotard 1982).

Anders als bei Habermas wird Kritik der Modernisierung hier also nicht in der Annahme eines Widerspruchs zwischen dem mit den Intentionen der Aufklärung gleichgesetzten „Projekt Moderne" (Habermas 1981: 453), wie es „im 18. Jahrhundert von den Philosophen der Aufklärungen" (ebd.) formuliert wurde, und einer „an den Maßstäben der ökonomischen und admini-

---

4 Auch Luhmann (1996: 26) räumt rückblickend ein, dass „die Soziologie der Nachkriegszeit" den Modernisierungsprozess so beschrieb „als ob alle Funktionssysteme letztlich an einem Strang zögen, um die globalen Lebensbedingungen der Menschen zu verbessern". Dieses „Vertrauen in das Projekt Moderne" sei demgegenüber zwischenzeitlich in Frage gestellt.

strativen Rationalisierung" (ebd.: 452) orientierten gesellschaftlichen Rationalisierung fundiert. Vielmehr werden die großen Erzählungen der Moderne bei Lyotard (1982) – und damit das Programm einer rational begründeten gesellschaftlichen Ordnung, die universelle Geltung und Überlegenheit beanspruchen kann – selbst dem Verdacht unterworfen, Elemente eines Prozesses zu sein, der darauf ausgerichtet ist, alle Formen des sozialen Lebens dem Zweck der „Optimierung der Leistungen des Systems, seiner Effizienz" (ebd.: 8) unterzuordnen. Lyotards Theorie der Postmoderne steht so betrachtet nicht für eine verallgemeinerte und als solche selbstwidersprüchliche Vernunftkritik, die die regulative Idee der Wahrheit preisgibt (Rorty 1989: 29; Scherr 1991; Welsch 1991), sondern stellt einen Versuch dar, mit den Mitteln wissenschaftlicher Argumentation eine Kritik von Tendenzen in Richtung auf eine technokratische Gesellschaftsgestaltung sowie des „kulturellen Imperialismus [...] des Abendlandes" (Lyotard 1982: 53) zu begründen (Luhmann 1996: 18). Eingefordert wird demgegenüber bei Lyotard eine Orientierung an einem veränderten Konzept von Gerechtigkeit, das „unsere Sensibilität für die Unterschiede [...] und [...] unsere Fähigkeit, das Inkommensurable zu ertragen" (Lyotard 1982: 9), verstärken soll. Systematisch beansprucht wird hierfür die These, dass die empirische Vielfalt von Sprachspielen, Diskursarten und Lebensformen nur durch Anwendung von Zwang und Gewalt einem einheitlichen Prinzip unterworfen werden kann (ebd.: 8). Vor diesem Hintergrund wird Gerechtigkeit nicht als herzustellende Gleichheit oder als diskursive Konsensbildung gefasst, sondern als Anerkennung und Ermöglichung einer Vielfalt heterogener Sprachspiele und Lebensformen (ebd.: 132; Welsch 1991: 174 f.).[5]

Die postmoderne Kritik der Leitideen der Moderne betrifft auch ein Verständnis von Modernisierung als Ermöglichung individueller Selbstbestimmung durch die Überwindung tradierter sozialer Bindungen und Normierungen der Lebensführung. Die für das moderne Selbstverständnis grundlegende Perspektive einer Befreiung des Individuums durch „Lösung der Fesseln, mit denen die Gesellschaft als solche das Individuum als solches gebunden hat" (Simmel 1984: 75. Vgl. Macpherson 1967; van Dülmen 1997; zur Lippe 1975) wird zum Gegenstand einer Kritik, die in heterogenen Varianten akzentuiert, dass Individualität immer nur innerhalb sozialer Beziehungen und kultureller Kontexte entwickelt und entfaltet werden kann (Lyotard 1985; 1982: 21ff.; Rorty 1989: 84ff.; Taylor 1996: 52ff.). Das Selbst kann, so fasst Taylor (ebd.: 71) zusammen, nur innerhalb von „Geweben des sprachlichen Austausches" existieren. Normativer Bezugspunkt postmoderner Theorien

5 Inzwischen räumt auch Habermas (1998: 217) ein, dass er „an dem heilsamen Einfluß des Postmodernismus auf die gegenwärtigen Debatte [...] keinen Zweifel" habe. Die „Kritik an einer Vernunft, die dem Ganzen der Geschichte eine Teleologie unterschiebt, ist ebenso überzeugend wie die Kritik der lächerlichen Prätention, aller gesellschaftlichen Entfremdung ein Ende zu bereiten" (ebd.).

kann vor diesem Hintergrund nicht mehr das Konstrukt des autonomen, mit sich selbst identischen und sich in Bezug auf universalistische Prinzipien selbst bestimmenden Subjekt sein, das soziale Bindungen und Abhängigkeiten überwindet. An deren Stelle tritt die Forderung nach Anerkennung und Ermöglichung einer Vielfalt von partikularen Sprachspielen und Lebensformen. „Reine Selbstbestimmung und bloße Fremdbestimmung", so Meyer-Drawe (1996, 57) erweisen sich als „Chimären". Demgegenüber werden Subjektivität und Individualität als sozial ermöglichte und begrenzte gedacht. Zielperspektive ist folglich nicht mehr individuelle Autonomie, sondern die Steigerung des *Autonomiegrades* der individuellen Lebensgestaltung im Verhältnis zu gesellschaftlichen Zwängen und Herrschaftsverhältnissen einerseits, partikularen Kontexten und Bindungen andererseits (Benhabib 1995; Scherr 1992).[6] Vor diesem Hintergrund richtet sich postmoderne Kritik auch auf die „Illusion der Autonomie" (Bilden 1997: 233), die auf der Verkennung und Verleugnung der Unverzichtbarkeit sozialer Bindungen beruht.

Postmoderne und Individualisierung - ein Klärungsversuch

Damit sind Grundannahmen des neuzeitlichen Verständnisses von Individualität und Identität (Taylor 1996) in einer Weise in Frage gestellt, die durchaus mit Annahmen sozialphilosophischer, soziologischer und sozialpsychologischer Traditionslinien konvergiert, die sich mit den Bedingungen und Formen der sozialen Konstitution von Individualität und Subjektivität auseinandersetzen (Daniel 1981; Habermas 1988; Keupp 1997; Oevermann 1999). In dem Maß, wie damit die Idee des autonomen Individuums als *voraussetzbare* Grundlage soziologischer Theorie sowie als normativer Bezugspunkt problematisiert und ersetzt wird durch ein Verständnis des „‚Selbst' als System von Teil-Selbsten" (Bilden 1997: 233), durch eine Beschreibung der individuellen Aneignung sozialer Identität*en* (Scherr 1995), durch eine Darstellung von Identität als ein „brüchiges Gebäude" (Cohen/ Taylor 1977: 28), dessen Stabilität nicht gewährleistet ist, sondern alltägliche „Identitätsarbeit" erfordert (ebd.), oder durch die Annahme, dass die Einzelnen als „Dividuen" (Nassehi 1997: 128. Vgl. Luhmann 1993) an der Kommunikation funktional differenzierter Teilsysteme teilnehmen, sind auch die Grundlagen einer Beschreibung von Modernisierung als Individualisierung zweifelhaft geworden. Denn „das Individuum" kann vor diesem Hintergrund nicht mehr als Letztelement des Sozialen vorausgesetzt werden. Vielmehr wird es erforderlich, *soziale Formen der kontextuell situierten Subjektivität*

6 In der hiermit favorisierten Lesart des Postmodernismus wird an der Intention kritischer Gesellschafts- und Subjekttheorie, d.h. einer normativen Präferenz „für Autonomie und gegen Heteronomie, für Emanzipation und gegen Manipulation" (Luhmann 1997: 1027) festgehalten.

zu untersuchen. *Resultat des Modernisierungsprozesses ist so betrachtet nicht die umfassende Freisetzung des Individuums als ein zur Selbstbestimmung fähiges und mit sich selbst identisches Subjekt aus Begrenzungen, sondern eine Veränderung der Bedingungen und Kontexte, in denen Biografie und Lebenspraxis der Einzelnen situiert sind.*

Damit rücken *erstens* wachsende Abhängigkeiten der Lebensführung von den Strukturen und Dynamiken der verselbstständigten gesellschaftlichen Teilsysteme (Luhmann 1993: 154ff.), *zweitens* Prozesse der Sozialdisziplinierung (Peuckert 1989) und diskursive Konstruktionen legitimer und illegitimer Subjektivitätsformen (Foucault 1974) sowie *drittens* posttraditionale Vergemeinschaftungen (Baumann 1997: 119ff.) in den Blick. Vor diesem Hintergrund wird die Unzulässigkeit der Gleichsetzung eines Abbaus *traditionaler* Abhängigkeiten, Zwänge und Bindungen mit einer *generellen* Verringerung sozialer Beschränkungen individueller Besonderheit und Selbstbestimmungsfähigkeit offenkundig (Neckel 1993: 69ff.). Folglich ist es erforderlich, theoretisch zu klären und empirisch zu untersuchen, welche Bedingungen für Identitätsbildung, Individuierung und Selbstbestimmung gesetzt sind durch

1 die Struktur und Dynamik moderner Vergesellschaftung,
2 die kulturellen Codes und Diskurse der (Post-)Moderne,
3 jeweilige politische, rechtliche, erzieherische usw. Ordnungen
4 je konkrete, traditionale und posttraditionale Formen der Vergemeinschaftung.

In der so konturierten Perspektive eines kritischen Postmodernismus zeigt sich, dass Becks Individualisierungsthese zwar keineswegs einem naiven Verständnis der gesellschaftlichen Entwicklung als Freisetzung selbstbestimmungsfähiger Individuen aus gesellschaftlichen Beschränkungen und Fixierungen verhaftet bleibt, sondern diese ausdrücklich zurückweist, gleichwohl aber den in Anspruch genommenen Begriff von Individualität nicht ausweist. So wird in einem unter dem Titel „Nicht Autonomie, sondern Bastelbiografie" vorgelegten Aufsatz (Beck/Beck-Gernsheim 1993) eine – ausdrücklich gegen missverständliche Deutungen gerichtete – Klarstellung der Individualisierungsthese vorgenommen. Individualisierung, so die Autoren dezidiert, meint „nicht Atomisierung, nicht Vereinzelung, nicht Vereinsamung, nicht das Ende jeder Art von Gesellschaft [...] nicht Netzwerklosigkeit; auch nicht die albern schlichte Formel ‚Individualisierung = Autonomie'" (ebd.: 178). Positiv bestimmt wird Individualisierung dagegen als „erstens die Auflösung und zweitens die Ablösung industriegesellschaftlicher Lebensformen durch andere, in denen die Einzelnen ihre Biografie selbst herstellen, inszenieren, zusammenschustern müssen, und zwar ohne die einige basale Fraglosigkeit sichernden, stabilen sozial-moralischen Milieus, die es durch die gesamte Industriemoderne hindurch immer wieder gegeben hat" (ebd.). In der Folge werde die Normalbiografie zur Wahlbiografie, zur reflexiven Biografie bzw. zur Bastelbiografie. Erläutert werden diese Formulierungen im Weiteren zunächst mit dem Verweis darauf, dass die Individuen nunmehr in Bezug auf „Chancen, Gefahren und Unsicherheiten der Biografie" (ebd.) selbst Entscheidungen treffen müssen, da angenommen wird, dass sie diesbezüglich nicht mehr wie „früher" – wobei der damit gemeinte Zeitraum in diesem wie in anderen Texten nicht klar eingegrenzt wird – auf durch Familie, Dorfgemeinschaft, ständische Regeln oder soziale Klassen vordefinierte Antworten zurückgreifen können. Kernannahme des Individualisierungstheorems ist demnach die Behauptung eines soziokulturellen Wandels, in dessen Verlauf sich soziale Milieus und in diesen verankerte Muster der klassen- und geschlechtsspezifischen Lebensführung sowie diesen entsprechende biografische Bahnungen auflösen. In der Folge sähen sich Individuen zunehmend der Anforderung gegenüber, grundlegende Lebensentscheidungen eigenverantwortlich zu treffen, ohne dabei noch auf vorgefundene und subjektiv verbindliche Traditionen und Gewissheiten zurückgreifen zu können.

Diese weitreichende – und einer Reihe einschlägiger empirischer Untersuchungen, die auf eine hohe Stabilität der Familie, der tradierten geschlechtsspezifischen Arbeitsteilung innerhalb der Familie, die Tradierung von Berufsorientierungen innerhalb sozialer Milieus, die mediale und alltägliche Dominanz traditioneller Geschlechtsidentitäten usw. hinweisen, widersprechende – These wird auch in neueren Erläuterungen nicht zurückgenommen. Noch 1996 behauptet Beck (21ff.) etwa in Bezug auf die Geschlechterordnung, dass sich die überlieferten soziale Identitäten „rapide auflösen", sowie in Bezug auf die Familie, dass „Ehe, Elternschaft, Liebe, Zusammenleben, Haushalt" auseinander treten. Die Behauptung, dass „der Mensch [...] im (radikalisierten Sinne Sartres) zur Wahl seiner Möglichkeiten, zum homo optionis" (Beck/Beck-Gernsheim 1994: 16) werde, da letztlich alles wählbar und damit entscheidungspflichtig werde – ausdrücklich verweisen Beck und Beck-Gernsheim (ebd.) auf „Leben, Tod, Geschlecht, Körperlichkeit, Identität, Religion, Ehe, Elternschaft, soziale Bindungen" – wird nur insofern relativiert, wie eingestanden wird, dass sich Individualisierungstendenzen bislang nicht gesellschaftsweit durchgesetzt haben. Es handele sich vielmehr um eine vorrangig in Städten beobachtbare Entwicklung, mit deren Ausweitung jedoch zu rechnen sei (ebd.). Sozialhistorisch eingeordnet wird Individualisierung als „ein historisch spezifischer, widersprüchlicher Prozeß der Vergesellschaftung" (Beck 1983: 42), der mit der Durchsetzung einer „kollektiv individualisierten Existenzweise" (ebd.) einher gehe. Beck spitzt seine Diagnose zu der Annahme zu, Kennzeichen der Gegenwartsgesellschaft sei eine „neue Unmittelbarkeit von Individuum und Gesellschaft", d.h. eine Situation, in der die Individuen gezwungen sind, sich bezogen auf die Anforderungen der gesellschaftlichen Funktionssysteme und Organisationen selbst „als Handlungszentrum, als Planungsbüro in bezug auf den eigenen Lebenslauf" (ebd.: 59) zu begreifen. Dabei oszilliert seine Bewertung der behaupteten Entwicklung zwischen einer Krisendiagnostik, die mit einem direkten Umschlagen gesellschaftlicher Problemlagen „in psychische Dispositionen [...], persönliches Unbehagen, Schuldgefühle, Ängste, psychische Konflikte und Neurosen" rechnet und einer positiv akzentuierten Deutung des „Individualismus [...] als ein wünschenswertes und unvermeidliches Produkt der demokratischen Entwicklung" (ders. 1997: 17).

Aufgriffen und zugespitzt werden damit Überlegungen, die etwa Habermas bereits 1973 zur Deklaration einer durch die Zerstörung der „kulturellen Randbedingungen" (ebd.: 107) kapitalistischer Gesellschaften bedingten Legitimations- und Motivationskrise des damals sog. Spätkapitalismus veranlassten, und die bei Berger, Berger und Kellner (1975) zur Diagnose eines „Unbehagens in der Modernität" verdichtet werden. Dadurch, dass „die Individuen in einer modernen Gesellschaft in immer größerer Zahl aus ihrem ursprünglichen Milieu herausgerissen" (ebd.: 159) werden und ihnen abverlangt ist, sich zwischen heterogenen sozialen Kontexten zu bewegen, entstehe ein Gefühl der „Heimatlosigkeit" sowie „kognitive und normative allgemeine Unsicherheit" (ebd.). Bezugspunkt dieser und anderer Beschreibungen von kultureller Pluralisierung und daraus resultierender Optionsvielfalt der individuellen Lebensführung als *Krisentendenzen* ist die vor allem im Kontext der Sozialphänomenologie ausgearbeitete Annahme (Schütz/Luckmann 1979), dass Menschen ihr Selbst- und Weltverständnis nur auf der Grundlage von mit anderen geteilten und in „der natürlichen Einstellung des täglichen Lebens" (ebd.: 379) *subjektiv* fraglosen[7] lebensweltlichen Hintergrundgewissheiten entwickeln und stabilisieren können. Demnach ist die individuelle Fähigkeit, entsprechende Gewissheiten reflexiv in Frage zu stellen, also sich in eine Situation zu begeben, in der mit einer kontingenten Vielfalt von Entscheidungsoptionen gerechnet wird, begrenzt. Die reflexiv-kritische Haltung des professionellen Soziologen kann, so Berger und Kellner (1984: 130ff.) nur um den Preis existentieller Verunsicherung veralltäglicht werden.

Geht man von diesen sozialphänomenologischen Grundüberlegungen aus, dann wäre unter Voraussetzung der Gültigkeit der Individualisierungsthese als empirisch zutreffende Beschreibung der Situation der Individuen in der Gegenwartsgesellschaft mit einer Zuspitzung der bei Berger, Berger und Kellner (1975) beschriebenen Problematik zu rechnen. Insofern erscheint es plausibel, dass Autoren, die an die krisendiagnostische Lesart der Individualisierungsthese anschließen, sich aufgefordert sehen, mit einem deutlich „kulturkritischen Unterton" (Nassehi 1997: 138) die Frage zu stellen, was die Gegenwartsgesellschaft noch zusammenhält (Heitmeyer 1997) sowie „weitreichende Anomieerscheinungen" (ebd.: 9) befürchten. So sind auch für Lash (1996: 227) „nicht Individualisierung, sondern Anomie und mangelnde Regulierung" die Folge der Erosion gesellschaftlicher Strukturen, sozialer

---

7 Für einen informierten Beobachter handelt es sich immer um Resultate kontingenter Entscheidungen angesichts anderer Möglichkeiten, also um hergestellte Fraglosigkeit. Das heißt aber nicht, dass dies auch subjektiv so erlebt wird.

und ökonomischer Institutionen sowie kultureller Regeln in den Ghettos und Vorstädten (Scherr 1998).

Demgegenüber verweist die von Beck – zumindest in seinen neueren Veröffentlichungen präferierte – positive Lesart von Individualisierung als potentielle Grundlage der Herausbildung einer demokratischen „Kultur eines rechtlichen sanktionierten Individualismus“ (Beck 1997: 11) auf einen erheblichen Begründungsbedarf. Denn sie hätte auszuweisen, wie sich unter Bedingungen der angenommenen Erosionen noch eigenverantwortlich handlungsfähige Individuen im Sozialisationsprozess bilden und wie diese ihre autonome Handlungsfähigkeit als Erwachsene stabilisieren und weiterentwickeln können, ohne dabei auf subjektiv fraglose soziokulturelle Selbstverständlichkeiten und Gewissheiten zu rekurrieren (Breuer 1997). Diesen sozialisations- und subjekttheoretischen Begründungsbedarf hat Beck bislang nicht eingelöst – und er ist wohl auch kaum einzulösen, ohne diesbezüglich eher unstrittige Grundannahmen, wie sie auch in den an Mead anschließenden Theorien sozialer Anerkennung formuliert sind (Habermas 1993; Taylor 1993), aufzugeben. *Vor diesem Hintergrund ist es m.E.* – auch angesichts der bislang keineswegs offenkundigen Ausbreitung anomischer Krisentendenzen – *plausibel davon auszugehen, dass Ausmaß und Reichweite von Erosionen stabiler sozialer Beziehung und soziokultureller Gewissheiten jedenfalls bislang recht begrenzt sind,* zumal wiederholt darauf hingewiesen worden ist, dass Prozesse der Auflösung von Familien und der sozialmoralischen Großmilieus sich keineswegs umfassend durchgesetzt haben, sowie dass sich Individualisierungsprozesse keineswegs „jenseits von Klasse und Stand“ (Beck 1986), sondern unter klassen- bzw. schichtenspezifischen Bedingungen vollziehen (Geißler 1996; Neckel 1993; Scherr 1998, 1995; Vester 1997).

Gleichwohl ist es nicht sinnvoll zu bestreiten, dass sich innerhalb der entwickelten westlichen Industriegesellschaften Veränderungen vollziehen, die nicht hinreichend mit sozialökonomischen Begriffen wie „postindustrielle Gesellschaft“, „Dienstleistungsgesellschaft“, „Postfordismus“ oder „Zwei-Drittel-Gesellschaft“ beschrieben werden können, sondern auch kulturelle Kontexte, Bedingungen und Formen der individuellen Lebensführung mit umfassen. In Frage gestellt ist – insbesondere in den Milieus der hochqualifizierten Dienstleistungsberufe (Vester 1997) – die fraglose Verbindlichkeit, Verallgemeinerbarkeit und Alternativlosigkeit einer soziokulturellen Ordnung, in deren Zentrum ein Modell der Lebensführung steht, dessen Fixpunkte berufliche Erwerbsarbeit, Konsum und die als Lebensgemeinschaft männlicher Erwerbstätiger und ihrer Familienangehörigen verstandene Familie sind. Mit einiger Plausibilität behaupten auch Theorien der Postmoderne demgegenüber eine Pluralisierung der möglichen und legitimen, aber auch der sozialstrukturell erzwungenen, alltagskulturellen Formen der Lebensführung (vgl. insbesondere Baumann 1995: 136ff.).

Insofern ist es plausibel, das Individualisierungstheorem als eine Deutung von Entwicklungs*tendenzen innerhalb* moderner Gesellschaften zu diskutieren, deren gesellschaftliche und biografische Reichweite begrenzt ist. Nicht alles wird von allen gleichermaßen als wählbar und entscheidungsbedürftig erlebt. Unter Bedingungen sozialer Benachteiligung sind Wahl- und Entscheidungsmöglichkeiten faktisch eingeschränkt (Lash 1996: 226ff.), soziale Milieus unterscheiden sich im Ausmaß der soziokulturellen Pluralisierung legitimer Lebensformen und die Auflösung traditionaler Verbindlichkeit veranlasst die Erfindung neuer Traditionen und Rückbindungen (Hondrich 1998).

Moderne und postmoderne Ordnungen der Lebensführung

Strukturtheoretisch können moderne Gesellschaften als Gesellschaften beschrieben werden, in denen Individuen gesellschaftsstrukturell nicht mehr auf lebenslang festgelegte sozialen Beziehungen, Zugehörigkeiten und Positionen verwiesen sind, denen zugleich eine umfassende normative Regulierung ihrer Lebenspraxis entspricht. Die gegenüber lebensweltlichen und gemeinschaftlichen Zusammenhängen verselbstständigen Funktionssysteme und Organisationen beziehen sich auf Individuen als Träger spezialisierter Leistungs- und Publikumsrollen. Sie sind strukturell indifferent gegenüber den alltagsweltlichen Formen der Lebensführung, in denen die individuelle Lebenspraxis situiert ist. Bereits Weber (1972: 87) nimmt an, dass der entwikkelte Kapitalismus die „Sorge um die Reproduktion (Familie) [...] auf die Arbeitssuchenden" abwälzt, da diese auf Grund ihrer Arbeitsmarktabhängigkeit darauf angewiesen sind, sich an den Bedingungen des Arbeitsmarktes auszurichten. Luhmann (1993: 158ff.) radikalisiert diese Beobachtung zu der Überlegung, dass die Individuen in der funktional differenzierten Gesellschaft generell als Teile der Umwelt der sozialen Systeme zu denken seien, also nicht mehr als Mitglieder oder Angehörige sozialer Gemeinwesen, sondern als gesellschaftsstrukturell exkludierte Individuen, die nur „in der Umwelt der Gesellschaft sich reproduzieren" (ebd.: 158) können. Das Individuum könne folglich „nicht mehr durch Inklusion, sondern nur noch durch Exklusion definiert werden (ebd.).[8]

Eine solche strukturtheoretische Beschreibung zielt nun erklärtermaßen nicht darauf zu bestreiten, dass „Menschen nur in sozialen Zusammenhängen leben" (ebd.) können, sondern verbindet sich mit der Annahme stärkerer Abhängigkeiten der durch die Struktur funktionaler Differenzierung „individualisierten Individuen" (ebd.: 160), d.h. der aus umfassenden und verbindlichen sozialen Zugehörigkeiten herausgelösten Einzelnen, von den Funktionssystemen und Organisationen der modernen Gesellschaft. Die Abhängigkeit der Einzelnen von den Organisationen des Arbeitsmarktes, des Gesundheitssystems, des Rechtssystems, des Erziehungssystems usw. verweist diese dar-

8 Vgl. den Beitrag von Armin Nassehi in diesem Band.

auf, sich an den Anforderungen und Teilnahmebedingungen der Organisationen auszurichten. Die „Integration von Individuum und Gesellschaft" wird, so Luhmann (1996: 11) in der funktional differenzierten Gesellschaft „zur Angelegenheit von Konjunkturen und Karrieren". Damit sind gesellschaftsstrukturelle Bedingungen gesetzt, in denen die Funktionsfähigkeit der verselbstständigten Teilsysteme nicht mehr von Formen der sozialen Repression und Normierung der individuellen Lebensführung abhängig ist, sondern unter denen die Regelung von Inklusionen und Exklusionen den Ausschlussmechanismen der Funktionssysteme und Organisationen überlassen bleiben kann.

Verständlich wird vor diesem Hintergrund die Plausibilität von – seit der frühbürgerlichen Sozialphilosophie wiederkehrend vorgetragenen – Beschreibungen der modernen Gesellschaft als eine Gesellschaft, deren Strukturen individueller Selbstbestimmung in besonderer Weise förderlich sind (Wagner 1995: 23ff.). Denn auf eine übergreifende, politisch oder religiös abgesicherte Ordnung der Lebensführung ist die funktional differenzierte Gesellschaft nicht mehr angewiesen, sondern sie kann es den Einzelnen überlassen, ob und wie es ihnen – bei Strafe des ökonomischen Untergangs, des Ausschlusses von schulischer Erziehung, Gesundheitsfürsorge usw. sowie der Diskriminierung und rechtlichen Sanktionierung – gelingt, sich an den Anforderungen der Teilsysteme und Organisationen auszurichten. So betrachtet stellt *Individualisierung ein Strukturmerkmal moderner Gesellschaften* dar (Luhmann 1997: 1035), eine Form der Vergesellschaftung (Beck 1983: 42), deren Grundlage im Funktionsverlust personengebundener Formen der Vergemeinschaftung und subsistenzwirtschaftlicher Lebensformen zu sehen ist (Lutz 1994). Der gesellschaftliche Zusammenhang stellt sich nicht mehr primär über persönliche Beziehungen und Abhängigkeitsverhältnisse, sondern wird abstrakter und verselbstständigt sich (Breuer 1992: 65ff.). Insofern ist es auch wenig überraschend, dass bereits in den klassischen soziologischen Theorien Beschreibungen von Individualisierungsprozessen vorliegen (Durkheim 1977: 427ff.; Simmel 1968: 305ff.), die darauf hinweisen, dass sich „in dem Maß, wie man in der Entwicklung fortschreitet [...] die Bande lockerer (werden), die das Individuum an die Familie, an die Heimat, die Traditionen [...] und die Kollektivgebräuche binden" (Durkheim 1977: 441).

Für die national- und sozialstaatlich verfassten westlichen Gesellschaften war und ist eine strukturtheoretische Beschreibung der modernen Gesellschaft als eine Gesellschaft der Individuen jedoch in einer spezifischen Weise zugleich auch hoch unplausibel. Ein Indiz hierfür ist darin zu sehen, dass bis zu Beginn der 80er Jahre die empirische Tragfähigkeit von Gesellschaftsbeschreibungen weitgehend unstrittig war, die die Lebensführung der Individuen in der Gegenwartsgesellschaft als eine an die Normen der Arbeitsgesellschaft und der familialen Lebensführung sowie als klassen-, schichten- und milieugebundene Praxis darstellten. Zur Erklärung wird bei Habermas (1973:

111ff.) und Beck (1983: 49) argumentiert, dass es sich hier um die Nachwirkung von vor- bzw. frühbürgerlichen Traditionsbeständen und Relikten handelt, die im Verlauf der gesellschaftlichen Entwicklung erst allmählich aufgelöst wurden bzw. werden. Individualisierung stellt sich unter dieser Voraussetzung als Realisierung eines in der Struktur moderner Gesellschaften angelegten Merkmals dar.

Dies ist aber eine nicht nur in sozial- und kulturhistorischer Hinsicht fragwürdige Annahme. Systematisch in den Hintergrund gerückt werden damit auch die vielfältigen politischen, rechtlichen, erzieherischen, psychiatrischen usw. Praktiken, mit denen in nationalstaatlich verfassten modernen Gesellschaften in Rückgriff auf das moderne wissenschaftliche Wissen versucht wurde und wird, eine erwerbsarbeits- und familienzentrierte gesellschaftliche Ordnung durchzusetzen bzw. aufrechtzuerhalten, in der den Individuen klassen- und geschlechtsspezifische Positionen zugewiesen und diesen entsprechende Formen der Lebensführung normativ erwartet und z.T. auch rechtlich sanktioniert werden. Empirisch betrachtet stellen sich moderne Gesellschaften als Gesellschaften dar, die – u.a. in der Form nationalstaatlich organisierter schulischer Erziehung, sozialstaatlicher Sicherungssysteme, durch rechtliche Regulierungen der privaten Lebensführung und umfassende Versuche, in öffentlichen Diskursen Vorstellungen einer geordneten Lebensführung zu plausibilisieren – erhebliche Anstrengungen unternehmen, auf das Selbstverständnis und die Lebensgestaltung der Individuen einzuwirken. *Dies verschafft Theorien und Analysen Überzeugungskraft, die ein Spezifikum moderner Gesellschaften gerade in der Ausweitung und zunehmenden Eingriffstiefe der gesellschaftlichen Zugriffe auf die individuelle Subjektivität durch Techniken der Sozialdisziplinierung, der Erziehung, Beratung und Therapie, durch Verrechtlichung sowie der massenmedialen Kommunikation sehen* (van der Loo/van Reijen 1993). So nimmt etwa Adorno (1966) an, dass das mit der Struktur der kapitalistischen Ökonomie etablierte „allgemeine Prinzip [...] der Vereinzelung" (ebd.: 307) der Individuen, die ihnen seitens der kapitalistischen Ökonomie auferlegte Existenzform der auf dem Arbeitsmarkt konkurrierenden Besitzer der Ware Arbeitskraft, mit einer Vorherrschaft des Allgemeinen einher gehe, einer wachsenden gesellschaftlichen Bestimmtheit der individuellen Interessen, Bedürfnisse und Fähigkeiten. Auch den an die ältere kritische Theorie anschließenden Theorien eines kritischen Postmodernismus stellt sich Modernisierung nicht primär als Freisetzung des Individuums aus gesellschaftlichen Zwängen und Regulierungen, sondern als ein Projekt dar, das auf die Etablierung und Durchsetzung von Ordnungen gerichtet ist, die sich das Soziale und die Individuen umfassend unterwerfen. Ziel der Moderne ist, so Baumann (1992: 46ff.), die Errichtung einer idealen, rational begründeten homogenen Gesellschaftsordnung, in der Armut, abweichendes Verhaltens, Kriminalität, unangepasste, fremde und irritierende Lebensweisen usw. sich als grundsätzlich sozialtechnisch lösbare soziale Probleme darstellen. Moderne Gesellschaften sind, so Lyotard (1982: 8), auf die

„Optimierung der Leistungen des Systems, seiner Effizienz" ausgerichtet. Ihre Leitprinzipien sind die „Kommensurabilität der Elemente und die Determinierbarkeit des Ganzen": „Wirkt mit, seid kommensurabel, oder verschwindet!" (ebd.). Eine solche postmoderne Beobachtung der Moderne rückt Strukturen und Praktiken in den Blick, die einer Selbstbeschreibung der Moderne als Befreiung des Individuums aus traditionellen Zwängen, Normierungen und Regulierungen ersichtlich widersprechen. Im Gegenteil wird bei Lyotard (ebd.: 53) ein „kultureller Imperialismus" als Element des Modernisierungsprozesses behauptet, der lokal gebundene Traditionen an diese gebundene Erzählungen als „wild, primitiv, unterentwickelt, rückständig, verwirrt" (ebd.) darstellt und auf deren Zerstörung ausgerichtet ist. Modernisierung stellt sich in der Perspektive eines kritischen Postmodernismus also nicht als Befreiung des Individuums, sondern als Unterwerfung des Individuums unter eine von ihrer eigenen Überlegenheit überzeugten Ordnung dar.

Theorien der Postmoderne behaupten also nicht, dass postmoderne Tendenzen *innerhalb* der modernen Gesellschaft einen Zerfall der durch staatliche Politik, Erziehung, Recht, Massenmedien usw. etablierten und propagierten Ordnungen herbeiführen, sondern weisen vielmehr auf einen *Wandel der dominanten Ordnungsmuster sowie der Formen sozialer Kontrolle und Disziplinierung* hin. Dabei wird mit einem Anwachsen derjenigen Bevölkerungsteile gerechnet, für die eine an lebenslanger Erwerbsarbeit, steigendem Konsumniveau und stabilen Familienbeziehungen ausgerichtete geordnete Lebensführung nicht mehr erreichbar ist: „Heute noch gepflegte Straßen werden morgen schäbig sein, Fabriken lösen sich zusammen mit Arbeitsplätzen auf, Fertigkeiten finden keine Abnehmer mehr, Wissen schlägt um in Ignoranz, Berufserfahrung wandelt sich zu einem Minusposten, sichere Beziehungsnetze fallen auseinander" (Baumann 1997: 155). Akzentuiert wird die Destabilisierungstendenz der Bedingungen, die eine geordnete, langfristig planbare am Beruf ausgerichtete Lebensführung ermöglichten. Zentrum der postmodernen Lebensstrategie könne in der Folge nicht mehr die Bemühung sein, eine stabile Identität aufzubauen, erforderlich sei vielmehr „die Vermeidung jeglicher Festlegung" (ebd.: 146). Dem entspreche die Etablierung von „Fitness – die Fähigkeit, sich rasch an einen Ort des Geschehens zu bewegen und bereitwillig Erfahrungen hinzunehmen, wie sie gerade kommen" (ebd.: 145) als normative Grundausrichtungen der Lebensführung.

Postmoderne Entwicklungstendenzen stellen damit Veränderungen der Formen dar, in denen „Individualität gesellschaftlich konstruiert wird" (ebd.: 248). Postmoderne Formen der Individualität basieren Baumann (1997) zufolge auf der Verringerung der Nachfrage nach beruflicher verfasster Erwerbsarbeit in der industriellen Produktion und einer dadurch bedingten objektiven und subjektiven Dezentrierung der beruflichen Erwerbsarbeit.[9] Zur

9 Dass sich (trotz fortbestehender Lohnabhängigkeit) die Erwerbsarbeit nicht mehr als subjektiv-sinnhaftes Zentrum der Selbstidentifikation eignet, vermutet auch Sennett (1998)

zentralen Grundlage gesellschaftlicher Teilnahme der Individuen wird – so nimmt Baumann (ebd.: 249) an – der Konsumbereich. Postmoderne Lebensformen sind demnach Lebensformen von sich primär als Konsumenten definierenden Individuen, die sich schnell auf verändernde Bedingungen einzustellen vermögen und starre Festlegungen vermeiden. Ausgeschlossen aus der postmodernen Gesellschaft bleiben die „Armen, jene mangelhaften Konsumenten, denen der Zutritt [...] verwehrt ist" (ebd.: 188).

Individualisierung und neue Formen der Vergemeinschaftung?

Theorien der Postmoderne und die Individualisierungsthese stimmen zwar in der Annahme von Erosionstendenzen des bislang dominanten kulturellen Modells „normaler" Lebensführung überein. Eine systematisch hoch bedeutsame Differenz liegt jedoch gleichwohl darin, dass Lyotard anders als Beck keineswegs die Durchsetzung einer „kollektiv individualisierten Existenzweise" (Beck 1983: 42), sondern stärker die Neubildung von postmodernen Formen der Vergemeinschaftung als Folge dieser Entwicklung annimmt. Die Krise der großen Erzählungen, d.h. jene die moderne Gesellschaft legitimierend umfassenden und mit dem Anspruch universeller Geltung verbundenen Entwürfe einer herzustellenden gerechten bzw. humanen gesellschaftlichen Ordnung, führt Lyotard (1982: 32) zufolge nicht zu einer „Zersetzung des sozialen Bandes" oder zu einem „Übergang der sozialen Gemeinschaften zu dem Zustand einer aus individuellen Atomen bestehen Masse" (ebd.), sondern zu einer Situation, in der das „Selbst [...] in einem noch nie so komplexen und beweglichen Gefüge von Relationen gefangen" sei. Dezidiert weist Lyotard die Vorstellung einer Auflösung sozialer Beziehungen und lokaler Lebensformen mit dem Argument zurück, dass diese Ausdruck einer die Moderne rückblickend verklärenden Vorstellung einer „verlorenen ‚organischen' Gesellschaft" sei. Lyotard (ebd., 33) reklamiert dagegen die Notwendigkeit eines „Minimums an sozialen Beziehungen [...], die für das Bestehen einer Gesellschaft erforderlich" sind.

Symptom der postmodernen Situation, in der Individuen keine verbindlichen Lebensentwürfe mehr vorfinden, an denen sie sich orientieren können, sind Baumann (1995: 226ff.) zufolge Formen einer „Stammespolitik", die auf die Schaffung von vorgestellten Gemeinschaften zielen, durch symbolische Inszenierungen und Rituale sowie affektive Bindungen zusammengehaltene, zerbrechliche und instabile Gruppierungen. Anders als in Becks positiver Beanspruchung des Individualismus wird bei Baumann (1997: 207) argumentiert, dass „Freiheit ohne Gemeinschaft Wahnsinn" bedeutet, individuelle Selbstbe-

---

auf Grund seiner Beobachtungen der Ausweitung flexibler und zeitlich befristeter Erwerbstätigkeit.

stimmung und Selbstverwirklichung angemessenen also nur im Kontext gemeinschaftlicher Bindungen zu denken sind, nicht also Freisetzung aus diesen.

Damit sind – trotz der erwähnten Übereinstimmungen – deutlich gegensätzliche Diagnosen einer veränderten Situation der Individuen in der Gegenwartsgesellschaft skizziert. Diese verweisen einerseits auf die Notwendigkeit weiterer empirischen Forschung, der verlässliche Auskünfte über Ausmaß und Ausprägungen individualisierter sowie traditionaler und posttraditionaler Lebensstile zu entnehmen sind. Andererseits stellen postmodernen Theorien ganz grundsätzlich Prämissen einer Soziologie in Frage, die Gesellschaft als Kooperation oder Wechselwirkung voneinander unabhängiger autonomer Individuen konzipiert und damit die konstitutive Einbettung je konkreter Formen der Individualität in Diskurse, Praktiken, traditionale und posttraditionale Formen der Vergemeinschaftung vernachlässigt.

Literatur

Adorno, Theodor W. (1966): *Negative Dialektik*. Frankfurt/Main.

Baumann, Zygmunt (1992): *Moderne und Ambivalenz*. Hamburg.

Baumann, Zygmunt (1995): *Ansichten der Postmoderne*. Hamburg.

Baumann, Zygmunt (1997): *Flaneure, Spieler und Touristen. Essays zu postmodernen Lebensformen*. Hamburg.

Beck, Ulrich (1983): Jenseits von Klasse und Stand? In: Kreckel, Reinhard (Hrsg.): *Soziale Ungleichheiten*. Göttingen: S. 35-74.

Beck, Ulrich (1986): *Risikogesellschaft. Auf dem Weg in eine andere Moderne*. Frankfurt/Main.

Beck, Ulrich (1996): Das Zeitalter der Nebenfolgen und die Politisierung der Moderne. In: Ders./Anthony Giddens/Scott Lash: *Reflexive Modernisierung – eine Kontroverse*. Frankfurt/ Main: S. 19-112.

Beck, Ulrich (1997): Kinder der Freiheit: Wider das Lamento über den Wertezerfall. In: Ders. (Hrsg.): *Kinder der Freiheit*. Frankfurt/Main: S. 9-33.

Beck, Ulrich/Elisabeth Beck-Gernsheim (1993): Nicht Autonomie, sondern Bastelbiographie. In: *Zeitschrift für Soziologie*, H. 3: S. 178-187.

Beck, Ulrich/Elisabeth Beck-Gernsheim (1994): Individualisierung in der modernen Gesellschaft – Perspektiven und Kontroversen einer subjektorientierten Soziologie. In: Dies. (Hrsg.): *Riskante Freiheiten*. Frankfurt/Main: S. 10-42.

Benhabib, Seyla (1995): *Selbst im Kontext*. Frankfurt/Main.

Berger, Johannes (1986): Gibt es ein nachmodernes Gesellschaftsstadium. In: Ders. (Hrsg.): *Die Moderne – Kontinuitäten und Zäsuren*. Göttingen: S. 79-96.

Berger, Johannes (1988): Modernitätsbegriffe und Modernitätskritik in der Soziologie. In: *Soziale Welt*, H. 2: S. 224-236.

Berger, Peter L./Brigitte Berger/Hansfried Kellner (1975): *Das Unbehagen in der Modernität*. Frankfurt/Main, New York.

Bilden, Helga (1997): Das Individuum – ein dynamisches System vielfältiger Teil-Selbste. In: Keupp, Heiner (Hrsg.): *Identitätsarbeit heute*. Frankfurt/Main: S. 227-250.

Breuer, Stefan (1992): *Die Gesellschaft des Verschwindens*. Hamburg.

Breuer, Stefan (1997): Individualisierung, Entindividualisierung und Gewalt im Spiegel der soziologischen Theoriebildung. In: *Kriminologisches Journal*, 6. Beiheft: S. 16-30.

Cohen, Stanley/Laurie Taylor (1977): *Ausbruchsversuche. Identität und Widerstand in der modernen Lebenswelt.* Frankfurt/Main.
Daniel, Claus (1981): *Theorien der Subjektivität.* Frankfurt/Main, New York.
Derrida, Jacques (1996): *Marx' Gespenster.* Frankfurt/Main.
Durkheim, Émile (1977): *Über die Teilung der sozialen Arbeit.* Frankfurt/Main.
Elias, Norbert (1991): *Die Gesellschaft der Individuen.* Frankfurt/Main.
Foucault, Michel (1974): *Die Ordnung der Dinge.* Frankfurt/Main.
Geißler, Rainer (1996): Kein Abschied von Klasse und Schicht. In: *Kölner Zeitschrift für Soziologie und Sozialpsychologie*, H. 2: S. 319-338.
Giesen, Bernhard (1991): *Die Entdinglichung des Sozialen.* Frankfurt/Main.
Habermas, Jürgen (1973): *Legitimationsprobleme im Spätkapitalismus.* Frankfurt/Main.
Habermas, Jürgen (1981): Die Moderne – ein unvollendetes Projekt. In: Ders.: *Kleine politische Schriften I-IV.* Frankfurt/Main: S. 444-466.
Habermas, Jürgen (1993): Anerkennungskämpfe im demokratischen Rechtsstaat. In: Gutmann, Amy (Hrsg.): *Multikulturalismus und die Politik der Anerkennung.* Frankfurt/Main: S. 147-196.
Habermas, Jürgen (1998): Individuierung durch Vergesellschaftung. In: Ders.: *Nachmetaphysisches Denken.* Frankfurt/Main: S. 187-241.
Hall, Stuart (1992): The Question of Cultural Identity. In: Ders./David Held/Andrew Mc Grew (Hrsg.): *Modernity and its Futures. Understanding Modern Societies.* Cambridge: S. 273-325.
Heitmeyer, Wilhelm (1997): Einleitung: Sind individualisierte und ethnisch-kulturell vielfältige Gesellschaften noch integrierbar? In: Ders. (Hrsg.): *Was hält die Gesellschaft zusammen?* Frankfurt/Main: S. 9-22.
Hobsbawn, Eric J. (1999): Die neuen Nationalismen. In: *Die Zeit* (vom 06.05): S. 37-38.
Hondrich, Karl Otto (1998): Zur Dialektik von Individualisierung und Rückbindung. In: *Aus Politik und Zeitgeschichte*, B 53/98: S. 3-8.
Jameson, Fredric (1986): Zur Logik der Kultur im Spätkapitalismus. In: Huyssen, Andreas/Klaus R. Scherpe (Hrsg.): *Postmoderne. Zeichen eines kulturellen Wandels.* Reinbek: S. 45-102.
Joas, Hans (1988): Das Risiko der Gegenwartsdiagnose. In: *Soziologische Revue*, H. 11: S. 1-7.
Junge, Mattias (1997): Georg Simmels Individualisierungstheorie. In: *Sociologica Internationalis*, H. 1: S. 3-26.
Keupp, Heiner (1997): Diskursarena Identität: Lernprozesse in der Identitätsforschung. In: Ders. (Hrsg.): *Identitätsarbeit heute.* Frankfurt/Main: S. 11-40.
Lash, Scott (1996): Reflexivität und ihre Doppelungen. In: Beck, Ulrich/Anthony Giddens/Ders.: *Reflexive Modernisierung. Eine Kontroverse.* Frankfurt/Main: S. 195-288.
zur Lippe, Rudolf (1975): *Bürgerliche Subjektivität: Autonomie als Selbstzerstörung.* Frankfurt/Main.
Luhmann, Niklas (1982): *Beobachtungen der Moderne.* Opladen.
Luhmann, Niklas (1993): Individuum. Individualität. Individualismus. In: Ders.: *Gesellschaftsstruktur und Semantik.* Bd. 3. Frankfurt/Main: S. 149-258.
Luhmann, Niklas (1996): *Die neuzeitlichen Wissenschaften und die Phänomenologie.* Wien.
Luhmann, Niklas (1996a): *Gespräch mit Andreas Geyer.* http://www.suhrkamp.de/suhrkamp/docs/Luhmann.
Luhmann, Niklas (1997): *Die Gesellschaft der Gesellschaft.* 2. Bd. Frankfurt/Main.
Lutz, Burkhart (1994): Das „Projekt Moderne" liegt noch vor uns. In: Darlien, Hans-Ulrich (Hrsg.): *Systemrationalität und Partialinteresse. Festschrift für Renate Mayntz.* Baden-Baden: S. 513-526.

Lützeler, Paul Michael (1998): Ein deutsches Mißverständnis. In: *Die Zeit* (vom 01.10): S. 68.
Lyotard, Jean-Francois (1982): *Das postmoderne Wissen.* Wien.
Lyotard, Jean-Francois (1985): „Nach" Wittgenstein. In: Ders.: *Grabmal des Intellektuellen.* Graz, Wien: S. 68-74.
Lyotard, Jean-Francois (1987): *Der Widerstreit.* München.
Lyotard, Jean-Francois (1990a): Beantwortung der Frage: Was ist postmodern? In: Engelmann, Peter (Hrsg.): *Postmoderne und Dekonstruktion.* Stuttgart: S. 33-48.
Lyotard, Jean-Francois (1990b): In: Randbemerkung zu den Erzählungen. In: Engelmann, Peter (Hrsg.): *Postmoderne und Dekonstruktion.* Stuttgart: S. 49-53.
Lyotard, Jean-Francois (1991): Eine postmoderne Fabel über die Postmoderne oder: In der Megapolis. In: Weimann, Robert/Hans Ulrich Gumbert (Hrsg.): *Postmoderne – globale Differenz.* Frankfurt/Main: S. 291-306.
Macpherson, Crawford B. (1967): *Die politische Theorie des Besitzindividualismus.* Frankfurt/Main.
Meyer-Drawe, Käte (1996): Tod des Subjekts – Ende der Erziehung? In: *Pädagogik*, H. 7-8: S. 48-57.
Nassehi, Armin (1997): Inklusion, Exklusion, Integration, Desintegration. Die Theorie funktionaler Differenzierung und die Desintegrationsthese. In: Heitmeyer, Wilhelm (Hrsg.): *Was hält die Gesellschaft zusammen?* Frankfurt/Main: S. 113-148.
Neckel, Sighard (1993): *Die Macht der Unterscheidung.* Frankfurt/Main.
Oevermann, Ulrich (1999): Strukturale Soziologie und Rekonstruktionsmethodologie. In: Glatzer, Wolfgang (Hrsg.): *Ansichten der Gesellschaft.* Opladen: S. 72-84.
Parsons, Talcott (1972): *Das System moderner Gesellschaften.* Weinheim, München.
Peuckert, Detlev J. K. (1989): *Max Webers Diagnose der Moderne.* Göttingen.
Rorty, Richard (1989): *Kontingenz, Ironie und Solidarität.* Frankfurt/Main.
Scherr, Albert (1991): Postmoderne Soziologie – Soziologie der Postmoderne? In: *Zeitschrift für Soziologie*, H. 1: S. 3-12.
Scherr, Albert (1992): Das Projekt Postmoderne und die pädagogische Aktualität kritischer Theorie. In: Maotzki, Wilfried/Heinz Sünker (Hrsg.): *Kritische Erziehungswissenschaft –Moderne – Postmoderne.* Weinheim: S. 101-151.
Scherr, Albert (1994): Sind Jugendliche individualisiert? In: *Gegenwartskunde*, H. 2: S. 173-184.
Scherr, Albert (1995): *Soziale Identitäten Jugendlicher.* Opladen.
Scherr, Albert (1998): Individualisierung und gesellschaftliche Integration. In: *Gegenwartskunde*, H. 2: S. 155-168.
Schütz, Alfred/Thomas Luckmann (1979): *Strukturen der Lebenswelt.* Bd. 1. Frankfurt/Main.
Sennett, Richard (1998): Der neue Kapitalismus. In: *Berliner Journal für Soziologie*, H. 3: S. 5-18.
Simmel, Georg (1968): *Soziologie. Untersuchungen über die Formen der Vergesellschaftung.* Berlin.
Simmel, Georg (1984/1917): *Grundfragen der Soziologie.* Berlin.
Taylor, Charles (1993): Die Politik der Anerkennung. In: Gutmann, Amy (Hrsg.): *Multikulturalismus und die Politik der Anerkennung.* Frankfurt/Main: S. 13-78.
Taylor, Charles (1996): *Quellen des Selbst.* Frankfurt/Main.
van Dülmen, Richard (1997): *Die Entdeckung des Individuums.* Frankfurt/Main.
van Reihen, Wilhelm (1989): Verständigung über die Grenzen der Verständigung. In: *Sozialwissenschaftliche Literaturrundschau*, H. 19: S. 53-58.
Vester, Michael (1997): Kapitalistische Modernisierung und gesellschaftliche (Des-)Integration. In: Heitmeyer, Wilhelm (Hrsg.): *Was hält die Gesellschaft zusammen?* Frankfurt/Main: S. 149-206.

Wagner, Peter (1995): *Soziologie der Moderne.* Frankfurt/Main, New York.
Weber, Max (1972/1922): *Wirtschaft und Gesellschaft.* Tübingen
Weiss, Johannes (1998): Die Zweite Moderne – eine neue Suhrkamp-Edition. In: *Soziologische Revue*, H. 4: S. 415-426.
Welsch, Wolfgang (1988): *Unsere postmoderne Moderne.* Weinheim.
Welsch, Wolfgang (1991): Gesellschaft ohne Meta-Erzählung? In: Zapf, Wolfgang (Hrsg.): *Die Modernisierung moderner Gesellschaften.* Frankfurt/Main, New York: S. 171-181.
Zapf, Wolfgang (1991): Modernisierung und Modernisierungstheorien. In: Ders. (Hrsg.): *Die Modernisierung moderner Gesellschaften.* Frankfurt/Main, New York: S. 23-39.

Zygmunt Bauman

Ethics of Individuals

„Private Sprache", so Ludwig Wittgenstein, ist ein Oxymoron – oder, wenn man das Lateinische dem Griechischen vorzieht, eine *contradictio in adiecto*. Sprache setzt eine Sprachgemeinschaft voraus; Sprache ist eine „Form des Lebens" – und zwar des miteinander *geteilten* Lebens, des *Zusammenlebens*. Offensichtlich lässt sich ähnliches von der Ethik sagen. Gäbe es nicht ein Netz wechselseitiger Abhängigkeiten zwischen Individuen, würde die Vorstellung einer Ethik keinen Sinn ergeben. Ein Einzelwesen, dessen Leben von anderen unberührt ist und das selbst kein anderes Leben beeinflusst, wäre ein nicht-ethisches Wesen. Es wäre weder gut noch böse, weder moralisch noch unmoralisch, denn es geht bei der Ethik nicht darum, was ein Einzelwesen sich selbst, sondern was menschliche Wesen einander antun. Allerdings könnte ein „Einzelwesen" auch kein *menschliches* Wesen sein. Wie schon Aristoteles bemerkte, sind nur Bestien oder Engel fähig, ein Leben in Vereinzelung führen. Bei einem *Sein**, das nicht (wie Martin Heidegger es ausdrückte) *ursprünglich Mitsein** ist, handelt es sich um eine Widersinnigkeit. Es ist das *Mitsein*, das jenes Sein konstituiert, und es gibt kein *Sein*, das nicht schon *Mitsein* ist. Man kann daher sagen, dass potentiell alles ethisch ist: Die notwendige Bedingung für die Moralität des Menschen-in-der-Welt war – ist – erfüllt, unabhängig davon, wann (und ob überhaupt) Konzepte von „gut" und „böse" entwickelt und ein Moralkodex schriftlich fixiert wurden. Tatsächlich ist *Mitsein* die *notwendige* – aber nicht *hinreichende* – Bedingung für *Moralität*. *Mitsein*, wie Emmanuel Levinas bemerkte, mag nicht mehr bedeuten als bloßes *Zusammenmarschieren**. Die Tatsache, dass „wir alle im selben Boot sitzen", Zeit und Raum teilen, uns von Angesicht zu Angesicht begegnen und voneinander hören, macht uns nicht automatisch zu moralischen Wesen. *Ethik*, betont Levinas, kommt vor der Ontologie. Diese Reihenfolge gilt jedoch nicht für das *moralische Selbst*. Wir können sagen, dass

* im Original deutsch
* im Original deutsch
* im Original deutsch

im Gegensatz zur „ethischen Festlegung" (Moralität als ein existentieller Zustand oder, genauer, als Voraussetzung der Existenz), die „immer schon da" ist, weil es dazu nicht mehr bedarf als der Gesellschaft anderer, das moralische Selbst nicht „gegeben" ist. Es muss erst geschaffen werden. Wir teilen uns die Welt; was wir tun oder lassen hat deshalb zwangsläufig einen Einfluss auf das Leben anderer, so wie unser eigenes Leben von anderen beeinflusst wird. Schon auf Grund dieses Umstandes sind wir füreinander verantwortlich und damit bereits ethische Wesen. Wir haben diese Verantwortung, ob wir darum wissen oder nicht, ob wir sie wollen oder nicht. Aber wir können die Verantwortung für unsere Verantwortung *übernehmen* oder ablehnen. Nur wenn wir die Verantwortung übernehmen, wird das Selbst moralisch; nur dann wird die Moral zum Leben erweckt – freilich zu einem unsicheren Leben. Das moralische Selbst ist geboren, wenn *Mitsein* in die Dimension des *Fürseins* („pour-être", „being-for") gehoben wird. Die Geburt der Moralität vollzieht sich in der Verantwortungsübernahme für den Anderen (womit die bereits bestehende, existentielle Verantwortung akzeptiert wird). Dabei handelt es sich nicht um einen einmaligen Vorgang. Im Leben des moralischen Selbst findet dieser Geburtsakt immer wieder statt – oder eben nicht. Moralität, deren einzige Substanz aus den Handlungen moralischer Personen besteht, muss im Verlauf sukzessiver zwischenmenschlicher Begegnungen immer wieder neu geboren werden – als ihre Vollendung. Einmal geboren, ist ihr Überleben niemals gesichert, denn die Chancen auf fortwährende Wiedergeburt, die einzig mögliche Form des Fortbestehens von Moralität, sind nicht immer die gleichen. Die Art und Wahrscheinlichkeit zwischenmenschlicher Begegnungen hängt von der Art des *Mitseins* ab. Da Letztere wiederum durch die Eigenschaften der Gesellschaft bedingt ist, in der Menschen leben (wir unterscheiden Gesellschaften nach der jeweils charakteristischen Form des *Mitseins*), kann man sagen, dass die Chancen für eine ständige Wiedergeburt der Moralität und des moralischen Selbst davon abhängen, wie eine Gesellschaft strukturiert ist und das Leben der Individuen formt. Jede Gesellschaft als Zusammensein potentiell moralischer Wesen kann sich für Moralität entweder als fruchtbarer Boden oder als steiniger Acker erweisen, auf dem nur ein besonders starkes moralisches Selbst Wurzeln zu schlagen vermag.

Modernes Misstrauen

Die moderne kapitalistische Gesellschaft wird schon lange verdächtigt, der Moralität nur eine unwirtliche Umwelt zu bieten. Zwei Gründe für diesen Verdacht (zwei Arten von *Wahlverwandtschaft** zwischen Kapitalismus und Immoralität) sind besonders oft von besorgten Moralphilosophen angeführt

* im Original deutsch

worden. Der am häufigsten genannte Grund ist jene Ideologie, die persönliche Bereicherung propagiert und das Glück im Erwerb von Besitz sucht, bezogen auf den *kapitalistischen* oder „bürgerlichen“ Charakter der modernen Gesellschaft. Ein weiterer Grund: Das instrumental-rationale Denken, verbunden mit dem *modernen* Charakter der kapitalistischen Version einer bürgerlichen Gesellschaft. Dieser Ideologie wurde die Förderung eigeninteressierter Beschäftigung und die Betrachtung anderer Menschen als Bedrohung dieser Interessen bzw. als Konkurrenten im Streben nach Glück vorgeworfen. Indem man Glück in Beziehung zum Anteil an der endlichen Menge der Güter setzte, machte diese Ideologie das Streben nach Glück zu einem Nullsummenspiel. Sie ließ, so klagte man, weder Raum noch Zeit für desinteressierte Selbstaufopferung, den Eckstein des *Fürseins,* noch für spontane, nicht-berechnende moralische Akte. Moralgelenktes Verhalten schien mit den Gesetzen rationalen Handelns nicht in Einklang gebracht werden zu können, da es offensichtlich unvorhersagbar und nicht-instrumentell ist.

Infolge dieser zwei Gründe vertrauten nur wenige Moralphilosophen der modernen Gesellschaft, Moralität aus sich selbst heraus und als Selbstverständlichkeit, d.h., ohne aktive und planvolle Intervention überlegener und ethisch bewusster (und gewissenhafter) Kräfte hervorbringen zu können. Die Zweifel wurden täglich aufs Neue bestätigt, als die gewohnheitsmäßige Regulierung menschlichen Zusammenlebens zusammen mit „ancien régime“ und „sozialer Ordnung“ kollabierte, d.h., als ein zuvor unproblematischer Verlauf der Dinge zu einer Aufgabe wurde, die bewusst angegangen und ausgeführt werden musste. Durch eine seltsame Umkehrung der Perspektive wurde jedoch der Mangel an Vertrauen in das moralische Potential der modernen bürgerlichen Gesellschaft auf die „menschliche Natur“ projiziert, der die meisten Moralphilosophen mit Verachtung oder Argwohn gegenüberstanden – bestenfalls a-moralisch, schlimmstenfalls un-moralisch: Menschen verfügten nicht über eine natürliche Neigung zu moralischen Einstellungen und Verhaltensweisen. Falls man sie nicht zu moralischem Verhalten veranlassen oder zwingen könnte, würden sie einander an die Kehle gehen. Unmoral sei der natürliche Zustand des Menschen; Moralität könne nur das Ergebnis eines langen und anstrengenden Kampfes sein und müsse durch fortwährende äußere Zwänge gesichert werden. Sympathie, Mitleid und Sorge um den Anderen sind in dieser Anschauung künstliche und erworbene Eigenschaften, die erst „von außen eingebracht“ , d.h., gelehrt oder oktroyiert werden müssen, um später menschliche Interaktionen steuern zu können. Seit Hobbes diente die Annahme angeborener menschlicher Selbstsucht als Legitimation des staatlichen Vorrechts, Gehorsam und Disziplin zu verlangen. Diesen Ursprung des sozialen Vertrags in Anspruch nehmend – als sicherer Hafen von den einsamen und verängstigten Individuen eingefordert, verzweifelt angesichts des „hässlichen, rohen und kurzen“ Lebens – erschien die Gesellschaft und ihr starker Arm, der Staat mit seinem Machtapparat, als der einzige Schutz vor den schlimmen Folgen der menschlichen, a-sozialen oder anti-sozialen Instinkte und Neigungen. Gesetzgeber, von Moralphilosophen beraten und von Lehrern und Priestern unterstützt, würden durch planvolle Maßnahmen das Versagen der „menschlichen Natur" kompensieren müssen: durch Sanktionen, die unmoralisches Verhalten zu kostspielig machen würden, und/oder durch den überzeugenden Nachweis, dass moralisches Verhalten sich lohnt und wert ist, ausprobiert zu werden. Paradoxerweise handelt es sich in beiden Fällen um einen Appell an eben jene Selbstsucht, die man für die Ursache der Unmoral des ungeformten, unkultivierten Individuums im „Naturzustand" hielt. Man glaubte, den Mangel an natürlicher Neigung zu moralischem Verhalten durch einen ethischen Kodex ausgleichen zu müssen, ausgestaltet und gesetzlich erlassen in verbindlichen Ge- und Verboten und von „law-and-order"-Kräften in Zusammenarbeit mit moralischen Erziehungsinstanzen durchgesetzt. In Ermangelung angeborener moralischer Impulse hatte die Regelkonformität, verstärkt durch Strafsanktionierungen nicht-konformen Verhaltens, die moralischen Maßstäbe menschlichen Zusammenlebens zu gewährleisten.

Das war im Wesentlichen die „ethische Problematik" der modernen Gesellschaft in den ersten beiden Jahrhunderten ihrer Geschichte. Die Aufgabe der Entwicklung moralischer Maßstäbe stellte sich als Frage nach der angemessenen gesellschaftlichen Kontrolle individuellen Verhaltens; ein Abweichen von moralischen Maßstäben wurde auf Schwächen des ethischen Kodex oder die Nachlässigkeit der ihn überwachenden Organe zurückgeführt. Ungeachtet des radikalen Wandels, der sich mittlerweile in der modernen Gesellschaft vollzogen hat, werden Rückschläge auf ethischem Gebiet sowie die zu ergreifenden Gegenmaßnahmen in weiten Teilen der heutigen Moralphilosophie noch stets im Rahmen dieser etablierten Tradition diskutiert. Dabei hat dieser unbeachtete und gedanklich nicht verarbeitete Wandel zwar nicht unbedingt radikal neue Ursachen für moralische Unzulänglichkeit geschaffen, aber er ließ die von der orthodoxen Moralphilosophie bislang nicht erfassten Ursachen deutlicher hervortreten.

Das Verschwinden der Kollektive und die Begrenzungen der Moral

Als einer der ersten Denker des 20. Jahrhunderts erahnte Walter Benjamin die zuvor nicht beachteten Gefahren. Wie Susan Buck-Morss, eine sehr scharfsinnige Interpretin des benjaminschen Werkes, im Kontext von Benjamins *querelle* mit den Surrealisten (die danach trachteten, die traumähnliche Qualität moderner Realitäten als vorrangige, vielleicht ausschließliche Sache subjektiver, überaus individueller Erfahrung zu kennzeichnen) dargestellt hat, liegt nicht im träumenden Individuum, sondern im träumenden *Kollektiv* das schon lange auf Entdeckung wartende Geheimnis der atomistischen Gesellschaft. Das Kollektiv träumte, denn es war „unconscious of itself, composed of atomized individuals, consumers who imagined their commodity-dreams to be uniquely personal (despite all objective evidence to the contrary), and who experienced their membership in the collectivity only in an isolated, alienating sense, as an anonymous component of the crowd.“ (Buck-Morss 1993: 318) Kurz: Das Kollektiv „träumt“, weil den Individuen, aus denen es sich zusammensetzt, die kollektiven Ursprünge ihrer individuellen Eigenschaften und Erfahrungen ebenso wenig bewusst sind wie die kollektive Natur ihrer Schwierigkeiten und damit auch die möglichen Wege zur Behebung dieser Probleme. Nach Benjamin brachte die moderne Gesellschaft Konformität in das Leben der Menschen, „but not social solidarity, no new level of collective *consciousness* concerning their commonality, and thus no way of waking up from the dream in which they were enveloped“ (ebd.: 318 f., Herv. i. O.). Die Gesellschaft wirkte sozusagen einschläfernd; sie hinderte die Individuen an der Bewusstwerdung ihrer *wechselseitigen Abhängigkeit und damit ihrer Verantwortung füreinander* – und deshalb auch an ihrer *Moralität. Die Chancen der Bewusstwerdung* (Levinas schreibt von „Nüchternwerden“) *des ethischen Kerns des Selbst werden von einer communitas abscondita fortwährend unterminiert,* zunichte gemacht von einem Kollektiv, das seine Mitglieder zusammenhält, indem es sich unsichtbar bzw. bedeutungslos macht. Der Rückzug des Individuums auf die Belange und Anliegen des Selbst ist das Resultat dieses „Verschwindens“. Zudem hat die Unsichtbarkeit des Kollektivs jene Auswirkungen, die von Soziologen als „sich selbsterfüllende Prophezeiung“ beschrieben wird: Wenn Individuen sich so verhalten *als ob* ihre Erfahrungen und ihr Schicksal keine kollektiven Auswirkungen hätten, dann kann diese Annahme in ihren Konsequenzen tatsächlich wahr werden. Zuerst wird das Kollektiv dem Blick entzogen; und danach, wenn die Solidarität schwindet, hört es auf, in der tatsächlichen Realität zu existieren. Mit anderen Worten: Das solidarische Leben ist nicht auf Grund angeborener Selbstsucht „unzureichend sozialisierter“ Individuen gefährdet. Das Gegenteil ist der Fall: Individuen neigen zu Selbstsucht (und daher zu moralischer Blindheit und ethischer Gleichgültigkeit bzw. Inkompetenz) wegen des unaufhaltsamen Dahinschwindens von Kollektiven, mit denen man solidarisch sein könnte. Weil es kaum Motivationen zur Solidarität gibt, werden „die Anderen“ zu Fremden – und vor Fremden sollte man sich in Acht nehmen, wie jede Mutter ihrem Kind beibringt. Man sollte sich am besten von ihnen fernhalten und gar nicht erst mit ihnen reden. Das ist es, was Jonathan Raban, der Autor von *Soft City* (eine bemerkenswerte Studie über zeitgenössisch konzipierte und praktizierte Lebensformen unter Fremden) von Bixby Hall, einer kleine Wohnsiedlung am Rande von Los Angeles, berichtet: „There nice people have erected their $150,000 homes inside a fortified stockade, eight feet high, patrolled by heavily armed security guards, with an electronic communication system installed in every house. In a TV programme about this armour-plated ghetto a shrill housewife, surrounded by hardware and alarm-buttons, said: ‚We are trying to preserve values and morals here that are decaying on the outside'. And her husband, a comfortable Babbity figure, told the reporter: ,When I pass by the guard in the evening, I'm safe, I'm home, it's just a lovely feeling, it really is.'" (Raban 1974: 18) Bixby Hall ist nur eines der in den letzten zwanzig Jahren in allen amerikanischen Städten wie Pilze aus dem Boden geschossenen „gepanzerten Ghettos", die in letzter Zeit zunehmend auch in so weit von einander entfernt liegenden Ländern wie Südafrika und Frankreich errichtet werden. Dieses neue Lebensmedium ist, wie alle Medien, eine Botschaft – und die besondere Nachricht dieses Mediums lautet, dass „Werte und moralische Vorstellungen" nur für den Hausgebrauch bestimmt sind und nur bewahrt und angewendet werden können, wenn man sich separiert, loslöst, zurückzieht und ausschließt. Das Universum moralischer Verpflichtungen schrumpft schnell, und die Aufgabe derjenigen, denen etwas an ihrem Wohlbefinden liegt, ist es, den Schrumpfungsprozess zu beschleunigen.

Die ethischen Folgen der Individualisierung in zeitgenössischen Demokratien untersuchend, deutet Joël Roman auf die nun wahr gewordenen düsteren Vorahnungen von Alexis de Toqueville hin: Heute ist das Individuum in der Tat zum „schlimmsten Feind des Bürgers" geworden: „l'individu contemporain tend à se détourner des engagement collectifs, des responsabilités sociales et politiques" (Roman 1998: 171) – es zieht sich zurück von all jenen Einstellungen und Handlungen, die einen Bürger, ein Mitglied des Gemeinwesens, definieren. Den Individuen wird nahe gelegt, sich um ihre eigenen Angelegenheiten zu kümmern, ihr Leben selbst, mit Hilfe des eigenen Verstandes und mit eigenem Einsatz zu meistern und stolz auf diese Einsamkeit zu sein: Das Gemeinwesen verspricht, sich nicht einzumischen; im Gegenzug darf das Individuum aber auch nicht erwarten oder gar verlangen, von öffentlichen Einrichtungen etwas zu erhalten, was diese weder geben wollen noch können. „Abhängigkeit" ist zu einem Kritik und Missbilligung ausdrückenden Begriff geworden, während Formulierungen wie „mehr Freiraum brauchen" oder „Freisetzung" (von Skrupeln und Gewissensbissen, vom Netz wechselseitiger Verpflichtungen, von Bindungen) für individuelle Selbstbehauptung stehen. Doch Abhängigkeit ist und wird für immer die andere Seite moralischer Verantwortung sein, solange das moralische Selbst nur in nächster Nähe zu anderen Menschen wachsen und gedeihen kann – nicht in einem geschlossenen System, das im leeren Raum schwebt.

Freiheit durch Individualisierung?

Individualisierung ist, wie Ulrich Beck (1992: 34) feststellt, kein Einzel-, sondern ein Kollektiv-Schicksal. Individualität wird als Unbegrenztheit der Wahlmöglichkeiten aufgefasst, aber ein Individuum zu sein – allein operierend und alleine die sich daraus ergebenden Konsequenzen tragend – ist keine Sache der Wahl. Individualisierung überkommt Männer und Frauen als

Schicksal, undurchsichtig und unbeeinflussbar: wie jene „nicht selbst gewählten Bedingungen", denen Menschen – wie Marx sagt – unterworfen sind, während sie Geschichte machen. In Becks Worten (1995: 83): „Enlightenment ends in the fatalism of developed industrial society, which, on the one hand, transforms everything into something that can be done and, on the other, sanctifies and blesses its nearly total paralysis of action [...] Protests, no matter how insistent and desperate, only confirm the fundamental theme of irresistibility and irreversibility." Das Wesen der „Individualisierung" besteht weniger in der Freisetzung der Individuen von Zwängen und der Erweiterung von Wahlmöglichkeiten als in der Abkopplung individueller Entscheidungen und Handlungen vom Wirken des Systems als Ganzem. Das „System", die Bedingungen des Handelns, immunisiert sich größtenteils gegen die von den Individuen im Verlauf ihres Lebens getroffenen Entscheidungen. Wenn der systemische Rahmen individueller Selbstkonstitution außerhalb der Reichweite individueller Entscheidungen liegt, wenn er unberührt und unversehrt bleiben kann, dann obliegt es den Individuen und den ihnen zur Verfügung stehenden Ressourcen, mit den Konsequenzen systemischer Widersprüche fertig zu werden (oder auch nicht). Sie können nur versuchen, die Wirkung dieser Widersprüche auf ihr persönliches Wohlbefinden abzumildern, ohne sich ihrem Einfluss entziehen oder sie gar auflösen zu können. Claus Offe (1996: 12) hat die paradoxen Resultate treffend zusammengefasst: „‚complex' societies have become rigid to such an extent that the very attempt to reflect normatively upon or to renew their ‚order', that is, the nature of the coordination of the processes which take place in them, is virtually precluded by dint of their practical and thus their essential inadequacy." Die neue Immunität systemischer Bedingungen gegenüber den Wirkungen individuellen Handelns wird perverserweise aufgefasst – und allzu oft auch theoretisiert – als Zuwachs an individueller Freiheit. Es scheint, dass „nearly all factors of social, economic, and political life are contingent, elective and gripped by change, while on the other hand the institutional and structural premises over which that contingency runs are simultaneously removed from horizon of political, indeed of intellectual choice." (ebd.) Auf Grund der Unempfänglichkeit gegenüber individuellen – seien es einzelne oder mehrere – Handlungen, kann sich das System eine über den Dingen stehende „Toleranz" erlauben: Indifferenz, Schweigen, missverstanden als Fehlen von Restriktionen. Gerhard Schulze (1993) scheint dieses ostentative Desinteresse des Systems für eine neue Autonomie zu halten, für einen entscheidenden Durchbruch auf dem Gebiet individueller Selbstbehauptungskräfte, und die Schuld an den Schwierigkeiten freigesetzter Individuen gibt er einem Mangel an klaren Richtlinien, die eigentlich von der institutionalisierten Tradition bereitgestellt werden sollten, aber nicht werden. In Göran Dahls (1999: 180) Darstellung der Sicht Schulzes heißt es: „individuals have to construct their own biographies without being able to use social norms which could give rise to a self-evident identity. Less and less is ‚given' or transmitted from social and historical contexts [...] Individualization does not only mean freedom but also the burden of living without self-evidence". So gesehen haben Freiheit und die aus ihr folgenden Mühen zwei verschiedene Ursachen, und die Qualität des einen beeinflusst nicht die Qualität des anderen: Die Loslösung des Systems kann zwar dazu führen, dass die freigesetzten Individuen unzureichend informiert und daher oft verwirrt und orientierungslos sind, aber dies tut ihrer Freiheit keinen Abbruch – sie müssen höchstens für ihre Unfähigkeit und ihre groben Fehler einen höheren Preis zahlen. Offes Interpretation ist jedoch eine andere: Rückzug und Nicht-Einmischung des Systems; Deregulation, in der sich dieses Zurückweichen manifestiert und die daraus resultierende, künstlich geschaffene Flexibilität und Kontingenz menschlichen Lebens machen deutlich, dass Freiheit nur eine Illusion ist, denn diese Art von Freiheit geht mit Machtlosigkeit einher. Diese Freiheitsform lässt keine Chance, über den systemischen Rahmen, in dem Individuen um ihre Lebensgestaltung kämpfen, zu verhandeln oder ihn gar zu verändern.

Pascal ergründete einst die tragischen Konsequenzen des „Rückzugs Gottes", des Lebens mit dem *Deus absconditus*, dem „sich verbergenden Gott". Beck, so kann man sagen, weist hin auf die Konsequenzen des Lebens mit einem „sich verbergenden System", einem *System absconditus*: „how one lives becomes the biographical solution of systemic contradictions" – „experts dump their contradictions and conflicts at the feet of the individual and leave him or her with the well intentioned invitation to judge all of this critically on the basis of his or her own notions [...] At the same moment as he or she sinks into significance, he or she is elevated to the apparent throne of a world-shaper." (Beck 1995: 137) Dies ist ein wiederkehrendes Thema in Becks Schriften: Die seltsame, paradoxe Lage, uneingeschränkt für sich selbst verantwortlich und gleichzeitig abhängig von Bedingungen zu sein, über die man keinerlei Kontrolle hat, weder intellektuell noch – und dies ist entscheidend – praktisch. Diese von Widersprüchen geprägte Individualisierung ruft eine gänzlich andere *Lebenswelt** herauf als die von der Aufklärung ersonnene und von der Moderne versprochene: „The untrod tracks to be followed here in a loose crowd of fellow individuals lead in exactly the opposite direction to that which enlightenment has pointed so far. It is no longer the matter of understanding natural laws, developing technologies, building up production, increasing material wealth, altering the economic, social and political circumstances and only after that finally liberating men and women from their drudgery. Instead, the last in the line is brashly pushed to the front: develop your own personality, and this will have a lasting effect on your marriage, family, work, colleagues, career, officialdom and the way we all treat our resources and our world." (Beck/Beck-Gernsheim 1995: 43f.) Wir können festhalten, dass diese Art und Weise, den Karren vor das Pferd zu spannen, nicht neu ist. Die von einem „Lebensprojekt" geleitete „innere Ent-

* im Original deutsch

wicklung“ war von Anfang an definitorisches Attribut des „modernen Menschen“ und stand im Zentrum moderner Lebensstrategie. Die in der Moderne an die Stelle der erblichen Stände tretenden Klassen setzten sich – wie sachlich falsch auch immer – als *telos*, nicht als Ursprung des Lebensplans: Jedem „Pilger auf dem Weg des Lebens“ wurde die Aufgabe übertragen, an jeder Weggabelung die richtige Wahl zu treffen; jeder wurde für den Verlauf des zurückgelegten Weges, dessen retrospektiv konstruierte innere und kumulative Logik gelobt oder getadelt: „When the ethical culture of modernity, with its codes of personal responsibility and life purpose, is carried into a society without institutional shelters, there appears not pride of self, but a dialectic failure in the midst of growth. Growth in the new economy depends on gutting corporate size, ending bureaucratic guarantees, profiting from the flux and extensions of economic networks. Such dislocations people come to know as their own lack of direction“. (Sennett 1999: 21f.) Das „Schwinden institutioneller Unterstützung“ lässt Individuen „alleine mit ihrem Verantwortungsgefühl“. Dieses Gefühl führt jedoch weder zu Kühnheit und Entschlossenheit, noch zu einem Bewusstsein um die sozial geformten Bedingungen des gemeinsamen Lebens; es führt vielmehr zu ständiger Beschäftigung mit sich selbst, zu zwanghafter Selbstbeschuldigung und Selbstgeißelung.

Wir sind nunmehr alle, durch sozial vermittelte und doch anonyme Dekrete, in der Lage des Barons von Münchhausen. Man erwartet von uns, dass wir uns alle an unserem eigenen Haar aus dem Sumpf ziehen; doch das Haar ist nach der neuesten Frisurenmode geschnitten und mit Haarpflegemitteln zu behandeln, die gegenwärtig als „neu und mit verbesserter Rezeptur“ angepriesen werden. Die Aufgabe des Individuums (wie uns, den Individuen, immer wieder gesagt wird) besteht darin, das richtige Geschäft auszumachen, das richtige Regal zu finden und in der verwirrenden Fülle des Angebots nach der richtigen Schachtel oder Tube zu greifen. „Es liegt an Ihnen“ bekommen wir täglich zu hören, doch die Dinge, die unser Leben und das Leben anderer am entscheidendsten beeinflussen, liegen offensichtlich nicht „an uns“. Man kann sie nicht kaufen, und in den Regalen der Geschäfte würden wir vergebens nach ihnen suchen – vorausgesetzt, wir wüssten überhaupt, wonach wir suchen sollten. Die Unbestimmbarkeit der Ziellinie veranlasst die Läufer zu größeren Anstrengungen und schnellerem Laufen und erlaubt ihnen vor allem nicht, ihre Aufmerksamkeit von der Leistungsfähigkeit des eigenen Körpers, der eigenen Sehnen und Muskeln abzuwenden. „The cliches of modern counselling are that you need to believe in yourself, feel good about yourself, not put yourself down“, stellt John Carroll (1998: 9) fest. Man muss an sich selbst glauben, weil es sonst nichts mehr gibt, an das man glauben könnte, wenn die Suche nach einem befriedigenden Leben auf dem Spiel steht und es um die sinnhafte Gestaltung der Lebensführung geht. Es spielt kaum eine Rolle, dass dieselben Umstände, die den „Glauben an sich selbst“ zur letzten Zuflucht gemacht haben, dem Einzelnen selten oder nie die Möglichkeit geben, „mit sich zufrieden“ zu sein. Was zählt ist, dass nur „man selbst“ es in der Hand hat. Die Allmacht des „man selbst“ gibt dem Ego Auftrieb – aber, um noch einmal Carroll anzuführen, „a preoccupation with ego is in danger of stifling the soul“. Natürlich gibt das „Ersticken der Seele“ dem Ego weiteren Auftrieb: „if we cannot have the food we truly crave, spiritual food, then we shall accumulate the goods of this world on a vast scal.“ (ebd.: 95). Wir befinden uns in einem Teufelskreis, aus dem es anscheinend keinen Ausweg gibt.

Indifferenz, Adiaphorisierung und „Adiaphorisierung Version II“

„Seele“ ist weder ein gebräuchlicher Begriff in den Sozialwissenschaften, noch hört man ihn in der modernen Philosophie sonderlich oft. Wenn man darüber spricht, dann nur als Begriff, dem ein deutlich erkennbares Referenzobjekt fehlt; als Benennung eines Mangels, einer Leere – als Bezeichnung für etwas, das nur in Abwesenheit sichtbar wird und sich durch diese definiert. (In der Annäherung an diese schwer fassbare Größe sieht Carroll sich zum Verwenden negativer Termini gezwungen: „have not“, „do not“, „is not there“. So gesehen ist die Seele, was das Ego nicht ist, was es verzweifelt und vergeblich zu werden versucht – denn nur „Seele“ könnte dem Ego zu der Stärke verhelfen, die es zu besitzen behauptet und besitzen müsste, um der angestrebten Lebensfülle teilhaftig zu werden.) Im Kontext der ethischen Konsequenzen individualisierter Existenz steht die „Seele“, deren Niedergang oder Vernachlässigung laut Carroll die Wurzel des gegenwärtigen Unbehagens ist, für die Absenz einer Beziehung zur Welt, für das Zurückweichen des Selbst vor Verpflichtungen oder seine Weigerung, sich etwas anderem als dem eigenen Wohlergehen verpflichtet zu fühlen. Diese Abwesenheit ist die Abwesenheit von Moralität. Mit anderen Worten, das Ersticken der „Seele“ steht hier für nicht wahrgenommene, aufgegebene oder abgelehnte Verantwortung, kurz: für *Indifferenz.*

Die polnische Philosophin Jadwiga Mizińska (1999) beginnt ihre Abhandlung über Indifferenz mit der Feststellung, dass die philosophische Kategorie „Indifferenz“ selbst ein Fall von Abwesenheit ist: Sie taucht im axiologischen Diskurs so gut wie gar nicht auf. Die Philosophie steht quasi der schrecklichen Kraft der Indifferenz seltsam indifferent gegenüber. Eine Erklärung dafür ist, dass die Idee von „Indifferenz“ allzu oft fälschlicherweise als Synonym für „Untätigkeit“ aufgefasst wird: gleichbedeutend mit der Weigerung, sich für eine Seite zu entscheiden, sich einzumischen, weil man damit eventuell Druck auf andere ausübt und als unhöflich erscheint. Indifferenz ist aber in Wahrheit eine durchaus aktive Haltung: Sie folgt auf die *Entscheidung*, bestimmte Lebensbereiche und vor allem die darin angesiedelten Lebewesen *auszuschließen*, d.h., sie gelten nicht mehr als legitimer Anlass, sich betroffen fühlen und Partei ergreifen zu müssen. „Indifferenz" steht für die aktive Zurückweisung der Möglichkeit des Engagements, für ethische *Gleichgültigkeit.* Indifferenz ist eine Haltung gegenüber Objekten, einschließlich solcher, bei denen es sich um menschliche Subjekte handelt, die man zuvor aus dem *Universum moralischer Verpflichtung* verbannt hat.

Mizińska zitiert aus den *Offenbarungen des Johannes* (3, 15-17): „Ich kenne euer Tun. Ich weiß, dass ihr weder warm noch kalt seid. Wenn ihr wenigstens eins von beiden wärt! Aber ihr seid weder warm noch kalt; ihr seid lauwarm. Darum werde ich euch aus meinem Mund ausspucken." Der Zorn und die Verachtung Gottes, des obersten ethischen Gesetzgebers, richten sich gegen die Lauwarmen, die „weder Heißen noch Kalten" – so Mizińska. Gott *bestraft* sie nicht wie die Sünder – er „spuckt sie aus"; eine Geste, die „Abscheu, Widerwillen, Ekel" signalisiert. Die Lauwarmen sind nicht auf dem falschen Weg, wie es nur die „Heißen" oder „Kalten" sein können – sie haben sich aus der menschlichen Gemeinschaft verabschiedet, in der die Unterschiede zwischen richtig und falsch, gut und böse, eine zentrale und sinngebende Rolle spielen. Mit ihrer Indifferenz gegenüber den Anderen, die außerhalb der Grenzen des möglichen Engagements stehen, begehen die Lauwarmen keine moralische Sünde: Tatsächlich platzieren sie sich vielmehr jenseits aller Ethik. In nicht-religiöser Terminologie: Die Indifferenten machen sich keiner Irrtümer und Fehler schuldig, wie sie nur moralische Personen begehen können, nachdem sie ihre ethische Verantwortung akzeptiert haben. Worin sie fehlgehen, ist ihre Nicht-Moralität: ihre Weigerung, Verantwortung für ihre Verantwortung zu übernehmen.

Was Indifferenz „böse" oder „schlecht" macht, ist laut Mizińska die daraus folgende Unempfindlichkeit gegenüber physischen, psychischen und spirituellen Leiden anderer. Indifferenz könnte daher zu Recht als *Seelenlosigkeit* bezeichnet werden. Seelenlose Indifferenz macht den zwischenmenschlichen Raum zu einem *Totenraum**, in dem weder Mitgefühl noch Feindseligkeit Platz haben, weder Liebe noch Kampf, weder guter noch böser Wille. Wo seelenlose Indifferenz regiert, verkümmern menschliche Bande. Einen von den Kirchenkonzilen des Mittelalters geprägten Terminus übernehmend, nenne ich jene Tendenz, moralischer Bewertung zugängliche Handlungskategorien zu beschneiden und zurechtzustutzen, die ethische Relevanz bestimmter Kategorien zu verschleiern oder zu leugnen und die ethischen Vorrechte bestimmter Handlungsziele zu bestreiten, „Adiaphorisierung". Adiaphorisierung kann die Form eines offenkundigen *Ausschlusses vom Universum moralischer Verpflichtungen* annehmen; meist erscheint sie jedoch als stillschweigendes oder gar verstohlenes und eher vor-reflexives „effacing the face" *: als unbewusste Abwehr der bloßen Möglichkeit, dass bestimmte Gruppen anderer Menschen als Ziel ethisch bedeutungsvoller

* im Original deutsch

* im Original deutsch

Handlungen erscheinen. Diese Tendenz trat während der gesamten Geschichte der Moderne hervor; auch wenn ihre Ursachen und Ausdrucksformen nicht immer die gleichen waren. Indem die Moderne das Geschäftliche (ökonomisch und sozial wie räumlich) vom Haushalt trennte (und damit eine gänzlich neue Grundlage geschaffen hatte, *ecclesia* und *oikos* zu sondern), öffnete sie einen enormen, von traditionellen Beschränkungen befreiten Raum: befreit von Grenzen, auferlegt durch *Rechtsgewohnheiten**; von alten Sitten und traditionellen, ethisch gesättigten Mustern menschlicher Interaktion. Dieser neue Raum war „ethisch leer"; ein noch jungfräuliches Land, das erst noch erkundet, kartographiert, mit Wegweisern versehen und von den Gesetzgebern und Wächtern der neuen Regeln in einen sorgfältig und mit Bedacht gestalteten Garten verwandelt werden musste. Als wichtiges Gestaltungsmerkmal war das neue Territorium gegen das Eindringen aller möglichen „fremden" Motive und Ziele abzuschotten, die das Monopol administrativer Intentionen gefährden könnten – ethische Erwägungen standen ganz oben auf der Liste von „Unerwünschtem". Die moderne rationale Bürokratie hat sich als Meister der Adiaphorisierung erwiesen: Sie verlangt von ihren offiziellen Vertretern ein konsequentes *sine ira et studio* bei den zu erledigenden Aufgaben, ungeteilte Loyalität gegenüber den Statuten sowie die Nichtberücksichtigung persönlicher Gefühle und Bindungen während der Zeit, die sie sich in den Amtsgebäuden aufhalten oder mit der Erledigung von Aufträgen verbringen. *Ésprit de corps** war die einzige von der Bürokratie benötigte Ethik – und Bürokratie würde auch keine andere Ethik tolerieren. Bürokratie war die Verkörperung der Moderne in ihrem ersten, „schweren", „soliden" bzw. „Hardware"-Stadium – besessen von der Idee, Ordnungen zu entwerfen und zu errichten; besessen von dem Gedanken, einige Muster zwischenmenschlicher Beziehungen verpflichtend zu machen und alle anderen zu verbieten. In diesem Stadium waren panoptische Überwachung und linear-vertikales Management die wichtigsten Instrumente der Ausübung sozialer Kontrolle und der Bewahrung von Ordnung. An anderer Stelle (in *Liquid Modernity*) versuche ich, den beschleunigten Abbau der Institutionen panoptischer Kontrolle nachzuzeichnen und aufzuzeigen, wie Verführung und Unsicherheit als Haupttechniken von Kontrolle und Ordnungssicherung an die Stelle von Überwachung und Zwang treten. Die umständliche und kostspielige Herstellung künstlicher Notwendigkeit verliert rapide an Bedeutung gegenüber dem viel weniger schwerfälligen Spiel von Unbeständigkeit, Flexibilität und Unsicherheit.

James Burnham stellte bei den Kapitaleignern seiner Zeit die Neigung fest, das Alltagsgeschäft angestellten Managern zu überlassen. Anscheinend erfreuten sich Verwaltungsaufgaben nie großer Beliebtheit bei jenen Leuten, die genug Geld und Macht hatten, sie auf andere abzuwälzen. Ob sich vor ei-

---

* im Original deutsch

* im Original deutsch

nem halben Jahrhundert tatsächlich eine „managerial revolution" zugetragen hat, wie Burnham die Überlassung „wirklicher Macht" an professionelle Manager nannte, sei dahingestellt. Aber es ist kaum zu übersehen, mit welch erstaunlichem Eifer die scheinbar triumphierenden Manager unserer Zeit die Früchte ihres Sieges von sich werfen (oder sich zumindest bemühen, die – in ihren Augen – negativen Folgen einzuschränken). Management-Aufgaben werden zunehmend von dem Vorrecht der Entscheidungsfindung abgekoppelt und unsichtbaren und doch unausweichlichen Kräften diffuser Wettbewerbsmechanismen überlassen. Das Zentrum der Strategie ist *Ent*bindung: Man lässt den Untergebenen die Freiheit, bei der Verfolgung des Geschäftsinteresses ihren eigenen Weg zu finden, während man die Hände, was die Verantwortung für ihr Schicksal betrifft, in Unschuld wäscht – dies ist in immer stärkerem Ausmaß die bevorzugte Methode des Managements, Ziele zu erreichen und alle, deren Kooperation man benötigt, „auf Linie" zu bringen. Die neue geschäftsführende Weisheit ist: Der Entwurf von Arbeitsroutinen und die Nötigung der Beschäftigten zu ihrer blinden Befolgung ist unbedingt zu vermeiden. Unter Marktbedingungen angebotene Dienstleistungen ersetzen immer mehr langfristige und gegenseitig bindende Arbeitsverhältnisse. Man preist diesen Wandel als Weg zur Erschließung bislang ungenutzter Ressourcen an Talent, Initiative und Erfindungsgeist – aber das wahre Geheimnis der Popularität dieser Strategie liegt in der ermöglichten Entkopplung der begehrten Macht von Verpflichtungen und Verantwortung, die stets als ihr unerwünschter aber unvermeidlicher Preis galten; die Manager sehen keinen Grund mehr, diesen Preis zu bezahlen, vor allem angesichts der neuen und sehr viel weniger kostspieligen Methoden, ihre Ziele zu erreichen.

Die Verpflichtung zu gegenseitigen, langfristigen Verbindlichkeiten ist der Rahmen für nie ganz aufzulösende Interessenkonflikte und fortwährende Auseinandersetzungen, aber auch für Verhandlungen und Kompromisse und vor allem auch für umstrittene und aus diesem Grund ernsthaft diskutierte ethische Prinzipien. Die Konsequenzen des Verhaltens jeder Seite für die Lage der jeweils Anderen sind offensichtlich, ebenso die Verantwortung, die daraus folgt. Die Zerbrechlichkeit kurzfristiger, leicht zu lösender Bindungen (und die Leichtigkeit, mit der man sich zurückziehen kann, wenn Schwierigkeiten auftreten) macht eine Festlegung von Verpflichtungen und Verantwortlichkeiten überflüssig. Carlyles „cash nexus" ist noch nie so gründlich auf bloße Kosten-Nutzen-Erwägungen reduziert worden wie heute. „Der Preis stimmt" und „Man kriegt was für sein Geld" (mit dem Zusatz „ohne Verpflichtungen", versteht sich) reichen völlig aus als die Kreide, mit der die Linie zwischen angemessenem und unangemessenem Verhalten zu ziehen ist – und andere Malwerkzeuge bekommt man ohnehin nicht.

Wie Pierre Bourdieu beobachtete, gibt es kaum eine Möglichkeit, die Zukunft zu gestalten, wenn man die Gegenwart nicht im Griff hat. Aber wenn Unsicherheit zu einem endemischen Zug menschlichen Lebens wird und jede Facette des Netzwerks sozialer Abhängigkeiten und Verpflichtungen prägt, dann ist genau dieser Zustand erreicht – das Beherrschen der Gegenwart ist das erste, was diesem Zustand zum Opfer fällt. Es ist sinnlos, komplexe Gewebe menschlicher Verpflichtungen zu knüpfen, wenn jeder Faden nur von zweifelhafter Qualität ist und bei der geringsten Beanspruchung zu zerreißen droht. Die spektakuläre Karriere der Formulierung „Ich brauche mehr Freiraum" reflektiert die vorherrschende Stimmung unserer Zeit: Die Möglichkeiten der Flucht vor den Konsequenzen vorangegangener Handlungen und des Rücktritts von einmal eingegangenen Verpflichtungen sind die Hintertüren einer wachsenden Anzahl menschlicher Beziehungen. Rückzug und Freisetzung, wiederholte Versuche „neu anzufangen" oder „wiedergeboren zu werden", sind die beliebtesten, wenn auch letztlich immer wieder frustrierendsten Reaktionen auf die Schwierigkeiten des Lebens. „Individualisierung de jure" (die eine *De-facto*-Individualisierung vergeblich einzuholen versucht) ist ein sich selbst reproduzierender und sich selbst verstärkender Zustand: Sie bringt Reaktionen hervor, die ihre Effekte nur verstärken und ein Bedürfnis nach mehr Reaktionen der gleichen Art hervorrufen. Es entwickelt sich eine Eigendynamik – der Zerfall sozialer Bindungen (legitimiert durch die sachliche Formulierung des Anspruches auf „mehr Freiraum") treibt sich selbst an. Mein „mehr Freiraum" ist eine schlechte Nachricht für den Anderen. Sie zeigt ihre/seine Zwangsräumung aus meinem Universum moralischer Verpflichtungen an. Und es gibt keinen einsichtigen Grund, warum die Durchführung des Verdikts ausgesetzt oder gar aufgehoben werden sollte. Nicht, dass ich besonders egoistisch wäre oder mir um das Wohlergehen des Anderen keine Gedanken machen würde, wenn es um meine eigenen Interessen geht; der Andere und ich sind eben gleichermaßen Individuen – wir sind beide sich-selbst-behauptende Einheiten; wir glauben beide an Selbstgenügsamkeit als Ideal, als Ziel und Bedingung des Lebens zugleich – und deshalb wäre gegenseitige Abhängigkeit für den Anderen ebenso erniedrigend und herabwürdigend wie für mich. In der Moralphilosophie und in Moralpredigten argumentierte man einst mit einem Verweis auf den wechselseitigen Nutzen für die Notwendigkeit, Sorge und Verantwortung für den Anderen zu tragen; das Erfordernis, Distanz zum Anderen zu halten, wird ähnlich in Termini der Reziprozität begründet – aber mit einem Verweis auf den entstehenden wechselseitigen Schaden. Durch mein Wirken würde der Andere abkommen von dem für Individuen richtigen Weg, von dem Erfordernis, sich ausschließlich auf eigene Ressourcen und geistige Fähigkeiten zu verlassen. Und indem ich den Anderen von meiner Unterstützung abhängig mache, würde ich im Übrigen selbst abhängig von den offenen oder auch nur schemenhaft sichtbaren Ansprüchen des Anderen; meine Entscheidungsfreiheit wäre eingeschränkt, meiner Selbstbehauptung wären Grenzen gesetzt. Beide Seiten der Beziehung, so heißt es, würden letztlich verlieren. Die Verantwortung für den Anderen ablehnend, handle ich weise und edel; und ich sollte all jenen dankbar sein, die sich in Bezug auf mich ebenso verhalten. Dies ist die zweite, spezifisch spät-moderne Variante von

Adiaphorisierung. Diese spät-moderne („fließend-moderne") „Adiaphorisierung Version II" wirkt auf dem Wege von *Ent*bindung, Freisetzung und Distanzierung, in scharfer Abgrenzung zu der früheren, bürokratischen Form, die von stark verpflichtender Einbindung als Bedingung allgegenwärtiger Überwachung, von normativer Regulierung, ständiger Kontrolle und routinemäßiger Ausübung von Druck ausging. Die Resultate sind jedoch nahezu die gleichen: Ein immer größerer Teil menschlicher Interaktionen wird „ethisch entschärft" – befreit von moralischer Bewertung und emanzipiert von der heimtückischen Überwachung und der korrektiven Einwirkung des moralischen Gewissens. Dieser Stand der Dinge wird oft als weiterer, entscheidender Etappensieg auf dem Weg zur Freiheit gefeiert. Der dafür zu entrichtende Preis besteht allerdings im weiteren Zerfall menschlicher Bindungen. Während Adiaphorisierung in der „Originalversion" Bindungen festigte und (wenn auch auf perverse Weise) Integration fördern sollte, bewirkt die „Adiaphorisierung Version II" eine Auflösung interaktiver Netzwerke, während sie parallel (oder besser: in einem Zug) das Netzwerk der Abhängigkeit menschlicher Einflussnahme entzieht. Die beiden Prozesse sind untrennbar miteinander verflochten und unzertrennlich; sie können nur gemeinsam angegangen werden.

Literatur

Beck, Ulrich (1992): *Risk Society: Towards a New Modernity.* London.

Beck, Ulrich (1995): *Ecological Enlightenment.* New Hampshire.

Beck, Ulrich/Elisabeth Beck-Gernsheim (1995): *The Normal Chaos of Love.* Cambridge.

Buck-Morss, Susan (1993): Dream World of Mass Culture: Walter Benjamins's Theory of Modernity and the Dialectics of Seeing. In: Levin, David Michael (Hrsg.): *Modernity and the Hegemony of Vision.* Berkeley: S. 307-338.

Carroll, John (1998): *Ego and Soul: The Modern West in Search of Meaning.* Sydney.

Dahl, Göran (1999): The Anti-Reflexivist Revolution: On the Affirmationism of the New Right. In: Featherstone, Mike/Scott Lash (Hrsg.): *Spaces of Culture: City-Nation-World.* London, Thousand Oaks, New Delhi: S. 175-193.

Mizińska, Jadwiga (1999): Obojętnść. In: Szkolut, Tadeusz (Hrsg.): *Wartości i antyywartości w kontekście przeobrażeń kultury wspólczesnej.* Lublin: S. 135-146.

Offe, Claus (1996): *Modernity and the State: East, West.* Cambridge.

Raban, Jonathan (1974): *Soft City.* London.

Roman, Joël (1998): *La Démocratie des Individus.* Paris.

Schulze, Gerhard (1993): *Die Erlebnisgesellschaft. Kultursoziologie der Gegenwart.* Frankfurt/Main, New York.

Sennett, Richard (1999): Growth and Failure: The New Political Economy and Its Culture. In: Featherstone, Mike/Scott Lash (Hrsg.): Spaces of Culture: City-Nation-World. London, Thousand Oaks, New Delhi: S. 14-26.

Übersetzung aus dem Englischen von Margarete Dresen

Thomas Kron

Postmoderne Ethik und Individualisierung

Die Individualisierungsdiskussion präsentiert sich mit einer besonderen Affinität zu der von Zygmunt Bauman (1995a) vorgelegten Konzeption einer postmodernen Ethik (Joas 1996; Kron 2000). Vor allem die Ablehnung kollektiv verbindlicher moralischer Werte ist ein zentraler Schnittpunkt beider Ansätze. Die Ursache dieser Geistesverwandtschaft liegt in einer zu optimistischen Anschauung über die Basiskonditionen menschlicher Welt-Existenz. Wird dies korrigiert, zeigt sich die Unhaltbarkeit der von den Vertretern beider Ansätze gestellten anwendungsbezogenen Forderungen.

Die Moderne als Gärtner

Die Grundthese postmoderner Ethik lautet, dass die Moderne ein höchst grausames Potential in sich trägt, weil sie die ursprünglich moralischen Fähigkeiten des Individuums unterläuft. Dabei geht Bauman von einer Moderne aus, die durch die grundlegende Aufgabe der *Ordnungsherstellung* charakterisiert ist. Im Anschluss an Hobbes' Befürchtungen vor einem Kampf „Alle-gegen-Alle“ habe sich die Moderne zur Hervorbringung von Ordnung verpflichtet, d.h., sie habe den Kampf gegen jedes Chaos, gegen jede Mehrdeutigkeit und jede Ambivalenz, kurz: gegen die „ungeregelte Natur“ aufgenommen. Der Naturbegriff bringe in der modernen Sichtweise lediglich Ziel- und Bedeutungslosigkeit zum Ausdruck: „Als das Andere des Menschlichen ist das Natürliche der Gegensatz zum Subjekt des Willens und der Moralität. Der machtvolle Wille der Menschheit als ‚Herr des Universums‘ und die Ausübung ihres alleinigen Rechts, Bedeutungen und Qualitätsmaßstäbe festzulegen, machen die Objekte der Herrschaft und Gesetzgebung zu ‚Natur‘. Die Objekte können Flüsse sein, die sinnlos in die falsche Richtung fließen – dorthin ‚wo sie nicht gebraucht werden‘; oder Pflanzen, die sich selbst an Orten aussäen, ‚wo sie die Harmonie stören‘, oder Tiere, die nicht genügend Eier legen oder nicht hinreichend große Euter entwickeln, ‚um nützlich zu sein‘; oder Kriminelle, Trunkenbolde und Geistesschwache, die zu nichts taugen, was einem Zweck gliche, und deshalb zu degenerierten ,ehemaligen Menschen',re-naturalisiert' werden; oder Geschöpfe von bizarrer Hautfarbe, Körpergestalt oder Verhaltensweise, die sich mit Dingen beschäftigen, die ,keinen Sinn haben' – deren Dasein ,keinem nützlichen Zweck' dient. Alles, was die Ordnung, die Harmonie, den Entwurf verdirbt, und sich auf diese Weise gegen den Zweck und Bedeutung sträubt, ist Natur. Und sobald es erst einmal Natur ist, muss es auch als solche behandelt werden. Und es ist Natur, *weil* es so behandelt wird." (Bauman 1992a: 57f., Herv. i. O.) Die Moderne (re)agiere im Sinne einer von Bauman häufig benutzten Metapher als *Gärtner*, der in die Natur mit bestimmten Methoden eingreift, um ein für ihn erstrebenswertes Arrangement zu erreichen (ebd.: 35ff.). Die Metapher des Gärtners werde politisch durch rationale Gesetzgeber, wissenschaftlich etwa durch einige Philosophen (z.B. Kant) und lebenspraktisch durch Erzieher verwirklicht, immer mit dem Ziel der Ordnungsgestaltung. Kollektiv verbindliche Moral – die willkürliche Kategorisierung in Gut und Böse durch Philosophen, Erzieher und Prediger – werde zum Mittel der Ordnungsherstellung. Das Ziel der Ordnung biete zugleich eine generelle Rechtfertigung für jegliche Eingriffe in „böse" Naturzustände. Als Systemrepräsentant zur Herstellung von Ordnung müsse der Einzelne dann sein Verhalten und Handeln nicht mehr hinterfragen, denn dieses ist per definitionem gut, wenn es darauf ausgelegt ist, die Wirklichkeit den Ordnungsvorstellungen ein Stück näher zu bringen. Genau durch diese Eigenart, so Bauman, sei die Moderne verantwortlich für den Holocaust, denn auch in diesem Fall ging es ihr um die Herstellung einer bestimmten Ordnung, in der „das Jüdische" zum Unkraut erklärt wurde. Jeder „Gärtner", der zum Unkrautjäten zur Garten- oder Heckenschere griff, konnte sich auf das Ziel der Ordnung berufen.

Postmoderner Individualismus

Die von Bauman angestrebte Lösung aus der Moralfalle der Moderne nenne ich „postmodernen Individualismus". Dieser drückt sich darin aus, dass das Individuum als grundlegend moralisch verstanden wird und in diesem moralisch-Sein nicht behindert werden sollte. Das Individuum *ist* moralisch in seiner ursprünglich individuellen Existenz. *Freies moralisches Handeln* ist hier ein Pleonasmus, denn bei einem frei handelnden Menschen würde sich seine „natürliche" Moralität, sein wie die biologischen Triebe verankerter „*Moralischer Impuls*", unmittelbar zeigen. Der freie Mensch *ist* moralisch. Moralisches Verhalten wird in dieser Sichtweise durch die bloße Anwesenheit eines anderen Individuums ausgelöst. „Das Antlitz des Anderen ist eine Grenze [...]. Sie gewährt daher die äußerste Freiheit, Freiheit gegenüber der Quelle aller Heteronomie, gegenüber aller Abhängigkeit: das natürliche Bestehen auf dem Sein. Mit solcher Freiheit wird die ,Gesellschaft' entwaffnet" (Bauman 1995a: 186. Vgl. ders. 1997: 105; 1992b: 196ff.). Postmoderner Individualismus beruht auf einer Konzeption radikaler Alternation. Die Freiheit des Individuums liegt in der von der Gesellschaft vollkommen unabhängigen, individuellen Option, eine moralische Verbindung zu einem Anderen aufzunehmen. Es wird dann eine moralische Beziehung – *die moralische Partei* – geschaffen, die wiederum beispielhaft für alle anderen Individuen fungiert. Die moralische Gesellschaft konstituiert sich aus der virusartigen Ausbreitung von Beziehungen moralischer Parteien:[1] „We generalize from what we see. Whenever we say ‚people are what they are' what we mean is the people we meet; people shaped and moved and guided by the world they and we together happen to inhabit. And if we say once that people can be trusted, and another time that they are wolves to be feared [...] then it seems what people are [...] depends on, wholly or in part, on the kind of world they and we live in. Moreover, if what we think about each other reflects what we are, it is also true that what we are is itself a reflection of what we believe ourselves to be; the image we hold of each other and of all of us together has the uncanny ability to self-corroborate. People treated like wolves tend by and large to behave in a wolf-like fashion; people treated with trust tend on the whole to become trustworthy." (Bauman 1995b: 257) Mit dieser Behauptung einer aus der moralischen Individualität sich autark entwickelnden sozial-integrierten Vergesellschaftung beansprucht Bauman eine unmittelbare Übertragbarkeit postmoderner Ethik auf Gesellschaften.

Individualisierung als Indikator postmoderner Ethik?

Vor diesem Hintergrund wird eine über die Semantik hinausgehende Konvergenz zwischen postmodernem Individualismus und dem Individualisierungstheorem sichtbar. Einerseits ist aus der Sicht postmoderner Ethik die Individualisierung zeitgenössischer Gesellschaften ein Hinweis auf den Weg in die richtige Richtung: „Die Postmoderne ist der Punkt, wo das moderne Freisetzen aller gebundenen Identität zum Abschluß kommt." (Bauman 1995d: 295). Die aus Individualisierung hervorgehenden neuartigen „posttraditionalen Vergemeinschaftungen" (Hitzler 1998) konstruieren ihre eigenen Regeln und „(a)us dem Garn der Regeln webt das Spiel seine eigene Ordnung; eine heimelige, behagliche Ordnung, eine Ordnung, die nie – wie die Gesetze der Gesellschaft oder der Natur – über den Köpfen der Spieler hängt, sondern mit der Bereitschaft, sie anzuerkennen, immer neu entsteht und sich restlos verflüchtigt, wenn diese aufgezehrt ist. So sollte jede Ordnung sein [...] Sie demütigt und versklavt nicht. Eine Traumordnung, von einer Art, wie alle Ordnungen zu sein versprechen, doch nur wenige dies auch halten." (Bauman 1995a: 256 f.) Andererseits erscheint die Postmoderne als normati-

1 Auch Ulrich Beck (1998: 91) hofft auf die Ansteckungskraft freiwillig übernommener Verantwortung im Gegensatz zu gesetzten Vorgaben.

ves Ziel von Individualisierungstendenzen. So begrüßt Beck (1998) das Aufkommen einer neuen Sozialmoral, die letztlich in solchen posttraditionalen Vergemeinschaftungen kumuliert, die auf nichts als Zwanglosigkeit beruhen: „Freiheit, die Gemeinschaft stiftet, schafft Gemeinschaft, die Freiheit und Gemeinschaft stiftet, und so fort. Diese Kunst der freien Assoziation könnte eine Springquelle für Zusammenhänge und Verantwortlichkeiten gerade in der posttraditionalen, feindlosen Demokratie werden." (Beck 1997: 398) Die Postmoderne markiert somit eine vollkommene Individualisierung, sie „erscheint uns als die Hoch-Zeit individualisierter Existenzbastler." (Hitzler 1998: 87) Ergo: Gemessen am Maßstab des postmodernen Individualismus stellt die heute beobachtbare Individualisierung der Gesellschaft eine äußerst moralische Gesellschaft in Aussicht.

Beide – Vertreter der Postmoderne und der Individualisierung – sind sich vor allem einig in der Ablehnung eines Bedarfs an *kollektiv verbindlich formulierten,* moralischen Werten: „Der bestimmende Grundzug der postmodernen Idee vom guten Leben ist das Fehlen einer Bestimmung des guten Lebens." (Bauman 1997: 130. Vgl. ders. 1994: 4f.; 1992a: 127) Beide kreisen dabei zudem in ihrem Kern um die absolute Geltung des Individuums. Vor allem Beck (1986: 119, 209, Herv. i. O.) wird nicht müde, immer wieder zu betonen: „*Der oder die einzelne wird zur lebensweltlichen Reproduktionseinheit des Sozialen*" – und des Moralischen. Das Individuum wird zum alleinigen Schöpfer moralischer Prozesse erkoren. Diesem *normativen Individualismus* gilt (je)der Einzelne als Bezugspunkt jeder Wertschätzung: „Der Einzelne ist also niemals zu opfern – auch nicht für die Idee der Menschheit oder für das Wohlergehen zukünftiger Generationen. Auch impliziert der normative Individualismus die Auffassung, dass jeder ein Einzelner ist: Bei der Verteidigung des Wertes des Einzelnen handelt es sich um die Verteidigung des Wertes *jedes* Einzelnen." (Hastedt 1998: 26, Herv. i. O.) Zwar wird innerhalb der Diskussion um Individualisierung immer wieder auf „gärtnerische" Ordnungszwänge verwiesen – Standardisierungen vor allem in institutionalisierter Form –, doch aus postmoderner Perspektive nährt sich die Hoffnung, mit dem Verschwinden dieser Standardisierungen, wie es sich etwa im Abbau des Wohlfahrtsstaates andeutet (Bauman 1995a: 363), das Ziel einer moralischen Gesellschaft durch entbettete, moralisch frei pulsierende Individuen erreichen zu können. Mit dieser Hoffnung verbunden ist die Aussicht, jenem Ordnungsstreben der Moderne zu entkommen, das in letzter Konsequenz für Grausamkeiten wie den Holocaust verantwortlich sei.

Moralische Individualität und Vergesellschaftung

Die Gegenwartsgesellschaft steuert so gesehen aus philosophisch-postmoderner und aus soziologisch-individualisierungstheoretischer Sicht also auf einen moralischen Zustand zu. Sein und Sollen konvergieren scheinbar in zunehmendem Maße. Die Sache hat nur einen kleinen Haken: Sie funktioniert nicht, sondern führt in ein Dilemma, auf das besonders Georg Simmels soziologische *und* philosophische Untersuchungen aufmerksam machen.

Wie Bauman findet auch Simmel den Ort des Moralischen im Individuum. Sein und Sollen verspinnen sich zu einer Einheit im „Individuellen Gesetz", das mit der ethischen Forderung: „Kannst Du wollen, dass dieses dein Tun dein ganzes Leben bestimme?" (Simmel 1994: 235) gegen Kant mit der Annahme eines radikal individuellen Verantwortungsprinzips argumentiert. Statt wie Kant die sittliche Generalisierung im Nebeneinander der Gesellschaft zu suchen – figuriert im je aktuellen Universalisierungstest durch den kategorischen Imperativ –, verankert Simmel diese im Nacheinander eines Individuums. Der einfachste Nenner, auf den man das „Individuelle Gesetz" bringen kann, ist die „lebensphilosophische Abweisung einer *allgemeinen* Moralforderung zugunsten einer *individualisierten* Moralität" und die „Abwehr der Forderung der *Allgemeingültigkeit* ‚als Bedingung des sittlichen Wertes'" (Köhnke 1996: 490f., Herv. i. O.). Das „Individuelle Gesetz" korrespondiert daher mit dem qualitativen Individualismus (Simmel 1983), jener Vorstellung einer *Individualität ohne Gleichheit*, die nicht etwa die allgemeine Geltung „freier Einzelner" betont, sondern die unverwechselbare Bestimmtheit der Individuen sittlich fordert: Je mehr die Individuen von engen gesellschaftlichen Zwängen befreit sind, etwa durch eine Lockerung und Erweiterung der sie umgebenden Sozialstruktur, desto mehr wird auf individuelle Unverwechselbarkeit Wert gelegt, und es entwickelt sich jener Besonderheitsindividualismus, der auf die *Einzigkeit*, die Unterscheidung nach Sein und Handeln im Sinne von *Authentizität* der Individuen zielt: „individualism of uniqueness" (Lipman 1959: 129). Zwar legt Simmel Wert auf die Feststellung der eigentlichen Belanglosigkeit der Individualitätsform für das Wirken des „Individuellen Gesetzes", weil Letzteres eben immer wirkt, unabhängig von der Frage der Eigenheit oder der Einzigkeit des Individuums. Trotzdem handelt es sich bei dem „Individuellen Gesetz" um ein „Wachsen aus eigener Wurzel" (Simmel 1994: 228), das ersichtlich – und dies schließt unmittelbar an Baumans Kritik der Moderne an – in absoluter Freiheit bei voller Geltung von Authentizität besser gelingt, als im Befolgen von kollektiven Ordnungsplänen. Die Konzentration auf die ausschließliche Herstellung von Freiheit im Sinne des qualitativen Individualismus verursacht die freie Wirkungsentfaltung des „Individuellen Gesetzes".

Simmels Untersuchungen von Vergesellschaftungsformen (1992) können vor diesem Hintergrund als Hinweis gelesen werden, dass soziale Ordnung auch bei Geltung des „Individuellen Gesetzes" möglich ist. Für die Tatsache, dass die Individuen als Träger individueller (auch moralischer) Impulse, Zwecke und Triebe in Kontakt zueinander treten, aus denen eine benennbare Einheit entstehen kann, die dann nicht mehr aus den einzelnen Individuen ableitbar ist, führt Simmel bekanntlich den Begriff der *Wechselwirkung* ein (Simmel 1992: 17ff.; 1984: 5ff.): „Genau angesehen indeß handelt es sich in solchen Fällen um die Handlungsweisen von *Individuen*, die dadurch *beeinflußt* sind, daß das einzelne von andern umgeben ist; dadurch finden nervöse, intellektuelle, suggestive, moralische Umstimmungen seiner seelischen Verfassung andern Situationen gegenüber statt, in denen solche Einflüsse nicht vorhanden sind." (Simmel 1992: 629, Herv. i. O.) Vergesellschaftungen entstehen so etwa im Streit, durch Kreuzung sozialer Kreise usf. Diese Analyse bestätigt Bauman in der Annahme der Möglichkeit einer Genese sozial-integrativer, moralischer Aggregationen bei Geltung des postmodernen Individualismus: Der mit dem Konzept des „Individuellen Gesetzes" kongruente postmoderne Individualismus ermöglicht Vergesellschaftungen.

Doch angenommen, ein solcher Zustand, in dem den Individuen eine größtmögliche Freiheit eingeräumt wird, bestünde, so muss aus der Perspektive Simmels trotzdem ein *ad libitum* geführtes, individuelles Handeln ausgeschlossen werden, um diesen Zustand stabil halten zu können. Denn jede Vergesellschaftung ist „ein Kosmos, dessen Mannigfaltigkeit nach Sein und Bewegung zwar unübersehlich ist, in dem aber jeder Punkt nur in jeder bestimmten Weise beschaffen sein und sich entwickeln kann, wenn nicht die Struktur des Ganzen geändert werden soll." (Simmel 1992: 57) Warum verhindert die freie Entfaltung individueller Kräfte dauerhaft stabile Vergesellschaftungen? Warum müssen Restriktionen hingenommen werden? Wo liegt der Grund für dieses Dilemma?

Homo homini lupus est

Eine erste Begrenzung des Individuellen ergibt sich automatisch innerhalb der Wechselwirkungen durch den (vielfach auftretenden) Anderen – Kontingentierung durch Kollektivisierungen. Jede Wechselwirkung „schließt prinzipiell immer irgend eine Beschränkung jedes Elements" (ebd.: 167) ein, denn das Grundproblem von Wechselwirkungen ist „ein soziologischer Grenzkonflikt: dem sozialen Recht des Einen auf Eindringen in den Anderen stünde das Recht des Anderen auf Diskretion gegenüber." (Nedelmann 1980: 546) Dass Menschen sich begegnen, weil sie soziale Wesen sind, führt in der Konzeption postmoderner Ethik nur deshalb nicht zu essentiellen Problemen, weil prinzipiell von einem *immer wirkenden* „Moralischen Impuls" ausgegangen wird. Wenn man aber ein mögliches Aussetzen des moralischen Impulses theoretisch zulässt, dann muss in Vergesellschaftungen mindestens eine „*Grenze des Bösen*", also ein überindividuelles moralisches Element vorhanden sein[2], weil sonst höchstens fallweise faktische, aber keine dauerhaft stabilen Vergesellschaftungen entstehen können: „Insofern zeigt sich die moralische Maxime: einen Menschen niemals als bloßes Mittel zu gebrauchen –

2 Bei Beck (1998: 90f.) markieren globale Katastrophen eine Art „Grenze des Bösen", die zu einem das eigene Leben prägenden Werte-Universalismus führe.

allerdings als die Formel für jede Vergesellschaftung." (Simmel 1992: 161) Genauer sprach Durkheim (1991: 156) u.a. von Mord als unmoralische Handlung *par excellence.* Neben dem „sogenannten Bösen" (Konrad Lorenz), das immer Produkt einer Interpretation vor dem Hintergrund einer bereits vorhandenen Vorstellung von Gut und Böse ist, muss aus dieser Perspektive einem „wirklichen Bösen" Rechnung getragen werden. Dies vernachlässigt Bauman, und nur deshalb kann er die oben beschriebene eigendynamische Entwicklung zu einer sozial integrierten Gesellschaft, ausgehend von dem moralischen Impuls des Individuums, behaupten. Wir aber müssen auch die Gegenrechnung aufmachen und „festhalten, daß die menschliche Gier, alles an sich zu reißen, die Natur rücksichtslos auszubeuten, gewiß eine Seite des ‚wirklich Bösen' ist, nicht zuletzt deshalb, weil sich dieses Verhalten auf uns selbst negativ auswirkt" (Wuketits 1993: 199). Die menschliche Stammesgeschichte involviert eben auch eine Wesensart, die sich bietende Gelegenheiten maximal ausschöpft (Eibl-Eibesfeld 1998: 12), wozu die Möglichkeit der Auslöschung arteigener Lebewesen gehört. Individuelle Freiheit ist demnach keineswegs unauflöslich mit einem Selbsterhaltungswillen verbunden. Der Mensch ist eben, wie Kant (in Bezug auf das Gute) erkannt hat, so frei, von den Eigeninteressen abzusehen. Der Entscheidungsspielraum, den Kant in der Spannung zwischen Natur und Vernunft sieht, ist die Freiheitsdimension, die das „Böse" als Risiko in Form des schlechten Freiheitsgebrauchs enthält. Kant ging allerdings nicht soweit, das Vorkommen des absolut „Bösen" um seiner selbst willen zu erkennen, dies ist für ihn unmöglich. Soweit dachte aber etwa der Marquis de Sade. Die von ihm beschriebenen Ausschweifungen verdeutlichen die Möglichkeit unreglementierter, freier Individuen, Andere als Objekt des eigenen Genusses aufzufassen. Der einzelne Mensch wird, dem postmodernen Individualismus opportun, zum Mittelpunkt der Welt, aber die einzige noch bestehende Verbindung zwischen zwei Individuen ist sodann die sexuelle Lust und die Qualen – beides durch Grausamkeiten steigerbar: „Er (der Herzog von Blangis, T.K.) entdeckte jene unglückliche[3] Verirrung, die *uns* das Vergnügen im Leid des Nebenmenschen finden lässt, er spürte, daß die *irgendeinem* Gegner zugefügte heftige Erschütterung auch unserer Nervensubstanz eine Schwingung vermittelt, deren Reiz die beseelten Tierchen, die in den Höhlungen der Nerven umherschwimmen, zwingt, einen Druck auf die erigierenden Nerven auszuüben und auf diese Weise nach der Erschütterung das zu verursachen, was man einen geilen Kitzel nennt. Infolgedessen beging er Diebstähle und Morde aus dem *Prinzip der Ausschweifung und Lüsternheit*" (de Sade 1995: 17, Herv. T.K.).

Was aber macht das *soziologisch* Relevante des „Bösen" aus? Meine These ist: Ohne Eindämmung des „Bösen" durch überindividuelle Orientierung kommt keine stabile soziale Ordnung zu Stande. Aus postmodern-

3 Unglücklich, aber eben nicht: unmöglich!

ethischer (ebenso wie aus systemtheoretischer) Perspektive kann man scheinbar auf überindividuelle Orientierungen wie etwa Werte als funktionale Erfordernisse zur Ordnungsbildung verzichten, weil eine aus der Unterstellung wechselseitig möglicher Determinierbarkeit entstandene Initialzündung bei einem der Beteiligten genügt, an die der Andere anschließen kann (Luhmann 1984: 148ff.). Man kann dann Erfahrungen sammeln und Erwartungen bilden, die „Strukturwert" gewinnen, ohne auf eine Orientierung an überindividuellen Normen und Werten zurückgreifen zu müssen. Wichtig ist zur In-Gang-Setzung des Systems, der moralischen Partei, *ob* Kommunikation angenommen oder abgelehnt wird, der Inhalt bleibt offensichtlich irrelevant, wenn *jeder* Zufall, Anstoß oder Irrtum produktiv werden kann.

Genau an dieser Stelle wird allzu oft vergessen, dass es eine „Grenze des Bösen" geben muss! Es geht nämlich nicht nur um die Erzeugung von Erwartungssicherheit, sondern um die Herstellung stabiler sozialer Ordnung: „So besteht das Grundübel der Anomie etwa im Bürgerkrieg im ehemaligen Jugoslawien für die Beteiligten ja nicht darin, daß sie aufgrund ‚unreduzierter Komplexität' nicht wüßten, was sie von ihren Gegnern zu erwarten haben – im Gegenteil wissen sie nur zu gut, was sie erwartet. Wenn sie sich eine Geltung von Normen wünschen, dann deshalb, damit sie etwas *anderes* erwarten können." (Baurmann 1994: 108, Herv. i. O.) Man kann diese *Unterscheidung zwischen Erwartungssicherheit und normativer Ordnung* anhand der Situation doppelter Kontingenz verdeutlichen: Ich unterstelle für diese Konstellation ein beiderseitiges Interesse an einer sicheren Erwartungsstruktur. Beide Akteure *wollen* zudem nicht ihrem „bösen" Impuls nachgeben, aber beide wissen, dass es ihn gibt. Man könnte in diesem Fall auch von einer „harten" Version des hobbesschen Problems der Ordnungsbildung im „Naturzustand" sprechen, weil es nicht nur um Nicht-Kooperation, sondern um Vernichtung – um Auslöschung eines Akteurs – geht.[4] Die spieltheoretische Modulation verdeutlicht für diese Situation die Schwierigkeit, dass es tatsächlich zu einer stabilen Struktur kommt.

---

4 Diese Vorgehensweise liegt auf einer Linie mit der Kritik von Baurmann an der Verschiebung der hobbesschen Fragestellung: „Die soziologischen Theorien erklären mittlerweile ‚zu viel'. Sie haben das Problem der sozialen Ordnung theoretisch so gründlich beseitigt, daß sie es als soziale Tatsache nicht mehr verstehen können. Während es in der Hobbesschen Sichtweise selbstverständlich ist, daß die Kräfte der Ordnung im ständigen Kampf mit den Kräften der Unordnung liegen und der Ausgang dieses Kampfes keineswegs sicher und endgültig ist, stehen die heutigen Theorien vor der Schwierigkeit, daß für sie die faktisch vorhandene Unordnung zu einem Erklärungsproblem geworden ist. [...] Die Hobbessche Fragestellung muß wieder in ihrem ursprünglichen Gehalt aufgegriffen werden, damit Entstehung und Untergang sozialer Ordnungen als Gegenstände der soziologischen Theoriebildung den ihnen gebührenden Stellenwert zurückerhalten." Ob das Versagen utilitaristischer Ansätze bezüglich der Erklärung des Problems sozialer Ordnung mit dem Hinweis ausgeglichen werden kann, gerade das Nicht-Erklären-Können zeige eben die Unwahrscheinlichkeit der tatsächlichen Entstehung sozialer Ordnung, ist eher fraglich.

Schaubild: Verantwortung vs. Tötungsabsicht

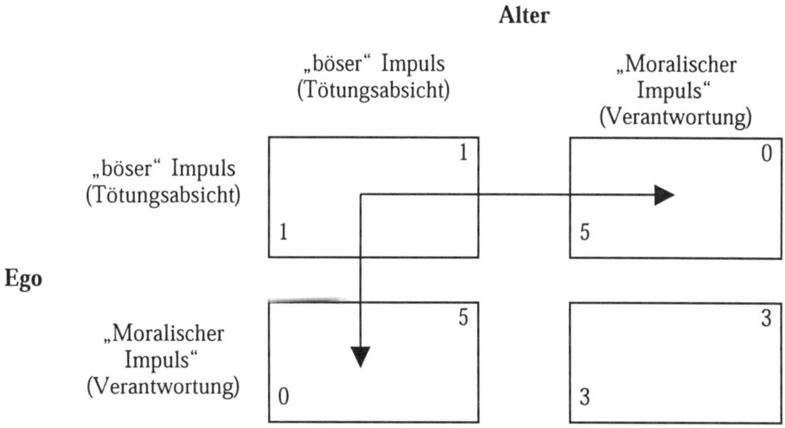

Das Problem ist nun deutlich sichtbar: Das beste *gemeinsame* Outcome erreicht die Orientierung am „Moralischen Impuls", die Übernahme von Verantwortung für den Anderen. Auf dieser Basis kann dann (danach!) eine stabile Erwartungsstruktur etwa im Sinne der luhmannschen Lösung doppelter Kontingenz errichtet werden. Allerdings ist das schlechteste Ergebnis für jeden Einzelnen, wenn man diese moralische Verantwortung übernimmt und der Andere zugleich seinem „bösen" Impuls stattgibt, d.h. mit Tötungsabsichten auftritt. „Schlechtes Ergebnis" heißt hier: getötet werden. Wenn man einen „bösen" Impuls mit derart extremen Folgen vorab unterstellt, dann *muss* man als rationaler Akteur (und es handelt sich zweifelsohne um eine Hochkostensituation – eine Situation, in der subjektiv sehr viel auf dem Spiel steht (Schimank 2000: 95ff.; Zintl 1989) –, die rationales etwa vor emotionalem Handeln nahe legt, zumal normorientiertes Handeln nicht zur Alternative steht) die Übernahme moralischer Verantwortung unterlassen und versuchen, den Anderen zu töten. Dies gilt für beide. Und so kommt es zu dem *für beide* schlechtesten Resultat, dem Zustand des gegenseitigen Tötungsversuchs. Zu erwarten ist dann (dies deuten die Pfeile an), dass einer von beiden getötet wird und der Andere gewinnt. Dies erhöht die Tötungsanstrengungen des Siegers sowie der Beobachter des Siegers für die Zukunft.

Eine Tötungsabsicht kann nun grundsätzlich unterstellt werden, weil erstens jeder den „bösen" Impuls entweder von sich selbst kennt (und somit, auch wenn man selbst keine konkreten Tötungsabsichten hat, die Möglichkeit von Tötungsabsichten auf andere prinzipiell projiziert werden kann) oder bei anderen bereits beobachten konnte (denn wenn man einen „bösen" Impuls annimmt, hat dieser sich auch irgendwann nach außen gewendet), und weil es zweitens noch keine stabile Struktur gibt, die regulierend einwirken könnte. *Jede Lösung, die eine dauerhafte Ordnung garantieren soll, setzt gerade jene Bedingungen voraus, die erst noch geschaffen werden müssen.* Nichts und Niemand garantiert den Akteuren, dass der Andere sich nach seiner Zufriedenstellung an getroffene Abmachungen (wie aber könnten diese zu Stande kommen?) – z.B. die Vereinbarung eines festen Zyklus der Bedürfnis-Befriedigung oder an Verträge – hält. Wie geht man also mit einem „widerspenstigen Anderen" um, der darauf besteht, seine Andersheit zu bewahren, die auch einen „bösen" Impuls beinhalten kann? Unterstellt man, dass beide Akteure um die Möglichkeit „böser" Handlungen wissen (und zwar als Chance für beide Seiten![5]), wird der Aktionsdruck auf Grund des Wissens um die wechselseitige Abhängigkeit enorm. Tötung ist dann nämlich eine Alternative, die einerseits von der Stress generierenden Situationsabhängigkeit befreit, unter Umständen totale Bedürfnis-Befriedigung durch Ressourcenübernahme ermöglicht und vor jenen Kosten schützt, die mit einem Nachgeben in einem völlig unbestimmten Kontext verbunden sein können: getötet zu werden. Andererseits löst die Vernichtung des Anderen das Problem doppelter Kontingenz definitiv.

Die Sackgasse der Postmoderne

Die Fürsprecher postmoderner Ethik (zu denen auch Mitglieder des soziologischen Individualisierungsdiskurses gezählt werden können) stellen die Chance des „Bösen" nicht in Rechnung. Sie beziehen den naiven Standpunkt der guten vor der schlechten Prognose. Anders ist nicht zu erklären, weshalb die aus den jeweiligen theoretischen Vorstellungen abgeleiteten pragmatischen Forderungen nahezu identisch klingen:

> „Im Idealfall ist in der pluralen und pluralistischen Welt der Postmoderne jede Lebensform prinzipiell erlaubt oder, besser gesagt, es sind keinerlei allgemeine Prinzipien evident [...], die irgendeine Lebensform unzulässig machen würden." (Bauman 1992a: 127)

> „Wer den sozialen Kitt der Freiheit will, muß sich auf Haß- und Gewaltausbrüche gefaßt machen. [...] Demgegenüber kann nicht einfach nur und muß doch primär Toleranz gefordert werden." (Beck 1997: 401)

Diese beiden Aussagen weisen den Weg in die *postmoderne* Zukunft: Wir verharren in dem unter Umständen brutalen und gewalttätigen Chaos statt wie sonst entlang von Leitbildern Änderungen herbeizuführen. Es gibt keine gültigen Ideale als Orientierungshilfen, keine unverzichtbaren Normen mehr und die Erfahrung von Ungewissheit erhöht diese um ein Weiteres. Das Wissen um generelle Kontingenz ist praktisch keine Hilfe und bringt keinerlei

---

5 Formuliert nach Luhmann (1984: 171) in leicht abgewandelter Weise (Veränderung ist kursiv gesetzt): „Wenn nun Ego seinerseits weiß, daß Alter weiß, daß Ego sich um *Beseitigung* von Alter bemüht, muß Ego auch den Effekt dieser Antizipation miteinbeziehen."

Vorteile, sondern muss als Schicksal hingenommen werden (Bauman 1995c: 228; 1992a: 289). Das postmoderne Leben wäre ein ständiger „Karneval der Grausamkeit" (Bauman 1996: 59), denn die Vorstellung postmoderner Toleranz als „Fundamentalität der Differenz" (Schmidt 1991: 354) muss absolut gesehen werden, d.h., Toleranz muss auch gegenüber dem Intoleranten – etwa gegenüber Gewalt- und Hassausbrüchen (auch Tötung?) – beibehalten werden, denn sonst wäre Toleranz ein Herrschaftsinstrument. Die Frage, ob postmoderne Toleranz in ein Mindestmaß an Solidarität umgewandelt werden kann, ist nicht sicher zu beantworten. Es besteht diese Chance[6], aber wie *konkret* in dieser auf absoluter Toleranz basierenden Gesellschaft stabile Sozialverhältnisse entstehen sollen, bleibt ungewiss, zumal jeder Weg von der Toleranz zur Solidarität nicht nur vage, sondern immer auch kontingent ist. Hinterlassen wird ein konstitutionell unsicheres, sich selbst ungenügend erscheinendes moralisches Individuum, das ein Leben fortwährender Ungewissheit führen *muss* (Bauman 1997: 12; 1995a: 125) – Ungewissheit, die durch permanente Bedrohung des Lebens erzeugt wird. Dies ist das „grausame Idyll der Postmoderne" (Bielefeld 1993), dem einige Vertreter der Individualisierungsdiskussion allzu verträumt nachhängen. An die Adresse von Beck gerichtet rät diesbezüglich Sontheimer (1996): „Er sollte sich jedoch fragen, ob sein beherztes Eintreten für die Stärkung der politischen Freiheit auf der Basis eines unbeschränkten Individualismus nicht auf eine Einladung zur Anarchie hinausläuft, auf einen individualistischen Liberalismus ohne soziale Verantwortung."

Zusammenfassend: Es kommt keine Systembildung in Gang, es entsteht keine stabile soziale Ordnung (trotz möglicher Erwartungssicherheit), wenn die Initial-Kommunikation etwa in Form eines tödlichen Angriffs abgelehnt wird. „Die doppelte Kontingenz erzeugt Aktionsdruck" (Luhmann 1984: 162), doch darf dieser nicht völlig ungerichtet verlaufen, sondern muss Anschlussmöglichkeiten bereithalten.[7] Auch eine durch den „Moralischen Impuls" ausgelöste Alternation kann überhaupt nur in Gang kommen, wenn die Individuen die Chance erhalten, ihrem „Moralischen Impuls" Ausdruck zu verleihen: Unter bestimmten Umständen ist aber noch nicht einmal ein Aggression hemmendes Lächeln mehr möglich (Eibl-Eibelfeld 1970: 113ff.). Und noch einmal: Dies wissen beide Akteure *vorher*! Der „Moralische Impuls" könnte nun wirksam werden, aber genügt er, um gegen die Unterstellung der Möglichkeit anzukommen, der Andere könnte gewalttätig werden? Die Erfahrung einer Tötung belegt in jedem Fall für die Beteiligten die Notwendigkeit des Einbeziehens „böser" Aktionen: Aus der Sicht des Getöteten

6 „Die Postmoderne ist die Chance der Moderne. Toleranz ist die Chance der Postmoderne. Solidarität ist die Chance der Toleranz. Solidarität ist eine Chance dritten Grades." (Bauman 1992a: 313)

7 Auch Luhmann (1996: 59) verweist darauf, dass man nur unter der Annahme hoch selektiver, *aber nicht willkürlicher* Ereignisse von Systemen sprechen kann.

sowieso (aber ohne Korrekturchance) und für den Tötenden insofern, als er nun mit größerer Berechtigung unterstellen kann, nur deshalb selbst nicht getötet worden zu sein, weil er *nicht* seinem „Moralischen Impuls" gefolgt ist. Die einmal gemachte Erfahrung wirkt dann zukunftsweisend: „Nichts ermutigt mehr als das erste straflose Verbrechen" schreibt de Sade (1995: 17) und fügt als Beschreibung des Herzogs von Blangis hinzu: „[...] und von den Morden aus Not gelangte er schnell zu den Morden zum Vergnügen."

Natürlich soll hier nicht bezweifelt werden, dass die luhmannsche oder baumansche Lösung doppelter Kontingenz denkbar ist und sei es auf Grund irgendeines Zufalls. Aber gleichermaßen *möglich* ist der hier beschriebene Fall des „Bösen" – der „Tötung". Allein diese Eventualität legitimiert bereits die Befolgung der Vorschrift des Vorrangs der schlechten vor der guten Prognose (siehe Jonas 1979: 70ff.). Im Gegensatz zu Bauman (2000: 47) benötige ich keinen „schlüssigen Beweis dafür, dass Menschen von Natur aus aggressiv sind und deshalb gezügelt und gezähmt werden müssen." Halten wir fest: Ein prinzipielles Vorhandensein ist weder für einen „moralischen" noch für einen „bösen Impuls" beweisbar, aber beides kann mit einer gewissen Plausibilität angenommen werden. Der Mensch als des Menschen Wolf ist dann nicht, wie Bauman meint, *einzig* das Ergebnis sozialer Beeinflussung der Situation der Individuen, sondern schlicht *faktisch* gegeben. Dieses existentielle „Böse" wird nicht als pure Negation des „Moralischen Impulses" verstanden, sondern zeichnet sich durch eine eigenständige Unberechenbarkeit aus, die letztlich den postmodernen Individualismus und das „Böse" vereint: „Jemand, der nicht berechenbar ist, ist jemand, der sich keinem Maßstab unterwirft, der nicht er selbst ist. Ein solcher Negierer ist *frei.* Aber das Böse ist der Preis der Freiheit." (Schmidt-Biggemann 1993: 9, Herv. i. O.) Das „Böse" kann nahezu als Zeichen der Individualität ausgelegt werden: „Wer das Böse will, will etwas Einzigartiges, Unverwechselbares sein, ein radikaler Individualist" (Pieper 1997: 8). Schließlich ist es, wenn das „Böse" als Teil des Menschlichen akzeptiert wird, nur ein kleiner Schritt zu der Behauptung des „Bösen als Selbstzweck" – das gewollte „Böse" (Safranski 1997), das sich auch hinter Ideologien verstecken kann, die mit dem moralischen Anspruch antreten, den Menschen und/oder seine Situation zu verbessern, wie Bauman von dem modernen Ordnungsstreben behauptet. Aber, und das ist hier bedeutend, es kann auch individuell auftreten, weil es individuell verankert ist.

Zumindest erscheinen dauerhaft stabile Vergesellschaftungen unwahrscheinlich, wenn man den postmodernen Individualismus zu Grunde legt.[8]

8 Sobald die Situation doppelter Kontingenz um einen Dritten ausgeweitet wird, potenziert sich zudem das Ordnungsproblem, denn eine friedliche Koexistenz zweier Individuen kann durch divergierende Neigungen gegenüber einem Dritten empfindlich gestört werden. Das gilt besonders für Ressourcenzuteilungen. Man denke nur an die den Mann ihrer geliebten Tochter nicht ausstehen könnende Schwiegermutter und an das daraus resultierende Konfliktpotential für die Beziehung zwischen der Tochter und ihrem Mann. Parsons erinnert zurecht an das „Eifersuchts-Muster":

„Es ist deshalb selbstverständlich, daß ein soziales System nicht lange überleben könnte, wenn seine Mitglieder beim Versuch gegenseitiger Einflußnahme aufeinander aufs Geratewohl oder, wenn die unmittelbaren Umstände es für ihre Interessen und Impulse geraten scheinen ließen, zu allen verfügbaren Mitteln griffen, um auf andere Einfluß auszuüben. Eine Art selektiver Mechanismus ist funktional notwendig, durch den die in der Regel sozialer Ordnung zuträglichen Formen von Einfluß begünstigt und umgekehrt jene in Schach gehalten, wenn nicht sogar gänzlich eliminiert werden, die dahin tendieren, das soziale System zum Auseinanderbrechen zu bringen." (Parsons 1986: 164) *Stabile* Vergesellschaftungen entstehen aus der Situation der Doppelkontingenz heraus nur anhand überindividueller Orientierungen. Der so (aus postmoderner Sichtweise zu vermeidende) notwendig gewordene soziale Zwang wird auch von Simmel für die meisten Menschen als notwendig erachtet, wenn sie nicht in einen anomischen Zustand fallen wollen: „Das Bewußtsein, überhaupt unter einem Zwange zu stehen, einer übergeordneten Instanz unterworfen zu sein [...] ist gelegentlich revoltierend oder erdrükkend, wahrscheinlich aber für die Mehrzahl der Menschen ein unersetzlicher Halt und Zusammenhalt des inneren und äußeren Lebens." (Simmel 1992: 279) Auf diese Weise wird dafür Sorge getragen, dass die in einer jeden Gruppe bestehenden lockernden und zerstörerischen Kräfte im Zaume gehalten werden (ebd.: 632ff.). Das Recht bezeichnet er etwa als „das Minimum, das als Grundlage jeder Gruppenexistenz bewahrt werden muß" (ebd.: 637). Diese Grundbedingungen sind aber weder im „Individuellen Gesetz" noch in der postmodernen Ethik angelegt! Dem Individuum wird eine radikale Selbstverantwortung auferlegt, die in kriterienloser Innerlichkeit vollzogen werden *muss*, so dass Intuition zum letzten Orientierungspunkt wird (Bienfait 1993: 32 f.) oder aber die ganze Theorie auf einen nicht benannten überindividuellen Letztwert zurückgreifen müsste (Horneffer 1919: 422ff.).

Die postmoderne Ethik endet in einer Sackgasse. Moralische und soziale Ordnung können zwar analytisch voneinander getrennt werden (Junge 1998), trotzdem sind gerade soziologisch Ethiken zugleich im Lichte ihrer Realisierungsproblematik zu betrachten (Schütte 1998). Was aber heißt das für die Individualisierungsdiskussion?

„Daher ist es nicht nur ein funktionales Erfordernis der Ordnung, daß eine Kontrolle feindseliger Affekte zwischen Individuen-Paaren besteht, sondern daß jeweils zwei affektiv miteinander integrierte Individuen alles in allem ähnliche affektuelle Einstellungen gegenüber allen dritten Parteien haben, die für beide in affektueller Hinsicht wichtig sind und die von daher dem gleichen, besonderen Beziehungsgefüge angehören." (Parsons 1986: 165)

Moderner Individualismus

Orientiert sich die soziologische Diskussion um Individualisierung an dem normativen Ziel des postmodernen Individualismus etwa im Sinne von Becks propagierter neuer Sozialmoral, wird sie ebenfalls in dieser Sackgasse enden. Vielleicht muss die Warnung, die Postmoderne lasse explizit keine überindividuelle Leitorientierung zu – *außer sich selbst* – (Luhmann 1997: 1144; Schmidt 1991: 355), ernster genommen werden als bisher angenommen. Vielleicht ist das Verbot der Werte-Schöpfung, das Verbot der kollektiven Erzeugung von Konzepten des Wünschens- und Ablehnenswerten grausamer (und nicht nur unbehaglicher; vgl. Bauman 1999) als bislang bedacht. Mindestens erhärtet sich der Verdacht, dass der postmodernen Soziologie die moderne Entwicklungslogik völlig aus dem Blick gerät: Sie hat moderne Entwicklungsdynamiken eklatant unterschätzt, zu statisch beschrieben, und „eine den Ansprüchen genügende Analyse des behaupteten Bruchs zwischen moderner und postmoderner Gesellschaft" (Luhmann 1997: 1143, Fn. 427) ist auch nicht auszumachen. So ist ihr denn auch entgangen, dass die Dynamik der Moderne durch das Abarbeiten der Spannung zwischen Ideal und Wirklichkeit gespeist wird und somit immer im Vergleich des Wirklichen mit dem Möglichen im Lichte der *Ideen* der Aufklärung steht (Münch 1995: 13ff.). Diese Ideen implizieren aber keine *bestimmte* Ordnung, sondern fordern durch die Formulierung des Ideals auf zur Aufmerksamkeit für Ablehnenswertes. Ideale sind abstrakte Artikulationen von Wünschen, die zugleich auf Nicht-Gewolltes, auf „Grenzen des Bösen" verweisen. In der Moderne *entspricht* die Wirklichkeit niemals den Idealen (schon weil Freiheit *und* Gleichheit unvereinbar sind), sondern sie kann sich den Idealen nur immer wieder versuchen anzupassen. Die Folge ist, dass die Moderne letztlich ursprünglich ein *unvollendbares* Projekt darstellt: Sie kann, verstanden als permanente Abarbeitung der Differenz von Ideal und Wirklichkeit, niemals eine bestimmte, dauerhaft festgelegte Form annehmen, da diese im Vergleich zu den Idealen immer perfektionierbar erscheinen muss. Die dabei beobachtbaren paradoxen Effekte (ebd.: 80ff.; 1991: 27ff.) haben als Bestandteil des Programms der Werteverwirklichung einen zentralen Platz in der Entwicklung der Moderne, die schon in ihren Grundzügen eine Risikogesellschaft ist und immer ein diskontinuierendes Moment des Abstandnehmens involviert (Habermas 1985: 11f.). Die wichtige Einsicht in diese Entwicklungslogik und -dynamik mit ihren paradoxen Effekten sowie deren bewusste Billigung legitimiert noch keinen Wechsel der Etikettierung der Gesellschaft als postmodern. Einsicht ändert nicht zwingend den Tatbestand![9]

9 Dass Einsicht eine Prädikatsänderung rechtfertigt, behauptet Bauman (1992a: 333, Herv. i. O. Vgl. Schweppenhäuser 1999: 516): „Das ist es letztlich, wofür die Idee der *Postmoderne* steht: eine Existenz, die völlig durch die Tatsache bestimmt und definiert ist, daß sie *post* ist (*hinterher* kommt) und überwältigt ist von dem Bewußt-

Geht man von dieser Vorstellung der Moderne aus, ist der Holocaust im Sinne der baumanschen Kritik auch als ein Erzeugnis der Moderne beschreibbar. Allerdings kann man diesen Zustand von den folgenden „Modernen" unterscheiden und sehen, dass gerade die moderne Entwicklung unter Beachtung der Notwendigkeit sozialer Ordnung auf eine immer weitere Verwirklichung des Wertes „Individualismus" (neben anderen Werten) hinstrebt. Unterscheiden können wir dabei, Parsons (1993) folgend, die Allgemeingültigkeitsebenen institutionalisierter kultureller Muster. Werte erreichen das höchste Maß der Allgemeingültigkeit, deren Spezifizierung auch über die Sozialstruktur erfolgt. Hier könnte die Individualisierungsdiskussion einsetzen, denn Parsons betont die Möglichkeit eines stabil bleibenden Wertesystems bei gleichzeitiger Bewegung der Sozialstruktur. Stabilität des Wertesystems bedeutet dabei keine Unveränderbarkeit, sondern kann auch Wandelbarkeit etwa durch Verallgemeinerung beinhalten. Dahingehend interpretiere ich die postmoderne Forderung nach einem normativen Individualismus als Konsequenz des Veränderungsdrucks von der individualisierten Sozialstruktur auf das Wertesystem in Richtung Generalisierung. Damit bin ich bei Durkheim, dessen strukturtheoretische und religionssoziologische Argumentation auf die Generalisierung einer individualistischen Moral hinausläuft (Müller 1986): Die Generalisierung des Wertes „Individualismus" drückt sich aus in einem „Kult des Individuums" (Durkheim 1986).

Das strukturtheoretische Argument – oftmals Pate für die Individualisierungsdiskussion – leitet Durkheim bekanntlich aus seiner Untersuchung „Über die Organisation höherer Gesellschaften" (1977) ab: Die mechanische Solidarität, der Solidaritätstypus primitiver Gesellschaften, macht immer mehr Platz für organische Solidarität – das Kollektivbewußtsein nimmt ab, die Bedeutung gesellschaftlicher Zugehörigkeit wird geringer, gemeinsam geteilte Vorstellungen werden nur noch auf sehr abstrakter Ebene geteilt. Der gesellschaftliche Zusammenhalt durch organische Solidarität schreibt die Bildung autonomer Individuen nahezu zwingend vor, weil vorrangig differente Fähigkeiten prämiert werden. Individuelle Freiheit wird dabei im Sinne Simmels „Kreuzung sozialer Kreise" durch Partizipation an diversen sozialen Kontexten gewonnen. Korrespondierend dazu entwickeln die Individuen in der Verfolgung ihrer eigenen Interessen und unterschiedlichen sozialen Positionen ein steigendes Maß an Selbstbewusstsein heraus.

Diese besondere strukturelle Positionierung des Individuums wird nun noch erhöht: „In der Tat ist es eines der Hauptaxiome unserer Moral (man könnte sogar sagen, das Hauptaxiom), daß die menschliche Person heilig ist" (ders. 1973: 153f.). Ein heiliger Gegenstand ist unantastbar, unverwechselbar

---

sein, sich in einer solchen Lage zu befinden. Postmoderne ist nicht mehr (aber auch nicht weniger) als der moderne Geist, der einen langen, aufmerksamen und nüchternen Blick auf sich selbst wirft [...]. Postmoderne ist die Moderne, die volljährig wird: die Moderne, die sich selbst aus der Distanz betrachtet statt von innen [...]."

und mit absoluter Geltung ausgestattet – sichtbar und kontinuierlich ausgedrückt in Symbolen und stabilisiert durch Riten –, fernab jeder Instrumentalisierungsmöglichkeit im Kampf um die Verwirklichung wechselnder Interessenlagen. Die Zentrierung der Gruppe auf ihre einzigartigen heiligen Objekte erfolgt durch Kulte, die als Praxis gemeinsamer Handlungen dem religiösen Leben eine bestimmte Richtung geben und zum eigentlichen Ausgangspunkt des Heiligen generieren. Das heilige Individuum wird nun zum Objekt religiöser Erfahrung in einer nicht-religiösen Welt. Der Kult des Individuums setzt dabei die im Kern des Totemismus liegende Idee der überpersönlichen Kraft voraus, d.h., die Heiligkeit des Individuums liegt nicht in seiner Substanz, sondern in der Verkörperung des Heiligkeitsprinzips begründet. Die Entfaltung dieser Heiligkeitskraft geschieht wiederum als Effekt der Praxis gemeinsamer Handlungen, sie vollzieht sich in der Erfahrung der Ekstase des Kollektivs (Joas 1997: 92ff.; 1992: 280ff.). Ekstase-Erlebnisse macht der moderne Großstadtmensch täglich in der großstädtischen „Steigerung des Nervenlebens, die aus dem raschen und ununterbrochenen Wechsel äußerer und innerer Eindrücke hervorgeht“ (Simmel 1995: 116). Bei allen Möglichkeiten individueller Reaktionen als „Präservativ des subjektiven Lebens gegen die Vergewaltigungen der Großstadt“ (ebd.: 118) – jeder verkaufsoffene Sonntag, jeder Verkehrsstau demonstriert anschaulich moderne Ekstasen, die das heilige Individuum feiern.

Individualisierung als Verselbstständigung und Entlastung

Mit dem Kult des Individuums zelebriert die moderne Gesellschaft ein moralisches Ideal. Dieser Individualismus hat sich tief in unser Alltagsleben eingefressen. Er ist selbstverständlich geworden. Man hat sich etwa im Konsumbereich daran gewöhnt, dass der Einzelne heilig ist. Die Rituale der Werbung hämmern dies allgegenwärtig ein. „Ich will so bleiben wie ich bin“ ist kein Motto von Nietzsche (1988: 563: „Wir aber wollen die werden, die wir sind“), sondern ein Werbespruch für kalorienreduzierte „Du darfst“-Lebensmittel. Der Kult des Individuums wird immer mehr in das immanente Bewusstsein geführt, während das zivilreligiöse, transzendentale Moment der *Wertschätzung* des Individuums in Vergessenheit gerät: Der *Kult* des Individuums weicht dem Kult des *Individuums*. Die Gewöhnung an den Kult des Individuums lässt sein Wert-Fundament in Vergessenheit geraten. Meine Vermutung ist, dass Individualisierung heute eine solche *Wert-Verselbstständigung durch Selbstverständlichkeit* bedeutet. „Die Unabhängigkeitserklärung und die Verfassung waren die heiligen Schriften und Washington der von Gott auserwählte Moses“ (Bellah 1986: 27). Dies gilt heute nicht mehr: Jeder ist sein eigener Gott, weshalb die Heilige Schrift der Verfassung nicht mehr als solche erkannt wird. Es breitet sich eine Sprachlosigkeit über die Werte aus, die die Heiligkeit des Individuums begründen (ders. et al. 1987).

Der Bestimmungsgrund des Handelns entspricht nun einem traditionalen Handeln, „ganz und gar an der Grenze und oft jenseits dessen, was man ein ‚sinnhaft‘ orientiertes Handeln überhaupt nennen kann. Denn es ist oft nur ein dumpfes, in der Richtung der einmal eingelebten Einstellungen ablaufendes Reagieren auf gewohnte Reize.“ (Weber 1976: 33) Der Kult des Individuums wird vollzogen, ohne dass um ihn gewusst wird; das heilige Individuum kann sprachlich nicht mehr formuliert werden, obwohl es als moralische Intuition erhalten bleibt (Joas 1996: 27).

Die soziologische Individualisierungsdiskussion hat sich, weil sie Individualisierung nicht in den Zusammenhang einer Wertverwirklichung stellt, an dem paradoxen *Zwang zur Individualität* festgebissen: Wenn im Diskurs um Individualisierung überhaupt auf normorientierte Handlungsmodelle zurückgegriffen wird, erkennt man eine Beschreibung der Durchsetzung des Individualitätsprinzips als Norm, die sich eigentlich schon in den Analysen der soziologischen Klassiker abzeichnet (Kippele 1998). Völlig aus dem Blick gerät aber auf Grund der Vernachlässigung der generalisierten Wertverwirklichung, dass wir es heute dagegen mit der nächsten Stufe zu tun haben, mit der *Befreiung des Individuums vom Zwang zur Individualität*, aber nicht mittels Wertezerfall, sondern als Fortsetzung des Wertes „Individualismus“: „Der moderne, individualisierte Mensch ist, so könnte man sagen, auch Knecht, nur dass er, gegenüber dem vormodernen Menschen, der den Herrn außer sich hat, den Herrn in sich trägt und nun sich von diesem lösen, sich nach der Freisetzung aus Natur, Kultur, Kollektiv, aus sich selbst freisetzen will.“ (Gross 1999: 183) Die zeitgenössischen Befreiungsversuche des Individuums vom Zwang zur Individualität sind eine Folge der Paradoxie der modernen Anweisung: „Tu was Du willst!“, denn im Moment der Anweisungsbefolgung hat man der Anweisung zuwidergehandelt, sie missachtet. Dieses Paradox zieht Versuche der „Paradoxie-Entfaltung“ nach sich, die wiederum in weiteren Paradoxien enden. Schulze (1999: 47) spricht in diesem Zusammenhang von einem „Schema der Entschematisierung“. Am Beispiel des Lachens zeigt er, wie das allgemeine Motiv der *Befreiung* (historisch meistens mit Verweis auf sozialstrukturelle Beschränkungen) in der zeitgenössischen Form auf Grund der Individualisierung der Gesellschaft auf das Individuum gerichtet wird: „Die Torte im Gesicht des Senators provoziert kein befreites Lachen mehr, sondern ein müdes, weil die Zeiten der Respektspersonen ohnehin vorbei sind. Befreites Lachen ist mit einem Gefühl wie beim Öffnen der Fensterläden verbunden: Es wird plötzlich hell. Gibt es dieses Gefühl noch, oder sind inzwischen alle Fensterläden offen? Gewiss ist unsere Kultur alles andere als zwanglos, doch das erreichte Ausmaß an Freiheit ist nichtsdestoweniger ohne Beispiel. [...] In der Anpassungsgesellschaft suchte sich der befreiende Witz seine Themen im sozialen Kontext, in der zwanglosen Gesellschaft nimmt er sich das Subjekt selbst vor, denn dieses ist nun die Instanz, die das Regiment übernommen hat.“ (ebd.: 50) Die meisten Selbstentlastungsformen – ironische Selbstbeobachtung, Parodie als Ausdrucksmittel erster Wahl, „Coolness" – sind so gesehen nichts anderes als Befreiungen vom Zwang zur Individualität.

Die Soziologie muss den theoretischen Aufwand gegenüber postmodernen Ansätzen erhöhen, wenn sie den von der Postmoderne empfohlenen Weg nicht einfach in Sackgassen hinein mitlaufen will. Sicherlich: Die Gefahr nicht-intendierter Nebeneffekte moralischer Ideale, das lehrt die postmoderne Kritik, lässt sich in der Moderne kaum vermeiden. Doch die Lehre vom Werteverfall ist ebenfalls nicht ungefährlich: „In dem Maße, in dem Personen glauben, es gäbe keine für alle verbindlichen Normen mehr, wird ihre eigene Bereitschaft zur Normbefolgung sinken. Schließlich ist individuelle Verzichtsleistung aufgrund moralischer Erwägungen sinnlos, solange nicht gewährleistet ist, dass auch alle anderen dazu sich bereit finden. Die Annahme eines Normverfalls ist [...] derzeit weit verbreitet. Gemäß dem Thomas-Theorem – wirklich ist, was Menschen für wirklich halten – mag sie sich auf dem Wege der self-fulfilling prophecy bestätigen. Sozialwissenschaftler sind an solchen Prozessen nicht unbeteiligt" (Nunner-Winkler 1999: 316).

Literatur

Bauman, Zygmunt (1992a): *Moderne und Ambivalenz.* Frankfurt/Main.

Bauman, Zygmunt (1992b): *Dialektik der Ordnung.* Hamburg.

Bauman, Zygmunt (1994): Moral without Ethics. In: *Theory, Culture & Society,* H. 4: S. 1-34.

Bauman, Zygmunt (1995a): *Postmoderne Ethik.* Hamburg.

Bauman, Zygmunt (1995b): *Life in Fragments. Essays in Postmodern Morality.* Oxford, Cambridge.

Bauman, Zygmunt (1995c): *Ansichten der Postmoderne.* Hamburg, Berlin.

Bauman, Zygmunt (1995d): Vom Pilger zum Touristen – Postmoderne Identitätsprojekte. In: Keupp, Heiner (Hrsg.): *Lust an der Erkenntnis: Der Mensch als soziales Wesen. Sozialpsychologisches Denken im 20. Jahrhundert.* München, Zürich: S. 295-300.

Bauman, Zygmunt (1996): Gewalt – modern und postmodern. In: Miller, Max/Hans-Georg Soeffner (Hrsg.): *Modernität und Barbarei: Soziologische Zeitdiagnose am Ende des 20. Jahrhunderts.* Frankfurt/Main: S. 36-67.

Bauman, Zygmunt (1997): *Flaneure, Spieler und Touristen. Essays zu postmodernen Lebensformen.* Hamburg.

Bauman, Zygmunt (1999): *Unbehagen in der Postmoderne.* Hamburg.

Bauman, Zygmunt (2000): *Vom Nutzen der Soziologie.* Frankfurt/Main.

Baurmann, Michael (1994): Die plötzliche Rückkehr der Wirklichkeit. Die Soziologie und das Problem der sozialen Unordnung. In: *Geschichte und Gegenwart,* H. 2: S. 103 - 112.

Beck, Ulrich (1986): *Risikogesellschaft. Auf dem Weg in eine andere Moderne.* Frankfurt/Main.

Beck, Ulrich (1997): Ursprung als Utopie: Politische Freiheit als Sinnquelle der Moderne. In: Ders. (Hrsg.): *Kinder der Freiheit.* Frankfurt/Main: S. 382-401.

Beck, Ulrich (1998): Die Sozialmoral des eigenen Lebens. In: Lüschen, Günther (Hrsg.): *Das Moralische in der Soziologie.* Opladen, Wiesbaden: S. 87-91.

Bellah, Robert N. (1986): Zivilreligion in Amerika. In: Kleger, Alois/Heinz Müller (Hrsg.): *Religion des Bürgers: Zivilreligion in Amerika und Europa.* München: S. 19-41.

Bellah, Robert N. et al. (1987): *Gewohnheiten des Herzens. Individualismus und Gemeinsinn in der amerikanischen Gesellschaft.* Köln.

Bielefeld, Ulrich (1993): Das grausame Idyll der Postmoderne. In: *Mittelweg 36,* H. 4: S. 33-39.

Bienfait, Agathe (1993): Zwischen Individualität und Formalität: Zur Rekonstruktion des moralisch-verantwortlichen Subjekts. In: *Simmel Newsletter,* H. 1: S. 29-38.

de Sade, Donatien-Alphonse-François (1995): *Die Hundertzwanzig Tage von Sodom oder Die Schule der Ausschweifung.* Köln.

Durkheim, Emile (1973): *Erziehung, Moral und Gesellschaft.* Frankfurt/Main

Durkheim, Emile (1977): *Über soziale Arbeitsteilung. Studie über die Organisation höherer Gesellschaften.* Frankfurt/Main.

Durkheim, Emile (1986): Der Individualismus und die Intellektuellen. In: Bertam, Hans (Hrsg.): *Gesellschaftlicher Zwang und moralische Autonomie.* Frankfurt/Main: S. 54-70.

Durkheim, Emile (1991): *Physik der Sitten und des Rechts.* Frankfurt/Main.

Eibl-Eibesfeld, Irenäus (1970): *Liebe und Haß. Zur Naturgeschichte elementarer Verhaltensweisen.* München, Zürich.

Eibl-Eibesfeld, Irenäus (1998): Universalien im menschlichen Sozialverhalten und ihre Bedeutung für die Normenfindung. In: Treml, Alfred K. (Hrsg.): *Natur der Moral? Ethische Bildung im Horizont der modernen Evolutionsforschung.* Frankfurt/Main: S. 10-16.

Gross, Peter (1999): *Ich-Jagd.* Frankfurt/Main.

Habermas, Jürgen (1985): Moderne und postmoderne Architektur. In: Ders. (Hrsg.): *Die Neue Unübersichtlichkeit. Kleine Politische Schriften V.* Frankfurt/Main: S. 11-29.

Hastedt, Heiner (1998): *Der Wert des Einzelnen. Eine Verteidigung des Individualismus.* Frankfurt/Main.

Hitzler, Ronald (1998): Posttraditionale Vergemeinschaftung. Über neue Formen der Sozialbindung. In: *Berliner Debatte Initial,* H. 1: S. 81-89.

Horneffer, Ernst (1919): Der moderne Individualismus. In: *Kant-Studien,* H. 4: S. 406-425.

Joas, Hans (1992): *Die Kreativität des Handelns.* Frankfurt/Main.

Joas, Hans (1996): Soziologie nach Auschwitz. Zygmunt Baumans Werk und das deutsche Selbstverständnis. In: *Mittelweg 36,* H. 4: S. 18-28.

Joas, Hans (1997): *Die Entstehung der Werte.* Frankfurt/Main.

Jonas, Hans (1979): *Das Prinzip Verantwortung. Versuch einer Ethik für die technologische Zivilisation.* Frankfurt/Main.

Junge, Matthias (1998): Die kommunitaristische Herausforderung der Moralsoziologie. Was kann eine empirische Moralsoziologie von der kommunitaristischen Moraltheorie lernen? In: Lüschen, Günther (Hrsg.): *Das Moralische in der Soziologie.* Opladen, Wiesbaden: S. 93-106.

Kippele, Flavia (1998): *Was heißt Individualisierung? Die Antworten soziologischer Klassiker.* Opladen, Wiesbaden.

Köhnke, Klaus Christian (1996): *Der junge Simmel in Theoriebeziehungen und sozialen Bewegungen.* Frankfurt/Main.

Kron, Thomas (2000): Die Unordnung aushalten. Zygmunt Baumans Plädoyer für eine postmoderne Moral. In: Schimank, Uwe/Ute Volkmann (Hrsg.): *Soziologische Gegenwartsdiagnosen I – Eine Bestandsaufnahme.* Opladen: S. 116-127.

Lipman, Matthew (1959): Some Aspects of Simmel's Conception of the Individual. In: Wolff, Kurt H. (Hrsg): *Georg Simmel, 1858-1918. A Collection of Essays*. Ohio: S. 119-138.
Luhmann, Niklas (1969): Normen in soziologischer Perspektive. In: *Soziale Welt*, H. 1: S. 28-48.
Luhmann, Niklas (1972): *Rechtssoziologie*. 2 Bd. Reinbek bei Hamburg.
Luhmann, Niklas (1984): *Soziale Systeme. Grundriß einer allgemeinen Theorie*. Frankfurt/Main.
Luhmann, Niklas (1995): Die gesellschaftliche Differenzierung und das Individuum. In: Ders.: *Soziologische Aufklärung. Bd. 6: Die Soziologie und der Mensch*. Opladen: S. 125-141.
Luhmann, Niklas (1996): Complexity, Structural Contingencies and Value Conflicts. In: Heelas, Paul/Scott Lash/Paul Morris (Hrsg.): *Detraditionalization. Critical Reflections on Authority and Identity*. Cambridge: S. 59-71.
Luhmann, Niklas (1997): *Die Gesellschaft der Gesellschaft*. 2 Bd. Frankfurt/Main.
Müller, Hans-Peter (1986): Gesellschaft, Moral und Individualismus. Émile Durkheims Moraltheorie. In: Bertam, Hans (Hrsg.): *Gesellschaftlicher Zwang und moralische Autonomie*. Frankfurt/Main: S. 71-105.
Münch, Richard (1991): *Dialektik der Kommunikationsgesellschaft*. Frankfurt/Main.
Münch, Richard (1995): *Dynamik der Kommunikationsgesellschaft*. Frankfurt/Main.
Nedelmann, Birgitta (1980): Strukturprinzipien der soziologischen Denkweise Georg Simmels. In: *Kölner Zeitschrift für Soziologie und Sozialpsychologie*, H. 3: S. 535-558.
Nietzsche, Friedrich (1988): *Die fröhliche Wissenschaft*. (Hrsg. v. Giorgio Colli/Mazzino Montinari, Bd. 3 der Kritischen Studienausgabe), Berlin, New York.
Nunner-Winkler, Gertrud (1999): Moralische Integration. In: Friedrichs, Jürgen/Wolfgang Jagodzinski (Hrsg.): *Soziale Integration*. Opladen, Wiesbaden: S. 293-319.
Parsons, Talcott (1986): *Aktor, Situation und normative Muster. Ein Essay zur Theorie sozialen Handelns*. Frankfurt/Main.
Parsons, Talcott (1993): Durkheims Beitrag zur Theorie der Ordnung sozialer Systeme. In: *Berliner Journal für Soziologie*, H. 4: S. 447-468.
Pieper, Annemarie (1997): *Gut und Böse*. München.
Safranski, Rüdiger (1997): *Das Böse oder Das Drama der Freiheit*. München, Wien.
Schimank, Uwe (2000): *Handeln und Strukturen. Einführung in die akteurtheoretische Soziologie*. Weinheim, München.
Schmidt, Hartwig (1991): Postmoderne Aussichten. In: *Berliner Debatte Initial*, H. 4: S. 352-358.
Schmidt-Biggemann, Wilhelm (1993): Vorwort. Über die unfaßliche Evidenz des Bösen. In: Colpe, Carsten/Ders. (Hrsg.): *Das Böse. Eine historische Phänomenologie des Unerklärlichen*. Frankfurt/Main: S. 7-12.
Schulze, Gerhard (1999): *Kulissen des Glücks. Streifzüge durch die Eventkultur*. Frankfurt/Main, New York.
Schütte, H. Gerd (1998): Ethikbegründung und moralische Praxis. In: Lüschen, Günther (Hrsg.): *Das Moralische in der Soziologie*. Opladen, Wiesbaden: S. 76-86.
Schweppenhäuser, Gerhard (1999): Das Unbehagen der Moral. Zur Kritik der Ethik bei Adorno und Bauman. In: *Das Argument*, 231: S. 513-526.
Simmel, Georg (1983): Individualismus. In: Dahme, Heinz-Jürgen/Otthein Rammstedt (Hrsg.): *Georg Simmel. Schriften zur Soziologie. Eine Auswahl*. Frankfurt/Main: S. 267-274.
Simmel, Georg (1984): *Grundfragen der Soziologie: Individuum und Gesellschaft*. Berlin, New York.

Simmel, Georg (1992): *Soziologie. Untersuchungen über die Formen der Vergesellschaftung.* Frankfurt/Main.

Simmel, Georg (1994): *Lebensanschauung. Vier metaphysische Kapitel.* Berlin.

Simmel, Georg (1995): Die Großstädte und das Geistesleben. In: Kramme, Rüdiger/Angela Rammstedt/Otthein Rammstedt (Hrsg.): *Georg Simmel. Aufsätze und Abhandlungen 1901 – 1908. Band I.* Frankfurt/Main: S. 116-131.

Sontheimer, Kurt (1996): Einfach wegbleiben. Ulrich Becks grundloses Vertrauen in die „Kinder der Freiheit". In: *Süddeutsche Zeitung*, Nr. 279: S. 13.

Weber, Max (1976): *Soziologische Grundbegriffe.* Tübingen.

Wuketits, Franz M. (1993): *Verdammt zur Unmoral? Zur Naturgeschichte von Gut und Böse.* München, Zürich.

Zintl, Reinhard (1989): Der Homo Oeconomicus: Ausnahmeerscheinung in jeder Situation oder Jedermann in Ausnahmesituationen? In: *Analyse & Kritik*, H. 1: S. 52-69.

Die Autorinnen und Autoren dieses Bandes

Hans-Jürgen Aretz. PD Dr., Otto-Friedrich-Universität Bamberg

Zygmunt Bauman, Emeritus Prof., University of Leeds

Hartmut Esser, Prof. Dr., Universität Mannheim

Peter Fuchs, Prof. Dr., Fachhochschule Neubrandenburg

Matthias Junge, PD Dr., Technische Universität Chemnitz

Sibylle Kalupner, Dr., freiberufliche Mitarbeiterin für das Maecenata-Institut für Dritter-Sektor-Forschung, Berlin

Thomas Kron, M.A., FernUniversität Gesamthochschule Hagen

Armin Nassehi, Prof. Dr., Ludwig-Maximilians-Universität München

Albert Scherr, Prof. Dr., Fachhochschule Darmstadt

Uwe Schimank, Prof. Dr., FernUniversität Gesamthochschule Hagen

Markus Schroer, Dr., Ludwig-Maximilians-Universität München